Михаэль Лайтман

Зарождение Общества Будущего

серия
КАББАЛА. ТАЙНОЕ УЧЕНИЕ

НПФ «Древо Жизни»
Издательская группа **kabbalah.info**
Москва 2022

ББК 87.2
УДК 141.33.0
Л18

Лайтман Михаэль
Серия «КАББАЛА. ТАЙНОЕ УЧЕНИЕ»

Л18 **ЗАРОЖДЕНИЕ ОБЩЕСТВА БУДУЩЕГО.**—
М.: НПФ «Древо Жизни»,
Издательская группа kabbalah.info, 2022. — 512 с.

Laitman Michael
Series of «KABBALAH. THE HIDDEN WISDOM»

ZAROZHDENIE OBCHESTVA BUDUCHEGO.—
M.: NPF «Tree of Life»,
Publishing Group kabbalah.info, 2022. — 512 pages.

ISBN 978-5-902172-14-7

Уроки и беседы современного каббалиста Михаэля Лайтмана на международных семинарах в дни Суккот и Песах раскрывают духовный смысл этих важнейших праздников. Изучающие Каббалу люди, приехавшие на эти семинары из многих стран мира, под руководством Михаэля Лайтмана начали процесс постепенного создания нового каббалистического общества, основанного на духовном опыте величайших каббалистов, показавших человечеству возможность избавления от страданий, несчастий и катастроф. Все человечество достигнет по Замыслу Творца счастья, совершенства и вечности. Это не очередная философская или социальная утопия — это наше реальное будущее, которое делаем мы сами. Книга «Зарождение общества будущего» показывает начало этого процесса и пути его развития.

Работы Михаэля Лайтмана, автора более 30 книг серии «Каббала. Тайное Учение», переведены на 19 языков мира (www.kab1.com). М.Лайтман является крупнейшим практикующим каббалистом нашего времени.

Учение Михаэля Лайтмана, основанное на исследованиях самых выдающихся каббалистов за всю историю человечества и на собственном опыте Пути, приобрело огромную международную популярность. Более 150 отделений школы М.Лайтмана работают по всему миру.

ББК 87.2

ISBN 978-5-902172-14-7

© М.Лайтман, 2022.
© НПФ «Древо Жизни»,
издательская группа
kabbalah.info, 2022.

ОГЛАВЛЕНИЕ

К читателю 4
Язык Каббалы 6
Беседы в Суккот (октябрь 2002 года) 7
Беседы в Песах (апрель 2003 года) 127
Вопросы о духовной работе 409

К ЧИТАТЕЛЮ

Известно, что Каббала является тайным учением. Именно ее сокрытие послужило поводом для возникновения вокруг Каббалы множества легенд, фальсификаций, профанаций, слухов, невежественных рассуждений и выводов. Лишь в конце XX столетия получено разрешение на открытие Знаний науки Каббалы всем и даже на распространение их по всему миру.

И потому в начале этой книги я вынужден в этом обращении к читателю сорвать вековые наслоения мифов с древней общечеловеческой науки Каббала.

Наука Каббала никак не связана с религией. То есть связана в той же самой степени, что, скажем, физика, химия, математика, но не более. Каббала — не религия, и это легко обнаружить хотя бы из того факта, что никто из религиозных людей не знает ее и не понимает в ней ни одного слова.

Глубочайшие знания основ мироздания, его Законов, методику познания мира, достижение Цели творения Каббала скрывала, в первую очередь, от религиозных масс. Ибо ждала времени, когда разовьется основная часть человечества до такого уровня, что сможет принять каббалистические Знания и правильно использовать их. Каббала — это наука управления судьбой, это Знание, которое передано всему человечеству, для всех народов земли.

Каббала — это наука о скрытом от глаз человека, от наших пяти органов чувств. Она оперирует только духовными понятиями, т.е. тем, что происходит неощутимо для наших пяти чувств, что находится вне их, как мы говорим, в Высшем мире. Но названия каббалистических обозначений и терминов взяты Каббалой из нашего земного языка. Это значит, что хотя предметом изучения науки Каббала являются Высшие, духовные миры, но объяснения, выводы исследователь-каббалист выражает названиями, словами нашего мира.

К читателю

Знакомые слова обманывают человека, представляя ему якобы земную картину, хотя Каббала описывает происходящее в Высшем мире. Использование знакомых слов-понятий приводит к недоразумениям, неправильным представлениям, неверным измышлениям, фантазиям. Поэтому сама же Каббала запрещает представлять себе какую-либо связь между названиями, взятыми из нашего мира, и их духовными корнями. Это является самой грубой ошибкой в Каббале.

И потому Каббала была запрещена столько лет, вплоть до нашего времени: развитие человека было недостаточным для того, чтобы он не представлял себе всяких духов, ведьм, ангелов и прочую чертовщину там, где говорится совершенно о другом.

Только с девяностых годов XX века разрешено и рекомендуется распространение науки Каббала. Почему? Потому что люди уже более не связаны с религией, стали выше примитивных представлений о силах природы как о человекоподобных существах, русалках, кентаврах и пр. Люди готовы представить себе Высший мир как мир сил, энергий, силовых полей, мир выше материи. Вот этим-то миром сил, мыслей и оперирует наука Каббала.

С пожеланием успеха в открытии Высшего мира,
Михаэль Лайтман

ЯЗЫК КАББАЛЫ*

Когда необходимо описать Высший мир, неощущаемое пространство, каббалисты используют для описания слова нашего мира. Потому что в Высшем мире нет названий. Но поскольку оттуда, как из корня ветви, нисходят силы, рождающие в нашем мире объекты и действия, то для отображения корней, объектов и сил Высшего мира, применяются названия ветвей, их следствий, объектов и действий нашего мира. Такой язык называется «язык ветвей». На нем написаны Пятикнижие, Пророки, Святые писания — вся Библия и многие другие книги. Все они описывают Высший мир, а не историю еврейского народа, как может показаться из буквального понимания текста.

Все святые книги говорят о законах Высшего мира. Законы Высшего мира называются Заповедями. Их всего 613. В мере выполнения этих законов, человек входит в ощущение Высшего мира, ощущение вечности и совершенства, достигает уровня Творца. Выполнение достигается использованием Высшей силы, называемой Высшим светом или Торой. Все книги говорят о обретении веры, под этим в Каббале подразумевается не существование в потемках, а именно явное ощущение Творца.

Желающему войти в ощущение Высшего мира ни в коем случае нельзя понимать тексты буквально, а только пользуясь языком ветвей. Иначе он останется в своем понимании на уровне этого мира.

Принятые у религиозных евреев ритуалы, в обиходе также называются заповедями и описываются тем же языком, что и духовные действия и процессы. Ритуалы были введены в народ для оформления границ поведения, позволявших сохранять народ в изгнании.

Кроме истинной, духовной трактовки понятия Заповедь, начинающему необходима адаптация к духовной интерпретации слов: поцелуй, гой, объятие, Израиль, беременность, иудей, роды, изгнание, народы мира, освобождение, половой акт, вскармливание и пр. Время постепенно рождает в человеке новые определения и сквозь них начинает ощущаться Высший, вечный мир.

---

* см. также: «Учение Десяти Сфирот», Вступление.

Беседы в Суккот

сентябрь 2002 года

ОГЛАВЛЕНИЕ

Семь светов праздника Суккот 9
Духовное — это отдача 13
Группа — как маленькое государство 37
Когда наступает день 72
Впустить знания в сердце 85
Заповедь о сукке 103
О приходящих гостях 105

СЕМЬ СВЕТОВ ПРАЗДНИКА СУККОТ

Во время праздника Суккот мы находимся в особенном состоянии. Обычно мы встречались на празднике Песах. Песах считается у нас большим, особым праздником. Считается, что Песах — это тот свет, который выводит человека из его низшего мира в Высший мир, проводит его через махсом.

Мы знаем и всегда говорили о том, что праздник Песах способен вызвать нисхождение на человека такого света, который выводит его из этого мира в Высший мир, и поэтому в эти дни мы всегда собираемся вместе и пытаемся сделать какую-то общую работу, и всегда приглашаем к себе большое количество учеников, много наших товарищей, чтобы можно было собрать общее кли и прорваться в духовное.

В связи с праздником Суккот Бааль Сулам говорит о не меньшем количестве света, потому что Суккот — это особые окружающие нас света. Семь светов, которые постепенно спускаются в нас, и общие света, которые нисходят в этот мир в это время, просто неоценимы по своей мощи. И особенно в этот Суккот, поскольку он начинается в Субботу и заканчивается в Субботу, то есть у нас имеется возможность получить двойное, многократное возвышение.

Я думаю, именно поэтому сейчас нам позволили собраться вместе в таком количестве, и теперь, в зависимости от того, как мы проведем эти семь дней, мы сможем вызвать на себя последовательное нисхождение семи светов: Хэсэд, Гвура, Тифэрэт, Нэцах, Ход, Есод, Малхут. И если нам это удастся, то вне всякого сомнения, мы, как минимум, сможем подняться на очень серьезный уровень, не говоря уже о том, чтобы приблизиться или в идеале вообще пройти махсом.

Каббалистическая география

Мы собрались здесь из многих стран, с разных континентов. Неважно, что представителей какого-то континента у нас больше, а другого меньше. Например, из Америки к нам приехали всего несколько человек, много людей приехало из России, есть представители Австрии (Вена).

На каждую точку нашего мира нисходят различные силы. Поэтому не имеет значения количество людей и то, откуда они приехали, важно, что они являются представителями различных точек нашей планеты, на которые нисходят различные духовные силы. Каждый из нас является представителем большой духовной силы, которая оказывает огромное влияние на нашу землю.

Потому что даже один человек, представляющий какую-то одну страну или целый континент, собирает в себе все духовно-животные (домэм дэ кдуша) силы, соответствующие этой точке нашей планеты. Место сбора также не имеет решающего значения — мы могли бы собраться здесь, в Израиле, как сегодня, или в Москве, или в Вене.

Но если мы собираемся вместе в то время, когда общий окружающий свет действует на наш мир, когда под действием Высших сил мы как бы извне получаем особое благоволение, особое состояние желания, и если мы сегодня сможем объединиться, понять, что мы все двигаемся к одной цели — к одному Творцу, с тем, чтобы у нас возникла хоть какая-то сообщность, то тогда мы сможем собрать в себе такое огромное кли, что в течение этих нескольких дней многое изменится. Вы чувствуете это уже сейчас.

Где бы каждый из нас ни находился: в Москве, в Израиле, в Вене, в Нью-Йорке, все мы были в нехорошем состоянии. Это так, я это знаю. И вот сейчас это состояние вдруг проходит. Мы можем сделать так, чтобы оно не только прошло, но чтобы оно явилось базой, основой для нашего возвышения. Чтобы оно явилось тем *келим дэ ахораим* (обратной стороной) того духовного процесса, на котором мы можем взлететь вверх.

Это зависит только от нас. Вы сейчас должны перезнакомиться друг с другом. Вы должны набраться друг от друга как можно больше впечатлений. Вы должны разговаривать друг с другом обо всем, о чем только можно поговорить, неважно, о чем будут эти разговоры. И неважно, умные они или глупые. Вы просто должны между собой как можно больше объединиться.

Безо всякого расчета, без всякого контроля, и самое главное — без всякого критического отношения друг к другу. Это необходимо, чтобы получить в себя все впечатления, келим (желания), мысли всех остальных. Потом, когда вы вернетесь домой, вы будете с этим работать. Если вы сумеете объединиться друг с другом, то вы себя обогатите. Таким образом вы должны действовать.

Кроме того, этим единением мы должны помочь тем своим товарищам, которые не понимают русского языка. Переводят ли то, что здесь говорится или нет — неважно. Язык не имеет значения. Национальность не имеет значения, пол не имеет значения, ничто не имеет значения... Имеет значение только внутреннее устремление к духовному.

Поэтому пытайтесь со всеми кооперироваться. Если в течение этих нескольких дней нам удастся сделать это, то наше общее кли хоть немного сформируется, и вы уедете отсюда совсем с другим духовным уровнем. В течение ближайшего полугода до Песаха вы подниметесь так, что просто начнете на самом деле соединяться с Творцом, ощущать Его в себе, почувствуете, как Он облачается в вас. В наших силах сделать это. Мы это можем.

То, что происходит сегодня в мире — это уже разложение, распадение, осознание ничтожности, никчемности, невозможности обыденного существования. Это уже начальная предпосылка к тому, чтобы мы достигли духовного мира. Это уже то ощущение недостатка, которое должно нам сегодня подсказать, что без связи с Творцом, без прорыва к Нему мы сами не в состоянии ничего сделать.

И вот сейчас нам дается возможность соединиться с Творцом только за счет объединения друг с другом. В каждом из нас есть какая-то часть силы, и если мы соединимся, то вместе мы прорвемся. Все зависит от возможности нашего объединения.

Поэтому я надеюсь, что в течение ближайших нескольких дней мы с вами сделаем так, чтобы все соединялись, разговаривали, сплачивались друг с другом без всякого стеснения, без всяких «перчаток».

Пейте, ешьте, общайтесь — неважно, что именно вы делаете. Главное, чтобы между вами всеми было взаимодействие, а потом вы увидите, что без всякого вмешательства разума это дает свои духовные плоды, потому что разум действует только в той мере, которую требует желание.

Если у человека будет правильное желание к Творцу, то у него будет и правильный разум. Поэтому давайте все вместе соединяться!

ДУХОВНОЕ — ЭТО ОТДАЧА

Продвижение в группе

Прозанимавшись какое-то время у рава Баруха, я начал спрашивать: «Что я должен делать? Как мне дальше продвигаться?» Рав ответил мне, что для дальнейшего продвижения необходимо окружение, группа. Одному это сделать невозможно! Несмотря на то, что я находился рядом с ним и все вроде бы было нормально.

И вот тут-то и встал вопрос, что мне делать? Я начал искать место для создания группы в Тель-Авиве. Давал беседы в маленьких синагогах, там, где собирались старики. Я вообще не знал, каким образом подойти к решению этого вопроса. Было тяжело.

Когда я собрал группу молодых учеников, Рав написал для них свои первые статьи о духовной работе. Он сказал мне: «Теперь надо их организовывать в группу». Я спросил: «Но как организовывать их в группу?».

— Нужно с ними сидеть и разговаривать. Раз в неделю ты должен собирать группу и разговаривать с ними.
— О чем разговаривать?
— Вот есть книга, «Матан Тора» («Дарование Торы»)...

Тогда были книги «Матан Тора», «Предисловия» («Сэфэр акдамот») и «Талмуд Десяти Сфирот». Других книг не было. Книга «Предисловия» не считается книгой, потому что она является сборником предисловий ко всем остальным книгам: «Книге Зоар», «Талмуду Десяти Сфирот».

Кроме книги «Матан Тора», больше ничего не было. Книга «При Хахам» («Плоды Мудрости») вышла в 1984-85 году. Остальные книги: «Шамати», «Шлавей Сулам» и пр. я выпустил уже потом, после смерти Рава.

А в то время, когда я спросил у Рава, что же делать, как заниматься с группой, то он и написал свои первые статьи. Рав написал их на клочках бумаги и так и отдал мне. И потом мы перепечатали их и выпустили в виде книги. То есть, эти статьи — это именно ответ на вопрос, как дальше продвигаться.

Для продвижения нужна группа. Как работать с группой? Рав написал 10-15 статей о работе с группой. Потом он сменил тему, начал писать обо всем, что может сделать доступнее саму Каббалу.

Материал по работе в группе можно найти также в письмах Бааль Сулама, но в принципе первые статьи Рабаша являются действительно основой для ведения работы в группе. Есть еще только одна, более поздняя статья, посвященная работе в группе. Рав ее написал через год-полтора после первых своих статей.

Потому что писать-то больше нечего. Если люди не выполняют того, что написано в этих статьях, то с ними, в принципе, говорить больше не о чем. По большому счету, кроме основ, изложенных в этих статьях, нам ничего больше выполнять не надо.

Если то, что написано в них, выполняется, значит, все будет в порядке. Значит, мы достигнем цели — т.е., создадим общее кли и все будет хорошо. А если не выполним — то дальнейшее продвижение невозможно. Как это ни страшно, но этот вопрос очень остро стоит перед нами.

Развитие желания

Мы можем размышлять о духовном. Я не знаю, кто как представляет себе духовное. Духовное не находится где-то далеко, за какими-то космическими далями, его невозможно ухватить. Оно не придет в ответ на твою просьбу к Творцу о том, чтобы Он дал его. Ты должен четко конкретно знать, что ты требуешь. Тогда у тебя будет духовное кли.

Ничего в нашем мире нельзя ощутить без желания. Такими мы рождаемся. Это хорошо видно на примере маленьких детей. Маленький ребенок хочет играть. Ему можно читать какие угодно нравоучения, но у него есть определенные желания и он с ними живет. С каждым днем, месяцем, годом, у него прибавляются новые и отмирают старые желания.

И ребенок живет с этими желаниями и развивается. Мы видим: сейчас он желает одно, через год — другое, еще через год — третье, и т.д. Мы видим, как дети растут, реализуют все новые и новые растущие в них желания. Если вдруг у ребенка не появляются новые желания, то мы говорим, что ребенок недоразвит. Что в нем еще должно быть? Только желания. Если этого нет, уже ничего не сделаешь. Что бы ты не делал — все напрасно. Все зависит от своевременного проявления желаний.

И затем, когда появляется желание к духовному, человек начинает работать в соответствии с этим желанием. Он начинает искать, где его реализовать, как получить в него то, что он желает. Это состояние вызывается в человеке «свыше»: «итарута дэ леэла» — возбуждение свыше. Единственное, что не вызывается свыше — желание к объединению с другими во имя достижения Цели. В этом направлении человек должен работать над собой, начиная практически с нуля.

И даже если он слышит, что для того, чтобы получать все большее и большее желание, необходимо объединение, потому что собственное желание человека к «духовному» мало и надо набраться такого желания еще и от других, то в процессе соединения с другими людьми и подключения к себе дополнительных желаний он все равно чувствует огромное противодействие животного и духовного организмов.

Для нас важно усиление именно духовного желания, которое проявляется в человеке после развития в нем в течении тысяч лет желания к животным наслаждениям. Это желание к пище, сексу, семье, затем желание к богатству, власти и знаниям. Все эти желания развиваются в нас постепенно, эволюционируя в течение десятков тысяч лет.

Затем у нас возникает последнее желание — духовное. Для того, чтобы оно прорезалось в человеке, требуется огромное количество кругооборотов души.

Мы видим, что иногда в людях есть немножко желания к духовному, и они даже приходят заниматься к нам, но все равно, через некоторое время, куда-то исчезают. Затем снова приходят, на какое-то время, и может быть, снова исчезают.

Они где-то на периферии, так они развивают свое желание. Может быть, уже в этой жизни они успеют развить его настолько, чтобы прийти и остаться в Каббале уже насовсем и продолжить работу над своим желанием к духовному.

Дальнейшее развитие духовного желания происходит уже внутри группы, под воздействием книг, под воздействием всевозможных физических действий, так называемых «сгулот» — особых рекомендаций, которые дают нам каббалисты.

Кто такие «каббалисты»? На этот вопрос ответить очень просто. Каббалисты — это люди, в которых в течении тысяч лет развились сначала животные желания — к пище, к семье, к сексу, затем общественные желания — к деньгам, к почестям, славе и потом в них возникло желание к духовному.

После этого они уже сами довели желание к духовному до такого размера, что смогли получить в него ощущение Высшего мира или Творца, что одно и тоже. Поэтому они называются каббалистами — получающими. И получение происходит в созданное ими желание.

Желание, которое дается свыше, не считается достаточным, не считается желанием вообще. Это единственное желание, которое человек должен сам доразвить и создать истинное желание к духовному. И сделать это можно с помощью людей, с помощью группы, с помощью окружающего общества. Поэтому эти люди называются каббалистами.

И в Каббале мы учим, что кроме желания, в принципе, ничего нет. Если у человека есть готовое желание, то все остальное он начинает получать от окружающего мира уже с помощью этого желания, наполнять его.

Наполнение приходит или через животное одеяние — т.е. секс, пища, тепло и т.д., или оно приходит через общественные отношения — богатство, власть, почести, знания, или же оно приходит уже в оголенном виде. Не в каких-то оболочках: материальных или физических, или в оболочках каких-либо мыслей, или в оболочках всевозможных психологических наполнений, а оно приходит уже в абсолютно оголенном виде. Поэтому называется духовным.

Если человек, получив свыше желание к духовному, далее его не развивает, то он должен понять, что в этом случае он так и останется недоразвитым. У него нет другого выхода, и другой возможности дальше продвинуться тоже нет.

Он может изучать наши книги, может изобретать себе миллионы всевозможных идей или методов якобы духовного развития, он может делать все, что угодно. Ему ничего не поможет. Ему надо просто продолжить развитие желания.

И вот об этом пишут Рабаш и Бааль Сулам. В принципе, за всю историю человечества, за тысячи лет каббалисты написали на эту тему очень много. И во всех этих книгах сказано только одно — необходимо работать с окружающим тебя миром. Дополнительные желания ты можешь получить, только если будешь взаимодействовать с подходящим обществом.

Так же, как все остальные общественные желания (к деньгам, к почестям, к славе, к знаниям) мы развиваем под воздействием общества, желание к духовному мы тоже можем развить под воздействием окружающего общества. Как найти подходящее общество, как создать вокруг себя такое общество, каким образом надо относиться к такому обществу, чтобы получить от него максимально правильное возбуждение к духовному? Это, в принципе, единственное, что нам надо сделать.

Если у нас будет подходящее желание, то все остальное приложится. Из нашей жизни мы знаем, что если у человека есть сильное желание, то он его реализует. С этим уже проблем нет.

Дают ему свыше возможность реализации, не дают — от него это уже не зависит. Поэтому Бааль Сулам в своей статье «Свобода выбора» прямо так и пишет, что единственная свобода воли, которая есть у нас — это создание вокруг себя такого общества, от которого мы получали бы постоянное возбуждение, подпитку нашего желания, желали бы духовного все больше и больше.

Это необходимо, потому что Творец создает в нас только минимальное желание к духовному, называемое точкой в сердце, и больше его не увеличивает. Если мы не будем развивать это желание дальше, то мы так и останемся на том же уровне.

Поэтому наш духовный путь, наша судьба, находится полностью в наших руках. Человек не должен ни на кого обижаться. Ему не на что надеяться. Если он не добавит к своему первоначальному желанию, точке в сердце, еще дополнительные желания, не разовьет ее, то никаких изменений свыше уже не произойдет. То есть, в результате развития первоначальная точка должна разбухнуть, расшириться до таких размеров, что, благодаря своим размерам, она начнет ощущать духовные явления.

В принципе, задача ясна и можно ни на что другое не обращать внимание. Поставил ее перед собой и действуй. Но, когда объясняешь ее новенькому...

Новенькому вообще не стоит это объяснять. Если ему начинаешь растолковывать эту идею о группе, так он думает: «Ну, все, опять попал в какой-то колхоз... коммунизм... киббуц...». Он не понимает, что от него хотят. Все говорят: «помогай товарищам», «иди к нам, в наш коллектив».

Почему мы так тяжело это воспринимаем? Потому, что в отличие от остальных желаний этого мира: желания к пище, к сексу, к деньгам, к славе, к власти, к знаниям, которые развиваются в нас последовательно, в духовном желании мы не видим результата. Мы не видим, что мы что-то выигрываем в нем.

Если у человека есть аппетит — желание к еде, то он знает, что он сможет насладиться. Если у человека пропадает аппетит, то он болен. Он может умереть от голода, погибнуть от истощения.

Бывает, что пропадает естественное желание к сексу, к продолжению рода, к развитию, влечение к противоположному полу. Ко мне приходят люди с такими проблемами, они буквально плачут. Потому что пропадает одно из основных желаний, с помощью которых они ощущают в этой жизни наполнение.

Желание к власти, к знаниям, к богатству — они наполняют нашу жизнь, кроме них, больше ничего нет.

Все наши, якобы многочисленные, желания сводятся к упомянутым выше и к поиску наполнения на эти желания. И присутствуя в каждом человеке в разных соотношениях, они определяют его характер, его образ, его поведение.

Глядя на ребенка со стороны, мы видим, в каком направлении он развивается. Мы своевременно пытаемся направить его в определенные группы, чтобы он получил в них определенные желания. Чтобы с помощью различных групп в нем пробудились желания определенного типа. Одни больше, другие меньше. Мы пытаемся как-то управлять возникающими в человеке желаниями. Какие-то немножко подавлять, какие-то — выделять, растить.

Но все это, как мы видим, реально происходит. Мы видим, как человек, развивая в себе те или иные желания, затем преуспевает в жизни, достигает хороших результатов.

Ко мне приходят со своими проблемами тысячи людей. В итоге, все, о чем они просят, единственное, о чем они иносказательно, другими словами, говорят, — это их жалобы на свои желания. Они или маленькие, или слишком большие, они или немножко не такие, или находятся в них не в таком сочетании, как хотелось бы. Поэтому я работаю только с желаниями. В этом вся суть.

И люди приходят ко мне потому, что они явно видят, что теряют что-то из-за того, что внутри у них неправильно скомбинированы желания, в неправильной пропорции.

Единственное желание, с которым у нас возникает проблема — это желание к «духовному», которое появляется в нас как точка в сердце. Человек не видит, что он обретет, если он будет дальше развивать в себе желание к духовному. Само оно не развивается.

То есть, человек может прийти в группу, но если он попадает в такое общество, в котором люди просто существуют с этой точкой в сердце, но не развивают ее, и не ставят вопроса о ее развитии перед группой, то вновь пришедший может нормально, спокойно заниматься и насыщать свою точку, желание к духовному.

И даже если он где-то чувствует какое-то отсутствие наполнения, тем не менее окружающее общество может убедить его, что это нормально, что все так и должно быть, или как-то еще воздействовать на него.

Таким образом, с желанием к духовному возникает проблема. Мы не видим точно, каким оно должно быть. У нас нет примера. Этого нельзя увидеть по другим людям.

Если взять, допустим, музыканта, ученого, политика, богатого человека, то сразу видно, чего эти люди достигли, если у них есть огромное желание к чему-то и они его реализуют. В то же время, если у человека нет какого-то желания, то он этим и не занимается, потому что не хочет. Какое ему дело до богатства, если ему нравится музыка или живопись? Со стороны видно, что выигрывает или проигрывает человек, если у него есть то или иное желание.

Как же человеку узнать, что желание к духовному выгодно? То есть, как определить, что если оно будет у него большим, то он действительно выиграет от этого? И после того, как человек каким-то образом узнает об этом, как ему действительно приобрести это желание?

Можно говорить своей собаке или кошке 10 лет подряд: «Ты животное, почему ты не любишь музыку?» Но из этого ничего не выйдет, от этого у собаки желание к музыке не появится. А если человек скажет себе тысячу раз: «Тебе, скотина, нужно желание к духовному!» — Появится у него желание к духовному?

Человек — единственное существо, в котором желания развиваются под воздействием окружающего общества. Это сделано так и дано нам специально, и в нашей власти использовать это свойство для того, чтобы развить в себе не желание к богатству, к почестям, к славе, к знаниям, а чтобы развить именно желание к Высшему, к духовному. Развить его в противоположность тем желаниям к богатству, к почестям, к славе, к знаниям, которые мы тоже можем развить под воздействием общества.

То есть, возможность духовного развития дана нам даже не в противоположность животным желаниям, а в осознании правильной оценки того, что же важно, в правильном сочетании всех этих желаний.

В итоге мы приходим к единственному выводу, что человеку нужно, чтобы внешние источники постоянно говорили ему о важности духовного роста, как говорят любые истины, как это делает реклама, например. Человеку нужно, чтобы ему постоянно говорили о том, что духовное — это нечто очень большое, очень выгодное, очень перспективное, в общем, самое-самое стоящее дело.

И чтобы это сообщало ему как можно большее количество окружающих его людей и всеми доступными способами, чтобы все это постоянно доносилось до него через все его органы ощущений.

Через слух, зрение, через все, что только возможно. И любыми методами. Человечество еще дойдет до того, что будет разрабатывать методы рекламы, воздействия на человека для развития именно духовного желания. И в этом направлении все зависит только от человечества. Свыше, практически, дан только совет.

Сказано только одно: «это в твоих руках», «это твое дело», «это твоя обязанность». Почему развитие тяги к духовному является делом человека? Если у человека есть тяга к музыке, как у композитора или к живописи, к творчеству, то это рождается с человеком. Он развивается, потом естественно, под воздействием среды, но он заранее предчувствует, знает, видит примеры того, что он может при этом сделать. Общество знает, куда он движется. Что при этом будет с ним.

Человек знает, каким образом развивать свои желания к музыке, к литературе, к деньгам. Каким образом он должен строить в себе, оформлять эти желания, чтобы правильно их реализовать. Чтобы ему было более удобно, надежно, выгодно, спокойно. Для этого есть проверенный путь. Все это изучается. Человек для этого ходит в школу, в университет. Только это, в принципе, он и делает.

С духовным желанием все не так просто. Мы не видим заранее наполнения того желания, которые мы должны создать. Мы не знаем, каким оно должно быть, поэтому мы заранее не знаем, что такое духовное. То есть, в нашем мире нет такого примера, на котором мы бы увидели, что если человек разовьет в себе духовное желание, то он будет ощущать то-то и то-то, будет наполняться тем-то и тем-то, и т.д. Это неизвестно.

Если человек будет сидеть и слушать музыку, будет преподавать ее, будет играть, то он будет в каком-то мире, в звуках. О духовном этого неизвестно. Почему так сделано?

Все остальные желания, кроме духовного, проходят через наш организм. Они формируются в нас естественным путем. А вот духовное желание мы, кроме того, что дается нам свыше, должны формировать сами. И мы, желая создать это желание, одновременно с этим постепенно начинаем понимать, каким оно должно быть.

То есть, мы постепенно, по мере работы над этим желанием, начинаем осознавать, каким оно должно быть. Понимать, а что же это такое на самом деле — духовное, мы только со временем начинаем как бы пробуждаться, прояснять для себя, что духовное — это отдача, что это нечто совершенно иное, чем то, что мы думали раньше. Что это вообще совершенно другое, отличное от всех предыдущих направление желания, его выражение.

Вобрать в себя точки в сердце всех остальных людей

Пока человек не создаст в себе правильное, как мы говорим, «кли» — сосуд, он не сможет ощутить в нем никакого наполнения. Но как же человек может заранее строить это кли, если он не ощущает духовного? В чем же состоит его свобода воли? Вроде бы сказано — это в твоей власти, а с другой стороны — ну что в моей власти? Я ничего не понимаю! Что с этим делать?

На самом деле все заранее предопределено. Поскольку все мы, каждый из нас, являемся носителем духовного желания, то его не нужно формировать каким-то особым образом, не нужно быть большим ученым, чтобы создавать в себе это желание, строить его по какому-то принципу, методике, шаблону.

Единственное, что необходимо сделать — вобрать в себя точки в сердце, стремление к духовному, всех остальных людей. Но как?

Если человек присоединяет к себе точки в сердце, желания к духовному всех окружающих его людей, то за счет этого он увеличивает свое желание. Надо только найти, как соединить в себе точки окружающих людей, а соединить их очень прост.

Необходимо разбить собственный эгоизм, который ограничивает человека от всех остальных людей, делает его действительно замкнутым сосудом, существующим в своей собственной клетке, в своем ящике. Нужно разбить границы этого ящика. Таким образом, человек подсоединяет к себе желания всех остальных людей.

Должны ли все окружающие разбить свои границы или нет? Они тоже должны сделать это. Но каждый должен делать это только над собой.

Если человек попадает в какую-то группу, то зависит ли продуктивность его работы от того, разбиты ли все границы между членами этой группы? Допустим, если члены группы уже разбили все границы между собой, и человек приходит в эту группу и работает над своим ящиком, разбивает его стенки и соединяется с группой. Зависит ли его продвижение к духовному от того, на каком уровне находятся члены группы, в каком состоянии они находятся, избавился ли каждый из них от эгоистической оболочки?

Зависит и не зависит одновременно. Пусть даже группа состоит пока еще из эгоистов, стремящихся к духовному, т.е. точка в сердце у них работает, ее запустили сверху, просто они пока еще не достигли того уровня, чтобы развить ее дальше. Но эта точка уже находится у них в сердце. Именно точка в сердце. Сердце — это эгоистические желания, точка внутри него — стремление к духовному, маленький альтруистический зачаток.

Итак, даже если члены группы еще не разбили каждый свою эгоистическую оболочку, но у них есть точки в сердце и человек работает над тем, чтобы сблизиться с их точками в сердце, то этого ему достаточно, чтобы прибавить к своей точке в сердце точки товарищей и, таким образом, обрести духовное кли.

Таким образом, если даже один человек из группы сделает над собой эту работу, а остальные нет, то он проходит в духовный мир. И не надо ждать всех остальных и обвинять группу в том, что, поскольку она еще недостаточно духовно развита, люди еще не разбили свои эгоистические границы, кто-то из-за них не может пройти в Высший мир. Нет. Если человек сделает эту работу над собой, то у него будет духовное кли.

Конечно, его мощь, его сила и скорость, с которой оно будет создано, зависит от окружающей среды. Но если окружающая среда просто работает над собой, но еще не преуспела в этом, ведь это отнимает время, годы, то каждого конкретного человека это ни в коем случае не ограничивает. Если он разбил свой эгоизм, свое сердце, присоединил точки в сердце окружающих к себе — все, он уже готов.

Разбивая свой эгоизм, то есть, работая над всеми остальными входящими в сердце желаниями, которые окружают, как Китайская стена, точку в сердце, человек начинает понимать, какое желание должно быть в точке. Потому что точка не имеет своего направления, она не имеет своего объема, она не сформирована. Она формируется именно за счет того, что человек работает над всеми эгоистическими желаниями относительно этой точки.

Работая над «стеной», окружающей точку в его сердце, желая разрушить ее, человек начинает понимать, какой формы сосуд он должен сделать из этой точки, как он должен ее расширить. Точка в сердце расширяется и принимает нужную форму именно в результате работы человека по разрушению стены вокруг этой точки.

Методика выхода в духовное

Человек начинает понимать, что духовное — это отдача, когда он ни в коем случае не думает о себе, когда живет только тем, что есть в сердце товарища, когда он выходит из рамок пространства и времени. Что значит: «выходит из рамок пространства и времени»? Если человек не думает о себе, т.е. думает в отрыве от себя, значит, выходит из рамок пространства и времени. Это очень просто.

Мы говорим, что в духовном нет пространства и времени. Их нет, потому что, если человек обращает их не внутрь себя, а наружу, то у него уже нет заботы о себе и поэтому нет ограничений по этим пространственно-временным осям.

То есть, у человека в жизни нет больше никаких, в принципе, дел, никаких забот, кроме одного — развития настоящего желания к Высшему за счет работы над собой внутри группы, с окружающими.

Работа в группе является настолько важной и единственно реализуемой возможностью выхода в духовное, что Бааль Сулам пишет следующее. Авраам был простой пастух в древней Месопотамии, и в то же время он был большим каббалистом. Ему раскрылся Творец, и он начал чувствовать духовное через точку в сердце. И даже, более того, свыше он получил определенное развитие этой точки в сердце.

Но несмотря на это, методика освоения духовного мира своими силами ему не была вручена до того момента, пока вокруг него не собралось определенное количество людей, критическая масса в несколько миллионов человек. Только тогда была вручена Тора, методика развития духовного кли.

После того, как уже была вручена Тора, которая выражает методику постижения духовного обыденным языком, словами нашего мира, после того, как были написаны книги по Каббале, выражающие эту же методику другим языком, более явно, этой методикой уже могут пользоваться и маленькие группы людей, но все равно это группы...

То есть развиваться одному у человека нет никакой возможности, если только это не особая личность, которую развивают свыше для определенных целей, для определенной работы, для определенного задания в нашем мире. Поэтому самая главная наша задача — это создание каббалистических групп. Все должно быть сформировано так, чтобы и учеба и все, что связано с учебой, работало внутри группы. Тогда можно надеяться и на успех...

- **Вопрос: Как может человек заботиться о духовном, если он заботится о своем эгоистическом желании?**

Именно в противодействии своим эгоистическим желаниям человек и строит в себе внутреннее кли. Он не может построить его ни из чего другого, кроме как из самих эгоистических желаний, над которыми он работает. Что мы учим в Каббале? Исправляя намерение одного и того же желания с «ради себя» на намерение «ради Творца», человек обретает духовное кли, духовный сосуд и в нем потом ощущает духовное.

Как же человек может работать над собственно точкой в сердце? У человека нет возможности работать над ней самой. Что он может с ней делать? Точка не имеет ни направления, ни объема, ничего... Человек может работать только над тем, чтобы поставить ей на службу остальные свои желания.

Точка в сердце — это вообще не желание. Это намерение «ради Творца», но оно минимальное. Все остальное человек должен присоединить к ней, исправив только намерение, желания остаются теми же.

То есть духовное формируется при исправлении намерения. Если бы у нас была возможность вычеркнуть из себя, аннулировать свои желания к животным видам наполнения: к пище, к сексу, к дому, к деньгам, к власти, к славе, к знаниям, то с помощью чего мы из точки в сердце построили бы духовный сосуд? Нам не из чего было бы его строить.

Таким образом создается первоначальный сосуд, с помощью которого мы начинаем ощущать в себе духовный мир. Он строится против наших животных желаний, т.е. против намерений на эти желания нашего мира.

А затем, когда в точке в сердце, развитой до первоначального духовного сосуда, начинает ощущаться Творец, Высший мир, то это ощущение проявляется в человеке тоже с эгоистическим намерением «ради себя». Это называется клипа — нечистая сила.

И тогда человек должен работать уже над намерением, возникающим у него относительно духовного и делать из него уже духовное намерение «ради Творца», вместо «ради себя» и таким образом дальше строить свой духовный сосуд. Но возбуждение к тому, чтобы строить духовное кли, он все равно может получать только от окружающей среды.

Мы с вами изучали 15-ю часть «Талмуда Десяти Сфирот» о том, как происходит развитие точки. Точка — это Малхут. ЗА находится в состоянии ВАК (малое состояние — катнут), Малхут находится в состоянии некуда — точка.

Мы рассматривали, как из нее начинает появляться сосуд, как она получает от ЗА его органы, духовные желания. Но при этом мы не изучаем в «Талмуде Десяти Сфирот», откуда в Малхут появляется возбуждение, побуждение к этому развитию. Мы этого не изучаем потому, что это возбуждение, побуждение находится не в духовном мире, о котором пишет «Талмуд Десяти Сфирот». Оно находится до духовного мира, в том обществе, которое окружает человека.

Человек должен сначала получить от окружающего его общества возбуждение. К его окружению в данном случае относятся и книги, и музыка, и все, что воздействует на человека в рамках этого мира, на его уровне.

Человек получает от окружающих правильное возбуждение, используя свою страсть к наслаждениям, к власти, к почету, используя зависть, используя свои сильные внутренние человеческие свойства, используя желания человеческого уровня. Ведь животные не завидуют деньгам, не завидуют славе, почету, не завидуют знаниям.

Набравшись нужных впечатлений, правильного возбуждения, с использованием указанных свойств, человек в своем развитии идет вперед. Если у человека возникает правильное возбуждение, если он идет вперед, то тогда о нем говорится в «Талмуде Десяти Сфирот», что он из своей точки, из Малхут (Малхут дэ Ацилут), начинает строить сосуд.

Правильный выбор

Как человеку узнать, в правильную ли группу он попал? Я не знаю. Может ли он у кого-нибудь спросить об этом? Что значит спросить? И кому он может верить? Кому он может верить, даже если ему кто-то ответит? Если поговорить с любым человеком из нашего мира, который состоит в каком-то клубе или обществе, то он скажет: «Да что ты там делаешь? Идем к нам, смотри, как у нас хорошо!»

Каждый кулик свое болото хвалит, а если нет, то ищет другое болото. Как же человек вообще может на самом деле знать, куда он попал или что ему искать? Я задал такой вопрос своему Раву относительно него самого. Я не спрашивал о группе, я просто спросил:

— Я достигну у тебя того, что хочу, или нет? Ну допустим, я верю в то, что ты большой. А если я буду рядом с тобой, я не знаю, кто ты, но я тоже стану хотя бы таким, как ты или, может быть, повыше? В принципе желание у меня есть!

Рав ответил мне очень просто: «Не знаю». Почему он ответил — «не знаю»? Потому что человек не может получить ответ на такой вопрос от кого-то постороннего. Ответ должен исходить из него. Почему? Да потому, что это ответ о построении духовного кли, а духовное кли человек может построить себе только сам. Если он будет выяснять для себя этот и подобные вопросы, то из них он построит духовное кли. Почему?

Потому что человек задастся вопросом — а чего он хочет достичь? Он хочет достичь духовного. А что такое духовное? Значит, в соответствии с этим, ему нужно выяснить, что такое духовное. Человек должен поискать, где в мире есть такое общество или группа, которая занимается постижением духовного, группа, которая четко идет к этому, приводит к этому своих членов. Если человек сам себе задает этот вопрос и сам себе на него отвечает, то он приходит к какому-то результату.

А так, мы видим: тысячи людей находятся во всевозможных эзотерических, «каббалистических», разных других группах, и все они думают, что находятся в правильном месте. Может быть, они находятся в правильном месте, а я нет? Я не знаю. Но каждый в этом уверен.

То есть это чисто внутренняя проблема человека, и только он сам может ее выявить. Потому что таким образом человек дает себе правильное определение того, что такое духовное, что такое цель, в каком состоянии он находится. Он познает себя относительно цели, которая, как ему кажется, является духовной, и таким образом продвигается. Именно в этом и состоит продвижение, строительство духовного кли.

Поэтому Рав мне и сказал: «Я не знаю».

— Ну раз не знаешь, так почему я должен у тебя учиться?

— Ты должен учиться у меня тому, что ответов у меня ты не получишь. Ты должен развиваться сам.

А вообще, между нами говоря, ничего тут необычного нет. Даже в науке и во всех других видах человеческой деятельности правильный учитель только направляет ученика. Но ученик сам должен выявлять вопросы и находить на них ответы. А иначе это не его достижение, это не его кли. Он не ощутил вопроса, он не родил в себе ответа и это не его результат.

В Каббале это абсолютно четко видно и совершенно необходимо, потому что без создания кли человек не получает в него наполнение светом. Потому что кли своей структурой, своим видом, своим строением определяет то наполнение, которое будет в нем. Поэтому, не родив кли, человек ничего не сделает, он не получит свет. Ведь все происходит по закону ашваат ацура — соответствия свойств.

Что значит закон соответствия свойств? Вокруг человека существует бесконечный свет. В той мере, в которой у него будет сформировано правильное желание к свету или хотя бы к какому-то его свойству, явлению, проявлению, и если человек хоть в какой-то мере настроится на это свойство, проявление, явление, то сможет ощутить его в себе. Это и будет называться раскрытием в человеке духовного мира.

То есть по сути, раскрытие в человеке духовного мира, раскрытие в нем Творца — это ощущение им какого-то своего исправленного свойства. Что значит, что человек полностью ощутил Творца, дошел до полного исправления? Это значит, что он дошел до полного исправления своих внутренних свойств и, ощущая их, говорит: «Вот сейчас я ощущаю Творца». Поэтому никогда человек не может получить от посторонних ни вопрос, ни тем более ответ.

В каббалистических книгах встречается описание ситуаций, когда каббалисты прогоняли учеников, специально, якобы, пренебрегали ими. Немного сказано о методике, по которой Учитель пути работает со своими учениками.

Бывает, что Учитель оставляет своих учеников, дает им всевозможные каверзные задания, создает им, что называется, проблемы. Иначе никак не получится. На то он и правильный Учитель, чтобы делать такие вещи.

И наоборот, если он не будет этого делать, то превратится в ребе с хасидами, который раздает благословение и подставляет ручку для поцелуя и карман.

- **Вопрос: Что значит самому ответить на все вопросы?**

Человек должен не только сам ответить на свои вопросы, но и вопросы он должен родить тоже сам. И правильно работая над вопросом, он сам находит на него ответ.

Искать и не успокаиваться

Но что он должен делать дальше? Человек должен идти искать группу, идти искать себе другого рава, третьего, четвертого. Но именно искать. Не остановиться где-то в другом месте и успокоиться под воздействием людей, которые там находятся, которые будут его убеждать, что они в правильном месте и под правильной методикой и т.д.. Только искать.

И я искал. Я начал искать, когда прозанимался у Рава уже месяцев семь-восемь. Примерно вот в такое же время, после праздников. Я начал заниматься в феврале. Сначала занимался несколько месяцев с учеником Рава — Хилелем, а потом уже непосредственно с Равом.

Помню, что я начал искать зимой. Я занимался с середины зимы, а на вторую зиму ездил в Хулон, там объявился какой-то «большой каббалист», и в Иерусалим. Потом я рассказывал Ребе о том, где я был. Да, я рассказывал ему все. Я у него спрашивал: «Может быть, ты знаешь или предчувствуешь, кто там преподает, на каком уровне?» Рав отвечал: «Съезди посмотри».

— Ну а все-таки?
— А потом мне расскажешь о своем впечатлении, мы с тобой поговорим.

Я возвращался, рассказывал. Не всегда я мог словами выразить все, что чувствовал. Однажды я был в интересном месте, где молодой парень, где-то лет 38-ми, не зная ничего о Каббале, так складно объяснял каббалистический материал, просто чувствовал его в себе. Я потом хотел привести его к нам, но он не захотел заниматься, был самодостаточной личностью.

А я продолжал искать, честно, я не верил. У меня был страх. Я мог закончить свою жизнь рядом со стариком, а дальше что? В духовном он или нет, кто знает?

Я помню, однажды, когда я занимался у Рава уже несколько лет, года 2-3, и у меня уже были кое-какие ответы на мои вопросы, относительные, конечно, к нему обратился один его ученик. Даже не ученик, а такой человек, который занимался у Рава, но в принципе был хасидом.

Он спросил: «Зачем Лайтман привел еще учеников, зачем рав их принимает? Зачем вообще рав ими занимается? Ведь в группе есть такие пожилые и уважаемые люди, которые занимались еще с Бааль Суламом». Тогда у Ребе было несколько человек, которые занимались еще с его отцом.

Сначала Ребе пробовал ему объяснить эту ситуацию, а потом, я слышу, он ему отвечает: «Знаешь, у меня маленькая пенсия, каждый из них дает мне десятину. Кроме тарелки супа, хватает на кое-что еще».

Это так его успокоило, он принял это совершенно нормально. Он решил, что все в порядке. Ему стало понятно, ради чего старик занимается с этими никчемными людьми, пришедшими из Тель-Авива. Это было здорово. Мне так интересно было смотреть, как его успокоил этот ответ. Вроде, как можно было всему этому поверить? А он воспринял все хорошо.

- **В чем выгода духовного развития?**

Если говорить откровенно, я не знаю. А какая вообще может быть выгода? Можно ли убедить, допустим, кошку или собаку в выгоде музыкального развития? Животные к этому не способны. Что значит не способны? Это значит только то, что у них нет соответствующего желания. Если нет желания, значит, нет способности. Наши внешние способности — это выражение внутреннего желания.

У кошки нет желания к музыке. Проигрывает она от этого или нет?

Поговорите с человеком, который живет в деревне, пасет там свою корову. У него есть жена, дети, все то, что ему нужно. Зачем ему нужен город, все существующие в нем проблемы, все, что там делают люди, чем они дышат, как они торопятся и спешат? У него все нормально, зачем ему нужны деньги? У него все есть, он ведет натуральное хозяйство. Зачем ему нужны различные науки? У него есть все, что ему необходимо. Он страдает? Нет. Он несчастен? Тоже нет.

То есть в принципе, вопрос о выгоде духовного развития не стоит. Никакой выгоды нет. Просто если человека приперло, ему дается методика развития духовного ощущения, а если не припирает, то никакая методика ему не поможет. Это как музыка для кота. Ему можно симфонию играть, а он будет спокойно спать.

Когда мы работали над духовными мелодиями Бааль Сулама, то я их напевал, а композитор-профессионал записывал мелодию и обрабатывал ее. И здесь же лежал его кот, здоровый, килограммов 15. Мы тут плачем над музыкой, а он спит, понимаешь ли, прямо блаженствует. Кому из нас лучше, я не знаю.

Человек тоже хочет достичь блаженства, как этот кот. Человек спрашивает: а что даст мне духовное, в чем выгода? А коту это не нужно, он уже на своем месте.

- **Вопрос: Кот совершеннее человека?**

Очень хороший вопрос. Кот действительно находится в более совершенном состоянии, чем человек. А неживой объект находится в еще более совершенном состоянии. Это естественно.

Чем более развит объект, тем в более несовершенном состоянии, пропорционально высоте своего развития, он находится. Тем больший дискомфорт, тем большие желания, тем большую потребность их наполнить он ощущает и, естественно, тем большей способностью к движению он обладает. И вот это уже не камень, а растение, уже не растение — это уже животное, не животное — это уже человек, не человек — это уже духовное кли.

Поэтому в принципе, если человек может надеть шляпу, сесть под баобабом, то почему нет?

Мы должны реализовывать то, что зарождается в нас. Когда человек идет и прикупает от других людей их духовные желания, он это делает потому, что ему нужно таким образом развить точку в сердце. Потому что он чувствует давление внутри себя.

Вот вы видите, я встал в 4 часа утра. Почему я не могу нормально спать? Потому что давит. И я ищу методику, чтобы успокоить это давление. Так я объединяюсь с другими людьми. А если перестанет давить? Если перестанет давить, ничего не сделаешь. Тогда человек так и останется на том уровне, на котором у него исчезло внутреннее давление.

Но если человек уже начал развивать точку в сердце и он чувствует давление, то ему нужно к этому внутреннему давлению пытаться добавить еще и внешнее давление и сделать его внутренним. Для чего? Чтобы ускорить путь.

Когда человек приходит в правильную компанию, в правильную группу, он желает, чтобы она в нем подняла внутренние страдания к духовному, желание к духовному. Почему? Чтобы быстрее проскочить этот путь. А не растягивать его на много десятков или, может быть, сотен лет.

Человек может десятки, даже сотни лет существовать так же, как сейчас существуем мы с вами. Чему здесь удивляться? Скорость продвижения зависит только от человека. Творец ничего не может с этим поделать: здесь нет выслуги лет, стажа, ничего подобного. Сделал — сделал, нет — нет, сколько сделал — столько имеет.

Поэтому желательно сжать весь путь и быстренько его пройти. За 3, 5, пусть даже 10, 15 лет. Но все зависит от нас. И здесь нужно действовать уже и против своего спокойствия, против своего благополучия, против своей успокоенности. Возможно ли это? Можно ли набираться страданий? Вот как стоит вопрос.

Если каждое большее, еще не реализованное желание к духовному — это страдание, давление изнутри, то может ли вообще человек набраться правильного возбуждения, страдания от других людей против своей эгоистической природы, которая тянет его к успокоению, релаксации? Если делать это не прямым путем, то может.

Сделать это прямым путем человеку не позволит его природа, его организм. Это все равно, что намеренно заразиться какой-либо страшной болезнью или взвалить на себя какие-то проблемы. Причем сделать это специально ради проблем, а не ради того, чтобы потом что-то выиграть от этого. Есть ученые, которые заражают себя разными вирусами, чтобы испробовать их на себе. Но у них другая выгода. Они насыщают при этом свое другое, более высшее желание — желание к знаниям.

А если никакой выгоды нет? В этом случае у человека нет впереди видимой награды. Но не прямым путем человек может получить от других людей их желания и, т.о., оказаться в еще больших страданиях. Только не прямым путем. И, естественно, что это, в принципе, единственный путь.

- **Вопрос: Как выдержать эти страдания?**
Удрать.

- **Вопрос: Куда?**
Вот был у нас один товарищ, он уехал в Америку. Можно еще куда-нибудь уехать. Удрать. Он может сейчас в другом месте спокойно изучать Каббалу, книжки, даже группу там создавать. Он будет ощущать себя хорошо, комфортно. Только движения не будет. Все остальное будет хорошо и красиво.

- **Вопрос: Где брать силы, чтобы работать со страданиями?**
Силы для работы со страданиями нужно брать тоже только от группы. И только от группы. Мы это видим. Один в поле не воин. В любых страданиях человек инстинктивно тянется к обществу, к окружению, потому что получает от него подпитку.

Это происходит по простому принципу — «царат рабим — хаци нехама». Это означает, что горе общества —

это для каждого полбеды, а не целое горе. То есть в противоположность ситуации, когда человек страдает один, если с ним страдают другие люди, то он ощущает уже меньшие страдания. Почему? Он же вроде должен ощущать больше страданий, ведь он набирается страданий от окружающих?

При объединении людей в группу каждый член этой группы ощущает меньшие страдания вследствие того же духовного принципа общего кли. И как в общее кли приходит в несколько раз большее наполнение, так же относительно общего кли ощущается в несколько раз меньшее страдание.

А что же тогда означает принадлежность человека к группе? Получается, что с помощью группы человек может меньше страдать? То есть меньше стремиться к духовному? Меньше ощущать потребность в нем? Значит, он убивает в себе духовное кли?

Духовное кли — это не страдания. Страдание вообще не может быть духовным. Духовной может быть только страсть, стремление к наполнению. Это так называемые страдания любви, а не переживания человека о том, что ему сейчас плохо. Вот такая здесь есть тонкость и, конечно, еще очень много нюансов.

ГРУППА — КАК МАЛЕНЬКОЕ ГОСУДАРСТВО

«Глупец сидит сложа руки...»

Мы с вами уже говорили о том, что в книгах, о чем бы в них ни шла речь, в действительности описываются только духовные состояния человека, который работает над собой, желая сблизиться с Творцом и ощутить Высший мир.

Особенно это касается праздников. Ведь именно они описывают общие шаги человека, его четкие внутренние действия над собой в его духовном продвижении, тогда как в будни производится только частичная работа с определенными желаниями, состояниями.

Мы говорили о том, что в течение года замыкается круг всех действий, связанных с выходом из эгоизма. Человек, работая над собой, приближает состояние суда, сопровождаемое самокритикой. Это — переломный момент, когда человек, осуждая самого себя, начинает что-то ощущать. Свыше дают ему видение себя относительно духовного.

Этот процесс происходит под воздействием света: на человека — на его душу, точку в сердце, желание — действует более интенсивное излучение Высшего света. Как результат этого, человек ощущает себя более грубым и удаленным от духовного. То есть интенсивность духовного света вызывает в человеке ощущение отдаления именно от духовного.

И тогда он начинает заниматься «самоедством», пытаясь разобраться в себе: кто я такой, почему так поступаю, почему не могу выйти из своих ощущений, из своих плохих свойств и желаний?

Вот это состояние самоедства, когда человек сидит и упрекает себя, очень чувствуется в группах. Об этом сказано, что «глупец сидит сложа руки и ест себя, (букв.: ест свое мясо)». Ни в коем случае нельзя заниматься самоедством. То, что я вижу себя ничтожным, находящимся во власти своих внутренних слабостей, не говорит о том, что я должен, пребывая в депрессии, в этом состоянии и оставаться.

Просьба о продвижении

Как мне обратить это состояние в молитву к Творцу? Ведь Он не случайно дает мне его. Любое состояние дается, чтобы научиться использовать его конструктивно, производительно, это самая главная задача человека, в осуществлении которой и состоит переход из так называемых нечистых сил в чистые, из нечистой стороны в чистую сторону.

Отношение к одному и тому же состоянию раскрытия неисправленного кли может быть двояким. Например, у нас существуют законы относительно обращения с телом умершего. Его окунают в микву, везут на кладбище. В соответствии с законами иудаизма желательно похоронить его в тот же день, т.е. сделать так, чтобы тело максимально быстро разложилось в земле. Есть обычай с этой целью класть в могилу известь.

Однако исполнение этих обычаев в нашем мире не так важно. В действительности говорится о том, каким образом мы должны поступать с нашими умирающими желаниями, свойствами, о том, что нам с ними делать, как их исправить. Нужно сделать так, чтобы они поскорее сгнили и от них ничего не осталось бы, т.е. закопать их в землю, а не сидеть над ними, бесконечно проливая слезы.

Дается семь дней траура — и это четко определено, больше плакать нельзя. По окончании семи дней человек встает, и дороги назад — возврата к прошлому — для него не существует.

Почему именно семь дней? Такое количество нужно, чтобы включить все семь своих свойств в Малхут. Семь дней траура — это как бы семь дней абсорбции умершего свойства в свое новое состояние уже в правильном виде. Затем следует исправить свое желание таким образом, чтобы жить без всякой связи с его прошлым внешним видом. Оно считается уже преданным земле.

То есть наши отрицательные свойства, слабости раскрываются нам именно для того, чтобы мы проделали над ними вот такую быструю духовную работу, связанную с их осознанием. И действительно необходимо все это испытать, осознать эти состояния, ощутить, в какой степени они мне мешают, насколько я нахожусь под их властью и не в состоянии что-либо сделать.

Вслед за этим надо понять следующее: в силу раскрытия этих состояний и моих страданий от того, что они во мне находятся, мне необходимо как можно быстрее эти страдания обратить в молитву. Это означает, что необходимо каким-то образом соотнести их с Творцом, и тогда свыше приходит свет, который исправляет меня.

Свет свыше не имеет названия, у него нет никаких особых свойств. Кли своими желаниями, свойствами извлекает из этого света именно те силы и меры воздействия, которые оно само желает.

Если я буду сидеть в этом свете, показывающем мне все мои недостатки и изъяны, горюя и ничего не предпринимая — все так и останется без изменений.

Но изменением себя изнутри и поиском в этом свете исправления, спасения достигается состояние, при котором он из света, высвечивающего недостатки, превращается в свет исправления — свет АБ-САГ.

И тогда я способен почувствовать, как те же самые недостатки становятся трамплином для моего продвижения вперед. Они как бы подталкивают меня, являясь опорой для следующих шагов.

Вот этот перелом — переход от занятий «самоедством» в продуктивное поэтапное движение вперед — очень важный момент. Здесь особенно важен общий настрой группы, потому что сам человек находится во власти своих нечистых желаний (клипот), которые не дают ему вырваться, даже если он того хочет.

Они снова и снова возвращают человека к себе, не давая ему прорваться и обратиться за помощью к свету, уже начавшему на него нисходить. Раскрытие мне моего внутреннего, нечистого содержания говорит о том, что сверху нисходит свет. И теперь только от меня зависит, как повернуть его к себе, т.е. начать ощущать его более продуктивно — как свет исправления, а потом и как свет наполнения.

Вот здесь и необходимо организовать группу таким образом, чтобы ее общий дух, общее поле, среда вызывали у человека желание трансформировать себя из ощущающего собственные недостатки в использующего их для движения вперед. В этом заключается отличие между «неэффективной» группой (мошав лейцим — бесцельное собрание) и группой действительно каббалистической.

Индикатор состояния группы

Я говорю об этом потому, что мы всегда ищем в своей работе какие-то внешние отметки, внешние признаки, позволяющие нам узнать, где и в каких состояниях мы находимся, продвигаемся ли?

Очень хорошим индикатором группы является способность ее членов из состояния самоосуждения, ощущения апатии, бездействия, находящихся под грузом собственных неисправленных свойств, быстро перейти к эффективному и радостному использованию этого состояния.

Общий настрой группы просто обязан этому способствовать. Если группа в целом входит в состояние апатии, уныния — это значит, она полностью погружается в клипот, т.е. находится под властью нечистых сил. В таком случае группу надо «ломать», что-то сделать, куда-то поехать, напиться, короче, изменить. Нужно предпринять какие-то конкретные, кардинальные действия, вплоть до роспуска группы, встряхнуть ее, а затем собрать снова.

Но сделать это нужно очень быстро, потому что любое промедление приводит к увеличению власти нечистых сил, унижающих человека, а также к внутреннему привыканию к этим состояниям. Это нужно не только записать в устав группы, но и впечатать себе в сердце. Каждый должен поднимать этот дух и осознавать, что печального состояния у нас быть не должно.

Состояние грусти по покойнику — по своему плохому неисправленному свойству — должно быть кратким, достаточным только для его осознания и дальнейшего продуктивного, конструктивного использования — переступить через него и именно на нем построить свои требования к свету об исправлении.

Ведь именно в этот изъян, который я обращаю для того чтобы он исправился, входит свет исправления, а впоследствии и свет наполнения.

Все наши изъяны — слабость, приверженность своим недостаткам, негативное отношение к друзьям, к пути и т.д. — хороши только для того, чтобы осознать их, прочувствовать. Семь дней траура, хотя и необходимы на определенном этапе, в дальнейшем должны быть полностью использованы для следующего поколения, т.е. для движения вперед.

Иначе организм умирает...

- **Вопрос: для чего нужна группа?**

Столько написано на эту тему, что мне уже нечего добавить. Душа раскололась на 600 000 частей, каждая из которых сама по себе является нормальной. Что это значит?

Каждая частичка — это желание насладиться, созданное Творцом. Желание насладиться нельзя назвать ни плохим, ни хорошим, оно нейтральное, к чистым и нечистым силам не имеет никакого отношения. Вся проблема заключается в правильном использовании этого желания насладиться относительно других частичек.

При создании общего кли все частички в нем были «склеены» взаимоотдачей, образуя таким образом общее тело, духовный организм. Здесь можно провести аналогию с нашим телом, в котором при отсутствии «заботы» клеток друг о друге сразу образуется раковое тело, т.е. то, что называется раком. Значит, каждая клетка тела должна функционировать во имя всех остальных, иначе организм умирает. Что, как мы видим, и происходит.

Важно намерение. Если намерение «ради себя» приводит к гибели как организма, так и самой клетки, то намерение «ради других», подобно клею, соединяет все клетки в общий живой организм.

Изначально душа создана такой, что все ее свойства не относятся ни к плохим, ни к хорошим, но когда каждое из них склеивается с остальными с целью взаимодействия, тогда эта душа уподобляется Творцу. Она наполнена и находится на уровне Творца, и нет никакого отличия между ними.

Необходимы два состояния — черное и белое

Для осознания творением своего особого состояния необходимо наличие в нем двух противоположных свойств: того, в котором оно находится, и обратного ему.

Изначально творение создано равным Творцу, но не ощущает этого. Чтобы ощутить это, оно должно оказаться в состоянии, противоположном Творцу, а затем снова вернуться в состояние подобия Ему. Ощущение построено на двух противоположных состояниях.

Например, аппетит. В соответствии с ощущением голода ощущается нами и наслаждение от пищи. То есть, обязательно необходимы два состояния — черное и белое, а контраст между ними и дает нам ощущение. Мы кладем в рот какую-то пищу и вот этот контакт, образуемый входом света (пищи), и дает нам наслаждение, ощущение чего-то.

Если человека поместить в пространство, лишенное каких-либо отметок, контрастов, стыковок между взаимно противоположными свойствами, то он не сможет ничего ощутить. Все наши чувства построены на том, что мы постоянно подвергаемся бомбардировке каких-то внешних воздействий. Должно быть соприкосновение, должен быть удар.

Поэтому душа в своем первоначальном виде находится в бесконечном, вечном, совершеннейшем состоянии, однако не ощущает, не осознает этого. Чтобы появилась возможность осознать это, необходимо переместить душу с первоначального места в совершенно противоположное. Так и было сделано.

Душа сама по себе ни хороша и ни плоха

Общая душа раскалывается, удаляется по своим свойствам от Творца. Что значит раскалывается? — по своим внутренним свойствам удаляется от состояния совершенства. Никакого раскола на самом деле в ней не происходит, она остается такой же. Допустим, духовный образ остается тем же. Мы просто говорим, что она разбивается, как бы разлетается. В нашем мире, в материи, так действительно и происходит. Вследствие Большого взрыва возникла наша Вселенная.

Все частички души утрачивают былую взаимосвязь между собой, в этом и заключается отдаление от Творца и нахождение в состоянии, противоположном Ему, при котором каждая из частичек вместо намерения «ради других» приобретает эгоистическое намерение «ради себя», подобно раковой опухоли.

Как мы видим, изменилось только намерение. Состоянию подобия Творцу присуще намерение «на отдачу», способствующее «склеиванию» всех частиц. В результате его изменения на противоположное, при котором каждый замыкается на себя, как бы исчезает некое вещество, подобно клею связывающее частички друг с другом. Такое состояние, противоположное совершенству, называется Адам Ришон (Первый Человек) после грехопадения.

Исправление — возвращение души к совершеннейшему, вечному состоянию — заключается в том, чтобы снова обрести это вещество, связывающее души между собой.

Любая из этих частичек (душ) сама по себе ни хороша и ни плоха. Имеет значение только намерение, ее отношение к остальным, ради себя или ради других. Лишь это и определяет твое состояние: находишься ли ты в удалении от Творца, от духовного, или, наоборот, пребываешь в состоянии, равном Ему, вечном и совершенном.

То есть, о самом человеке, о каждой отдельной частичке — частной душе, не являющейся ни плохой, ни хорошей, даже не говорится. Речь идет только об отношениях с другими частями, другими душами, составляющими общую душу.

Другой работы нет

Поэтому на вопрос о необходимости группы возникает встречный вопрос: а с кем еще можно совершить исправление? С Творцом? С Ним ты этого не сможешь сделать. У тебя к Творцу могут быть только требования — исправь, дай силу, двигай вперед! И все это только по отношению к другим душам, т.к. больше ничего нет.

Получается, что мы, собирая здесь, допустим, двести человек, можем создать между собой какую-то соединяющую нас связь, или, наоборот, почувствовать себя не в состоянии «склеиться» друг с другом, и тогда будем просить об этом. Поступая таким образом, мы осуществляем именно то, чем должна заниматься вся душа, все ее осколки.

Каждый из нас не нуждается в исправлении — мне нечего в себе исправлять. Он таким меня создал, это моя природа. Для меня важно исправить только мое отношение к другим. Поэтому без группы, без работы с другими тебе нечего делать — в таком случае тебе не нужна Каббала.

Что такое Каббала? Экран, намерение на отдачу. Ни одно из присущих мне свойств никуда не исчезает, ни одно из них нельзя никоим образом изменить. Ты меняешь только их применение. Ты не можешь вырезать и выбросить из человека ни одного из его свойств.

Да это и не нужно. Потому что это единый организм, он таким и должен быть. Необходимо только исправить намерение, сориентировать его на остальные души. Вот почему на практике мы можем делать это только в группе. И мы не должны обращать внимание на то, кто находится в группе. Это совершенно неважно.

Меня не должны интересовать свойства каждого — таким он создан. Мы должны обращать внимание только на взаимоотношения между товарищами. Каждому человеку необходимо найти этот клей, который связывал бы его с товарищем, а иначе в группе ему делать нечего.

Из этого следует, что вся наша учеба, все наши мероприятия и вообще все, что мы делаем — только ради этого! Другой работы нет. Если предложите что-то еще — мы с удовольствием это начнем применять.

Взаимодействие душ с Творцом

Есть ты, Творец и другие души. Ты — это душа, я не говорю о твоем теле, его можно заменить. Вот мы сейчас вызовем пару хороших хирургов, и они тебе заменят все, но душа останется.

Это говорит о том, что есть ты, есть Творец и остальные подобные тебе души. Ты — это душа, кроме тебя у Творца есть еще 599 999 душ, к каждой из которых Он относится в совокупности со всеми остальными душами.

Что означает «Он относится»? Творец наполняет души в той мере, в которой каждая из них стремится к соединению с остальными, чтобы стать подобной Творцу. Мы уже говорили о том, что т.н. вещество, «склеивающее» души — это отдача другим. И если какая-то частичка не стремится быть подобной Творцу, т.е. не стремится склеиться с остальными частичками, то в соответствии со своим намерением она удалена от исправленного состояния.

Объект, называемый душой, статичен. Меняется в нем только намерение каждого элемента по отношению к другим. Творец — это общая сила, которая вызывает изменения в этой душе и заставляет ее в итоге прийти к соответствию с Ним.

Кроме Творца и этой общей души, ничего нет. Таким образом, я должен принимать во внимание себя, остальные души, находящиеся вместе со мной в этой общей душе, и Творца. А больше не о чем думать.

- **Вопрос: чем является для меня группа?**

Группа для тебя — это олицетворение вот этой общей души, в результате «склеивания» с которой ты достигаешь подобия, сближения, слияния с Творцом.

- **Вопрос: является ли для меня группа олицетворением Творца?**

    Можно сказать, что группа — олицетворение Творца. В той мере, в которой ты склеиваешься с группой, идешь на отдачу ей и чувствуешь в ней духовность, в той мере ты ощущаешь в группе Творца, Его отношение, явление вам, тебе.

- **Вопрос: что значит что кроме меня и Творца ничего нет?**

    Когда я говорю, что кроме меня и Творца ничего нет, я хочу этим сказать, что все, существующее в мироздании, зависит только от меня и от той силы, которую я получаю от Творца.

    То есть я не должен ждать от своих товарищей каких-либо действий по отношению к себе. Мне также не нужно принимать во внимание то, каким образом существует мир вокруг меня и что с ним происходит. Мне только необходимо, во взаимодействии с Творцом, изменять свое отношение к Нему, к этому миру, к группе.

- **Вопрос: В чем заключается руководство Рава?**

    Тебе нужна группа из себе подобных, именно в нашем, материальном мире, чтобы отработать эту связь, ведь, находясь в духовном мире, мы бы исправиться не смогли. Это возможно именно с уровня нашего мира, когда мы можем отрабатывать духовные вещи, еще не находясь в духовном.

    Руководитель нужен для того, чтобы указывать, подсказывать — где и что нужно исправить, сделать по-другому. Поскольку руководитель — это человек, находящийся на более высшей ступени, нежели та, которой соответствует группа, то он управляет ею как бы со стороны. Группа может уйти в сторону, не осознавая этого. Для того, чтобы выровнять группу, встряхнуть ее, нужен Рав.

    Можно руководить на расстоянии — через интернет, но при этом необходимо очень хорошее внутреннее ощущение людей, находящихся с тобой в виртуальной связи. Нужен постоянный контакт с ними, откровенная переписка, регулярные видеозанятия.

- **Вопрос: как относиться к Раву?**

Слово «рав» произошло от слова «большой». Если я артист, а ты большой, великий артист, то ты по отношению ко мне — рав.

В чем Рав должен быть большим? В том, что его советы в отношении действий по исправлению и сближению с Творцом в группе являются для тебя указаниями.

Это означает, что его мнение важнее твоего. А если это не так — значит, он тебе не Рав. Ты сам делаешь себе Рава.

Это не должность, на которую можно избрать любого. Но без Рава группа не обойдется, и, естественно, это должен быть человек с опытом духовной работы, уже прошедший все эти состояния.

Главное требование к учебе

В п. 17 «Предисловия к «Талмуду Десяти Сфирот» говорится: когда человек открывает книгу и начинает ее изучать, то самое главное — чтобы он делал это ради получения веры. Это должно быть его основное требование к учебе.

Учеба должна вызвать в нем веру в Творца, веру в получение им вознаграждения и наказания в зависимости от его действий, его отношения к учебе и т.д. Итак, самым главным для человека является обретение веры.

Верой называется ощущение Творца, когда человек начинает понимать, что находится в диалоге, во взаимодействии с Творцом, когда он отдает и получает, а Творец получает и отдает. Это взаимодействие происходит по каким-то определенным правилам, законам, которые человек хочет изучить.

Он желает достичь ощущения Творца не для того, чтобы испытать какие-то особые состояния, а для эффективного исправления себя, сближения с Творцом, уподобления Ему.

Если человек открывает книгу или производит какое-либо действие, в группе или вне ее, именно с таким намерением, то тогда, как написано, в течение периода от трех до пяти лет он входит в духовный мир.

Но проблема состоит в том, чтобы, во-первых, осознать, что самое главное и единственное, что тебе необходимо — это исправление, уподобление Творцу. Во-вторых, исправление возможно только посредством силы твоего ощущения Творца. То есть при условии, что я увижу Его, смогу ощутить в себе, а Он наполнит меня, мои ощущения Собой. И я хочу увидеть Его, ощутить и сблизиться с Ним только для того, чтобы иметь возможность исправить себя, уподобиться Ему.

В этом, в принципе, заключается внутреннее содержание этих пунктов «Предисловия к «Талмуду Десяти Сфирот». Тем, кто читает на иврите, приходится еще труднее. Вы не можете себе представить, насколько сложны тексты на иврите. Я могу тебе прочесть этот отрывок на иврите, перевести его, и ты увидишь, до какой степени он запутан, переплетен. Он настолько не входит ни в какие рамки, что его невозможно понять.

В своих книгах я не имею возможности передать всю глубину текстов, написанных Бааль Суламом. То, что я пишу — это всего лишь тысячная доля от ощущений глубины его текстов. Это делается для того, чтобы человек, который их читает, по крайней мере правильно понял эти несколько процентов от истинной глубины написанного.

Мы даже не можем себе представить, где находится тот уровень, с которого писал Бааль Сулам, настолько высока мера его исправленности. Если бы я со своего уровня излагал это своему товарищу, то тем, для кого я пишу, это тоже не было бы понятно. Поэтому приходится написанное Бааль Суламом уменьшать во много-много раз, но, по крайней мере, хоть что-то есть. Оригинал, конечно, остается оригиналом, но для начала мои книги все же необходимы. Без этого никак нельзя.

Я даже не знаю, что такое «противоположен»

Я должен смотреть на свою группу как на олицетворение общей души. То есть поле моей деятельности по уподоблению Творцу сконцентрировано среди этих пятидесяти, ста человек. Я должен принять их как сокращенную версию общей души, с пониманием того, что Творец, поставив их передо мной, дает мне возможность именно здесь, с ними найти контакт и произвести свое исправление.

Допустим, каждый из нас соответствует определенному количеству человек: один — ста миллионам, другой — миллиарду, третий — ста тысячам, и т.д. Группа построена таким образом, что если я во всевозможных вариациях и изменениях отработаю себя по отношению к членам группы, то это практически и будет моим полным исправлением.

Что значит «полное исправление»? При достижении этого состояния в нас и в наших взаимоотношениях произойдут такие изменения, которые будут способствовать нашему совместному восхождению на все духовные ступени и возникновению между нами так называемой «склейки». Этого достаточно.

В связи с этим Бааль Сулам пишет, что надо стремиться к созданию группы, как бы маленького государства, на духовных, каббалистических законах. А потом уже к этому образованию будет приближаться весь остальной мир. Причем, в силу того, что группа включает в себя абсолютно все элементы общей души, поэтому законы и взаимоотношения, установленные в этом маленьком каббалистическом обществе, будут таковы, что не понадобится никаких изменений.

Ко всему остальному миру нужно относиться только как к полю деятельности, включающей в себя работу по распространению и т.д. Но духовная работа внутри группы не должна прекращаться, убегать от нее уже некуда. Если человек выведет себя из такого отношения к товарищам, то просто пойдет не в ту сторону, поэтому сразу видно, в каком состоянии он находится.

Однако, это ничего не говорит о том, что с ним впоследствии произойдет. Каждый из нас меняется каждую минуту. Но наличие у человека правильного отношения к своим товарищам означает, что он находится в хорошем состоянии.

Я никогда не должен трактовать то, что происходит в группе и, в частности, со мной, или то, что происходит между мной и всем общим миром, и вообще все происходящее в мире, как те или иные действия или намерения Творца.

Каббала потому и называется тайной наукой, что все намерения, даже наши по отношению друг к другу, скрыты. Мы просто знаем, что все намерения человека эгоистические, но, в принципе, они скрыты, тем более, намерения Творца.

Есть люди, пытающиеся всевозможными способами их излагать, объяснять, что, дескать, Творец делает так-то потому, что Ему хочется того-то и т.д. Это все абсолютно безосновательные выдумки. Никогда мы не можем понять, никакая наша логика не в состоянии уловить между всеми этими якобы причинами и следствиями, где в действительности находится прямое действие Творца, в чем проявляются Его намерения и цели.

На самом деле все оказывается совершенно не так, как мы можем себе вообразить. Если бы мы смогли увидеть общую картину, то нам сразу стало бы понятно, что все это основано не на нашем разуме, не на наших намерениях и свойствах.

Итак, мы никогда не можем знать точной причины того, почему то или иное действие происходит. Никогда. Потому что находимся в совершенно другой природе — не в природе Творца, а в природе творения, в эгоистическом намерении.

У нас все мысли, чувства, буквально все работает в обратную, пртивоположную сторону. Даже не просто в обратную, будто можно, развернувшись на 180, увидеть — вот это Он, а я противоположен Ему. Я даже не знаю, что такое «противоположен».

Люди, выдумывающие различные объяснения, произносящие нравоучения друг другу, ссылаясь будто бы на намерения Творца, думают, что они понимают что-то. Не может человек понять это.

Понять намерение Творца — это уровень даже не каббалиста. Намерения Творца постигаются человеком по мере его исправления. Когда Творец вселяется в тебя, ты ощущаешь Его действия в себе. Мы являемся следствием Его намерений, а намерения Творца постигаются уже после «Полного исправления».

Это уже 7-е, 8-е, 9-е, 10-е тысячелетия. Эти уровни выше уровня «Конца исправления» (Гмар Тикун), они следуют за полным исправлением и дальше, и называются Тайнами Торы. Тайны — не потому, что нельзя их раскрывать, их просто невозможно никому объяснить. Они являются Тайнами в силу того, что никто не в состоянии в них что-либо понять.

Мы никогда не можем комментировать Творца, это занятие совершенно невероятное. Но есть любители этого, их много в каждой группе, я знаю. И ничего нельзя сделать — постепенно это исправляется.

Никто никому не должен читать нотаций

- **Вопрос: Как мы можем видеть причину и следствие?**

Как?! Я приведу простой пример: продвигаясь, я чувствую, что становлюсь хуже. Я никак не могу согласиться с тем, что это продвижение, т.е. если сегодня я хуже, чем был вчера, то это говорит о моем продвижении.

Ты меня в этом не убедишь. В чувствах ты меня не убедишь. Да, на бумаге я могу написать, что это так, но только на бумаге, а не в своем сердце.

- **Вопрос: Но если человек осознает конечную цель, ему легче согласиться?**

Ты хочешь сказать, что если бы я знал и видел перед собой окончательную цель, то я бы лучше представлял себе и то, что со мной происходит? И тогда, осознав и ощутив всю разницу между тем и другим в правильном виде, я бы воскричал к Творцу.

Не нужно этого. Человек не в состоянии этого выдержать. Тебе дают увидеть в себе только то, что ты в состоянии ощутить и выдержать, больше этого — нельзя. Я говорю серьезно. Нельзя показывать человеку чуть больше того, что он может выдержать. Оптимально сверху нам так и показывают. Поэтому никто никому не должен читать нотаций.

Ты, конечно, можешь кричать на другого по поводу невыполнения им какого-либо задания и т.п. Но не вмешиваться во внутренние процессы. Даже если кто-то спит, я не могу на него кричать. Я могу здесь разнести все, но есть вещи, относящиеся к духовному, и я не могу ничего сделать. Я даже сказать ничего не могу, у меня просто не открывается рот. Потому что Творец таким образом раскрывает каждому то, что тот способен ощутить. Только в такой мере человек может ощутить себя неисправленным. И не больше. И нельзя в это вмешиваться.

Сказано: «перед слепым не клади препятствий». Только Творец знает, что и как надо раскрыть человеку, чтобы тот ощутил себя неисправленным. Даже Рав не имеет права в это вмешиваться. Только Творец имеет отношение к тому, что касается раскрытия духовного кли в его неисправленном состоянии.

Потому что, в принципе, душа каждого находится в руках Творца, в руках этого Света. Конструкцию твоей души я понять не могу, так как я такое же, созданное таким же образом, как и ты, творение. Каждый из нас остается маленьким элементом общей души.

Я могу указать тебе общие пути исправления, рекомендовать те или иные действия, но — общие, вселиться в тебя я не могу. Каждый из нас пребывает сам в себе. Поэтому руководитель стоит и смотрит, со стороны указывая общий путь, путь в сторону слияния с Творцом.

Пусть мед в этих сотах сольется, а стенки расстают

- **Вопрос: Какая существует методика убеждения 10 % населения Израиля и 10 % населения народов мира в необходимости изучения каббалистических источников?**

Методика очень проста: необходимо довести, насколько это возможно, до сознания всех людей в мире информацию о том, что дает человеку Каббала. Чтобы каждый человек, у которого раскрывается точка в сердце, знал, что существует методика, которая эту точку в сердце успокоит, т.е. разовьет и наполнит.

Методика простая: нужно любыми путями донести до каждого человека в мире знание о Каббале. На всякий случай, пока еще не закололо у него сердце, пока не появилось желание именно к духовному, к тому, чего нет в этом мире. А когда это случится, тогда человек будет знать, куда бежать и у кого спрашивать.

Письма такого рода я получаю из бывшего Союза: Донецкая область, Ставропольский край, Алтай, каких названий только нет и откуда только не приходят письма! Люди пишут о том, что им в руки попала книга о Каббале, и именно это они искали всю жизнь.

- **Вопрос: Если у человека раскрывается точка в сердце, то он и так тянется к Каббале!**

Но ведь человек не знает, к чему он тянется! И хорошо, если в этот момент перед ним оказывается нужная книжка. Причем одна среди тысячи других книг. Тогда человек, из всех этих книг, может быстренько выяснить, куда его тянет. Может быть он еще не развился до нужного уровня, тогда он будет читать различную литературу о медитации, о йоге и думать, что с помощью диеты или каких-то упражнений он тоже может развить в себе духовное кли.

Ничего плохого в этом нет, это вспомогательные методики и они помогают быстро выявить, что Каббала на самом деле является истиной. В наше время все так развивается специально.

- **Вопрос: Какие в Бней Барух уже есть наработки по доведению знаний о Каббале до 10 процентов населения планеты? Если мы выпустим 1000 книг или выступим по радио для русскоязычных в Израиле, то это ничего не изменит в Китае и ничего не произойдет ни в Америке,**

ни в Европе, ни в Азии, нигде! А нам нужно охватить 600 миллионов человек!

Я не задаюсь количественными задачами охвата 600 миллионов человек в мире, как и 10 процентов населения Израиля.

Зададимся этим вопросом с другой стороны: как можно донести до человека какую-то информацию, т.е. каким образом он ее получает? Человек получает информацию через свои 5 органов чувств и через шестой орган чувств — через душу.

Если мы занимаемся, выполняем какие-то духовные упражнения, вызываем нисхождение окружающего света, то свет в общем виде действительно воздействует на всех и это реально происходит. Это и есть наше духовное распространение.

На вещественном уровне распространение происходит тогда, когда рассылаются звуковые файлы, отпечатанные слова — все существующие в нашем мире виды информации.

Духовное распространение происходит тогда, когда мы целеустремленно занимаемся с определенной целью, с определенным намерением. Ведь точка в сердце каждого человека и так соединена с точками в сердце абсолютно всех людей в мире. Мы представляем собой одно общее кли, одну душу.

Поэтому необходимо, чтобы от наших точек в сердце нечто подобное излучению проникло во все остальные души, несмотря на то, что каждая из них находится в своей эгоистической оболочке, как соты в улье. Нужно, чтобы мед в этих сотах слился вместе, а стенок бы не было, чтобы они ушли, растворились.

Если мы сами будем заниматься с таким намерением, и с таким же намерением будем заниматься вещественным распространением, то это будет помимо всего прочего еще и духовным распространением, и оно обладает очень сильным воздействием.

А вообще в материальном мире есть, наверное, миллионы способов распространения, и ими всеми нужно пользоваться. Какие тут могут быть наработки методик? Наработками является все, что мы делаем, и многие из вас знают об этом лучше всех, потому что сами этим занимаются.

- **Вопрос: Значит, наша основная задача — это духовное распространение?**

Нет, наша основная задача — распространение через материальный носитель. Мы используем материальный носитель, используем его по максимуму и не получаем на него нормального ответа.

Например, сколько вы распространили выпущенных мною книг? А кассет, дисков и прочих носителей информации? Мы распространяем, работаем и кричим. К распространению относятся не только книги. Это телевидение, радио, все суммируется. У нас нет возможности измерить все это.

Но после того, как человек делает все, что от него зависит, он начинает задаваться вопросом, что он не видит отклика на свои усилия. И поскольку он тратит на распространение очень много энергии и очень много желания и не получает ответа, у него возникает кли, хисарон, что распространение, которым он занимается, недостаточно эффективное.

Каким же тогда оно должно быть? И здесь к человеку приходит другая, вторая составляющая распространения — духовная. Человек начинает понимать — того, что он делает, недостаточно, и к материальному распространению он должен присоединить еще и духовное распространение.

Он должен вложить в распространение духовную силу. Он должен вложить в него свое намерение. И оно проявляется. Намерение появляется по мере того, как человек занимается распространением. Потому что его физические действия строят в нем нормальное внутреннее намерение. Но намерение не может появиться раньше физических действий человека. Не может.

Поэтому существует много групп, которые сидят, тихонечко внутри себя занимаются и говорят: этим мы несем миру добро. Ничего особого они этим миру не несут. Я, конечно, говорю приближенно, нельзя отрицать их вклада, но это не то, что может действительно изменить или продвинуть мир вперед. Необходимо, чтобы духовное распространение возникло именно как надстройка над простым распространением.

Устав группы

- **Вопрос: Где проходит грань между системой Каббалы и системой мусар (этики)?**

С одной стороны духовное, каббалистическое развитие человека должно быть осознанным, добровольным. Оно должно исходить из внутренней потребности самого человека. Ни в коем случае его нельзя принуждать. Ни в коем случае человеку нельзя, в принципе, принуждать и заставлять себя, как это делается в методике мусар (этика), из чувства боязни, страха наказания.

С другой стороны, как может существовать группа, если она не ставит перед собой конкретных рамок, границ, обязательных для ее существования? Создание группой рамок не относится к ограничениям из страха, а относится к методике создания общего кли.

В системе мусар, которая принята в Англии и во многих других местах, человек воспитывается понуканием или угрозами. Это очень действенная система, использующаяся в обычных религиозных заведениях всех религиозных течений, в том числе и в Израиле. Она прекрасно действует в нашем мире. Мы знаем, как все религии распространялись с помощью страха и наказания. Вознаграждение и наказание, что еще нужно человеку?

Когда человек вырастает до уровня духовного развития, на него эти страхи уже практически не действуют. Он не может сам себя ни к чему принудить, не может сам себя практически ни в чем ограничить. И точно так же нельзя ставить для него никаких внешних ограничений, кроме ограничений для его вхождения в общее групповое кли.

Группа — как маленькое государство

То есть, необходимо, чтобы мы принимали его к себе, а не он тянул нас в то общество, с которым он сейчас связан. Вот и все. Но это должны быть очень жесткие рамки. Если кто-то не согласен с нашими канонами, с четким уставом группы, тянет группу назад, ослабляет ее, привносит посторонние желания и мысли, то от такого человека надо избавляться.

- **Вопрос: Кто это может определить?**

А это все тот же вопрос, который уже задавали: в правильной группе я нахожусь или нет, правильный у меня учитель или нет.

Ответить на него может только сама группа — своим развитием. В мире нет ничего абсолютного. Нет абсолютного Творца, нет абсолютного творения, нет абсолютных законов. Потому что это все мы постигаем в себе, внутренним образом, а мы постоянно меняемся.

Поэтому Творец выглядит в человеке все время изменяющимся. И человек сам себе кажется все время меняющимся, и методика и все прочее выглядит меняющимся. Поэтому нельзя повесить на стенку какой-то устав и сказать: вот это незыблемо. И этот устав тоже должен постоянно меняться вместе с нами.

Кто определяет необходимость изменений? Это определяет сама группа. И больше никто. И никто вне группы не может ей указать. Как группа определяет необходимость изменений? Она определяет это в той мере, в которой она понимает, что написано в советах наших Учителей.

Открывайте статейки, книжечки, смотрите, что они советуют. Как вы понимаете их советы, как вы на них смотрите, как вы к ним относитесь? Исходя из этого и делайте себе устав. А назавтра вы, естественно, будете его переписывать.

Если группа будет продвигаться, то она будет переписывать устав. Это показатель ее продвижения. Чем более динамичная группа, тем быстрее в ней меняется все, что было вчера.

А если в группе есть люди, которые не хотят ничего менять, то, очевидно, они не относятся к каббалистам. Возможно, они находятся в группе в качестве балласта. Дело в том, что балласт с одной стороны тянет, а с другой стороны дает устойчивость. И это проблема. Проблема в том, как мы это воспринимаем. Это очень большая проблема. Инертность есть в каждом из нас. Человеку хочется быть привязанным к чему-то постоянному, надежному, привычному, как отчий дом. И понемножку выпрыгивать оттуда, как это делает ребенок, и возвращаться обратно. Если человек будет правильно продвигаться, то его оторвут от привычных вещей, свыше оторвут.

Развитие мировых групп

- **Вопрос: В чем должна быть автономность и зависимость внешней группы от основной группы Бней Барух?**

Как все должно быть организовано? Необходимо выработать общую систему занятий. Каждая группа должна следовать установленному плану. Если группа организована только сегодня, она, естественно, не будет изучать то, что изучаем мы, но она должна изучать материал по тому же плану, по той же методике, по которой работаем мы.

Человека строит в первую очередь правильная учеба, чтение нормальных статей, писем, изучение правильного материала, правильная подача материала, учеба в правильном порядке. Значит, изучать материал необходимо точно по той методике, которая принята у нас. Тогда группа, которая берет эту методику и изучает по ней материал, естественно, уже в чем-то будет понимать нас, а мы будем понимать ее.

И я бы сказал, что это наша проблема. Наша вина в том, что мы до сих пор еще не создали четко работающего через Интернет открытого университета. Куда мог бы зайти любой человек в мире, или один, или с группой, и взять для себя программу занятий, материал занятий, с тем, чтобы выполнять программу, изучать, повторять материал, делать задания, давать ответы на заданные в конце занятий вопросы, присылать эти ответы нам, получать оценки для самоконтроля и знать, где они находятся и таким образом идти вперед.

Такая система должна четко работать, как открытый университет. Я надеюсь, что мы организуем его в течение ближайших нескольких месяцев. Я уже начал привлекать к этому людей и из основной группы и из внешних групп и даже посторонних. То, что касается занятий, должно быть сделано в первую очередь.

И второе, если группа серьезная, большая или действительно перспективная, она должна иметь связь с нами. Группа должна периодически приезжать к нам сюда или мы каким-то образом должны ездить к ней, неважно, как это будет происходить, но между нами должен быть контакт.

Вы сейчас пробудете здесь около 2 недель. Через 2 недели вы увидите, с чем вы вернетесь к себе. Результат нашего совместного сближения неоценим. Он зависит от того, сколько вы выпьете и закусите с нами. Я не смеюсь, правда. Результат зависит и от вашей работы на кухне, и так далее.

То есть это вещи, которые невозможно перевести, например, в килобайты передачи какой-то информации по проводу от нас, допустим, в Нью-Йорк и так далее. Это не передается. Поэтому такие встречи — это необходимое условие.

Итак, правильные занятия и четкая связь между нами будут говорить о том, что группы связаны между собой.

Я знаю примеры таких групп, которые распались из-за отсутствия связи между нами. Сплотиться они не могли. Передать им на расстоянии то, что необходимо, я тоже не мог. И не было такого места, куда они могли бы приехать и посмотреть на пример для подражания. К Ребе в то время я взять их не мог. Что они там увидели бы? Группы у него в общем-то не было. И в других местах тоже. Были только зачатки, было много начинающих заниматься, но примера не было.

Я не говорю о роке, о том, что могло произойти, что не могло. Я не делаю выводов задним умом, что так происходит или не происходит.

Я говорю о том, что я должен делать при данных обстоятельствах. Я не говорю, что если получится — это с неба, если не получится — тоже с неба. Это не мое дело. «Им эйн ани ли ми ли?» — если не я, то кто мне поможет? Поэтому мы говорим только о том, что мы должны делать. А что из этого выйдет — неизвестно.

На самом деле, это еще вопрос, кто вообще на самом деле вызывает проявление духовности. Наши усилия вкладываются в нас сверху в виде страданий, в виде желаний. Далее мы являемся проводниками желания Творца и практически реализуем в наших мыслях, в наших действиях Его желания. Они становятся нашими и дальше мы их выполняем.

Что получится в результате наших действий? Если Он нас толкает на эти действия, то все должно получаться оптимальным образом. Группы могут рассыпаться, вновь создаваться, в них могут быть всевозможные течения, потоки, расколы, и с нашей точки зрения все это может восприниматься нами как правильное, неправильное, хорошее, не хорошее. Но нам просто нужно, несмотря ни на что, идти к конечной цели.

Разногласия в группе

- **Вопрос: А если группа, пытаясь выработать для себя некие правила, некие каноны, не может договориться даже об обычных канонах, каких-то простейших правилах?**

Разногласия в группе, какими бы они ни были по остроте или по своей важности, категоричности, никогда не говорят о том, что группа находится в лучшем или худшем состоянии. Наоборот, все происходит, как у отдельно взятого человека — чем выше он продвигается, тем хуже он себя чувствует, тем больше он чувствует свои проблемы, тем больше он ощущает свою противоположность Творцу.

Поэтому, он не должен радоваться самим проблемам, он должен радоваться раскрытию проблем, для того, чтобы их исправлять. А не как Бен Гурион: «О! Наконец-то и у нас появились воры и проститутки. Наконец-то и мы — как все!»

Группа — как маленькое государство

Ну и что дальше? Хорошо, раскрылось то, что раньше было скрыто в народе, ну и что он с этим делает? Ничего? Вот он и имеет на сегодняшний день то, что заслужил. Раскрытие в нас наших пороков похвально, это говорит о том, что мы уже готовы исправлять то, что раскрывается. Но именно такой подход должен быть к порокам.

Поэтому меня нисколько не беспокоит, что в группе начинаются склоки, волнения, один другого съесть готов. При правильном подходе это нормально. Если применяется правильный подход, то это хорошо.

Ну, а если люди смотрят на это не конструктивно, не созидательно, то это, конечно, ужасно. Тогда лучше оставаться на неживом уровне, залечь, как подводники, тихонько притаиться и ждать. Это тоже проблема.

В Торе сказано: когда старики разрушают, это строительство, когда молодые строят, это разрушение. Поэтому внешнее действие может выглядеть как разрушение. Бааль Сулам приводил такой пример: отец с сыном пришли к портному шить костюм и портной начал резать материал. И тут сын закричал: «Смотри, что он делает!» Отец понимает, что из этого выйдет, а сын не понимает, ему кажется, что уничтожают такой красивый кусок ткани.

Организация предприятия

Может возникнуть вопрос: каким образом выводить из равновесия неактивное большинство. Это проблема. С одной стороны: что значит большинство неактивное? У каждого человека, находящегося в группе, естественно, есть какая-то своя ниша, своя доля в общем продвижении. В группе нет абсолютно пассивных членов. Каждый хоть что-то, но делает, хоть каким-то образом, но что-то вкладывает. Нужно смотреть только в общем, ослабляет ли человек желание группы к Творцу или нет.

У нас был один такой очень показательный случай. В нашей группе был один товарищ, который занимался с самого основания группы и в последние годы все слабел и слабел. Что только мы ни делали с ним. Мы пытались и тащить его сюда, и успокаивать, и все, что угодно. Ничего не помогло. В итоге он, появляясь у нас в группе, просто начал демонстрировать, что ему на все наплевать.

И тогда его бывшие товарищи заявили, что они не могут находиться рядом с ним, потому что он вызывает у них равнодушие, отвращение к их пути, ослабляет их, вызывает апатию. То есть, они не могут смотреть на такой пример. И тогда уже ничего не оставалось делать, как просто сказать ему: «Дорогой наш, мы не можем больше удерживать тебя никоим образом».

Но с другой стороны, он знает, что если вдруг он изменится, то он всегда может вернуться. У нас нет такого, чтобы никогда нельзя было вернуться. Все мы меняемся от одной крайности к другой так, что в будущем вообще нет ничего вечного, все действительно только относительно конкретного случая и в конкретный момент.

Если судить только по этому критерию, то смотрите сами, кого совершенно нельзя держать в группе. Для этого другие члены группы более-менее должны почувствовать, что человек их ослабляет. Это должна почувствовать активная часть группы. А неактивным членам группы это неважно.

А вот все больше и больше тянуть других членов группы за собой можно только путем организации группы как предприятия.

Вы все в принципе знаете, как организовать дело. А сколотить группу так, чтобы каждый был при деле и выдавал максимум своей духовной продукции, не можете. Разве здесь находятся глупцы? Это люди, которые работают на предприятиях, которые сами могут руководить, и где-то и кем-то руководят. А нормально сделать свой коллектив таким же эффективным, рабочим, как организацию, как предприятие, не в состоянии.

Потому что здесь присутствует внутренняя духовная проблема. Предположим, эту духовную проблему можно полностью изъять, просто превратить себя в предприятие по выпуску духовной, каббалистической информации в виде книг, кассет, дисков, выступлений на радио и всего прочего. Нам нужно быть, так сказать, везде. Пропаганда Каббалы является нашей продукцией. Ведь существуют такие предприятия в мире, например PR-компании. Вот и давайте сделаем что-то подобное.

Мы все равно не сможем быть нормальным, четко работающим предприятием, потому что внутри находится духовная цель, которая постоянно будет нас дергать. Но если мы, вопреки всему, будем пытаться сделать это, то тогда, делая, в принципе, материальные действия, мы будем работать духовно.

То есть, выпуская книги, печатая, выполняя совершенно обычные физические действия, хотим мы того или не хотим, мы будем выполнять в них нашу духовную работу.

Поэтому нужно создать такое предприятие, чтобы каждый человек был занят своей работой. Каждый человек обязан что-то выпускать, обязан работать, как в любом другом месте, как на своей основной работе, где он получает за нее деньги. А если нет, то будь здоров, дорогой, мы тебя увольняем, уходи из группы.

Но конечно, каждому человеку необходимо давать посильную работу, по мере его возможностей, его способностей и т.д. Но организация должна быть именно такой и тогда вы найдете более или менее эффективный путь движения. И вы даже не представляете себе, сколько духовного будет внутри него.

Ни одно самое маленькое действие, ни одна буковка нигде не отобьется и никуда не пошлется, если в ней не будет духовного содержания. Хотя в тот момент вы о нем, может быть, даже и не будете думать. Но вас сверху заставят думать, вот увидите. Духовное начнет проявляться сразу же, как только вы начнете действительно организовывать такое предприятие, на котором мы все будем работниками.

Поэтому вы обязаны создать такое предприятие. Может быть, еще не сейчас, но раньше или позже это должно произойти. Понадобилось много времени, прежде чем наша группа дозрела до таких изменений. Сейчас мы с ними обсуждаем и я им показываю уже следующий этап распространения, который на самом деле будет проходить через наши внутренние желания. Это делается для того, чтобы они начали умозрительно представлять себе систему духовного распространения.

А потом мы будем ощущать духовное распространение, которое мы вносим в мир. Мы будем прямо видеть течения духовных сил, исходящих от нас в другие слои, в другие души. Это будет буквально явно ощущаться.

Но организация предприятия, основанного именно на четких рациональных законах, как любое другое предприятие нашего мира — это та база, которая не должна меняться, которая должна постоянно, четко работать.

И тогда не должно остаться ни одного члена коллектива, не задействованного на этом предприятии. Не может быть, чтобы у человека не было никакой возможности участвовать в этом. Если такой возможности у человека нет, значит он просто не нужен группе.

- **Вопрос: Что делать при духовных падениях?**

Когда у человека подъем, он работает на нашем предприятии, а когда спад, не может. А что человек делает, когда у него подъем или спад на его основной работе? Работает? Вот и здесь пусть работает, никто же ему не говорит, что он должен выкладываться душевно, духовно, что он должен работать своим желанием.

Он должен работать своими руками и ногами. Головой. Чисто механически. Правильно организованное предприятие тем и хорошо, что оно быстро вытаскивает человека из состояния падения, потому что он обязан работать.

- **Вопрос: Какие существуют средства воздействия на человека, находящегося в состоянии падения?**

Человек находится на работе, на предприятии, он обязан выполнять свою работу. Не может такого быть, чтобы он не выполнял ее. Если он ее не выполняет, значит, его надо уволить. В крайнем случае можно дать ему денек отгула по болезни, пускай принесет справку от врача, что он больной. Обратится к Врачу...

Группа — как маленькое государство

Суть правильно организованного предприятия в том, что каждый человек по мере своих способностей, возможностей по времени, по силам и т.д. находится на том месте, на котором он может максимально эффективно помочь распространению. Этим он максимально эффективно развивает себя. Все. Это значит, что предприятие организовано правильно.

Неважно, какая группа преобразуется в предприятие. Если необходимо, нужно разбить старую группу и сделать новую. Или создать новую группу где-нибудь в Нью-Йорке. В принципе новые группы тоже должны об этом думать.

Группа должна создаваться не как внутренняя команда, для работы ради себя, а с самого своего начала она должна думать о том, как она будет работать на внешний, окружающий ее рынок. Только в таком случае она имеет какой-то шанс на духовное продвижение. Больше никаких шансов нет. Иначе просто жалко времени и усилий на ее создание.

Любая группа должна создаваться как предприятие по распространению, хотя сама по себе группа в первый момент только начинает формироваться и не знает о себе вообще ничего. Человек поднимается только по мере распространения.

- **Вопрос: Как разрушить старое?**

Как разрушить старое? Это проблема. Берешь и разрушаешь. Может быть, нам всем пойти в отпуск и собраться через месяц? Закроем группу. Кто вернется, тот вернется, это и будет группа. Что, страшно?

- **Вопрос: Организация новых групп и подготовка преподавателей...**

Первый вопрос: каким образом организовывать новые группы? Организатор должен быть подготовленным человеком. У него должен быть с собой портфель с планом и с материалом для занятий, необходимая методика и, несомненно, внутренняя подготовка.

Мы устраиваем обсуждения этого вопроса, подходит ли тот или иной человек для преподавания, может ли он преподавать, готов ли он к этому и т.д.

Подготовка преподавателей — это тоже, конечно, проблема. Не все могут преподавать, даже если они преподают здесь, в Израиле. Отбором преподавателей нужно заниматься уже действительно серьезно и мы видим, что не так уж и много у нас есть для этого возможностей.

У меня нет для этого вопроса никакого готового рецепта. Мы отбираем людей исходя из того, как человек показал себя в прошлом.

Заочный университет

- **Вопрос: Существует ли методика преподавания? Нам нужен план начального образования, нам нужно разбить статьи и книги по направлениям, чтобы мы понимали, что мы делаем. Чтобы мы знали, чего мы добьемся на этом уроке, что мы хотим получить на том уроке. Что мы вообще должны достичь.**

Этот вопрос относится, в принципе, к тому, о чем я говорил раньше: созданию заочного университета. Я сейчас начну заниматься этим вплотную. Я лично и еще несколько человек, команда, мы начнем над этим серьезно работать. Я не говорю о техническом обеспечении, как это потом выложить в Интернете. Сама методика должна быть изложена на бумаге. Мы этим начнем заниматься.

- **Вопрос: Нет, я хочу, чтобы Вы четко разложили статьи: эти для одной цели, а эти для другой. Чтобы я, человек, который уже второй год практикует занятия Каббалой, знал, что я правильно иду и правильно веду за собой группу.**

Вот это и будет изложено в курсе университета. И материал для обучения детей тоже будет включен в этот курс.

В чем состоит цель заочного обучения? Духовную информацию невозможно передать по проводам. Однако если человек в течение полугода, года, будет изучать правильный материал и выполнять то, что мы ему предлагаем, то в итоге внешнего правильного обучения у него появится правильный ход мысли, направление, взгляд, нужное нам понимание, и он начнет нас ощущать и духовно.

Группа — как маленькое государство

Есть такие случаи, когда люди, которые у нас не занимаются, но работают над нашим материалом, слушают наши занятия, находятся с нами в постоянном контакте — духовно находятся с нами. Они поразительным образом воспринимают правильный подход к духовному.

- **Вопрос: То есть надо готовить преподавателей?**

Конечно, нужно готовить преподавателей. Университет в этом деле не поможет. Университет является просто личной методикой преподавания для заочного ученика. И такая же четкая методика должна быть и для очных преподавателей. И самих преподавателей тоже нужно готовить.

Начинать нужно с того, что человечество сделало в течение тысячелетий в преподавании, в школах, в университетах. Мы, в итоге, все равно к этому придем.

Мы закладываем зачатки будущей системы образования. Все существующие системы все равно отомрут, и мы уже видим, как это происходит.

- **Вопрос: Рав, но если человек хочет начинать преподавать, то он должен иметь некий, скажем, кандидатский минимум, некий уровень, которого он обязан достичь, после чего он имеет право преподавать.**

Преподавателя назначает группа или комиссия, которая ответственна за подготовку преподавателей. Она отвечает за то, что подготовила его и может послать его куда-то преподавать. Например, мы провели собрание, выдвинули кандидатуры преподавателей, допустим, 5 человек.

Как мы отбирали кандидатов? Мы смотрели на уровень знаний, на уровень общения, на уровень возможности проникновения в средства массовой информации. Мы смотрели на человека, на его общение с маленькой группой, на его общение с внешним миром, насколько он может создать и сплотить группу и насколько он может взаимодействовать с внешним миром, чтобы распространять знания вокруг себя. И может ли он, начав заниматься, плодить и плодить группы.

- **Вопрос: Если человек не так давно занимается, но он уже достаточно активен, может ездить и тратить свое время на преподавание и пытается преподавать, то будет лучше использовать этого человека в качестве преподавателя, или предоставить ему возможность учиться дальше?**

Если мы говорим о том, чтобы где-то провести какие-то маленькие занятия, так сказать, подкормить, подбодрить людей, то это может быть практически любой человек. Но если мы говорим о том, чтобы, допустим, посылать его куда-то на разработку целины, то для этого нужен очень серьезный человек, со стажем, и сам по себе зрелый и с большим опытом преподавания, создания групп и т.д.

У нас существует постоянная реклама о том, что проводятся общие лекции по Каббале. Естественно, бесплатные. И такие лекции постоянно действуют. Есть двое или трое людей, и постепенно их становится больше, которые постоянно дают только вводные лекции.

Они ведут и продвинутые группы, но эти люди с большим стажем, с большим опытом, с большими знаниями, ведут начальные лекции. И после того, как они принимают людей с улицы, и ведут их, они уже видят, что одного человека, и второго, и третьего нужно перетащить сюда, в нашу группу. И постепенно перетаскивают. Как перетаскивают?

Раз в неделю я провожу, что называется, занятия для начинающих. Занятия проводятся на таком уровне, что на них могут прийти новички, сидеть и слушать и кое-что понимать. И наши преподаватели начинают тормошить стоящих людей и говорить: «Стоит прийти на лекцию раз в недельку, получите большой духовный выигрыш, увидите, что это такое» и т.д. И посылают их сюда.

Что значит посылают? Они приводят этих учеников, привозят, сами их сажают, подают им все, что необходимо, обслуживают их, т.е. они их курируют. До тех пор, пока те не приживаются. Таких людей немного. Иногда их бывает больше, иногда это просто еще парочка людей, еще один-два и т.д. Это уже зависит от условий. Я считаю, что это очень хорошая, успешная методика.

Состояние наполнения опустошенностью

- **Вопрос: Как направлять учеников на Творца и не замыкать их на себе?**

Когда ведешь преподавание в группе, существует очень большая опасность начать замыкать группу на себя, делать из нее своих хасидов. Человек, который так поступает, конечно, не только лишает людей самостоятельного продвижения, продвижения вообще. Такой преподаватель создает для себя духовную смерть. Потому что начинает питаться от своих учеников.

Он удовлетворяет себя за счет внимания, почитания учеников. Они дают ему даже надежность. Ощущение надежности, ощущение вложения, ощущение продвижения. А на самом деле у него должно быть ощущение бездны под ногами и зависимость только от Творца.

Я вчера приводил пример того, как это было с Ребе. Он очень мало говорил с учениками на личные темы. Он беседовал с ними и вел такие же занятия, как у нас, но если человек приближался к нему близко, он в принципе, отталкивал его. Он никогда не давал благословений, он всегда демонстрировал себя как неприятная, непритягательная личность.

Он вел себя ни в коем случае не как Рав и не как духовный наставник и руководитель, а как просто направляющий на Творца. То есть, у находящегося рядом с ним человека не оставалось другого выхода, кроме как смотреть на Творца, искать Его в поле зрения, а к Раву обращаться только тогда, когда он уже полностью потерял направление.

Это очень важно, иначе человек становится хасидом, а из Учителя делает гуру, ребе и т.д. И жалко что при этом пропадает шанс, потому что о духовном продвижении речи уже не может быть совершенно. Хотя в принципе и в этой ситуации человек может утверждать, что наоборот, в принципе, есть какие-то подвижки, и все прочее.

Движение может быть только относительно Творца. И больше ничего. Значит, если рав заслоняет Творца, то он не Учитель.

Все очень просто — кто стоит передо мной? Если перед человеком стоит образ рава, а не Творец, то ему нужно срочно что-то делать. Не надо никакого рава, есть Учитель, который учит тебя направлению на Творца. Все. И не надо на кого-то молиться.

- **Вопрос: Каким должно быть наполнение от уроков?**

Я не знаю, что такое чувствовать наполнение от проводимых уроков. Понимаешь, это вообще вопрос, в каком состоянии лучше выходить с урока. В состоянии опустошенности или в состоянии наполнения. Я бы сказал: в состоянии наполнения опустошенностью. Когда человек рад тому, что открыл в себе пустые бездны.

Взгляд человека должен быть устремлен внутрь в поисках Творца. Ни в коем случае не на преподавателя. Это трудно сказать, это трудно объяснить. Где ты вообще видел в наших книгах что-то подобное? Преподаватель — это средство. Человек имеет с ним дело по необходимости.

Я могу описать преподавателя и с другой стороны. Могу сказать, что преподаватель — это Высшая духовная ступень, которая проводит тебя через махсом, переводит с одной ступени на другую, но это все так сложно, что потом вы будете трактовать сказанное как угодно. Самый лучший рецепт: думай и ищи Творца. Все.

Получаю ли я наполнение от проведенного урока? Вы знаете, я помню, в 1981 г. я начал проводить уроки в Тель-Авиве. Когда я выходил после уроков, я начал за собой замечать, что я даже иду медленнее, как более важный. Что я поворачиваюсь так, как будто ощущаю в себе какую-то дополнительную важность.

Если человек чувствует это, глядя на себя со стороны, то ему становится страшно. Ему должно становиться страшно за то, в кого он вообще может превратиться. Если ему повезет, то все будет хорошо. А если не повезет, то он сам не заметит, где окажется.

И самая большая проблема в том, что поймать себя действительно невозможно, потому что наш эгоизм всегда найдет оправдание и скажет человеку, что он страдает, и что ему чего-то недостает. И происходит маленькое отклонение от цели.

У Бааль Сулама есть письмо на эту тему. Маленькое отклонение от цели создает такую угловую погрешность, что в итоге человек промазывает мимо цели, оказываясь совсем в другом конце. А этот маленький промах не видно.

В письме сказано о трех вещах: человеке, средстве (это Рав, книги и все прочее) и Творец. И если человек строит их все в одну линию, на Творца, тогда он идет к цели. Как выполнять такое построение? Человек должен постоянно думать только об этом, иначе он промажет, иначе его действия лишены всякого смысла. Действия, мысль, это очень сложно.

Многие из вас преподают, поэтому я объясняю вам как преподавателям, как равам. Если Рав видит, что его ученики замыкаются на него, он должен каким-то образом, любыми путями оторвать их от себя.

Нельзя допустить, чтобы ученик был замкнут на Раве. Это лишает его самостоятельности. Самостоятельность должна быть полнейшая, как говорит Ребе: «Я не знаю, у правильного рава ты находишься или нет. Я не знаю, в правильной группе ты находишься или нет.» Решай сам, иди ищи. Не то, чтобы я сам сказал: «Все правильно, ты большой и группа правильная», нет.

Ребе в самом деле заставляет этим сомневаться, искать. Человек обязан искать и сомневаться. Вот сделать учеников такими, чтобы они сомневались, это задача. То есть все происходит совершенно не так, как в обычном хасидуте. И группу при этом мутит, переворачивает. Но зато это строит группу.

Духовное строится только на развалинах. Сколько разрушил, столько и построил. Но чтобы разрушать, надо быть готовым к строительству.

КОГДА НАСТУПАЕТ ДЕНЬ

23 сентября 2002 года

Вы знаете, что Суккот символизирует исправление кли. До Суккота происходит осознание неисправленности. Есть период так называемых «слихот» — месяц элуль, когда человек осознает свою неисправленность.

Затем наступает Йом Кипур, когда полностью раскрывается оголенное неисправленное кли, которое не в состоянии ничего принять и полностью противоположно Творцу. Поэтому есть пост, так называемые пять ограничений, которые соответствуют пяти видам Малхут в пяти органах тела: Кэтэр, Хохма, Бина, ЗА, Малхут.

В каждом из них есть Малхут, и эти окончательно осознанные неисправленности олицетворяются в пяти запретах в Йом Кипур, когда нельзя пить, кушать, одевать кожаную обувь, мыться и т.д.

А потом, после Йом Кипур, после того, как кли осознало эту противоположность совершенному, начинается уже его исправление. Исправление включает в себя сначала создание маленького мирка человека, и в соответствии с ним он впоследствии исправляет себя под воздействием окружающего света.

Окружающий свет олицетворяется у нас в покрытии сукки (схах). Сооружаем мы это, расположенное выше нашей головы покрытие, из того, что когда-то было живым, растительным и, умерев, стало, в принципе, ни на что не годным — это палки, листья, ветки. Это действие призвано показать, что те неисправленные свойства, которые когда-то были оценены нами как самые ненужные, низменные, нехорошие в нас, теперь, после их правильной оценки и правильного к ним отношения, могут быть возвышены нами и именно из них и создано настоящее кли.

Мы говорили с вами в прошлой беседе о том, что сами свойства — наши желания — не являются ни плохими, ни хорошими. Только намерения — «ради себя» или «ради Творца», ради получения или ради отдачи — изменяют свойства земные на свойства духовные.

И поскольку наше духовное тело, парцуф, состоит из семи частей, то необходимо их постепенное исправление, что и достигается последовательным вхождением окружающего света через схах — общий экран, общее намерение — в душу человека, находящегося в сукке.

Семь светов, в принципе, это один свет, но каждое из семи свойств души ощущает этот общий свет по-своему, как семь разных светов. Эти семь светов последовательно входят в течение семи дней праздника, исправляя семь свойств души. И когда душа уже находится в исправленном состоянии, она готова к тому, чтобы принять наполнение Творцом. Творец, общий свет, входит в нее, и этот праздник называется Симхат Тора.

Симхат Тора — это не дарование Торы, это — радость Торы. Когда Он дает Тору — это не очень приятно. А когда ты уже достигаешь осознания необходимости ее получить и вслед за этим ощущаешь ее в исправленном кли, тогда и происходит Симхат Тора, т.е. радость от света.

Праздник Шавуот, символизирующий получение Торы, как таковым, праздником не является, ничего особенно хорошего в этот день не происходит и не празднуется. Хорошо тогда, когда душа уже наполняется Творцом.

Вы знаете, что день начинается с вечера, потому что день олицетворяет собой духовную ступень, а любая духовная ступень начинается с ночи — с ощущения тьмы и противоположности свойствам Творца.

После того, как человек накапливает в себе горечь, испытывает ощущение отсутствия духовности, отрешенность, переживает осознание собственного состояния, — кончается ночь и наступает день, раскрытие этих свойств уже в правильном виде, а затем происходит наполнение.

Так вот, сутки, начинающиеся с вечера, при проведении их в сукке имеют свое особое значение. Каждый вечер на нас, производящих исправления души, под воздействием окружающего света нисходит определенный Высший свет — семь светов, которые исправляют сфирот: Хэсэд, Гвура, Тифэрэт, Нэцах, Ход, Есод, Малхут. Когда свет входит в Малхут — это и называется праздником веселья Торы, т.е. полного наполнения.

Каждый день свет приходит и исправляет определенное свойство. Сегодня, во второй день праздника, мы исправляем символически, а тот, кто находится внутренне в этом состоянии, исправляет свойство, называемое Гвура, праздник Ицхака. Праотцы — это основные духовные свойства. Речь идет не о существовавших когда-то в нашем мире бедуинах, имеются в виду семь духовных свойств, которые называются такими именами.

Как я уже сказал, свет, который нисходит во второй день праздника Суккот с соответствующей ему духовной ступени, исправляет собой свойство Гвура. И сегодня нам в это время, совместно с проведением трапезы, желательно подумать о том, какое свойство мы хотели бы на самом деле исправить и с чем мы это связываем — со свойствами Гвура, о чем и говорится в благословении.

Благословение — это намерение человека. Мы знаем, что духовное действие заключается в намерении, в намерении ради Творца. Это понятно. Но вот какого типа намерение — это уже выражается самим благословением.

То есть, я благодарю Творца за то, что Он дал мне возможность сделать какое-то действие с намерением ради Него. Это, собственно, и называется «браха», благословение. Сегодня мы благодарим Его за то, что Он позволяет нам исправить свойство, называемое Гвура, и как бы приглашаем к себе в сукку праотца Ицхака, т.е., мы хотим, чтобы в нас образовалось исправленное свойство Гвура: вторая сфира нашей души.

Хорошее свойство — зависть

Мы являемся частичками одной души, клетками одного организма. Я уже приводил пример с раковой клеткой, которая не принимает участия в работе ради существования организма, начиная пожирать остальные клетки, всасывая и вбирая в себя все. Таким образом, неправильная регуляция, неправильное намерение приводят в итоге к гибели всего организма и к ее собственной гибели. Даже на таком уровне мы видим, как пагубно влияние плохих намерений.

В отношениях между людьми плохие намерения друг к другу, называемые «дурным глазом», вызывают заболевание коллектива, поэтому нам надо стараться не вызывать в другом плохие намерения к себе.

В первую очередь, не возбуждать в другом недоброе чувство зависти. Зависть — это очень хорошее свойство, оно, в принципе, и двигает нас вперед. Но она должна быть такой, чтобы смогла подбодрить товарища, подтолкнуть его к продвижению. Знаете, можно, глядя на богатого, захотеть быть таким как он, а можно пожелать, чтобы он стал таким же бедным, как ты. В этом разница между хорошим и дурным глазом.

- **Вопрос: А какая сила при этом имеется в виду?**

Имеется в виду та сила, которой ты можешь воздействовать на другого человека. Например, желание товарищу по группе духовного падения вместо духовного продвижения. Это может произойти неосознанно, или, может быть, это не твое желание, а наведенная им, вынужденная с твоей стороны реакция. Это называется «дурным глазом».

Значит, надо пытаться всеми силами вызвать у товарищей положительное свойство зависти. Возбуждение зависти, но положительное. Это обычно достигается просто примером. Я, глядя, как ты два часа подряд чистишь картошку, в итоге возбуждаюсь хорошей завистью. Ни твоей работе, ничему другому я позавидовать не могу, я просто завидую тому, что у тебя есть на это силы, а у меня нет.

То есть, хороший пример — это пример труда, а не пустого достижения какого-то знания или чего-то еще. Когда ты показываешь другому, какие усилия ты вкладываешь в работу. Этим ты вызываешь хорошую зависть, поэтому об отношениях с товарищами и детьми сказано так: «Самое лучшее воспитание — это чистый пример, без слов».

- **Вопрос: А в других ракурсах…?**

Никаких других нет, оставьте всякие выдумки о том, что есть еще какие-то «дурные сглазы» и все прочее. Существует психологическое воздействие одного человека на другого, когда люди, обладающие особыми душевными — животными — силами, могут подействовать на других. Это тоже в нашем обычном мире называется сглазом, но я говорю о другом: о том, что происходит в группе, с точки зрения Каббалы. Это очень важно, это очень серьезное дело.

Вплоть до того, что возбуждение в окружающих товарищах неправильного отношения к себе может вызвать не только остановку, но и регрессию в пути к продвижению. Это совершенно точно, ты ничего не сможешь сделать и должен будешь менять с ними отношения.

От этого никуда не денешься, все равно в итоге все складывается таким образом, чтобы привести к развитию как можно более духовных отношений. Только от них зависит движение вперед.

Исправляем себя и через себя весь мир

- **Вопрос: Мы говорим, что самое важное — это подготовка к каким-то действиям. Как мы можем подготовиться к каждому вечеру так, чтобы правильно получить…?**

Мы не можем правильно подготовиться к «каждому вечеру». Человек, который находится в духовном состоянии, называемом Суккот, пройдя стадии осознания своего зла, эгоистического намерения, уже ощутив свой Йом Кипур — осознание полного противостояния Творцу своими свойствами, которые он осознает, с одной стороны, как полностью порочные, с другой стороны, как самые полезные для следующего этапа продвижения, как бы переворачивает их. То есть вместо занятий самоедством начинает конструктивно использовать эти свойства.

Затем он вступает уже в стадию их исправления. Это внутреннее состояние последовательного исправления семи основных свойств — Хэсэд, Гвура, Тифэрэт, Нэцах, Ход, Есод, Малхут, — называется Суккот (сукка — от слова «кисуй», покрытие). Посредством этого он приобретает экран — покрытие на себя, на свои свойства, противоположное намерение. Он покрывает свой эгоизм, обращает его в итоге в альтруизм.

Если человек уже находится в таком внутреннем состоянии, в работе, в этой динамике, то тогда, конечно, он ощущает на каждом своем этапе, какие свойства в данный момент поднимаются к исправлению, в каком сочетании между собой они находятся.

Тогда можно говорить действительно о том, в каком «дне» он находится, причем не обязательно этот день совпадет с календарным праздником в нашем мире. Это может быть совершенно произвольный день.

Но в нашем состоянии, когда мы еще ничего не ощущаем — ни части нашего внутреннего кли, ни даже его общую конфигурацию, ни разделение на семь основных частей — нет никакой связи между нашим пребыванием здесь и тем, что мы в итоге проходим, исправляем, с одной стороны. С другой стороны, эта связь все-таки существует, но непонятным для нас образом, внешне никак неощутима нами, но внутри нечто происходит.

Это подобно тому, как происходят в нас все остальные процессы: кровобращение, пищеварение и все прочее, без нашего осознанного участия.

Так и сейчас мы находимся под влиянием тех же процессов исправления, но без нашего участия. Проблема в том, чтобы прийти к этому осознанно, взяв именно две вожжи — правую и левую линию — и самим начать исправлять себя и через себя весь мир посредством своего отношения к нему, включаясь в него своими исправленными свойствами. Это уже, действительно, совсем другое ощущение мироздания и себя в нем.

У человека вообще пропадают ощущения этой жизни, он начинает жить совершенно в других измерениях. Даже ощущение смерти — исчезновения пяти органов телесных чувств и самого тела — не ощущается им как нечто непоправимое, трагическое.

Это похоже на то, как если бы ты забыл о каких-то своих свойствах, параметрах рудиментального типа, и они становятся тебе не нужны — временно ты в них нуждался, а теперь оставил, и они отмерли.

То есть смерть воспринимается, как переход на качественно более высокую ступень, когда исправления нашего мира на этом уровне, в принципе, закончены. Хотя иногда возникает необходимость вернуться сюда для того, чтобы снова помогать другим. Но это уже касается особых душ и происходит по особому заданию.

- **Вопрос: Каково различие между праздниками Песах и Суккот?**

Песах и Суккот — это два последовательных этапа. Если Песах олицетворяет собой выход из первичного эгоизма, т.е. на уровне домэм, то после получения человеком Торы и последующего ее освоения, в нем раскрывается его истинное кли в неисправленном виде, и тогда он уже доходит до Суккот.

Но поскольку Тора — это тот свет, который заполняет ЗА в состоянии катнут (малом состоянии), то получается, что Суккот — это исправления только этого состояния. А затем требуется еще дойти до Пурима. Йом Кипур — его полная духовная инверсия, т.е., правильное состояние — это Пурим.

Но в нашем мире это практически воплощается только в обычай напиваться до потери сознания. В нашем мире как этого корня, так и самого действия Полного исправления, в принципе, уже нет. Три первые сфирот находятся выше нашего мира, т.е., выше того, что вообще дано человеку.

Учиться от Рава — быть подобным ему

- **Вопрос: Вы сказали, что теперь будете много ездить по миру, в связи с этим встает вопрос, что такое настоящая связь с Равом, и как можно это проверять?**

Что касается моих будущих поездок по миру, я не думаю, что их будет так уж много. Я хочу, чтобы вы поняли, что группы должны быть более самостоятельными. Группа в целом и каждый ученик в отдельности должны пытаться быть самостоятельными.

И Рав должен, немного отойдя от ученика и оставив его одного, дать ему эту возможность, а ученик, в свою очередь, должен воспользоваться ею и попытаться в отсутствие Рава остаться хотя бы на том же уровне контроля сознания, распорядка, как и при нем. Таким образом он, по крайней мере, строит Рава у себя внутри. Без этого продвижение вперед невозможно.

Учиться от Рава — это значит учиться быть подобным ему. А если Рав уезжает и все разбегаются, как дети в детском саду по разным углам, и каждый начинает играть в свои игрушки, то значит, он тебе не Рав, не Учитель — не показывает пример того, каким надо быть. Или ищи другого рава, или, вообще, иди ищи что-то другое.

Поэтому независимо от моего присутствия человек должен вести себя одинаково, и это значит, что он действительно пытается быть самостоятельным. И я думаю, что это появится. Зачатки этого уже есть.

- **Вопрос: Как проявляется закон подобия в нашем мире?**

Общий закон подобия в духовном мире — это закон подобия свойств. Если ты желаешь и пытаешься быть в чем-то подобным Раву, я имею в виду духовные свойства и движения, а не физические привычки, то в той мере, в какой ты способен это сделать, в той мере у тебя и есть связь с ним. А как еще может проявляться эта связь?

Связь между двумя духовными объектами возможна в мере подобия их свойств. Если Рав тебе показывает какое-то духовное свойство или, по крайней мере, его физическое проявление, к примеру, необходимость сидеть и заниматься, что-то делать, выполнять — именно показывает такие действия — уподобься ему физически.

Вследствие этого ты поймешь его внутреннее состояние, его внутренние действия и намерения. И тогда сможешь раскрыть, что в тебе не подобно ему. А в чем еще заключается смысл пребывания Рава в одном и том же мире с вами?

- **Вопрос: Вы говорили, что человек должен создать для себя образ Творца и постоянно его проверять, и в этой степени он будет связан с Равом. Как это понять: создать для себя образ Творца?**

Человек должен создать внутри себя образ Творца. Творец как бы вселяется в человека, наполняет его, а он, в свою очередь, должен уподобиться Творцу, сравняться с Ним. Это все одно и то же. Надо просто сделать себя внутренне подобным Творцу. Что это значит?

Творец создал нас с помощью света, являющегося положительным свойством. Он создал нас как свой отпечаток — отрицательными свойствами, чтобы мы, изменив их на противоположные, стали бы такими, как Он.

Все. Больше ничего. Все очень просто — то, что есть во мне, есть и в Творце, только противоположно. Мне ничего не надо в себе изменять и ломать. Только намерение.

Все свойства имеют значение. Мы даже не представляем себе, как желания к власти, знаниям, деньгам, сексу — к чему угодно — какими бы они нам не казались, становятся при их инверсном использовании духовными, т.е. желаниями Творца.

Творец создал нас своим светом, т.е., все, что есть в нас по модулю, не по знаку плюс — минус, а по модулю — это в точности Его облик, но мы этого не понимаем, не видим, не ощущаем в силу того, что обратны Ему. Поэтому искать ничего не надо, все, что требуется — это изменить намерение, свое отношение.

Но действуя внутри себя, ты можешь учиться у другого только намерению, но не его свойствам самим по себе. Допустим, жадность, лень и тому подобные свойства при правильном их применении становятся духовными и очень полезными.

Катализатор в духовном пути

- **Вопрос: Как вы видите распространение Каббалы на территории бывшего Советского Союза?**

Россия — это страна, накопившая страдания, и тяга к Каббале, к исправлению, к осознанию причины страданий, там огромна. И как никто в мире, Россия и русский народ предрасположены к правильному пониманию и впитыванию этих идей.

В Америке тоже появились очень положительные изменения — внутренняя неуверенность, ощущение того, что не так уж их и любят в мире, и, вообще, не очень-то они кому-то нужны, а их путь нельзя назвать непогрешимым, и они уже не являются примером для всех. Все это сегодня в достаточной степени ясно для них. Может быть, еще не всем, но уже нет того зазнайства и чувства непогрешимости, как было раньше. И это дает нам хорошие предпосылки для распространения Каббалы.

Но в России зерно взрастет, куда не брось. Насколько я знаю эту страну, по-другому там быть и не может.

- **Вопрос: Как относиться к возникающим в человеке желаниям?**

Любое возникающее в человеке желание приходит свыше. Внутри нас существует цепочка решимот, как ДНК, как духовный ген. Все эти решимот свернуты по цепочке и находятся внутри нас. От моего первоначального состояния, когда я, по причине получения разбитого экрана, откололся от общей души Адама Ришон, и постепенно, по цепочке, до моего последнего решимо, призванного дать мне картину полного исправления, полного слияния с Творцом.

Высший свет, воздействуя на меня, шаг за шагом по цепочке раскрывает во мне одно за другим все новые и новые решимот. Цепочка эта состоит из миллиардов и миллиардов решимот.

Включая очередное решимо, свет, действуя на меня с чуть большей силой, раскрывает таким образом для меня следующее решимо, при еще чуть более усиленном воздействии со стороны света я получаю последующее решимо, и так я продвигаюсь и развиваюсь духовно. В соответствии с духовным развитием у меня развиваются желания и нашего мира. И таким образом я развиваю вокруг себя общество, прогресс, технику и т.д.

Как я должен относиться к тем желаниям, свойствам, мыслям, которые во мне появляются? С пониманием того, что они появляются во мне под воздействием Высшего света на мое решимо. Что я должен с ними делать? Я должен не воевать с ними, пытаясь уничтожить или подавить их, а осознать и оценить каждое свойство, вызвать к ним правильное, конструктивное отношение и исправить.

И тогда во мне раскроется следующее решимо. Чем быстрее я это сделаю, соответственно, и последующее решимо раскроется во мне быстрее. Тем самым я буду сокращать время своего развития. Вместо 500 лет смогу за 20 лет пройти весь путь и дойти до полного исправления.

- **Вопрос: Какова роль группы в развитии человека?**

Группа является катализатором в моем пути. Она просто может помочь мне своим примером, своим давлением на меня, рекламой, что называется, «промывкой мозгов».

Хочу я того или нет — я воспринимаю от своих товарищей их взгляды, свойства, как бы отражение их свойств в себе, их воодушевление, оценку важности духовного пути, важности и величия Творца.

Это все меня воодушевляет, и я быстрее реализую очередное решимо. Группа, если ее построить правильно, в этом отношении действует как катализатор.

- **Вопрос: Почему при переходе с одной ступени на другую человек проходит стадию, называемую «мертвый»?**

Это происходит потому, что он таким образом оценивает свои желания, именно как мертвые, которые в том виде, как они находятся в человеке, не могут быть использованы в духовном.

Что значит «умирает»? Это значит осознание мною того, что некое мое свойство, с которым я когда-то действовал с целью чего-то достичь, в том виде, в каком я его использовал, является пагубным для меня, я должен его умертвить в себе.

И потом, когда оно во мне вырастает заново уже в исправленном состоянии, оно называется «воскрешением мертвых». Как сказано: «Мертвые восстанут во всех своих пороках», и затем, исправившись, обретут вечную жизнь. Этот путь проходит каждое из наших свойств.

- **Вопрос: Почему в группу нет притока новых учеников?**

У нас очень мало людей уходит из группы, это плохо... Я говорю совершенно серьезно, это плохо, у нас в группе существует вероятность засидеться. Можно спокойно купить себе стульчик тепленький и, сидя на нем, тешить себя надеждой, что все нормально, ты продвигаешься и все хорошо.

Все группы к этому потихоньку скатываются. Эгоизм приводит к этому постепенно, но надо бороться. У нас за последний год сколько человек всего-то ушло? Только выгнали парочку, а это плохо.

В группе должна быть обстановка, не позволяющая оставаться всем, кто приходит. Хотя бы половина должна уходить. Тогда будут приходить новые. У нас этого нет — это плохо. Это говорит о том, что группа из динамичной превратилась в какой-то клуб пенсионеров. Если кто-то умирает — уходит, если нет — сидит.

- **Вопрос: Какую работу полезно делать члену группы вне рамок группы?**

Создавать группу, подобную той, в которой он находится. Или приводить в свою группу новых людей. А что ему еще делать вне группы? Может, я тебя неправильно понял. Нежелание создавать дополнительные группы говорит о том, что человек не понимает, каким образом надо продвигаться к цели. Значит, с человеком, пассивно сидящим, надо работать. Он должен понять, что его личное продвижение к цели заключается в необходимости распространения.

Распространяться, т.е., находиться во все более и более растущем числе людей. Распространение — оно не физическое. Распространение — это внутренние идеи и цели или, когда ты уже обретешь, духовность, которые будут распространяться от тебя духовными волнами в остальные души.

- **Вопрос: Может ли человек быть вредным для группы?**

Вы понимаете, с одной стороны, совершенно бесполезных людей нет. Вредный человек в группе — это, в общем-то, только тот, кто расслабляет группу, вводит в апатию. Но если он не вызывает чувства апатии к духовному, к Цели, то выгонять его, конечно, нельзя.

Мы здесь говорили о том, как сделать группу динамичной, имеющей точно поставленные цели, работающей по принципу завода с разделением на цеха, подразделения, секторы, которые бы четко действовали. Это должно быть обязательно. Каждый должен быть вовлечен в этот процесс. Я вижу много людей пассивных, и у вас, в том числе. У себя в группе я вряд ли смог бы их вынести.

ВПУСТИТЬ ЗНАНИЯ В СЕРДЦЕ

23 сентября 2002 года

Мы с вами утром говорили о том, что самой главной книгой по Каббале является «Талмуд Десяти Сфирот». Она начинается предисловием, в котором Бааль Сулам объясняет, что причина изучения Каббалы заключается в необходимости достижения раскрытия Творца человеку. Это раскрытие дает человеку силы, помогающие ему превозмочь свои эгоистические желания.

Значит, вместо того, чтобы быть под властью эгоистических желаний, которые тянут нас внутрь этого мира, в себя, надо сделать так, чтобы с помощью учебы добиться воздействия на нас Высшего, окружающего света, позволяющего обратить наши устремления наружу, к Творцу, к растворению в Нем.

Переход из состояния погруженности в себя к обращению «наружу» и является переходом махсома, а обретаемая сила, которая помогает человеку действовать не под властью своего эгоизма, а под властью Творца, называется силой веры.

Эту силу можно приобрести посредством занятий Каббалой именно с этой целью. Если человек занимается систематически, если кроме занятий, он все свободное время, то, которое находится в его распоряжении, затрачивает на приобретение желания к вере, т.е. работает над желанием к ощущению Творца, а во время учебы требует именно ощущения Творца для выхода в область внешнего мира, то при таких усилиях с его стороны раскрытие Творца должно состояться в течение 3-5 лет.

Здесь важно все: работа по организации группы, которая будет говорить ему о важности Цели, вклад в распространение и т.д. — все это дает человеку намерение, внутренние силы, которые необходимо правильно сформировать и во время учебы приложить к поиску веры.

Если же раскрытие Творца затягивается, то значит, он где-то ленится, не прикладывает достаточных усилий в количестве или в качестве. Количество — это от 3 до 5 лет, качество же зависит не от времени, а от интенсивности.

Бааль Сулам указывает на проблему, возникающую при попытке достичь качества усилия. Она заключается в том, что человек, приходя на занятия с намерением удерживать в мыслях идею о важности раскрытия Творца и требовать этого как результат своих занятий — и это ему удается поначалу — затем, в течение занятий, забывает об этом и думает исключительно об учебе, понимании им различных премудростей, которые он читает. Это самая главная проблема.

Чего же от нас хотят в итоге, почему требуют таких усилий? Нам не надо замыкаться на том, что есть на данном этапе.

Обнаруживается, что я не могу думать во время учебы о правильном намерении по причине отсутствия у меня этого намерения, т.е. выходит, что мне не нужно ощущение Творца... Почему оно мне не нужно — потому что я не чувствую, что оно мне может что-то дать. А что оно может мне дать?

Таким образом, я должен идти в обратном направлении, т.е. раскручивать в обратном порядке причину и следствие. Мне надо каким-то образом понять, что раскрытие, ощущение Творца избавит меня от всего самого плохого, неприятного, пугающего и ужасного: от ощущения неуверенности, всевозможных смятений — от всего того, что есть у человека неприятного.

И если я постоянно слышу это от группы, от своих товарищей, все время, что называется, наполняю свои мозги этой идеей, то постепенно я, действительно, прихожу к такому ощущению. Это работает как реклама.

В итоге, я знаю по себе, это все-таки действует. Другого пути нет. Бааль Сулам в «Предисловии к «Талмуду Десяти

Сфирот» четко описал нам этап, который должен пройти ученик, чтобы действительно выйти в духовный мир.

- **Вопрос: Что происходит во взаимоотношениях внутри группы после перехода махсома?**

Что происходит во взаимоотношениях внутри группы при всевозможных вариациях перехода махсома: переход по частям, всей группой или одним человеком и т.д.? Ничего не происходит. Разве вы можете знать, кто прошел, а кто — нет? Не можете, поэтому внешне ничего и не происходит.

Те люди, которые уже исправлены, внешне никак этого не проявляют, а внутренне они помогают всем остальным уже своими исправленными свойствами и показывают им относительно хороший пример.

Относительно — в зависимости от того, как человек воспринимается остальными. Но хороший пример могут показывать и те, кто не перешел махсом.

- **Вопрос: Как опустить свои знания в сердце?**

Человек может изучать Каббалу, знать весь «Талмуд Десяти Сфирот», тут можно получить много знаний, но я знаю людей, которые изучили его блестяще, а в духовном так ничего и не достигли.

В принципе, посади любого человека, скажи ему, что изучать, и он составит тебе конспекты, графики, сделает выводы, прибавит еще, может быть, пару толстенных томов и в итоге будет знать хорошо все, что здесь написано. Но если он будет изучать все это с намерением получения знаний, то духовный мир ему не откроется.

Духовный мир откроется только в соответствии с желанием человека раскрыть Творца или приобрести Его свойства. Поэтому знание «Талмуда Десяти Сфирот», знание Каббалы, вообще, умение красиво разговаривать на эти темы, совершенно не является индикатором того, что человек находится в духовном мире.

Он может набраться различной информации, сведений из того, что он читает, и вам будет казаться, что этот человек — просто ангел, не иначе как прямой посланник Творца, а на самом деле ничего, кроме того, что написано в книжках, он не знает. Просто, прочитав необходимый материал, он его запомнил, хорошо связал, переварил, понял общую методику — и больше ничего.

Как вы можете определить, находится ли человек только в знании или уже и в постижении, в ощущении? Вы этого узнать не можете. Каббала — тайная наука. Узнать подобные вещи можно только тогда, когда сам перейдешь махсом. Тогда можно увидеть всех, кто там уже находится. Поэтому не существует никакой, в общем-то, четкой индикации, кто является каббалистом, а кто — нет. И все себя выдают за каббалистов.

Опустить знания в сердце можно только с помощью группы, которая будет непрерывно промывать вам мозги разговорами о том, что самое главное — это достижение ощущения Творца, потому что ощущение Творца исправляет.

Это действует, как любой пример в нашем мире, неважно — хороший или плохой, вне зависимости от того, хотите вы этого или нет. Так вот, воздействие Творца на нас в миллиарды раз больше, чем любой из примеров, из воздействий от окружающих в нашей жизни.

Поэтому человек, видя, какое влияние на него оказывает этот мир, как его тянет к пище, сексу, деньгам, славе, знаниям, а он ничего не может сделать, эти животные, человеческие стремления разрывают его, потому что воздействуют на него из этого мира, если человек осознает, что только если воздействие Творца проявится в нем так же, как и воздействие этого мира, то тогда он поднимется на другую ступень, выше, и этот мир не будет оказывать на него такого влияния.

Тогда он требует от Творца, чтобы Он подействовал на него, а не этот внешний мир. В этом заключается свобода выбора — в предпочтении определенного вида воздействия. Поэтому сказано в статье «Свобода воли», что все время ты выбираешь все более лучшее общество, среду влияния, пока не останавливаешь свой выбор только на Творце.

Впустить знания в сердце

Но почему, для чего? Только для исправления, а не для того, чтобы, например, быть увереным в том, что будет завтра и т.д. То есть, не повышая эгоистические стремления, а в силу понимания человеком того, что это ему надо для исправления, чтобы никакие внешние воздействия, кроме Творца, не тянули его за всевозможными наслаждениями.

Все строится на внешней рекламе, которую человек для себя должен организовать. Это подобно тому, что мы говорим о распространении Каббалы от себя наружу, а в этом случае мы осуществляем распространение Каббалы на себя, в себе.

- **Вопрос: Можно ли оправдать действия Творца до махсома?**

Это невозможно. Любое наше плохое ощущение — это обвинение Творца в том, что Он делает с нами. Оно подсознательное, потому что мы Его не ощущаем, и поэтому не можем приклеить к Нему обвинительный документ. Но если бы мы Его увидели, допустим, рядом с тем, что с нами происходит, мы бы точно сразу же начали бы ругать и обвинять Его за то, что Он нам делает.

То есть, пока мы находимся в таком состоянии, что сразу начнем Его обвинять за то, что Он нам делает — Он скрывается.

А когда мы поднимаемся до уровня оправдания Творца, то в той мере, в какой мы можем Его оправдать, Он нам раскрывается. Нужно прийти к такому ощущению, выводу и требованию к Творцу: «Если Ты не раскроешься, я Тебя буду продолжать обвинять, а мысль об этом причиняет мне боль, и поэтому я Тебя прошу раскрыться, но не для того, чтобы мне было кого ругать и не для собственного успокоения, а для избавления от обвинений Тебя в том, что со мной происходит.»

Тогда Творец показывается, и я сразу же чувствую, что мне не просто некого обвинять, а даже и не за что обвинять, потому что Его раскрытие проявляет всю обстановку так, что любые отрицательные ощущения исчезают. Но это может произойти только в том случае, если я думаю не о своей выгоде от этого явления, а о Нем.

- **Вопрос: Для чего человеку раскрывают его прошлые состояния, когда он проходит махсом?**

Человек, который идет вперед, практически проходит все свои прошлые состояния. Что это означает? Ему не надо прокручивать пленку своей прошлой жизни. То, что ты жил как животное 20-30 раз на этой земле, то, сколько ты съел и выпил — это никому неинтересно, и тебе самому в том числе. Какая разница, где ты жил, в какой деревне и за какими коровами ты там ухаживал — это тоже ни тебе самому и никому другому неинтересно.

Не в этом заключается суть и, я бы сказал, эссенция твоей жизни. Она заключается в том, что над тобой качественно прошло, что именно ты в течение этой жизни отстрадал и осознал. Это человеку дается для того, чтобы, учитывая опыт прошлой жизни, ощутить, понять и вобрать в себя все ощущения, и именно на этом построить новые отношения к Творцу.

Ничего из прошлого не исчезает, но оно остается в нас не в качестве какого-то фильма со всеми его кадрами, как думают все остальные, ничего такого не происходит. Мы можем вспоминать наше прошлое, наши прошлые дни, но от прошлой жизни у нас не остается ничего.

Размышления о том, что человек может вспомнить, как в прошлых кругооборотах он гонялся за мамонтом, был рабом где-то в древнем мире или, наоборот, жил в облике царя-фараона — это все человеческие глупости и фантазия.

То, что остается от прошлого кругооборота, представляет собой информацию: «решимо дэ авиют» и «решимо дэ итлабшут», которая в нас превращается в свойства. По окончании каждого кругооборота все то, что я в нем отстрадал, узнал, ощутил — вся эта информация добавляется к моим свойствам, т.е., умирая, она не исчезает.

Информация записана у меня на клетках чувств и разума (моха вэ либа). При умирании тела информация переходит как бы в свойства души, и поэтому в следующий раз я рождаюсь уже с другими, измененными свойствами.

Я всегда привожу такой пример: наши дети умнее, чем мы. Нам сложнее разобраться с компьютером, а ребенок все ловит на лету, потому что его знания из прошлого кругооборота перешли в свойства.

Свойства — это наши естественные задатки. Для ребенка это естественно — подойти к этой технике, как будто он вместо тебя учился в институтах. Ему и не надо этому учиться, поскольку все это уже находится в его свойствах. Именно таким образом в нас происходит накопление информации от всех предыдущих кругооборотов, а не в виде картин.

С точки зрения оправдания действий Творца, я Его вижу как Управляющего всеми моими предыдущими кругооборотами и оправдываю на все 100 %. Без этого я не могу сделать вперед ни одного шага, оправдание Творца необходимо не во взаимоотношениях с Ним, оно является мерой исправленности моего кли.

- **Вопрос: Как использовать в распространении склонность людей к разным видам деятельности?**

Есть люди, которые тянутся к распространению, есть люди, более ориентированные на учебу, кто-то с первого же дня начинает свои книжки писать, а есть такие, которых вообще не заставишь что-нибудь написать, для них выйти на распространение или с кем-то поговорить просто очень тяжело, им легче делать какую-то тихую, спокойную работу.

В каждом человеке это проявляется в соответствии с его характером, не надо никого принуждать. Необходимо только дать человеку понимание важности его приложения к этому делу, а как он в этом проявится, с этим уже ничего не сделаешь.

У меня есть ребята, которые могут сидеть 20 часов в сутки над обработкой материалов, над переводом на другие языки, а заставить их выйти к людям с какой-то лекцией совершенно невозможно.

Есть такие, которые тянутся к работе — на кухне, по строительству, а сидеть заниматься им страшно тяжело. Не потому, что они глупее других, просто таков общий склад характера этих людей. Такой человек при первой же возможности предпочитает что-то строить, делает это с удовольствием, забрасывая всю учебу.

Это происходит не вследствие пренебрежения учебой, а ввиду того, что они чувствуют, физически, что в этом они больше творят. И это, действительно, на самом деле так. То есть, чем более низкими, материальными из своих свойств и возможностей человек может в этом мире продолжить каббалистические духовные действия, тем эффективнее его деятельность.

Мы это видим даже на примере с Моше. У Моше были сыновья, о которых мы даже не знаем ничего. И был у него ученик Иошуа, занимавшийся расстановкой стульев, усаживая учеников Моше, которые были большими учеными. Однако когда Моше умер, то вместо него остался Иошуа. Именно так и сказано, что он заслужил этот пост — быть наследником Моше, потому что помогал ему именно таким образом, расставляя стулья в Бэйт Мидраш, там, где Моше занимался со своими учениками.

Конечно же, этот Иошуа по сравнению с остальными знал намного меньше, но благодаря тому, что он обслуживал, распространял, создавал условия для того, чтобы знания Творца вошли в других, распространились, поэтому они, в первую очередь, вошли в него, но не как знания, а в виде свойств. По этой причине Иошуа в качестве приемника от Моше именно этих свойств Бины и стал его продолжателем, руководителем народа.

Так было и у Ребе. Я помню, что именно в Суккот, при строительстве сукки в отсутствие в тот период имеющейся у нас сегодня конструкции, которую мы сейчас просто раскатываем, как ковер, а тогда работа требовала приложения гораздо больших усилий — так вот, всегда отношение к этой работе было как к наиболее важной по сравнению с учебой. Тогда это была целая процедура: планочки надо было точно уложить одну к другой, а дерево было кривое, и приходилось перекладывать все заново по нескольку раз, задел что-то одно, все поехало.

Когда я пришел к Раву, среди учеников, хотя и было несколько богатых людей, которые почти не приходили на занятия, но в основном там были люди не очень богатые. Мы сидели на больших деревянных скамейках, старых и разваливающихся. Бывало, сидишь по пять-шесть человек, и вдруг скамейка складывается и все падают. Я пришел к Раву вместе со своим товарищем, и мы через полтора месяца занятий решили эти скамейки починить. Их много там было — штук 30 скамеек.

Я просто попросил разрешения, мы получили его, заказали все необходимое и приступили к работе, специально оставаясь для этого. Пока мы разобрали все скамейки, склеили, струбцинами их стянули, сделали рамки на них, привернули... Ребе спускался несколько раз к нам, видел, что мы работаем и его отношение к нам — я чувствовал — изменилось. Мне кажется, что именно с этого момента Рав начал относиться к нам по-другому.

Мы приезжали заниматься из Реховота, не были какими-то особыми умниками, материал шел очень тяжело. Рав специально позвал меня и начал отдельно заниматься со мной буквально по полчаса по утрам, а через несколько занятий вдруг прекратил это, потому что чувствовал, что я ничего не понимаю. Я сидел, смотрел на него, слушал, что он говорит, не понимая, чего он хочет, т.е. никакими способностями я не блистал.

Но вот когда мы начали эту работу, это, действительно, помогло. Кто знал, что это поможет — никто ничего не знал, это — с неба, вот так подталкивают, это просто удача.

- **Вопрос: Нужен ли иврит при изучении Каббалы?**

В той мере, в какой музыканты знают итальянский, врачи — латинский, компьютерщики — английский, так и иврит необходим, потому что вся каббалистическая литература передана на этом языке.

Могли бы написать и на другом, но написали на иврите и изложили на нем все корни знаний: форму и смысл букв, их цифровое значение, гематрии, расшифровки, сочетание букв в слова, т.е. уже не просто символы, а набор свойств, который представляет собой полное духовное кли.

Предложения показывают уже трансформацию свойств и таким образом представляют собой содержание целого действия. Последовательность действий от начала — помещения в тебя Творцом неба и земли: Бины и Малхут (Берешит бара — вначале создал Творец небо и землю, т.е. поместил в тебя эти два свойства) и до последней точки, когда эти два свойства полностью, гармонично в тебе сочетаясь, уподобляются Творцу, создавшему их. От конца Торы до ее начала — все это изображено в Торе как одно действие, в этом и заключается все ее содержание.

Все это передано на иврите. Существует целая методика — это отдельный, очень серьезный аппарат. Не всегда имеет значение четкое образование слова, слова или их части могут склеиваться одно с другим, как в парцуфе: АХАП одного парцуфа с Гальгальта вэ Эйнаим другого, могут частично входить один в другой. Есть перестановки слов, букв, буквы разных размеров, конечные буквы, являющиеся пятью конечными экранами.

Эта методика работы с языком была развита раньше, в предыдущие столетия, а в наше время, со времен Ари (Ицхак Лурия) мы уже не очень этим пользуемся. Если мы возмем Ари или объяснения к нему в «Талмуде Десяти Сфирот», там очень редко используются буквы, свойства, цифры, гематрии, числовые значения. До него это было очень популярно, потому что буквы хороши тогда, когда человек ощущает, слышит их, как музыкант слышит звуки и одновременно видит ноту.

Если же человек видит пустой значок, будто какую-то кляксу кто-то поставил, да еще с хвостиком, и не понимает, что же это за звук, который в нем должен вызвать какое-то определенное ощущение, если нет вот этой связи между символом и внутренним ощущением, то этот символ — пустой. Тогда лучше изображать не его, а что-то более близкое человеку, то, что он может вобрать в себя.

Ари, а впоследствии и Бааль Сулам, начали больше работать со сфирот, решимот, с тем, что мы изучаем во «Введении в науку Каббала» и в «Талмуде Десяти Сфирот». Методика эта более логическая, научная, уже не такая чувственная.

До периода Ари не было каббалистов, которым не было назначено свыше быть каббалистами. Человек рождался

Впустить знания в сердце

уже с определенными свойствами, соответствующими его предназначению быть каббалистом, тихонько учить Каббалу и через себя незаметно распространять эти искорки во всех остальных, тихо воспитывать парочку учеников и таким образом работать в этом мире.

Распространения среди людей незнающих, неподготовленных, простых, таких, как мы, не было. И поэтому каббалисты между собой использовали язык букв, цифр, гематрий. Люди, чувствующие этот язык, подобны музыкантам, передающим друг другу партитуру, понимающим, что значит каждый звук и легко их в себе воспроизводящим.

Перед Ари уже стояла другая задача. Начиная с его времени и далее в массах нисходят такие души, которые надо обучать Каббале, но они еще даже не находятся перед махсомом, им надо начинать издалека-издалека передавать всю эту методику.

Для них Ари изменил методику, которая использовалась до него, и называлась «Каббалой Рамака» по имени последнего из каббалистов, изучавших Каббалу старого образца. Рамаку (Моше Кордоверо) было под 70 лет, седой и уважаемый каббалист, он сидел у Ари, своего Учителя, которому было 35 лет, ничего не понимал и спал на уроке. Он понимал, что это новый мир, он его чувствовал, но физико-математический аппарат нового языка не мог усвоить.

Та же проблема была у Йосефа Каро, каббалиста типа Рамака, который написал Шулхан Арух — свод законов, включающий огромные тома. Он тоже принадлежал к старому типу каббалистов и не мог освоить каббалу Ари. И, вообще, из всех учеников Ари только Хаим Виталь понял методику и поэтому от него у нас все книги Ари.

Итак, методика, основанная на буквах, цифрах, гематриях, различных изображениях хороша для тех, кто находится уже в ощущении духовного мира, нам она не пригодна, нас она способна завести в дебри, и я вижу, что это происходит иногда.

У Ари и Бааль Сулама этого практически нет. Иногда они это используют, например, желая показать, каким образом устроена буква алеф или какие-то символы, но, скорее, в качестве дополнительного пикантного, я бы сказал, приложения. Пользуются и тогда, когда такие приемы сильно сокращают объяснения, но, в принципе, стараются этого избежать.

- **Вопрос: Не придется ли нам встретиться с таким уровнем нашего обучения, нашего духовного продвижения, когда незнание иврита станет тормозящим фактором?**

Не думаю, и я скажу, почему. У меня нет на сегодняшний день доказательств, и я еще сам не знаю, каким образом, но если Каббала должна распространяться среди всех народов, то, исходя из обратного, очевидно, что это будет осуществляться естественным путем.

Человек должен научиться ощущать, а не понимать, и когда это произойдет, рассказать ему об этих ощущениях можно будет на любом языке, он уже не ошибется. А если ты ему будешь говорить даже на иврите, но он будет воображать какие-то неправильные ощущения, то какая польза с того, что он назовет свои неправильные ощущения правильными словами.

Поэтому я думаю, что в наше время, когда мы уже стоим перед необходимостью распространиться вширь, в незнании языка не возникнет проблемы. Это во-первых.

А во-вторых, я разговаривал на эту тему с Равом, исходя из того, что, когда я пришел к нему, у меня был уличный иврит. Рав читал на арамите и иврите, а объяснял на идиш. Увидев, что приходят такие, как я, а за собой я привел еще десятки людей, он перешел на иврит, хотя ему было очень тяжело, но это не стало для него проблемой, он очень естественно подстроился, себя в расчет совершенно не принимая.

Помню, как первый раз по прошествии двух-трех недель занятий я попросил разрешения приехать к нему на субботу. Я жил тогда в Реховоте — это примерно 30 км отсюда. И вот сидим мы перед трапезой в субботу вечером. Когда Рав начал говорить, я обратил внимание на то, что все как-то странно смотрят на него. Я думаю — что-то случилось. Оказалось, он заговорил в субботу на иврите,

Впустить знания в сердце

а не на идише, а для них это было почти равносильно осквернению субботы. Вот так, без всяких проблем он решил эту дилемму.

На мой вопрос о том, что будет со мной — ведь я не знал хорошо иврит, читать мог на очень простом уровне, арамит и идиш я вообще не знал — он очень просто сказал: зачем тебе это надо? Отбил у меня полностью все желание заниматься этими языками, по сей день, читая «Книгу Зоар», я с трудом разбираю ее арамит. По сути, это и не нужно было никогда, всегда все объяснения были только на иврите. У нас был общий язык, иногда он мне еще по-русски пояснял. Он ведь сам из Польши, поэтому владел немного русским.

Я не думаю, что понадобится изучать иврит, но в минимальном объеме, как во всех других науках, как в медицине, например, освоить его, конечно, придется. Но я бы сказал, что вы, в некотором смысле, находитесь в лучшем положении, чем сабры, чем израильтяне. Когда я говорю слово «гуф», вы представляете себе это как определенную духовную категорию, а когда они это слышат или сами говорят, то представляют тело, животное тело, «рош» — они представляют себе голову и т.д.

В этом смысле вам намного легче, а они путаются многие месяцы, пока начинают наклеивать именно это слово на внутреннее изображение. Поэтому тут, наоборот, выгода очень большая, с одной стороны.

Но с другой стороны, проблема может быть в другом — в том, что на русском языке у нас может оказаться недостаточно материала для дальнейшего продвижения. Я думаю перевести «Талмуд Десяти Сфирот» на русский язык. Если это удастся, то это будут открытые ворота.

- **Вопрос: Обладает ли книга на русском языке эквивалентной духовной силой и является ли источником правильного понимания текста?**

Я думаю, что на русском языке вы сможете чисто внешне понимать не меньше, чем на иврите. Духовная сила на русском будет возмещаться за счет остальных моих книг.

Перевод не может быть полностью адекватным такому оригиналу, как «Талмуд Десяти Сфирот», но вытянуть из перевода ту же силу вы сможете, если правильно себя настроите, в принципе, как и изучающие на иврите. В этом вам помогут остальные книги.

В общем, я думаю, что не должно быть никаких препятствий в изучении «Талмуда Десяти Сфирот» на русском языке, как и в достижении тех же уровней, которых смогут достичь изучающие его на иврите. Тем более, если вы с нами будете связаны. К тому же существуют еще и дополнительные материалы: другие книги, кассеты и т.д.

Поймите, что книга сама по себе ничего не значит. Все определяет намерение человека, желающего посредством этой книги достичь Творца. Свет, воздействующий на тебя при изучении, должен нисходить не из самой Бесконечности, а из ближайшего духовного парцуфа. Это корень твоей души относительно тебя в данный момент, это — твой Творец. Высшая ступень относительно низшей называется Творцом, она ее рождает, создает, держит и наполняет.

Я еще раз хочу подчеркнуть, что практики в этом вопросе нет, и предупреждаю всегда, что я говорю только то, что думаю. Каббала очень четко настраивает на такой ход мысли. Человек абсолютно не знает результата того, что им еще не пройдено. Я не знаю, но мне так кажется, что с этим не будет проблем. Начинайте изучать.

- **Вопрос: О преподавании Каббалы.**

У меня в группе на утренних занятиях присутствует, наверное, до 200 человек. Более сжатую группу я вижу в качестве своих учеников, не слушателей, которые, возможно, приходят постоянно в 3 часа ночи, а тех из них, которые, работая над собой, стремятся выйти в Высший мир.

Сами они не знают, кто из них включен в эту внутреннюю группу, которую обозначаю только я. Я отношусь к этим людям, выделенным из всего количества сидящих на занятиях, дифференцированно, как к ученикам, зная, что я их веду, чувствуя, что я обязан их вывести в Высший мир.

Кроме этого, есть слушатели, случается, что они изменяются и тоже присоединяются к этой внутренней группе.

Мы стремимся к тому, чтобы каждый из моих учеников, а также и слушатели, т.е. все, занимающиеся здесь у нас в центре, каким-то образом привлекались к распространению, и даже, если возможно, преподавали в группах.

Если человек обладает какими-то особыми способностями, которые нам нужны — в компьютерах, кино и фотосъемке, в обработке информации, что является для нас очень выгодным, — тогда ему стоит заниматься этим делом, а не преподаванием. Он ничего не теряет, выполняя ту работу, которую за него никто не может сделать: одно возмещает другое.

Но если это человек не является узким специалистом, то очень желательно, чтобы он преподавал. Для преподавания нет необходимости в том, чтобы человек находился уже в ощущении Высшего мира или обладал особыми знаниями. Он должен немного знать материал, и, самое главное, предлагать правильную методику, т.е. правильное отношение к материалу и его изучению.

Важно, чтобы учащиеся не овеществляли духовное, чтобы в итоге человек, раскрывая Тору, не думал о ней как об историческом рассказе, а понимал, что в ней говорится о духовных свойствах, о том, что происходит внутри человека, в его душе. Надо развернуть человека к Творцу, чтобы он правильно сориентировал свой взгляд — это основная задача преподавателя в группе, в группе начинающих, в первую очередь.

Совершенно неважно, сколько он знает, маленькими шажками он движется или большими, все верно излагает или только на 80%. Это неважно потому, что информация сама по себе значения не имеет, имеет значение правильное к ней отношение. Когда я здесь читаю и учу, откуда я, вообще, знаю, что именно я учу, что читаю. Даже не имеет значения то, на каком языке это написано.

У Бааль Сулама были люди, которые не понимали, что он говорит. Он преподавал на идиш, они не знали этого языка, а он не мог для них перейти на иврит, потому что остальные бы тогда не понимали. С этим у него была проблема, хотя, вы видите, что его книги написаны на очень хорошем иврите. И он говорил: «Неважно, пускай сидят», и действительно, они достигли того же, что и остальные: вышли в Высший мир, стали каббалистами.

На самом деле неважно, насколько преподаватель знает материал, важно только, насколько правильно он направляет ученика на нужное отношение к материалу. Он должен передать ученикам понимание того, что материал является средством раскрытия Творца. Ты должен во время изучения материала от света, от силы, которая в нем заложена, требовать раскрытия Творца для того, чтобы Он тебя исправил.

Значит, ты должен чувствовать, что тебе необходимо исправиться. Чтобы это почувствовать, ты должен от группы и от своего предварительного изучения статей и других книг получить ощущение того, что ты не исправлен, что ты далек, противоположен духовному. Вот это он должен передать — методику, а сами эти книжные премудрости — это второстепенное дело.

Люди разные — есть более умные, есть более глупые, есть такие, которым тяжело думать — это не имеет никакого значения. Есть даже такое указание в Торе. Если человек стремится к свету, он этот свет получит, и это зависит не от его способностей, а от того, насколько он к этому стремится.

Поэтому любой человек, понявший нашу методику — методику выхода в Высший мир, методику самого пути — неважно, насколько он знает «Введение в науку Каббала» или «Талмуд Десяти Сфирот», уже может начинать преподавать. Потому что преподавать надо методику, а не сами эти знания: АБ, САГ, опускается-поднимается...

Знаете вы больше или меньше — ничего вам это не даст. Ощутить это вы сможете только в том случае, если правильно реализуете саму методику. Это самое главное, что я хочу сказать, этим отличается преподаватель от обманщика, жулика, от всех остальных «каббалистов».

Кроме того, я советую использовать видеоматериалы — они передают намного больше скрытой, духовной информации, стоит ею пользоваться.

- **Вопрос: Как связаны катастрофы в мире с нашим поведением и общим Управлением?**

В принципе, это очень простая картина, потому что мы находимся внутри общей души, каждый из нас является ее элементом. Задача всего этого организма — этого тела, души, Адама — заключается в том, чтобы привести все его частички к состоянию полного осознания ими того, где они находятся, и способности самостоятельно функционировать разумно подобно тому, как этот организм функционирует без них. То есть каждый из нас должен взять на себя полное управление существованием всего мироздания.

Для осуществления этой задачи человек должен соединиться с остальными душами, и, находясь с ними в полном соединении, будет вбирать в себя все кли этого мироздания, понимать его и управлять им. Это значит — управлять всем мирозданием, ощущать в нем свет, т.е. полностью быть в слиянии с Творцом без всякого различия между ними.

Это конечное полное совершенное состояние, к которому мы должны прийти любым путем, хорошим или плохим, либо сочетанием этих двух путей. Это состояние излучает на нас команды, вынуждающие каждую душу — в зависимости от того, какую функцию она выполняет в этой структуре и в соответствии с тем, насколько быстрее или медленнее остальных должна продвигаться — приближаться к исправленному состоянию. Некоторые души должны раньше начать двигаться к этому, есть такие, которые качественно должны выполнять определенную работу, пока другие осуществляют то, что им положено, а потом пересортировываются.

То есть это — огромный организм. Когда его начинаешь ощущать, это называется сиянием Шхины, т.е. переливанием этого огромного, общего организма, который сам себя излечивает, а мы являемся частичками этого организма, которые излечиваются. Ничего в мире не происходит вне этого организма. И, естественно, то, что мы ощущаем, является только следствием вот этих вынуждающих сил, толкающих каждую частичку и весь организм в целом к исправленному состоянию.

Если эти вынуждающие силы будут восприняты нами положительно и мы будем их оправдывать, то такое состояние называется оправданием Творца, что означает также быть праведниками, т.е. желать того же, что желают эти силы. Тогда мы не ощутим их отрицательного воздействия, которое мы будем как бы предупреждать, при этом начнем действовать и выполнять все необходимое самостоятельно, пребывая в состоянии абсолютного комфорта.

Мы должны достичь такого состояния, при котором сможем узнать Творца, т.е. весь этот общий закон, что называется «познай Творца и служи Ему». Зная этот закон, работаешь так, будто ты сам являешься его властелином, желающим его выполнения, и тогда, естественно, в тот же момент ты ощущаешь абсолютное комфортное и совершенное состояние. А до этого любые силы будут ощущаться вынуждающими и, конечно, разрушительными. Ничего другого не существует.

Поэтому распространение Каббалы, вне зависимости от того, где, в каком народе, в какой стране, в каких сочетаниях нам удастся ее распространить, имеет исключительную важность. Как и что происходит, ты увидишь по этим своим действиям и следствиям от них. Пока же мы наблюдаем природные катаклизмы, и положение с каждым годом все ухудшается. Ты увидишь, как изменяются эти страны и регионы и, вообще, насколько благоприятнее обстановка в них становится. Вынуждающие силы начнут проявляться и ощущаться как благодетельные, добрые, несущие добро.

ЗАПОВЕДЬ О СУККЕ

«Даргот Сулам», т. 2, статья 661
26 сентября 2002, ночной урок

Почему выполнение Заповеди о сукке (шалаш) равноценно всем остальным Заповедям? Потому что сукка символизирует веру. Вера — это экран и отраженный свет, посредством которых человек может исполнять Заповеди.

Отдача Творцу называется Заповедью, соответствие Творцу называется Заповедью, слияние с Творцом называется Заповедью. Заповедь — работа с желанием получать ради отдачи, осуществимая лишь в соответствии с величиной экрана и отраженного света.

Поэтому Ребе говорит: «Все, изменяющие вере, получают проклятие». То есть тот, кто не способен работать «ради отдачи Творцу», у кого нет экрана и отраженного света, т.е., у кого нет веры, тот вместо благословения получает проклятие. А у тех, кто сохраняет веру, не будет нарушений. Поэтому главное — работать над сохранением веры и над тем, чтобы вера преобладала над знанием.

Итак, необходимо всегда заботиться о намерении насладить Творца, чтобы только лишь величина намерения «ради Творца» стала величиной, емкостью кли, с которым работает человек.

- **Вопрос: Всегда ли вера — это самое важное, чего человек обязан достичь в первую очередь?**

Не просто самое важное. Вера — это единственное, чего мы должны достичь, и ничего иного, кроме нее. «Верой своей будет жить праведник». Помимо экрана и отраженного света — света Бины, в который одевается свет Хохма, — нет более ничего. Поэтому только об этом мы и должны заботиться.

Какая здесь связь с праздником Суккот? После того, как человек прошел период выхода из Египта и получил Тору, то увидел себя в ее свете слабым, презренным в своих первоначальных свойствах, с которыми сотворен. Тем самым он достигает осознания своей души в полной мере, что и олицетворяет «Йом Кипур» (Судный День), и подходит к этапу своего исправления, именуемому «Суккот». Суккот — это «схах» (верхнее покрытие сукки), а «схах» — это экран и отраженный свет.

В чем смысл «тени»? «В тени Его сидел я и наслаждался...» То есть наслаждаться от тени, наслаждаться отдачей Творцу, а не светом, приходящим без облачения в тень, без облачения в свет Бины.

Все это символы. По сути, мы должны видеть в каждой Заповеди, в каждом вопросе: нет ничего, кроме света, кли и экрана между ними — все, в сущности, сводится к одному.

Но иногда мы не понимаем того, о чем идет речь, если начинаем входить в детали Заповедей. В общем, такая большая Заповедь, как Суккот, которая равна по значимости всем остальным Заповедям, более-менее ясна, и можно с легкостью представить ее в правильном виде.

Однако есть Заповеди, говорящие о частных исправлениях кли в состоянии Второго Сокращения (Цимцум Бэт), о присоединении АХАП дэ алия, когда делают исправление на Есод, а не на Малхут и т.п. Здесь возникает проблема, как в точности уловить всевозможные частные состояния.

Но в общем, суть всех духовных действий, которые и называются Заповедями — исправление экрана. Величина экрана называется величиной веры, и в вере получают знание — раскрытие Творца.

Раскрытие Творца также может произойти перед появлением веры, ради веры. И это называется: «знай Творца твоего и служи Ему». Нам необходимо раскрытие Творца потому, что оно формирует в нас экран, этим он строится. И если во имя этого мы просим у Творца, чтобы Он открылся, тогда Он открывается, и тогда человек сдается Творцу. Это покорность и есть наш экран.

О ПРИХОДЯЩИХ ГОСТЯХ

«Даргот Сулам», т. 2, статья 660
26 сентября 2002 года, ночной урок

До Конца Исправления все наши исправления осуществляются «капля за каплей», потому как невозможно совершить зивуг сразу на целое кли. «По каплям» — не означает прерывисто, как это происходит у нас: есть — нет, есть — нет... Имеется в виду, что работают не с целым кли, т.е. работают не собственно с Малхут, а с Малхут, включенной в Есод.

То есть эти келим — отраженный свет, вера — таковы, что в них все еще невозможно получить свет Хохма без некоего ограничения.

Поэтому сказано: «мое мужское потомство, моя жизнь и мое пропитание зависят от удачи», т.е. зависят только от «судьбы», только от ограничения этих келим. Таким образом, главное — работа над сохранением келим: не расширять кли более, чем то позволяет работа с ним в состоянии Второго Сокращения вплоть до Конца Исправления, чтобы не затронуть «лев эвэн» (каменое сердце).

- **Вопрос: Как аннулировать собственое «Я» в человеке?**

В соответствии с тем, что всем нам необходимо воссоединиться в одно единое кли, каждый из нас растет, только лишь соединяясь с остальными. Возможно, кто-то ошибочно считает, будто именно он растет самостоятельно. Это не так, никогда не может быть того, чтобы человек рос сам по себе, становясь все больше и больше. Если он действительно растет, то за счет того, что соединяется с одним, другим, третьим, четвертым... Лишь это является признаком его роста.

Стереотип, будто я способен расти не за счет соединения с другими, а сам по себе, даже если никого нет вокруг — большое заблуждение.

Это очень просто, ведь душа Адама Ришон разбилась на множество осколков — мельчайших частиц. Если соединить их вместе, образуется большое кли. Но если их не соединять, каждый из осколков останется таким, как есть, не имея возможности увеличиться. Вообще, нет такого понятия, как «расти»; в том, что мы так думаем, и состоит наша ошибка. Хочешь вырасти, начинай соединять осколки в такое же кли, как и было прежде.

Допустим, разбился какой-нибудь большой кувшин. Разве черепок от разбившегося кувшина может вырасти? Разве, взяв один черепок, ты способен соорудить целый сосуд? Тебе необходимо склеить все частицы, на которые разбился этот кувшин. Этого мы никак не можем, не хотим уловить — наша природа не позволяет.

Однако, всякий раз думая об этом, давая себе всевозможные разъяснения, мы в итоге начинаем видеть, что нет выбора: мое кли, по сути, находится во всех остальных. Как это ни ненавистно мне, насколько я не в состоянии понять это, вновь и вновь забываю об этом — в принципе, это то, что происходит.

Исходя из этого, Ребе говорит, что решение нашей проблемы и в связи с этим вся наша работа разделяется на несколько этапов. Первый этап заключается в том, чтобы сломать свое «Я» — силу, словно бы отделяющую, изолирующую меня от других — как бы разрушить эту стену.

А после того, как стена разрушена — соединиться с остальными. Когда я начинаю видеть, что в товарище есть мое кли, это называется «проломить стены».

Что значит: мое кли находится в товарище? Это означает, что его потребности, недостатки, его желания, все, что волнует его — по сути, и есть тот исходный материал, с которым я должен работать, как со своим.

То есть я аннулирую все свои заботы и тревоги и начинаю жить заботами своего товарища. Перенимая на себя его проблемы, я перехожу из своего «владения» в его «владение», и это означает, что я соединяюсь с ним.

Работу эту, конечно же, мы не в состоянии выполнить. Здесь вновь совершают ошибку, считая: «Так написано в Торе, поэтому я обязан выполнять это». Человек следует этому, усердствует и, обнаруживая, что не получает никакого результата, в конце концов, ломается.

На самом же деле, он должен, стараясь, усердствуя, сломаться оттого лишь, что не способен на это. И это отчаяние приводит человека к состоянию, когда он просит Творца совершить это слияние с товарищем.

В истории есть много примеров тому, как человек работает над единением с другими: христиане идут в этом направлении, также и древние греки — многие пытались совершить такого рода работу.

Однако подобная работа, когда собираются соединиться друг с другом, без увеличения осознания величия Творца, оказывается несовершенной. Те, кто ошибаются, входят в заблуждение и в итоге сходят с пути Каббалы, не улавливают, не учитывают этот фактор. Ведь слиться с товарищем, перенять его потребности и пытаться жить его заботами и тревогами можно, только если делаешь это ради установления связи с Творцом.

Бааль Сулам пишет об этом: если решают объединиться всем вместе, не вырабатывая при этом правильного намерения, то происходит нечто подобное тому, что случилось в России, когда хотели построить коммунизм, или в Израиле с киббуцами — это приводит к разрушению.

Но если я объединяюсь с другими, рассматривая это как вспомогательный инструмент, как средство для того, чтобы в итоге соединиться с Творцом, тогда мне необходимо все время возвышать в своих глазах важность Творца, Его величие.

И когда мне не удается наладить отношения с товарищем, соединиться с ним, я взываю к Творцу, чтобы Он помог мне, — и тогда Творец открывается. Теперь Его раскрытие приносит мне уже не спокойствие и эгоистическое наполнение, а экран — способность соединиться с товарищем.

Объединив свой сосуд с сосудом, подобным моему, я тем самым увеличиваю собственное кли. А увеличив собственное кли, я уже действительно начинаю ощущать Творца. Помимо того, что я ощущал Его как исправление, теперь я ощущаю Его и как наполнение. Что значит «наполнение»? Это имеющаяся у меня способность сделать что-то для Творца.

Таким образом, работа должна совершаться по двум параллелям: стараться работать над намерением отдавать окружающим, и следить за тем, чтобы это было лишь средством для достижения отдачи Творцу.

- **Вопрос: Бааль Сулам пишет, что свет Хохма не может светить иначе, как в облачении в свет Хасадим. Что это значит?**

В конце этой статьи он пишет: «Свет Хохма не может светить, не облачившись в свет Хасадим». Светом Хасадим называется отраженный свет, исходящий от кли вверх. В сущности, этот отраженный свет, а не желание само по себе, и есть кли.

Само желание получать после Первого Сокращения перестало быть сосудом получения, и вместо него сосудом получения стали экран и отраженный свет. Отраженный свет, поднимающийся от экрана вверх, который используется теперь как получающий сосуд, именуется светом Бины, светом веры и уверености, светом Хасадим.

Почему Хасадим (отдача)? Потому что, по сути, поднимая отраженный свет, ты желаешь совершить такое же действие, как и Творец, совершающий действие отдачи ради тебя. Не то, чтобы ты давал Творцу, но этим ты становишься подобен Его свойству отдачи.

Итак, невозможно, чтобы свет Хохма после Первого Сокращения светил напрямую в желание получать. Прежде всего, в желание получать должен облачиться свет Хасадим. И чем больше света Хасадим облачается в желание получать, равно в той же мере, в тех же местах, с той же силой, с той же мощью света Хасадим в него одевается соответствующий ему свет Хохма.

- **Вопрос: Свет Хохма — это внутренний свет (Ор Пними)?**

Внутренний свет, облаченный в кли — это свет Хасадим, в который облачен свет Хохма, иными словами, прямой свет (Ор Яшар), облаченный в отраженный свет (Ор Хозэр).

- **Вопрос: Какова суть связи между верой и схах (верхнее покрытие сукки)?**

«Схах» и вера — это одно и то же. Если это то же самое, то какая может быть связь? Если бы это были две разные вещи, я бы сказал, в чем связь между ними, но это не связь, это просто-напросто одно и то же явление.

- **Вопрос: Схах — это материальное явление, а вера — духовное...**

Схах — материальное явление?! Мы вообще не говорим о материальной крыше из растений. Говоря о покрытии сукки, мы ведем речь об экране, который человек строит над своим разумом.

«Схах» — это вещи, которые когда-то были живыми, росли, а теперь умерли, превратились в нечто, окончившее свою жизнь. Прежде человек наслаждался этими вещами, а теперь они для него умерли, из них изошел дух жизни, т.е. в глазах человека все это потеряло важность и, вообще, непригодно для его продвижения.

Тогда он берет эти вещи, не имеющие теперь для него никакого значения, и поднимает их над своим разумом.

«Схах» сооружается из предметов, не имеющих практически никакого применения: кусочки дерева, листья, ветви, которые никак нельзя использовать, разве что сжечь, чтобы подогреть немного воды... Что еще можно сделать с этими предметами?.. Что-то построить из них невозможно. Покрытие сукки не сооружают из вещей, пригодных к серьезному использованию, как настоящее дерево, например. На это есть свои определенные законы.

Когда человек поднимает над головой вещи, которые не имеют никакой важности, согласно представлениям его желания получать — это означает, что он идет «верой выше знания». Тогда «схах» — это вера, и знание человека находится внутри сукки.

Человек готов работать со своим знанием, когда оно меньше его веры, или же задействовать его лишь в соответствии с величиной веры — это называется, что весь его сосуд получения находится под властью закона не получать ради себя, под властью «схаха», экрана. И тогда человек сидит в тени шалаша, затененность которого должна быть больше проникающего в нее света солнца. Солнечного света в сукке должно быть настолько мало, что он практически не ощутим.

У Ребе мы покрывали сукку узкими деревянными планками. Он заботился о том, чтобы эти планки были так тесно связаны друг с другом, чтобы сквозь них почти не проникал свет.

Я спрашивал: почему? Это выглядит почти, как дом. Крыша получается некрасивая, но это действительно крыша. Мне рассказали, что так было заведено: делать ее очень плотной. Это тоже один из символов, означающих, что сила, мощь отдачи, крепость схаха должна быть очень большая. И об этом необходимо беспокоиться, а не о том, сколько света проникнет через нее. Это намек.

- **Вопрос: Возвращаясь к теме об отдаче товарищу: как я могу увеличить свое желание отдавать ему?**

Как я могу взрастить в себе потребность разделять проблемы товарища, работая внутри него с его желаниями, как бы используя при этом свой «двигатель»? Скажем, я как будто взял твои вещи и перенес их в свой автомобиль, т.е. работаю со своим мотором над твоими проблемами и неприятностями вместо тебя.

Прежде всего, стоит знать, что весь мир, хочет или не хочет, работает по такому принципу. Все мы работаем на Творца — желаем того или нет, но мы это делаем. Все мы «зарабатываем» друг от друга. Никто в итоге не работает на самого себя, потому как мы все находимся в состоянии Конечного Исправления и действуем в соответствии с этим.

Однако наша цель — прийти к такой работе осознанно, не только видеть, что природа заставляет меня поступать так, а не иначе, и Творец изначально устраивает для меня все это. Но если я сам желаю поступать так же, тогда, соответственно моему желанию, Он мне раскроется, и я увижу, что уже нахожусь в этом.

Что же необходимо сделать, чтобы продвинуться в обнаружении, выявлении того истинного состояния, в котором существует отдача другим? Просто-напросто исправить свое желание так, чтобы я и в самом деле захотел отдавать другим, и тогда я действительно увижу, что нахожусь в состоянии отдачи.

Как захотеть отдавать другим? Очевидно, необходимо увидеть, как это важно, и понять, что мне стоит заняться этим делом. Ведь я все еще пребываю в желании получать.

Что значит «стоит»? «Стоит что-то сделать» — это решение, приходящее в результате воздействия рекламы. Я понимаю, что в этом мире стоит наслаждаться домом, семьей, вкусной едой, для меня ясно, что эти вещи, действительно, доставляют удовольствие, тело понимает это без всяких премудростей.

Однако почести, деньги, какая-нибудь медаль в награду, желание приобрести машину именно такой марки, а не другой, ходить не в пижаме, а в смокинге — это вещи искусственные, значимость которых мы принимаем, потому, что это важно для остальных. Из-за того, что кто-то их ценит, я принимаю это, и они становятся весомыми в моих глазах, и я начинаю жить во имя этого.

Обеспечить себя самым необходимым не представляет особого труда, можно с легкостью обеспечить свою жизнь. Однако же мы вкалываем всю жизнь, по сути, из-за того, что другие говорят нам, что стоит работать ради достижения вещей, значимых для них. Они становятся важными нам, и я становлюсь рабом общественного мнения. Я вижу, что общество способно навязать мне любые ценности, ради достижения которых я готов даже пожертвовать своей жизнью.

Если так, то следует найти такое общество, духовные ценности которого видятся мне наиболее высокими, и влияние которого на меня было бы таковым, чтобы я перенял его порядок ценностей. Где духовное, где материальное, что значит духовное по сравнению с материальным, какова степень важности одного относительно другого — пусть это войдет в меня и вынудит к любой работе, какой бы то ни было.

Таким образом мы можем вырастить и воспитать ребенка, сделав из него все, что только ни пожелаем. Это зависит от группы, общества, в которое мы его поместим.

- **Вопрос: В чем выражается здесь, среди нас отдача товарищу?**

Как в нашей группе проявляется моя отдача товарищу? Ты разглядишь это, если пожелаешь того. Хочешь, не хочешь, ты все равно работаешь в группе: выходишь на дежурства, принимаешь участие в каких-то совместных мероприятиях, разносишь чай и т.п. — не может быть так, чтобы ты абсолютно ничего не делал.

Допустим, раз в полгода ты раздаешь чай. Теперь возникает вопрос: «Какое ты в это вкладываешь намерение, и что это тебе дает?» Если ты не успел, не смог, не подумал внести намерение в свои действия — в этом виновата группа, а не ты.

Группа виновата в том, что не обеспечила тебя потребностью в намерении ради отдачи. А сама группа, никак не влияющая на тебя, также зависит от тебя, т.е. от того, насколько ты требуешь от группы, чтобы она воздействовала на тебя. Эти вещи взаимозависимы.

В принципе, если ты соберешь все советы и рекомендации Бааль Сулама, Рабаша, то сможешь все их записать на одном листе, максимум на двух. И как ни крути, как бы эго ни запутывало тебя, заставляя углубляться в разные вещи — этих советов тебе вполне достаточно, чтобы найти ответ. Наша проблема в том, что мы все время хотим убежать от них.

- **Вопрос: Важно ли соединяться с товарищем еще до того, как он приобрел большое значение, важность в моих глазах?**

Здесь есть несколько аспектов. Прежде всего, если он все еще не обрел важности в моих глазах, смогу ли я вообще соединиться с ним? На чем тогда будет основываться наше единение? Это первое.

Второе: могу ли я заставить себя работать над этим? Да. Именно исходя из этого, якобы, насилия над собой, начинают слышать и понимать, что стоит прийти к единению. Никогда человек не должен ждать, пока в него вселится какое-либо желание свыше, и тогда в соответствии с этим желанием работать. Потому как действующий согласно своим желаниям называется «бэима» — (животным).

Если ты поступаешь соответственно своему желанию — это не считается работой, поскольку ты всего-навсего реализуешь желание, данное тебе свыше. А наша работа заключается в том, чтобы создать желание к желанию, т.е. прибегнуть к разнообразным ухищрениям с целью приобрести определенное желание — желание отдавать. Ты с этим не согласен, ты предпочитаешь вначале захотеть, а потом сделать. Пожелать что-то сделать, после чего сделать это — вообще не называется действием.

- **Вопрос: Как я могу принудить себя соединиться с товарищем?**

Как соединиться с товарищем по принуждению? Что значит «по принуждению»? Это то, что против желания. Но против своего желания ты не можешь ничего сделать! Стараясь соединиться с товарищем вопреки своему желанию, ты обнаруживаешь, что, действительно, не способен на это. Вместе с тем группа открывает тебе, что вещь эта наиболее важная, потому что, не объединившись с товарищами, ты не сможешь увеличить свое кли и получить в него свет. А получение света происходит за счет соединения огромного множества частиц в общее кли Адама Ришон.

Под влиянием группы ты, действительно, начинаешь видеть и еще больше убеждаться в том, насколько соединение с товарищами важно и необходимо тебе, и что это единственное действие, которое ты со своей стороны можешь выполнить снизу, чтобы получить изобилие свыше. И тогда ты обращаешься, в конце-концов, к Творцу, чтобы Он помог тебе соединиться с товарищем вопреки твоему желанию получать.

Тогда Творец раскрывается, и ты, т.е. твое желание получать, преклоняешься перед величием Творца, и соединяешься с товарищем. Когда Творец светит тебе, исчезают все трудности, разрешаются все проблемы, и все становится на свои места. Желание получать мгновенно парализуется, оно не кричит, ему нечего делать, потому как желание получать — это обратная сторона (ахораим) того же Творца.

Итак, никогда человеку не стоит ждать, когда к нему придет желание, чтобы работать с ним. Думая, что следует работать в соответствии с имеющимся у него желанием, человек просто-напросто не понимает, что согласно желанию поступают животные, и согласно желанию работают находящиеся на неживом духовном уровне массы (домэм дэ клуша).

Но каббалист, тот, кто вошел в духовный мир, не работает в соответствии со своим желанием — он работает над тем, чтобы возникло желание, он строит это желание. Когда посредством света желание уже построено, с ним делать больше нечего, и каббалист немедлено вступает на следующую ступень, работая над тем, чтобы пришло новое желание.

- **Вопрос: Мы не в состоянии аннулировать свою гордыню — это то, чего нам недостает для объединения друг с другом, мы вообще не любим усмирять ее перед другими. Как обратить такое качество в действенное средство?**

Это неправда, что мы не аннулируем свою гордыню. Мы, на самом деле, косвенно, а не напрямую, действуем против своих испорченных качеств, чтобы исправить их, потому как это, по сути, делается не нами. Исправить свои свойства можно лишь посредством света, возвращающего к своему Источнику (ор махзир ле мутав). В мере своего воздействия свет обращает испорченное свойство в свойство, противоположное ему, т.е. меняет намерение.

Поэтому нечего нам уделять особое внимание своей природе, намерениям, желаниям — в общем, самим себе. Мы должны обратиться к Творцу, чтобы Он позаботился о нас. Но прежде, чем обратиться к Творцу с просьбой о помощи, нам необходимо достичь осознания зла в себе.

К осознанию зла приходят также в ощущении света Творца. Под его воздействием я начинаю понимать, насколько противоположен Ему — потому что свет и тьма являются противовесом друг другу.

- **Вопрос: Почему, исходя именно из нашей бурной деятельности, из того, что проделываем огромную работу, мы в итоге оказываемся в состоянии, когда каждый пытается обособиться, выделиться: «Это сделал я! Я к этому причастен! Я важен и значителен! Я... Я...!» Ведь такое состояние противоположно тому, что позволяет прорваться в духовный мир?**

Нам, по сути, не над чем работать, кроме как над своей забывчивостью. Мы забываем, что слияние товарищей создает кли. Вот и все. Нет никакого иного, помимо этого, действия, которое могло бы привести нас к Цели.

Поэтому тот, кто не находится в таком обществе, где работают над этой идеей, просто безнадежен, ему ничего не поможет. Он пробудет здесь в «Бней Барух» еще 30 лет, кичась тем, что относится к «старейшинам» — правильно, но кроме стажа, у него ничего нет.

Как же работать против забывчивости? Приклей к каждому бумажку: «Думаешь ли ты обо мне?» Напоминай товарищам, чтобы заботились друг о друге... Не знаю, что еще... Это духовный аспект, и если мы все начнем мыслить таким образом, то дух этот будет витать в воздухе, атмосфера станет заряженной этим «электричеством», и тогда мы действительно преуспеем. Это называется атакой.

«Забвение» (Ребе пишет об этом во многих местах) — это имя ангела. Это особая сила сокрытия, утаивания, разрушения, которая помогает нам выявлять и накапливать все новые и новые различные состояния до тех пор, пока они полностью не соединятся в общий законченный слиток. И тогда все действия, в которых мы, будучи в забвении, как будто утрачивали слияние с товарищами, идеей, Творцом — соединятся в единое целое. Иного выхода нет.

- **Вопрос: Какая из Заповедей самая важная?**

Ни Заповедь о сукке, ни Заповедь «Возлюби ближнего как самого себя» не выходят за рамки всех остальных заповедей. Они включают их в себя. Если тебе кажется, что эта заповедь есть нечто большее, то получается, будто есть 613 заповедей, и последняя из них больше всех остальных. Нет, эта заповедь включает в себя все остальные, а вовсе не является дополнительной заповедью, дополнительным действием. Это действие, которое проявляется как сумма всех предыдущих действий.

Например, у тебя есть огурец, помидор, лук, укроп, петрушка. Ты все режешь, и получается салат. Салат — это нечто новое, однако есть ли в нем что-нибудь новое? Ничего, кроме сочетания уже имеющихся компонентов. Такой же принцип лежит в основе заповеди «Возлюби ближнего как самого себя» — великого правила Торы, или заповеди о «сукке», как обобщения всех заповедей. Объедини все заповеди и получишь «Сукку».

- **Вопрос: Я запутался, дайте мне что-то одно, конкретное...**

Мне жаль, что тебе это не известно. Ты спрашиваешь правильно — я есть маленькое животное, не обладающее разумом и способностью сосредоточиться. Какой с меня спрос?! И кроме того, я совсем запутался. Дай мне что-то одно, о чем я и буду помнить.

Ты прав, таковы все мы. И действительно, нам дана всего одна вещь: «Нет иного, кроме Него». Думай постоянно об этом, и к тебе, без всякого сомнения, придет все остальное.

Из одного этого закона ты можешь извлечь всю Тору. Не то, чтобы из закона, а из этой концепции, что ты желаешь жить по такому принципу, постоянно удерживая Его в себе, чтобы эта идея пронизывала всю твою жизнь. И тогда тебе раскроется все мироздание, все ступени духовной лестницы. Это конец ниточки. Не забывай об этом и также напоминай мне! А если забудешь, но прежде уже напомнил мне, тогда я потом напомню тебе.

- **Вопрос: Изо всех сил стараясь соединиться с товарищем, человек проходит тяжелые внутренние состояния. В связи с этим возникают два вопроса: 1) Есть ли связь между этими явлениями? 2) Как это использовать наиболее продуктивно?**

Человек, приступающий к изучению Каббалы, в какой-то момент начинает ощущать, будто входит в полосу неудач, несчастий, страданий, он все время получает удары, на него вдруг наваливается масса проблем: дом, жена, работа... Он буквально не находит покоя, неудачи постоянно преследуют его, и с каждым разом становится все труднее и труднее.

Мы уже говорили об этом: действительно, человек испытывает именно такие чувства. Что это — только ощущение или реальная ситуация? Прежде всего, одного ощущения вполне достаточно, и не нужна никакая действительность — существующая или мнимая. Ощущение определяет все. Но определенно, все это происходит лишь в ощущениях.

Ведь, чем бы ты ни занимался в материальном — или с радостью и вдохновением, или наоборот, с огромным напряжением, идя напролом, потому что дело это для тебя очень важное — вдруг оно становится тебе безразличным, у тебя пропадает охота и ты больше не желаешь этим заниматься. Тебя словно что-то душит, ты не знаешь, как избавиться от вещей, которые прежде казались хорошими и даже очень приятными. И тогда все, что когда-то было для тебя как хорошим, так и плохим, становится тем, в чем ты уже не нуждаешься, чем-то лишним, обременяющим тебя. Это во-первых.

Во-вторых. Мы — это «Исраэль», о котором сказано, что он ускоряет время, сжимает его. Вместо 500 лет, мы стремимся пройти путь, скажем, за 10 лет.

Допустим, на протяжении 500 лет мы должны пережить всевозможные испытания. Сделаем расчет, что получится, если пойти либо путем Торы, либо путем страданий. Скажем, в течение 500 лет мы должны проглотить 1000 килограмм бед, а теперь вместо 500 лет, мы хотим проделать это за 5 лет. Выходит, что время сокращается в 100 раз. Значит, каждое мгновение мы должны переносить в 100 раз больше несчастий?

Ты в состоянии представить, как это вообще может осуществиться? Но мы не испытываем в 100 раз больше страданий, даже ощущаем их меньше обычного.

Однако мы чувствуем их с большей силой, потому что хотим ощутить духовное вместо проявлений материального мира — как хороших, так и плохих. В том-то и дело. Даже одного лишь сокращения времени без изменения силы страданий достаточно, чтобы ощутить, будто что-то не в порядке, будто стало хуже прежнего, поскольку материальное уже надоедает.

Ничего не поделаешь, и вправду, о том, кто начинает заниматься Каббалой, сказано: «Нет терпения у него.» Не хватает терпения ни на что: ни на работу, ни на семью...

Ребе приводит красивый пример, когда хасид, придя домой, говорит жене, что едет к Раву: «Нам не хватает моей зарплаты, необходимо поменять дом, мебель, я недостаточно тебя люблю, и здоровье уж не то... Со всеми этими проблемами я еду к Раву, дам ему приличное пожертвование, поцелую ему руку. Он благословит меня, я вернусь домой, и все уладится. Я стану крепче любить тебя, детей, мы будем здоровы и счастливы, появится больше доходов, и дом наш станет полной чашей. Что же жена? Она, конечно, рада, что муж едет к Раву.

А когда ты приходишь сюда, у тебя нет другого желания, только лишь оставить все эти внешние вещи... Так скажи, какая женщина захочет выйти за тебя замуж, если ты приходишь сюда каждый день, получить меньшее желания к дому, семье, детям!?»

Итак, получается, что мы ощущаем в виде страданий также и те вещи, которые обыкновенный человек воспринимает вполне нормально, с практической точки зрения, как-то справляется с ними, поскольку такова его жизнь. Это касается как плохих, неприятных проявлений нашего мира, так хороших и приятных моментов. Поэтому возникает ощущение, будто жизнь становится более трудной.

Тем, кто был умеренно религиозным, еще тяжелее, потому что раньше они, якобы, выполняли заповеди, совершали разные добрые поступки. А теперь видят себя в такой противоположности! Это действительно большой удар.

Прежде у них было оправдание всему, успокоение во всем — ведь можно обратиться к Творцу, где-то в будущем мире существует рай, и за каждый добрый поступок грядет вознаграждение, а за неудачу — возмещение, некая компенсация. Как поется в песне «Ваше благородие...»: «Не везет мне в смерти — повезет в любви». Знаешь, если неуспешны дела в картах, значит, ты удачлив в деньгах, не в деньгах — так в любви...

А здесь ничего подобного нет, вот беда! И все это для того, чтобы подтолкнуть нас к ускорению своего развития. Однако теперь все преследующие нас напасти, вызывающие у нас боль и страдания, определяются либо как муки любви, либо как муки рождения. Страдания любви тянут тебя в мир света, добра и любви. Имеется в виду, к стремлению отдавать, а не в то светлое будущее, где все открыто и можно схватить и проглотить что угодно.

Муки рождения — это ощущение некоего давления, когда тебя буквально силой хотят вытащить. Как сказано: «Пришел хозяин и выгоняет гостя наружу». Все это силы, без которых мы не выйдем в духовный мир.

- **Вопрос: Какова разница между отдачей и святостью?**

В чем разница между свойством отдачи и святостью? Это одно и то же.

Я также когда-то думал о Творце, как о неком добром старце с белой бородой, творящем добрые дела. Потом мне сказали: «Нет иного, кроме Него». Это означает, что все, что я вижу вокруг, беды и несчастья — что бы то ни было — все от Него?! Ведь нет иного, кроме Него! Тогда исчезает образ прекрасного доброго старца с длинной белой бородой.

Ты хочешь связать все эти понятия: отдача, Творец, святость, духовность — все это одно и то же. Но лучше всего употреблять понятие отдача. Вместо «Творец» говори: сила отдачи, это тебя не запутает.

Чем плохо быть подобным Творцу? Не плохо, почему бы и нет! Но когда ты говоришь о том, чтобы уподобиться отдающей силе, это уже становится несколько проблематично.

- **Вопрос: Исходя из того, что осознание зла в себе (акарат ара) — это тождественность свойств человека со свойствами Творца, возникает вопрос...**

Нет, осознание зла не является равенством по свойствам с Творцом. Что, я, такой как есть, плохой, подобен этим Творцу? Разве это подобие свойств? Прежде всего, постановка вопроса изначально неверна.

- **Вопрос: В чем заключается осознание зла до махсома?**

Осознание зла перед махсомом заключается в том, что Творец дает мне возможность увидеть себя противоположным Ему. Ощущая себя в каких-то своих желаниях противоположным Творцу, я, исходя из этого, взываю к Нему, благодаря чему перехожу махсом. Во мне остается еще много качеств, желаний, в которых я противоположен Творцу, но это не страшно — с таким «багажом» я в состоянии пересечь махсом.

Мы переходим через махсом всего-навсего с исправлением нашего уровня животных желаний. Исправление столь маленького желания по сравнению с желаниями духовного мира и называется переходом через махсом.

А затем начинаются такие желания!.. И необходимо обнаружить, что они противоположны желанию Творца, они и есть так называемый Паро (Фараон), настоящие клипот. Перейти махсом эти клипот нам не мешают, они находятся за ним.

Почему мы говорим, что весь нечистый мир (олам дэ клипа) противостоит чистому миру (олам дэ Кдуша), и оба они находятся выше махсома? Потому что клипот, находящиеся над махсомом, мне не мешают, сейчас я связан лишь со своей животной частью, и сделать на нее Сокращение (Цимцум) для меня достаточно, чтобы перейти махсом.

- **Вопрос: Как я должен подготовить себя, чтобы перенять от товарищей ощущение величия Творца?**

Как готовить себя к тому, чтобы вдохновляться, впечатляться, перенимать от товарищей ощущение величия Творца?

Как известно, все воспринимаемое нами мы улавливаем при условии соответствия наших свойств со свойствами воспринимаемого объекта. Это подобно тому, как радиоприемник улавливает что-либо, если внутренняя волна, воспроизводимая им, соответствует внешней волне.

Когда я не настроен воспринимать от товарищей идею величия Творца, то мне ничего не поможет. Это все равно, что коту читать мораль по поводу того, что он не ходит на двух ногах. Говори, не говори, кот тебя не поймет, и ничем тут помочь нельзя. С человеком дела обстоят еще хуже: если он абсолютно не настроен воспринимать ту волну, которую ты ему передаешь — идею о величии Творца, он ничего не воспримет.

Поэтому мы должны разговаривать буквально с каждым, читать статьи, возможно, обязав к этому каждого из товарищей, даже, как будто бы в животной, материальной форме; записать в уставе группы, что мы стараемся быть готовыми слушать слова о величии Творца.

И, в результате, достичь такого состояния, когда эта тема станет для нас единственной темой в нашей группе. Если между нами существует такое общее согласие, то это будет воздействовать на всех нас, и тогда, на самом деле, мы, возможно, услышим.

Теперь возникает вопрос: «Как я лично, уже имея некое малое осознание того, насколько важно постоянно слушать о величии Творца, обязавшись перед всеми товарищами и обязав каждого из них делать то же самое — могу повысить свою чувствительность, восприимчивость к тому, чтобы еще больше впитать эту мысль, эту идею?»

В чем тут состоит моя работа? Здесь мне нужно работать над тем, чтобы все больше и больше ощущать, о чем говорит окружающее меня общество. Это подобно тому, как во время случившегося бедствия, желая услышать подробные новости о произошедшем, включают радио, телевизор, настраивая все возможные каналы, чтобы уловить побольше информации.

Значит, я все время должен работать над осознанием важности восприятия величия Творца. Для этого надо читать вместе, выполнять то, что пишет Рабаш в своих первых статьях о группе. Надо работать над этим. Кроме этого, иных средств нет. Посмотри, и статья о свободе воли, и статьи о группе — все они в итоге указывают на одну точку.

Есть среди нас люди, которые сосредотачиваются только на своей работе в группе и думают, что этого достаточно. Они стоят за прилавками, продавая наши книги, занимаются распространением, посещают внешние группы — ставят перед собой определенную задачу, считая, что ее выполнение поможет в продвижении.

Само по себе это не поможет. Любая деятельность способна помочь лишь при условии, что используют ее как средство.

Конечно, в какой-то степени ему это помогает, он продвигается в пути, но с какой скоростью?! Однажды он услышит, но каков будет темп его продвижения?! Нельзя ударяться в такого рода рассуждения: «У меня есть фронт работ, за что я и требую духовной компенсации, и оставьте меня в покое». Так не получится, духовное вознаграждение ты можешь получить, только если приготовил духовный сосуд.

- **Вопрос: Как воодушевляться всеми товарищами и всеми качествами в каждом из товарищей, чтобы достичь наиболее полного ощущения величия Творца?**

Восхищаться всеми свойствами товарищей?! Ни в коем случае, нет! Здесь могут быть бывшие воры, бандиты, люди, в прошлом склонные к всевозможным порочным пристрастиям... Так что, всем этим я должен восторгаться?! Посмотри на эти «физиономии»! Я обязан вдохновляться всем тем, что в них есть?!

От своего товарища мне нужно лишь одно: чтобы он воодушевлял меня величием Творца. Все. И ничего иного, кроме этого. Меня могут приводить в восторг всевозможные его качества, черты характера, поведение в различных жизненных ситуациях (в каждом из нас есть много таких свойств), однако я обязан селективно относиться к этому и улавливать лишь единственное свойство — стремление к духовному.

Этим свойством должны заражаться от меня и друг от друга мои товарищи, вдохновляясь лишь величием Творца, чтобы именно это беспрестанно возрастало в нас. А все остальные восторги от всевозможной чепухи — моды и т.п. — пусть померкнут пред Ним.

Ничто не исчезает, ничто не растет само по себе. Как все возрастает за счет соединения с хорошими вещами, так же и падает все за счет того, что наряду с хорошими разрастаются — также посредством соединения — остальные вещи.

Если все мы соединим осознание величия Творца в каждом из нас или наши желания осознать величие Творца, тогда в каждом из нас это чувство увеличится, и в противовес этому значимость всего остального упадет в наших глазах.

Но не само по себе все остальное в нашей жизни станет мелким и незначительным, а только соответственно возросшему ощущению величия Творца. Как же я стану восторгаться какими-то другими качествами в своем товарище?! К своим порокам присоединять пристрастия одного, второго, третьего?! Что вдруг?!

Почему же сказано, что каждый должен видеть в своем товарище праведника? Он — праведник? Это ложь! Я тоже никакой не праведник. Что же означает: «Смотреть на другого, как на праведника»? Это означает быть настроенным, как радиоприемник, лишь на то, чтобы вбирать в себя лишь стремление к духовному — то духовное, что есть в товарище.

- **Вопрос: Товарищ не несет мне величия Творца, что делать?**

Если, глядя на кого-то из товарищей, я не вижу, что Творец велик, что я могу поделать? Выражение его лица не внушает мне мысли о величии Творца. Как тогда поступать? И не он один такой. Тут таких 99 %, а может и все 100 %, глядя на которых, я не ощущаю вдохновения от величия Творца. Что же делать? Если бы среди товарищей таких было один-два, тогда, скажем, не так страшно...

Или наоборот: если во мне есть какие-то плохие качества, то я говорю, что таким меня сделал Творец. А если что-то неприглядное замечаю в другом, то Творца за этим не вижу, а виню своего товарища. Как думаете, что делать?

Здесь, очевидно, существует двусторонняя проблема. Либо товарищ ленится показывать мне, что он учится, работает во имя величия Творца, и в таком случае нужна группа, которая была бы готова обязать каждого из товарищей показывать другим, что только ради величия Творца он работает в группе, учится, приходит рано на занятия и т.п. — буквально любую проделываемую им мелочь демонстрировать всем остальным. По правилу: «Делающий товарищу добро, обязан сообщить ему об этом». То есть товарищ виноват в том, что через него я не вдохновляюсь величием Творца.

С другой стороны, я виноват в том, что, глядя на него, не ощущаю величия Творца. Что же делать, как заставить себя это увидеть? Я пытаюсь, но не могу! В конце концов, поделись опытом, скажи, что ты посоветуешь нам сделать?

Нам просто не хватает сближения с товарищем на животном материальном уровне. Начни с кем-нибудь проводить, скажем, ночные дежурства или что-то в этом роде. Я слышал от ребят, которые оставались вот так ночью друг с другом вместе, восторженные отзывы: «Слушай, какие вещи он говорит, а я думал, что он недоумок и ни на что не способен. Я и не знал, что он делает то-то и то-то, работает над тем и над этим, работает над статьями... Вдруг я увидел то, чего прежде не видел. Раньше смотрел на его физиономию и ничем не вдохновлялся, думал, это то, что есть на самом деле».

Я довольно часто слышал о таких случаях, когда, оказываясь вместе на дежурствах и разговаривая друг с другом, собеседники неожиданно для себя обнаруживали, что подле них находятся особые люди. По сравнению с тем, что я думал о них раньше... Из этого следует, что просто-напросто необходимо узнать человека поближе. Для этого надо создавать всевозможные поводы, чтобы собрать нас вместе.

И это не просто так. Почему Йосеф сидел в тюрьме вместе с начальником виночерпиев и начальником пекарей? Именно благодаря тому, что был связан с ними, он возвысился и стал управителем. Поэтому нужно создать для себя такие рамки, которые, хотим мы того или нет, втягивают нас вместе в какую-нибудь работу, в какую-нибудь деятельность, где уже волей-неволей находишься с кем-то вместе, знакомишься с ним поближе и вдруг обнаруживаешь: «Какой человек, сколько в нем силы, мыслей, желаний, какой у него внутренний потенциал...!» Такого общения друг с другом нам не хватает.

Повесьте доску и напишите, чтобы все видели, кто что делает на пользу группы.

- **Вопрос: Как создать в группе атмосферу всеобщего воодушевления?**

Желаешь ты того или нет, но ты испытываешь внутреннюю реакцию, воодушевление. Теперь, воодушевленный, ты хочешь воодушевить также и все общество.

Но прежде всего ты должен сам пребывать в таком восторженном состоянии. А иначе, как же ты сможешь вдохновить всю группу, из какого желания, из какого кли ты будешь черпать заряд? Создай в себе такие вибрации, а затем передавай их дальше!

Беседы в Песах

апрель 2003 года

ОГЛАВЛЕНИЕ

Духовные ступени — этапы осознания управления Творца 129
Явление Шхины 158
Творец — это свойство отдачи 160
Прежде всего я вспоминаю о Цели 180
Мы просим лишь слияния с Творцом 219
Становление группы 259
Подняться к Высшему Закону 263
Направление — на Творца 284
Вручить Творцу душу 289
О чем просить? 315
Поскорее накопить впечатления 344
Чудесная особенность каждой группы 355
Соединяя себя и Творца 384

ДУХОВНЫЕ СТУПЕНИ — ЭТАПЫ ОСОЗНАНИЯ УПРАВЛЕНИЯ ТВОРЦА

16 апреля 2003 года

Праздник Песах олицетворяет собой выход человека из эгоизма, из ощущения нашего мира (из того, что мы ощущаем в пяти органах чувств), в ощущение шестым органом чувств, что называется выходом в духовный мир. И все те описания Песаха, которые мы встречаем (очень много об этом написано), рассказывают нам о том, что человек проходит на своем пути.

До махсома человек проходит два состояния полного скрытия Творца: двойное скрытие и одинарное скрытие Творца; а после махсома — два состояния в раскрытии Творца: состояние, когда человек раскрывает Творца, как управляющего им вознаграждением и наказанием, и состояние, когда он управляется полной любовью.

Под махсомом, там, где мы сейчас находимся, человек проводит несколько тысяч лет в состоянии неосознанных кругооборотов — это то, что проходили мы с вами. Такое состояние называется «олам шелану» — «наш мир». Человек ощущает себя просто живущим, безо всякого представления о том, что существует, может быть, еще нечто другое.

Затем он получает «точку в сердце», в результате того, что прошел много жизней в страданиях (страдания нужны, чтобы ощутить в каждом желании его ненаполненность), и вступает в период, который называется «олам азэ» — «этот мир».

Состояние «этот мир» отличается от состояния «наш мир» тем, что человек, вступив в период развития «этот мир», ощущает стремление к Высшему миру: предполагает, что он существует, предчувствует, что есть еще что-то, кроме нашего состояния, — потому что в нем уже существует точка в сердце, которая и говорит ему о том, что есть иное состояние, кроме нашего.

Далее мы развиваемся в противопоставлении этой точки в сердце самому сердцу: мы должны так развить точку в сердце (Бину — будущую духовную ступень), чтобы она стала по размерам больше сердца. Как только мы этого достигаем, мы проходим махсом, т.е. отождествляем себя с этой точкой, а не с сердцем, начинаем через нее ощущать себя существующими, что называется рождением в Высшем мире.

Этот переход от ощущения себя через сердце к ощущению себя через точку в сердце — переход махсома — называется выходом из Египта.

Все, что происходит с нами, все этапы нашего пути до выхода из ощущения «этого мира» в ощущение Высшего мира, проходит в состоянии скрытия Высшей силы, которая нами управляет. Эти этапы так и называются: этап двойного скрытия Творца и этап одиночного скрытия Творца.

Скрытие Творца — это скрытие Его управления, скрытие управления человеком. Творец управляет человеком на 100%. У человека нет никакой свободы воли изменить это Управление, у него нет никакой свободы воли решить, чтобы с ним поступили так, а не иначе. Свобода воли у него только в том, чтобы прийти к соглашению с Творцом. И об этом мы только и говорим, раскрыть Управление — только это нам и остается.

Но от того, как мы его раскрываем, зависит полностью наш мир, т.е. наши ощущения — то, где мы находимся. Мы, в общем-то, находимся в мире Бесконечности, в полной власти Творца, а наши ощущения — мера нахождения в Его власти, называемая «миром» — скрытием (мир — олам, от слова алама — скрытие).

Двойное скрытие и одиночное скрытие управления Творца говорят о том, что мы совершенно неосознанно проходим этапы своего развития. И хотя во всех каббалистических источниках, даже написанных не каббалистическим языком, а языком сказаний, описывается очень много всевозможных случаев, действий, явлений, тонких деталей, мы их не ощущаем, не испытываем, потому что до «выхода из Египта» все эти явления происходят в нас в состоянии скрытия.

Но, как бы то ни было, мы проходим исправление все тех же наших 620-ти желаний. В каждом из нас есть 620 желаний, и на каждом этапе своего развития мы вновь проходим по всем этим желаниям, исправляя, очищая, ощущая их, отрицая их или принимая, и так далее.

В «Предисловии к «Талмуду Десяти Сфирот» сказано, что в состоянии двойного скрытия Творца, которое начинается сразу же после получения точки в сердце, мы проходим состояние, которое называется «здонот» (умышленные прегрешения).

Мы не ощущаем, что где-то в себе умышленно совершаем прегрешение, делаем какие-то страшные дела. Где это внутри нас, каким образом мы это проходим, какие состояния, какие желания отрабатываем — совершенно нами не понимается, не осознается, не ощущается.

Так, попеременно, мы входим то в одиночное скрытие Творца, то в двойное скрытие Творца: то падаем, то поднимаемся из состояния скрытия большего или меньшего. И в одиночном скрытии Творца присутствуют те желания, в которых мы «предумышленно грешили», но теперь мы грешим непредумышленно. Если тогда они назывались «здонот», то сейчас, в одиночном скрытии Творца, они называются «шгагот» (ошибки).

Получается, что мы проходим 620 желаний внутри нашего кли, внутри нашей души, и должны на все эти желания совершить какие-то действия, называемые умышленными нарушениями.

Умышленные нарушения означают, что в каждом из желаний я ощущаю, что совершенно оторван от Творца, не ощущаю Его, как бы отталкиваюсь от Него, т.е. не воспринимаю, что это Он руководит мной. Это двойное скрытие Управления, т.е. нарушение, и проявляется оно в отрицании Управления, в отрицании существования Творца и связи с Ним.

Одиночное скрытие — это состояние, когда я ощущаю, что вроде бы существует Творец и вроде бы Он является причиной того, что мне плохо. Во всех моих 620-ти желаниях я ощущаю, что они не наполнены: больно, плохо, тоскливо во всех жизненных ситуациях. И я не ощущаю связи между всеми своими метаморфозами, не ощущаю, с каким именно желанием в моей душе я сейчас имею дело, но в каждом из них я должен ощутить, что мне плохо, и причиной этого плохого является Творец.

Причем, здесь бывают такие ощущения, которые можно проходить в течение дней и недель, а бывают и такие, которые мгновенно проходят по нам, мы их совершенно не ощущаем: проходим эти 620 желаний в состоянии отрицания существования Творца, а затем — в состоянии, когда мы Его не отрицаем, но принимаем как нехорошего, как источник всех наших бед.

И в каждом из этих состояний мы уже ощущаем нечто относительно Творца, потому что у нас есть точка в сердце и сердце, т.е. каждое из этих состояний тоже состоит из двух противоположных. Творец есть, и вдруг Его нет — отрицаю Его, грубо говоря (но это уже чувственные ощущения, которые просто так не переведешь ни на какой иной язык).

И то же самое относительно ощущения Творца как существующего, но являющегося причиной моих плохих состояний. Есть состояние, когда я Его оправдываю, считаю, что Он прав в том, что так поступает со мной. Хотя я и ощущаю себя плохо, но я оправдываю Его тем, что, очевидно, эти плохие состояния каким-то образом служат как бы промежуточным этапом к чему-то хорошему, что Он таким образом меня ведет.

И, наоборот, в ту же секунду или через некоторое время я начинаю считать, что или Он просто является плохим

Духовные ступени — этапы осознания управления Творца

Источником для меня, или ничего в этих состояниях нет, или я вдруг срываюсь и снова падаю только в ощущения этого плохого (допустим, неприятности с начальством, в семье и пр.), и Творец снова исчезает в двойное скрытие, а я падаю, и так далее.

Таким образом, эти состояния двойного и одиночного скрытия перемешиваются в нас, попеременно, проходят различные этапы, слои. Но как бы то ни было, мы не властны над тем, как, в каком порядке пройти эти 620 преднамеренных и 620 непреднамеренных прегрешений.

Наши прегрешения — это наше неправильное отношение к Управлению, потому что именно Управление нам и раскрывается, кроме этого, мы ничего не раскрываем. Творец воспринимается нами как Управляющий нашими желаниями, как Источник того, что мы в них ощутим. Мы, как желание насладиться, связываем с Ним причину того, что мы ощущаем в наших 620-ти желаниях — в нашей душе.

Обо всех этих перипетиях, которые человек встречает на своем пути, пока проходит все 620 злонамеренных и ненамеренных прегрешений, достигает развития своей точки в сердце до размеров всего сердца, настолько, что предпочитает развиваться только в ней, исходя из нее, а не из сердца, — именно об этом повествуется в рассказе о «приключениях» в Египте.

И хотя там говорится обо всем этом явно, со всеми подробностями, мы этого в себе не наблюдаем. Но затем, когда проходим все и оглядываемся назад, начинаем это ощущать.

Каждая духовная ступень проходится в состоянии совершенной неизвестности, растерянности, спутанности, непонимания, потому что мы поднимаемся снизу-вверх, появляется совершенно новое кли (которого у нас еще не было), т.е. желания, совершенно не испытываемые ранее, и внутри кли — ощущение раскрытия, ранее тоже не ощущаемого.

Значит, мы никогда не можем предугадать, знать заранее, с чем будем иметь дело, что произойдет. Каждый из нас уже более-менее испытывает это. И на следующих духовных ступенях эти ощущения еще более возрастают.

Чтобы понять ту ступень, на которой находишься, допустим, сегодня, надо подняться на следующую ступень, более высшую, потому что более высшая ступень рождает нижнюю, управляет ею, наполняет ее.

Мы никогда ничего не можем знать о той ступени, на которой находимся, а можем узнать о ней, только поднявшись на более высшую ступень, потому что при нисхождении сверху-вниз каждая высшая ступень рождает низшую и потом ее наполняет, управляет ею, доводит ее до состояния гадлут, приводит ее к тому, что она сама порождает низшую ступень, и так далее.

Таким образом, сегодняшнее состояние двойного или одиночного скрытия прояснится нам только тогда, когда мы пройдем махсом и начнем подниматься уже в управлении вознаграждением и наказанием. И тогда мы начнем видеть Его управление, как управление добром и злом, но уже оправдывая Его и называясь незаконченными праведниками.

И постепенно те же 620 желаний, которые мы прошли в состоянии двойного скрытия, отрицая управление Творца, и одиночного скрытия, считая Его управление плохим, будем ощущать уже внутри себя. Ведь что значит раскрытие Творца? — Раскрытие в наших ощущениях каждого из 620-ти наших желаний, составляющих душу.

В каждом из них мы будем уже ощущать все, что с этим желанием происходит, т.е. мы уже будем видеть на себе, каким образом Творец исправляет нас, каким образом Он работает над нами. Поэтому наше участие в этом раскрытии и называется «работа Творца» (аводат ашэм) — мы являемся свидетелями того, что Творец делает с каждым из нас.

Сами мы при этом ничего не делаем, мы просто способствуем тому, чтобы увидеть. Наше участие заключается в том, чтобы видеть, что Он делает, — раскрыть Управление. И, по определению, Каббала является методикой раскрытия Творца творением — творением, существующим, находящимся в нашем мире.

Духовные ступени — этапы осознания управления Творца

То есть человек, который находится в состоянии «наш мир», «этот мир», человек, который живет в своем физическом теле, практически ничего не меняет — он меняет только свое отношение к тому, что происходит.

Мы находимся в мире Бесконечности, мы находимся в полной власти Творца, подобны Ему и согласны с Ним, т.е. не отличаемся от Него, и постепенно это наше состояние — нахождение в мире Бесконечности — мы и раскрываем.

Так вот, периоды скрытия, двойное скрытие Творца и одиночное скрытие Творца — это и есть периоды египетского рабства. Теперь, когда мы все это проходим внутри, мы можем просто взять сказание о нахождении в Египте и постепенно проследить по нему все наши состояния, хотя на себе мы их не ощущаем настолько.

Спускаются 70 душ в Египет (70 душ — целая ступень), начинают размножаться, жить. Йосефа вдруг бросают в темницу, и т.д. Все эти комбинации, очень сложные ситуации мы сейчас не в состоянии отыскать в себе. Поэтому наше состояние и называется состоянием двойного или одиночного скрытия, но все это в нас происходит, можно об этом изучать и пытаться это где-то в себе отыскать.

Но сами каббалисты написали это после того, как вышли в духовный мир, после того, как с более высокой ступени проанализировали свою предыдущую ступень: вышли из нее, поднялись в духовный мир и тогда уже видели из духовного мира наш мир и писали об этом. Находясь сегодня на самой этой ступени, мы никак не можем проанализировать наши состояния до мелочей, не можем видеть, что с нами происходит.

На духовных ступенях, после махсома, мы проходим все ступени в раскрытии управления вознаграждением и наказанием, мы видим их, мы ощущаем — мы проходим все те же 620 желаний, все это повторяется, только на другом уровне.

- **Вопрос: Мы часто переходим из состояния двойного скрытия Творца в одиночное скрытие Творца и обратно.**

Может ли человек влиять на переход из одного состояния в другое?

В этом, в общем-то, и заключается вся наша работа: пытаться в любом из наших состояний как можно больше раскрыть Творца, чтобы Он ощущался все более и более явным в нас, т.е. более Управляющим, более Присутствующим, как настоящий Источник того, что с нами происходит.

Каким образом мы можем это сделать? Оттого, что мы будем пытаться как-то напрячься внутри, ничего не произойдет.

Любое наше состояние определяется нашей чувствительностью к нему, ведь только наша чувствительность определяет порог, уровень нашего восприятия. Мы могли бы сейчас ощутить себя в состоянии, называемом «мир Бесконечности», если бы у нас были к этому соответствующие сенсоры — свойства. Значит, все зависит не от того, где мы находимся, а от той чувствительности, с которой мы воспринимаем то, где на самом деле находимся.

Мы всегда, постоянно находимся в мире Бесконечности, в полной связи с Творцом, в полном подобии Творцу, в полном наполнении Высшим светом — весь НАРАНХАЙ во всех наших пяти келим, а воспринимаем от этого всего лишь маленький фрагмент.

Ощущения наши — внутри кли, в душе. Душа в общем состоит из пяти частей: Кэтэр, Хохма, Бина, ЗА, Малхут — и наполняется светом, называемым НАРАНХАЙ. Это кли в целом, каждая из его пяти частей — составное. В итоге своего разбиения душа, кли, оказалась состоящей из 600 000 частей, частных душ, где каждая из этих частей также состоит из 600 000 частичек, так как мы являемся результатом разбиения общего кли.

Среди 600 000 частей, из которых состоит Душа, есть только одна моя, личная, частичка. А остальные 599 999 частичек — не мои, они включены в меня от всех остальных окружающих меня органов общей Души, называемой «Адам».

Я свою личную, исконную, корневую частичку, из которой я происхожу, и к которой прилепляются остальные

599 999 частичек, исправить не могу, она называется «лев эвэн» (каменное сердце), и это — «Я». Я могу исправить свое отношение к остальным частичкам, которые прилепились ко мне, и через них правильно ощутить Творца, а свою — нет.

Если я правильно сделаю свою работу по отношению ко всем остальным душам, частям общей Души, тогда я смогу ощутить то, что на самом деле находится в мироздании, в этой общей Душе (которая и есть все мироздание).

И после того, как я полностью исправлю свое отношение ко всем остальным частным душам, моя душа тоже исправится, т.е. и моя частичка, мой лев аэвэн, также получит экран и уже достигнет таким образом Полного исправления.

А ступени, по которым я буду подниматься к этому полному восприятию Творца, к слиянию с Ним — это ступени моей адаптации, моей связи с остальными частными душами, включенными в меня.

Таким образом, моя чувствительность к мирозданию зависит от того, насколько я чувствителен к окружающим, насколько я могу себя отождествить не со своей корневой частичкой (лев аэвэн), а с остальными душами, включенными в меня.

Поэтому Заповедь «Возлюби ближнего, как самого себя» — т.е. прими в себя желания, страдания, все остальные келим — является «Кляль гадоль бэ Тора», общим законом Торы, т.е. общим условием получения света.

И хотя нам совершенно непонятна зависимость постижения Творца от связи с остальными душами, эта зависимость абсолютно четкая, жесткая. Поэтому, говорить о том, что может способствовать переходу из состояния полного скрытия в неполное, в какое-то раскрытие, а затем и к постижению Творца, к сближению, слиянию с Ним, можно только в той мере, в которой человек может принять вместо своих желаний желания других.

Что значит принять вместо своих желаний желания других? В каждой из этих частных душ, которые во мне, их 599 999, в каждой из них, в свою очередь, есть их частичка (лев эвэн) и свои 599 999 душ. Или наоборот, их сердце и внутри точка в сердце, устремление к Творцу.

Мне надо взять устремление к Творцу всех остальных душ, каким-то образом суммировать их в себе, и тогда я смогу подняться. Смогу подняться для того, чтобы начинать их наполнять. Вот таким образом строится подъем.

Это действие настолько выходит за рамки «Я» человека, что нам даже трудно это вообразить. И в наших условиях получается, что работа с товарищами, у которых те же желания выхода в ощущения Творца, и даже еще эгоистические, является единственным средством для перехода на более качественную, на более высокую духовную ступень. И как бы мы ни хотели оторваться от этого и вместо этого найти какое-то другое средство, в итоге многих лет всевозможных поисков и всевозможных увиливаний от этой работы, мы все равно приходим к тому же. Но все эти предыдущие поиски, увиливания необходимы для того, чтобы разобраться и понять, что именно это нам и надо.

То есть, наш путь таков, что мы должны испробовать все остальные «варианты», «возможности», «средства», обнаружить их несостоятельность и понять, к нашему сожалению, что если мы будем думать о других, а не о себе — только таким путем мы выйдем в Высший мир. И когда мы обнаружим, что достижение Высшего мира важнее нашего «Я», тогда мы начнем действительно готовиться к выходу из Египта.

Итак, построение группы — нахождение такого маленького общества, в котором я бы мог собрать все устремления к Творцу, точки в сердце своих товарищей внутри себя, тем, что стремился бы соединиться с ними в их устремлениях — это, в итоге, единственное средство для духовного возвышения. Поэтому мы так заботимся о создании правильных групп.

- **Вопрос:** Это относится только к группе или относится и к окружающей среде?

Нет, ни в коем случае по отношению к окружающей среде нам не надо себя каким-то образом особенно и духовно настраивать, потому что окружающая среда — вне группы: там другие устремления, у тех людей еще не «прорезалась», не «вышла» точка в сердце. И если я буду ближе к этим людям, то получу от них не их устремление к Творцу, а стремление к другим, к животным желаниям нашего мира, которые меня просто собьют.

Для чего мне нужна именно группа? — Для того, чтобы я, вкладывая в группу, мог взять и проявить в себе эти точки в сердце. Что значит группа? Группа, это как бы внешние люди, которые находятся вокруг меня. Но я бы этих внешних людей не ощущал, если бы сам внутри не состоял из них. Таким образом, мы ощущаем каждого вне себя, потому что внутри нас существует каждый из окружающих.

Все 600 000 душ существуют внутри меня, но я желаю из окружающих меня ощутить, выявить, собрать таких, в которых уже начала работать точка в сердце. Остальных — нет. Я и в себе желания, которые не являются точкой в сердце, пытаюсь подавить, и работаю только исходя из точки в сердце.

Поэтому говорится: «Создай общество вокруг себя». «Общество вокруг себя» — имеются в виду Рав, книги, группа. Рав — это просто методист. Книги — все те источники, все те каббалисты, которые уже могут быть вместе с тобой, от которых ты можешь научиться и тоже вобрать их точку в сердце, несмотря на то, живы они или не живут уже здесь, не находятся в нашем мире.

Таким образом, задача сводится к тому, чтобы путем всевозможных действий, прилепляясь к тем, у кого точка в сердце уже работает, или кто отработал ее и находится уже на другой духовной высоте, собрать их в себя и с помощью этого приподняться.

А к остальному миру мы должны относиться лояльно. И наша задача не заключается в том, чтобы физически помогать людям и каким-то образом с ними обязательно контактировать, наполнять какие-то их животные желания. Иначе получится, что Творец делает им плохо, а мы как-то исправляем действия Творца — это совершенно неразумное, неправильное отношение к человечеству, к мирозданию.

Наша задача — исправить состояние человечества, но совершенно другим путем, т.е. действительно его исправить. «Возлюбить ближнего, как самого себя», прямым животным образом — этим мы никак никогда не исправим никакое состояние человечества. Мы можем накормить множество людей, но в перспективе увидим, что в итоге таких наших действий никакого исправления, конечно, нет.

Я не отрицаю эти действия, просто говорю о том, что мы должны исправлять там, где это исправляется — на более высшем уровне. Ведь каждая ступень является следствием более высшей ступени, вот там, поднявшись туда, мы и можем исправлять.

Поэтому надо искать группу себе подобных по стремлениям и только в ней работать. А к остальному окружению: к обществу, государству, семье, что бы вы ни взяли, — мы должны просто относиться по-человечески, в соответствии с теми законами, обычаями и условиями, которые приняты в обществе, и больше никак — мы не должны выделяться никак.

Каббалисты в течение многих тысячелетий вообще скрывались от общества, потому что относительно общества невозможно было себя проявить. Поэтому всегда существовали какие-то замкнутые группы.

В наше время Каббала уже выходит из маленьких групп в большое общество, но все равно устремление — к исправлению внутренней части человека, души, а не к тому, чтобы просто распределить более справедливо то, что на сегодняшний день производится в мире — от этого ничего не изменится: это попытка каким-то образом исправить то, что Творец делает, то, что Он якобы портит.

Он своими «несправедливыми» действиями и страданиями, посылаемыми человечеству, вынуждает человечество ко внутреннему исправлению. И пытаться внешне сгладить, компенсировать то, что Он делает — значит, не заставлять человечество внутренне исправляться. Это совершенно неверный подход.

Духовные ступени — этапы осознания управления Творца

- **Вопрос: Творец — это, в принципе, моя же ступень, только более высшая?**

Творец всегда представляется мне как ступень более высшая, чем та, на которой я сейчас нахожусь. Эта более высшая ступень действительно меня родила, она мною управляет, и все, что я имею в себе — получаю от нее, и, естественно, обращаюсь я только к ней. Поэтому более высшая ступень называется Творцом.

Творец на иврите — «Борэ». Это два слова: «Бо» — «приди», «Рэ» — «смотри», — т.е., «приди и смотри». То, что я сейчас могу рассмотреть. То есть «Борэ» — это высшая ступень, и не больше. А то, что в абсолюте, мы этого все равно не постигаем, это сейчас не для нас, нас это сейчас не касается.

В той мере, в которой я могу отождествлять себя с остальными душами во мне, в той мере я отождествляю себя с Творцом. Что такое Творец? Творец — это общее наполнение моего кли, т.е. общее наполнение всех душ. В той мере, в которой я с этими душами адаптируюсь, собираюсь, сливаюсь, в той мере я сливаюсь с Творцом — это одно и то же.

- **Вопрос: То есть более высокая ступень — это система, которая включает мою душу и души остальных людей?**

Более высшая ступень — это та, которая не включает мою душу, а включает мое включение в остальные души. А моя часть, как «лев эвэн», не воспринимается. Я должен приподняться над своей частью, Малхут, пренебречь ею, что называется, приподняться и соединиться с девятью первыми сфирот.

- **Вопрос: То есть с группой?**

Да, с группой, т.е. с теми устремлениями к Творцу, которые вне меня.

- **Вопрос: К кому тогда направлена молитва?**

Моя молитва направлена к той Высшей силе, которая мне может в этом помочь, потому что я работаю с желаниями, с устремлениями к Творцу. Эти устремления к Творцу могут быть мною абсорбированы, соединены во мне, только если мне в этом поможет Высшая сила.

У меня у самого на это сил нет: я пробую это сделать, и прихожу к состоянию осознания своего зла, т.е. того, что я не в состоянии этого сделать. Я согласен на что угодно, только не на это. И я раскрываю в себе просто жизненную необходимость, мне невозможно без этого, и тогда уже поневоле я обращаюсь к Творцу, и просьба моя только об этом.

Вот на эту просьбу всегда и настроен Высший парцуф. Его Хохма и Бина приходят в состояние «паним бэ паним», и уже нисходит на меня оттуда Высший свет, который исправляет меня, то есть втягивает меня в себя как «убар» — как зародыш. Я согласен на все, чтобы в любом неосознанном состоянии слиться с девятью первыми сфирот, т.е. со всеми остальными устремлениями к Творцу, аннулировав себя — свою Малхут. Это такое ощущение...

- **Вопрос: Эта сила приходит с более высшей ступени?**

Сила исправления приходит с более высшей ступени. С более высшей ступени приходит к нам свет, и его воздействие на нас зависит от того, что мы пожелаем.

Вообще-то, высшая ступень — это весь свет относительно меня. Но я эту высшую ступень могу ощущать и как исправляющую меня, и как действующую во мне, и как притягивающую меня. Это как мать относительно ребенка. Она может быть: зарождающей его, развивающей его внутри себя, рождающей его, вскармливающей его, охраняющей его, обучающей его. В общем, все это исходит с высшей ступени относительно меня.

Но если в нашем мире ребенок естественным путем соответствует воздействию матери, то в духовном мире в отношениях между мной и высшей ступенью должно быть согласие с моей стороны. Я должен себя подстроить, как ребенок. Вначале я должен подстроить себя как зародыш, потом — как развивающийся на каком-то месяце беременности. Затем я должен родиться — я должен знать и хотеть,

Духовные ступени — этапы осознания управления Творца

что я хочу родиться. Потом я должен хотеть быть вскармливаемым, и так далее.

Духовные ступени — это ступени осознания управления Творца. Я должен понимать и желать быть таким, как того требует каждый этап развития. То есть для моего духовного развития с моей стороны каждый раз необходим подъем правильного желания к Высшему.

Допустим, на следующем этапе моего развития я должен получить от более высшей ступени определенный тип питания или определенный тип обучения — исправление. Значит, мое желание, кли, должно предварять желание Высшего — «кли кодэм ле ор».

То есть, я должен из всех своих желаний, обращений к Высшему, настроиться, как приемник, на определенную волну: пока я не настроюсь, я ее не буду чувствовать, не буду слышать, я не войду в контакт с Высшим. Но Высший из всей палитры отношений со мной сейчас точно знает, что именно мне надо, и мне нужно прийти к выводу, что мне необходимо только это. И тогда возникает контакт — это и есть зивуг.

- **Вопрос: Каждый раз я должен просить Творца, чтобы Он меня поднял? Я должен менять свою молитву?**

Мы существуем еще не в духовных состояниях, а во времени, т.е. ощущаем в себе изменение состояний на временной оси. Но если бы мы убрали время и отождествили себя только с внутренними нашими изменениями, то мы бы увидели, что каждое наше внутреннее изменение является следствием изменения нашего кли — нашего желания.

Наше желание, в свою очередь, состоит из какого-то обращения к Творцу: оно может быть совершенно неосознанным, частично осознанным или полностью осознанным, — и ответа Творца в это желание. Ничего, кроме этого, в мироздании нет: отношение кли к свету и ответ свыше.

Но сегодня мы этого не ощущаем, ощущения наших пяти органов чувств все это затушевывают, скрывают. Раскрыть все это — наша настоящая задача. А затем последуют уже другие ступени — более четкого контакта.

- **Вопрос: Можно ли правильно взять от общества его стремление к наслаждению, как часть общего стремления, в качестве дополнительной силы к Источнику, т.е. правильно работать с желанием общества?**

Нам — ни в коем случае. Возникает некое противоречие, когда мы начинаем «работать» с человечеством. С одной стороны, светлое будущее возможно только исправлением всего человечества — к этому толкает всех всеобщий Закон мира Бесконечности. Ведь мы все находимся в мире Бесконечности. И Закон мира Бесконечности — полное слияние с Творцом — действует на нас, на все человечество, на все миры, на все мироздание.

В мире Бесконечности все существует в полном объеме, в полном слиянии, в полном сопряжении Творца и творения — там нет никакого напряжения, никакого противоречия между состоянием творения и этим законом — Законом полного слияния с Творцом, и поэтому ощущается там покой, высшее наслаждение, всеобщее знание, вечность, совершенство. В той мере, в которой творения не находятся в этом состоянии, не соблюдают этот закон, в той мере они ощущают дискомфорт на всех уровнях, страдания и смерть.

Изнутри все мы растем, эгоизм растет, и поэтому даже если мы ничего не делаем, страдания все время увеличиваются. Вроде бы существует всего один закон — Закон мира Бесконечности. Но в течение времени все в большей и большей силе проявляется наше несоответствие этому Закону.

Перепад между нами и этим Законом увеличивается, потому что наш эгоизм растет, вернее, проявляется в нас. Он просто проявляется, раскрывается в нас: допустим, через секунду, через мгновение я уже больший эгоист, чем прежде, и я должен почувствовать себя хуже относительно этого всеобщего Закона полного слияния с Творцом.

Поэтому нет у нас и у всего человечества в итоге никакого выхода, кроме как быстро прийти к соответствию этому Закону. И чем больше мы будем запаздывать в этом нашем духовном развитии, тем в большие проблемы, войны, катастрофы, мы с вами, все человечество, можем попасть. Это с одной стороны.

С другой стороны, как мы можем что-то сделать, исправить? — Мы можем исправить человечество только через точки в сердце, в ком они есть, и больше никак. Все остальные желания, которые явно раскрылись, — это животные желания к этому миру — просто насытиться чем-то.

Точки в сердце разбросаны в человечестве, и если мы соберем и устремим их к Творцу, это будет тем, что требуется от нас на данном этапе. То есть Творец не требует, чтобы мы находились сейчас в состоянии Бесконечности. Он требует, чтобы те точки в сердце, которые Он сейчас в какой-то мере проявил, в той же мере согласились бы со своим устремлением, со своим духовным развитием.

Это подобно тому, как от годовалого ребенка требуется, чтобы он соответствовал своему возрасту, был здоровым, нормально развивающимся. Когда ему будет пять лет — мы будем требовать от него соответственно.

То же самое и Творец: Он как бы наказывает человечество за то, что оно не развивается, только в той мере, в которой Он дает ему возможность развиваться. Другими словами, человечество испытывает дискомфорт именно из состояний, в которых оно должно развиться.

Поэтому, если бы мы нашли все те точки в сердце, которые на сегодня существуют неудовлетворенными во всем человечестве, т.е. все устремления к Творцу и они бы начали устремляться к Нему, тогда бы наше развитие шло путем Торы, т.е. по свету, по возбуждению света, и было бы комфортным для всех нас, потому что все мы представляем собой одно кли, в котором и существует это множество точек в сердце.

А с остальных желаний и нечего спрашивать, если Творец не дает возбуждения, значит, Он от других этого не требует. Это и называется, например, «отношением к годовалому ребенку».

Поэтому, с одной стороны, наша деятельность состоит в том, чтобы раскрыть Каббалу всему человечеству, с другой стороны, мы должны понимать, что откликнутся на это дело, допустим, 100 тысяч по всему миру.

Но здесь возникает некое противоречие: с одной стороны, это — индивидуальное развитие каждого человека, в котором есть точка в сердце, а с другой стороны, Каббала — для всех, — и это нас путает. А на самом деле в этом ничего путанного нет.

В дальнейшем, конечно, будет все меньше и меньше различия между количеством людей, занимающихся Каббалой, и массой всего человечества, т.е. постепенно все больше и больше это количество будет расти. Но сегодня нам кажется, что мы кричим всему миру, а откликаются единицы — значит, так и должно быть.

Если мы эти единицы найдем, если мы все-таки соберем эту массу в общем устремлении, уроками, беседами, связью между собой в такое кли, то этим вызовем совершенно другое соответствие между нами и общим Законом мироздания. И все человечество будет проходить этапы развития более добрым путем — это является нашей задачей.

Кроме того, в той мере, в которой мы будем это делать сами, т.е. строить кли, в той мере через нас на все остальное человечество пройдет свет, и наоборот — все остальное человечество через нас пропустит свой МАН.

- **Вопрос: Насколько ощущение духовного является коллективным ощущением?**

На каждом этапе восхождения каббалист испытывает ощущения за себя и за остальных, хотя они этого не ощущают. Он в себе готовит их будущие ощущения, потому что включает в себя все остальные души, как составляющие.

Например, если я сейчас исправляю себя, то исправляю и свою частичку во всех остальных душах. Таким образом я притягиваю остальных к исправлению, к тому, чтобы и они поскорее ощутили свою точку в сердце и включились со мной вместе, а когда они ощутят свою точку в сердце, то включатся в меня уже совсем с другой внутренней подготовкой.

Поэтому сегодня новые группы продвигаются быстрее: за месяц, за два они понимают то, на что у нас раньше уходил год. Почему так получается? — Потому что внутри себя мы для них подготовили это.

И развитие будет идти еще быстрее, поэтому нечего думать об остальном человечестве. Через три — четыре года, когда оно начнет подниматься, нам будут задавать такие вопросы!.. Общее кли таким образом создано, таким образом функционирует: в каждом из нас — все остальные.

- **Вопрос: Мои ощущения в духовном пространстве зависят только от моего окружения?**

Только от окружения. Поэтому, если я теснее включаюсь вместе со своими товарищами в духовную работу, мое кли становится больше, и только в этом я и могу приподняться. Тут все совершенно ясно, и некуда деться. Убедить себя в этом непросто, но следует как-то разумно, умозрительно это сделать.

- **Вопрос: Откуда человек получает силы для своей духовной работы?**

Силы получаются сверху, и не только для духовной работы, а вообще для всего. В меру важности для нас какого-то действия, мы находим в себе силы это действие реализовать. То есть если мне что-то важно — я найду силы. Каким образом, откуда я их получу? — Получу я их всегда с более высшей ступени. Но выявить в себе потребность в каком-то действии — в этом вся наша работа, к этому ведут нас и страдания, и все Управление. То есть вся наша работа заключается в выявлении важности того или иного состояния.

Для меня сейчас важно перейти из моего состояния в другое, так как я в своем нынешнем состоянии испытываю страдания, а другое, следующее, состояние кажется мне более комфортным, лучшим. Тогда в меру перепада между этими состояниями я нахожу в себе силы.

А иногда я сижу и не могу сдвинуться с места, потому что не чувствую, что следующее состояние такое уж важное для меня, чтобы сделать ради него какое-то движение, на любом уровне: на неживом, растительном, животном, мыслительном — неважно.

Движение возможно только в силу необходимости изменить свое состояние. Если этой необходимости нет, т.е. нет кли, нет желания, то и энергии для изменения я не то что не получу, я ее как бы не извлеку.

Поэтому вся наша работа сводится к тому, чтобы отсортировать нужные движения и найти для них энергию — это и называется «акарат ара» (осознание зла) — понять, что все действия в этом мире абсолютно несвободны, т.е. мы находимся в состоянии механических действий. И единственное свободное действие — это слияние с правильным окружением, т.е. собирание в себе точек в сердце.

Если мы это осознаем, если мы это сделаем, тогда у нас соберется энергия именно для духовного действия и только для него. Вот это и будет тем единственным, что нам на самом деле надо сделать. А все остальные действия, которые мы совершаем в нашей жизни, происходят просто в соответствии с выбором: большее наслаждение — меньшее наслаждение, выгодно — не выгодно, — т.е. на чисто животном уровне.

- **Вопрос: Для чего мы обрабатываем столько материала?**

Новенькие воспринимают материал намного быстрее именно потому, что мы отработали внутри их келим и включились в них.

Мы уже создали на Земле столько групп, распространили столько материала, что в человеке, приходящем сегодня в группу, уже существуют тысячи устремлений к Творцу, находящихся в связи с ним. И хотя он не осознает этого, это уже вызывает в нем совершенно четкие желания, устремления, предпосылки для того, чтобы понять, чтобы двигаться. И дело, конечно, не в том, что он будет понимать прочитанное. Понимание, в общем-то, ничего не дает для духовного развития, но оно является тем языком общения, способом приобщения, который нам необходим.

Понимание — чисто внешняя связь, которая находится в нашем теле, между нами. То есть вместо того, чтобы кон-

Духовные ступени — этапы осознания управления Творца

тактировать душами, мы контактируем телами, вместо того, чтобы ощущать друг друга, мы друг с другом обмениваемся знаниями. Это просто внешний, буферный метод общения, связи между нами, не больше.

Знания, сами по себе, — язык чисто внешний, как машинный язык, язык программирования. Какое мне дело до того, что внутри себя машина создает такой язык, для меня главное — чтобы я на этом языке уже строил свои чувства.

Так вот, пока этих чувств нет, мы контактируем между собой через знания или через телесное общение, через пять органов чувств. А затем это все приподнимается на другой уровень.

- **Вопрос: Чем больше стремление к Творцу, тем больше ощущение пустоты, ненаполненности желания. Как выходить из такого состояния?**

Вы говорите, что чем дальше мы идем, тем в большем напряжении, в большем недовольстве, в ощущении недополучения находимся. И наши ощущения все дальше и дальше от радостных, от совершенных. Как же это сопоставить с тем, что требуется работа в радости?

Что значит требуется? Разве радость можно требовать? Радость является следствием того, что я соглашаюсь, что я одобряю то, что со мной происходит, что я исправлен. А до тех пор, пока не дошел до этого, я не в радости — ничего не поделаешь.

- **Вопрос: Что означает 599 999 душ? Это значит, что в нашем мире я должен встретить столько товарищей?**

Цифры, о которых говорится в Каббале, означают категории, емкости, качественные соотношения, а не количественные. Поэтому мы не должны обращать внимание на них самих. И вообще в Каббале нет другой возможности обозначать каждое явление или уровень, сочетание свойств, сил, т.е. все эти соотношения качественные, а не количественные...

Ведь душа, когда поднимается с уровня на уровень, каждый раз становится иной по своим качествам. Например, мы говорим: поднимается с уровня неживого на уровень растительный, или с растительного на животный. Разве это количественные изменения? Они же качественные.

Сейчас у нас нет понимания, примера того, как меняется человек, но он не становится просто большим, он становится просто иным из себя. Нет слов, чтобы передать это...

- **Вопрос: Возвращаясь к предыдущему вопросу о радости, можно ли сказать, что когда идешь к другу, но у тебя внутри совсем нет чувства радости, ты должен радоваться чисто внешне, как бы играя?**

Конечно, я эгоист, чувствую в своей жизни неудовлетворение, недовольство, плохо мне. И вдруг начинаю осознавать, что, наверное, выход из всего плохого находится совсем не в том, чтобы утолить себя с помощью каких-то приобретений этого мира. Есть, очевидно, другой мир. В нем совершенно другие состояния, наверное, в них я найду решение своих проблем, неудовлетворенности. Я начинаю искать...

И в результате всевозможных поисков я прихожу к Каббале, меня сверху приводят сюда, и я оказываюсь в группе. В этой группе собрались такие же, как я: им так же плохо, они уже в поисках, им уже настолько плохо, что надо срочно что-то делать.

Естественно, у них нет никаких отношений друг с другом, и никоим образом они не настроены иметь эту связь. Когда человеку плохо — ему плохо: всем остальным, может быть, тоже, но его волнует его боль. Когда у нас есть радость, мы готовы ею со всеми делится, а когда мне плохо, я, наоборот, ухожу в себя.

Конечно, работа в группе исходит из необходимости, из осознания необходимости, что если мы приобретем общее кли, если каждый из нас возьмет устремление к другому состоянию — к высшему состоянию — от других, тогда в каждом из нас накопятся такие предпосылки, такие желания, которые обязательно получат сверху ответ, наполнение. А если будем только кричать, исходя из своей боли, этого будет мало. Пока мы этого не ощутим, ничего с нами не произойдет. И путь к этому, к сожалению, через годы.

С чего начинать? А начинать, естественно, с чисто механических действий. И если бы я сейчас не знал о том, что мне надо соединяться с другими, то я бы, конечно, мучался и страдал в одиночку. Таким образом человечество и страдало, и мучалось: каждый человек сам по себе в течение тысяч лет, из кругооборота в кругооборот.

А теперь подошел этап, когда можно раскрывать методику тем, которые чувствуют себя плохо, но уже плохо не только относительно этого мира, но и относительно духовного немножко, т.е. тем, кто развился до такой меры.

Мне плохо, но методика говорит, что выйти из этого плохого состояния я могу, если соединюсь с себе подобными. И меня приводят в маленькое общество. Но то, что мне говорят там, на меня не действует, потому что я не вижу конкретно, что это действие вообще связано с тем, чтобы мне стало хорошо.

Если бы я видел в группе людей, наполненных всем добрым, хорошим, тогда бы я понимал, что мне стоит с ними контактировать и получать то, что есть у них. Но я встречаю их, а они такие же, как я. Какой толк может быть оттого, что мы вместе?

Значит, необходима, кроме этого, какая-то предпосылка — вера в то, что есть Наполняющий нас свыше, который ждет, когда в нас возникнут условия для того, чтобы Он нас наполнил.

Таким образом, мне необходимы несколько конкретных составляющих. Мне надо верить в то, что есть Дающий свыше, что Он хочет мне дать, что Он даст мне только тогда, когда у меня будет к Нему очень сильное желание, и что это желание к Нему у меня будет сильным только тогда, когда я впитаю его ото всех окружающих, к которым Он меня привел.

То есть, я иду правильным путем: Он меня привел, Он поставил меня в группу, Он мне создал условия и ждет, когда я возьму от остальных их желания и соединю в себе.

В тот же момент я получу то, что Он «надо мною держит», сразу же это упадет в меня.

Создать в каждом внутри такую ситуацию мы и должны друг другу помочь. А начинается эта работа с чисто механической. Я совершенно не хочу быть в контакте с этими людьми, никогда бы их не выбрал себе в качестве друзей. И сейчас я их не выбирал, меня к ним привели, потому что у них аналогичные отношения с Творцом.

Во всех остальных делах в жизни они могут быть кем угодно, и это совершенно неважно — с Творцом из точки в сердце у нас одинаковые отношения, и общение между нами, через точку в сердце, краткое — мы понимаем сразу же друг друга. Хавэр — товарищ — от глагола «леитхабэр», соединяться. Поэтому мы и находимся вместе, в группе.

Мне надо осознать, что в одной группе могут быть люди совершенно различные по земным признакам, но из-за точки в сердце они близки, и они должны соединиться друг с другом, и тогда образуется общее кли.

Точки в сердце надо соединить. А соединять их надо вопреки внешним показателям. И здесь надо действовать механически. Пока мы явно еще не видим этой картины, но в этом и есть наша работа.

- **Вопрос: Разве знание строения мироздания не помогает моему продвижению?**

Ни в коем случае, это неправильно. Когда мы изучаем развитие миров, то эти знания нам ничего не дают. Если, изучая развитие миров и изучая вообще то, что написано в Каббале, мы правильно будем трактовать текст, то постоянно будем сталкиваться с тем, что мы не схожи с теми келим, с теми действиями, которые там происходят.

То есть мы всегда будем ощущать себя эгоистическими и не подходящими под те духовные действия, которые изучаем. Ощущение разницы между тем, кто мы, и тем, что мы изучаем, вызывает подъем наших желаний к исправлению, вызывает на нас исправляющий свет, а не понимание того, что происходит, что написано в книге.

Духовные ступени — этапы осознания управления Творца

- **Вопрос: Когда мы будем проходить духовные ступени, то будем ощущать на себе то, о чем сейчас читаем?**

Впоследствии, после вашего рождения в духовном мире, одновременно с чтением «Талмуда Десяти Сфирот» вы будете ощущать в себе то, о чем читаете. Даже на низких уровнях — чуть-чуть выше махсома — вы уже будете ощущать соответственно каждому действию, о котором читаете, будете ощущать его внутри себя, хотя еще не будете находиться на этом уровне, потому что каждая ступень состоит из всех десяти сфирот.

Например, читая о том, что происходит в ГАР дэ Ацилут, но при этом находясь в ВАК дэ Асия, вы все равно относительно этой ступени каким-то образом будете ощущать в себе это, хотя и грубо, более обще, но будете это ощущать. Ощущать так, как ребенок ощущает в какой-то степени то, что делает взрослый: он понимает это в уме по-своему, он представляет это в своих масштабах по-другому, не так, как большой, специалист, — но все равно это уже происходит. Так будете ощущать и вы, но на сегодняшний день, естественно, такого нет.

- **Вопрос: Может ли происходить следующее: я лично упорно стремлюсь к Творцу, но товарищ сейчас меня тянет назад, «расхолаживает»?**

Мы в группе находимся попеременно во всевозможных состояниях. Рабаш уподобляет наши состояния танцующим в круге: все держатся за руки, но один в это время подпрыгивает, другой приседает, зато все вместе танцуют, движутся, выполняют какое-то действие; и поскольку все вместе связаны между собой (в круге), равны, то один поднимается за счет другого — вот то, что происходит в группе.

Поэтому в группе не учитывается состояние одного или двоих. Если это — группа, и все работают вместе, то один может лежать пластом (не в состоянии пальцем пошевелить), а остальные за него, якобы, в это время работают. Они не за него работают. Они подсознательно чувствуют его кли. Они не ощущают этого, но он включен в них.

И сейчас, находясь в лучшем состоянии, они работают с его кли, они благодаря его кли тоже поднимаются. Здесь нет такого, что только один падает или поднимается. Если одному хорошо или плохо, он не принимается в расчет как один — он уже не один, никогда не один. Он уже является интегралом от всех в группе, и это он отрабатывает. В духовной группе, где люди более-менее работают вместе, живут вместе, никогда расчет не производится с одним. И только тому, кто явно вредит, нет места в группе. А те люди, которые на время «выпали», не в состоянии что-то делать, они этим со всеми остальными отрабатывают свои состояния. Надо учитывать человека по его общему вливанию в группу.

- **Вопрос: Вредители в группе — их приводит и уводит Творец?**

Мы ни в коем случае не должны говорить о вредителях в группе, что их приводит и уводит Творец. Творца в это дело мы не должны привлекать. На Творца можно списать все в мире — все в мире делает Творец. «Все делает Творец» — если мы начнем исходя из этого поступать, тогда закроемся и пойдем домой, и просто будем ждать... А что еще делать?

«Ничего в мире Творец не делает. Если я ничего не делаю — ничего не происходит», — так я должен думать. Я не должен, глядя на какие-то явления, считать, что это делает Творец, и на этом все кончено — тогда мне нечего больше делать, не с чем соотноситься.

Выбирать, к какому явлению относиться, что-то делать, а к какому явлению не относиться, ничего не делать (это дело Творца), — это неразумно и исходит только из моего эгоизма: как мне лучше тут себя поставить.

Поэтому ничего не надо списывать на Творца, особенно действия в группе. Они все даются нам для работы. И поэтому я должен соответственно к ним относиться.

Например, не далее, как вчера, мы сообщили одному из своих товарищей, который был с нами лет пять, о том, что мы больше не желаем его у нас видеть. Все очень просто, в один момент сказали ему об этом, и все. Почему?

Духовные ступени — этапы осознания управления Творца

Потому что здесь все работали по 20 часов в сутки. Все мужчины оторвались от своего дома, взяли отпуска на работе. Этот товарищ не появлялся в течение всего этого времени, пока мы все здесь подготавливали и делали.

Когда мы к нему обратились, он ответил, что у него свой бизнес, и он не может его оставить. Он не мог на время оставить свое дело — оставил нас.

Разве я должен говорить, что это Творец ему так устроил, и я не могу идти против Творца. Причем этот товарищ в течение последнего года постоянно так поступал, и подступиться к нему было невозможно.

Он может прийти через неделю и сказать: «Ребята, я все осознал, я исправился, я все понял. Что я дальше должен делать?» Ему ответят: «Ты все понял — очень хорошо. Иди во внешнюю группу, позанимайся там пару месяцев, а мы посмотрим, понял ты это или нет. И если понял, потом придешь к нам».

Человек может меняться каждый день, и мы можем неправильно решить что-то. Поэтому всегда нужно оставлять какую-то возможность, но уже проверять его, как каждого начинающего. То, что они проходят, он уже прошел? Что же он прошел, если ничего не выполняет — он на нуле.

- **Вопрос: Выходит, что я должен бояться группы?**

Человек настраивается на вознаграждение и наказание относительно тех источников, которые он ощущает. И к тому, что он больше ощущает: внешнее общество, группу или Творца, — он и обращается как к источнику вознаграждения его или наказания.

Значит, о взаимоотношениях каждого нашего товарища с Творцом мы беспокоиться не должны, мы не имеем права — это его личное дело. Но настроить человека на то, чтобы он ощущал группу, как источник вознаграждения и наказания, мы должны. Поэтому мы должны всячески превозносить хорошие действия человека относительно группы и товарищей. Мы должны быть очень чувствительными к плохим действиям. То есть, мы должны явно ввести себя в управление вознаграждением и наказанием: хорошие поступки вознаграждаются в группе, а плохие — нет.

Бааль Сулам пишет в статье «Последнее поколение», что даже когда люди будут уже в ощущении Творца, то и тогда будут существовать различные виды душ. Одни будут в полном постижении Бесконечности, другие будут ощущать Бесконечность в виде «домэм», неважно.

И даже в таких состояниях для особых сортов душ, которые будут из ГАР, допустим, надо будет вводить знаки отличия, поощрять... Удивительно, как человека, который находится в ощущении Творца, Высшего мира, Источника вознаграждения и наказания, в связи с Ним, могут интересовать какие-то медали?

На самом деле, это тоже важно. Но пока мы не знакомы с этими состояниями, я не хочу об этом говорить. Я хочу лишь сказать, что в группе мы должны поощрять действия человека на группу, и это является частью духовной работы. Поэтому мы пьем «ле хаим». Поэтому я часто требую, чтобы мне представляли списки, кто, где участвует.

Очень хорошо, когда человек завязывает себя на группу и требует, подсознательно, от группы оценки его деятельности. Это называется «ло лишма» — пока еще ради себя, но уже в духовном пути. Я еще не вижу Творца, Творец еще скрыт, и за те действия, которые я делаю, я не могу еще просить Творца и быть замкнутым на него в результате своего действия, но группа несет эту нагрузку вместо Творца, и это хорошо. И если бы каждый из нас так поступал, у нас был бы совсем другой уровень.

- **Вопрос: Каким должно быть наше намерение в Песах?**

Я думаю, что не надо много говорить о намерении. Мы должны создать его без разговоров. Когда много говоришь, то этим обесцениваешь смысл и вкус этого дела. В результате наших бесед, мы начнем чувствовать общность, общее кли, необходимость все-таки как-то соединиться в едином устремлении к Творцу, только к Творцу.

Сначала надо определить цель, после этого направить себя на цель, и, во имя достижения этой цели, соединиться

Духовные ступени — этапы осознания управления Творца

вместе. Если мы об этом будем говорить и жить в этом в течение всех дней праздника, то мы достигнем этого. Это должно прийти изнутри постепенно, само.

- **Вопрос: О посте первенцев. Что значит первенец?**

Есть Малхут и есть Зэир Анпин. Малхут относительно ЗА — точка. ЗА — это ВАК — шесть сфирот над Малхут, точкой. Над ЗА, который ВАК, сверху находятся Аба вэ Има — это строение мира Ацилут, от которого мы уже снизу получаем исправление и наполнение. ЗА относительно Малхут называется первенцем — «бэхор», он в первую очередь поднимается к Аба вэ Има, получает от них свет и этим светом уже делится с Малхут. Он как муж относительно жены — между ними есть всевозможные сочетания.

В Песах, в первую очередь, происходит получение света в ЗА, а потом идет передача света в Малхут. Поэтому ЗА, символизирующий собой малое состояние, только готовящийся к получению большого состояния, находится в катнуте (малом состоянии).

Катнут означает пост в нашем мире, поэтому все первенцы, т.е. мужчины — первые сыновья в семье, должны поститься в этот день до вечера. Для того, чтобы не поститься, можно совершить специальное исправление. Если человек внутренне, в себе, прошел все ступени исправления — не исправился, но как бы готов к выходу из Египта, — значит, он уже не нуждается в том, чтобы поститься.

Все что проходит человек до махсома, заложено в этом сказании...

ЯВЛЕНИЕ ШХИНЫ

Наверное, надо написать книгу и описать в ней, как я почувствовал в первый раз явление Шхины. Она явилась в виде поля, которое воздействовало на меня по своим законам, в нем была заложена вся мысль Творца, и оно само было — Творец.

Это всепроникающее, пронизывающее все, дышащее вокруг тебя и внутри тебя поле и есть Творец, и оно готово проявиться в тебе, для тебя, чтобы ты почувствовал его, как диктующее всему определенные законы, почувствовал как бы напряженность этого поля относительно себя.

Оно, при приближении к тебе, имеет свои закономерности, которые выражаются в именах парцуфим. Допустим, ты находишься на месте ЗОН, на тебя как бы действует следующий круг этого поля, следующая волна его окружности. Вокруг тебя — Аба вэ Има, а следующая окружность — Арих Анпин и так далее...

Это поле движется извне вовнутрь, и оно движется относительно человека. Оно движется так, чтобы воздействовать на тот заряд, потенциал, который есть в человеке, и человек своим внутренним состоянием приходит в равновесие, в равновесное состояние с этим полем, так что сам становится как бы генератором этого поля.

То есть не только волны извне, снаружи, приходят окружностями к Малхут, находящейся в центре, а Малхут, в свою очередь, является зарядом, который генерирует обратные волны этого поля, от себя наружу, так что те и другие волны накладываются друг на друга, как в процессе интерференции, но образуется при этом огромное увеличение этих взаимных волн, их восполнение.

Ведь каждая волна, исходящая от Малхут, — как бы движение Малхут, проявление какого-то недостатка в ней, который она желает восполнить, а противоположная ей волна — это волна, исходящая от Творца, представляющая собой Его. И эта волна, и волна, которую порождает творение, накладываются друг на друга в общей любви, в общем взаимодействии, и при этом взаимно многократно увеличивают друг друга.

ТВОРЕЦ — ЭТО СВОЙСТВО ОТДАЧИ

18 апреля 2003 года

● **Вопрос: Чем отличается Каббала от других методик? Каковы основные критерии отличия?**

Когда я, будучи уже учеником своего Рава, задумал открыть каббалистические группы в Тель-Авиве, то спросил у него, о чем я могу рассказывать этим людям. Ведь до тех пор, пока я не пришел заниматься к нему, у меня было все нормально. Я чувствовал, конечно, дискомфорт, депрессию, неудовлетворенность жизнью. Хорошего, конечно, было мало, хотя вроде бы все хорошо — и все пусто.

Но, придя к Раву, я стал чувствовать себя еще хуже, в большем напряжении, и ответов я никаких пока не получал. Я все надеялся, что где-то мне что-то светит: остальные, вообще, — «животные», а я уже немножко нет — «высшее животное». Так, что я могу сказать тем людям, которых я иду сейчас в Тель-Авив «одурманивать» Каббалой? Что мне им вообще пообещать, что сказать, что делать с ними?

Он ответил, что все очень просто. Открываешь книжку, статья «Суть науки Каббала», там написано, что такое Каббала: «Это наука, не более и не менее, как порядок корней, которые развиваются сверху-вниз в последовательном своем развитии, в своих постоянных и вечных законах, которые соединяются между собой и указывают, приводят к одной наивысшей, единственной Цели, называемой «раскрытие Творца творениям, находящимся в этом мире». — «Вот это ты им скажи, и все будет нормально».

Конечно, это определение, с точки зрения его общности, раскрытия, полноты, в научном смысле слова, сомнения не оставляет. Ну, а что дальше? Рав ответил: «Ты им должен сказать, что им будет хорошо». Им-то скажу, но, а я-то как?

Так и нам — еще будет хорошо. Когда так отвечаешь, то вроде бы не врешь, просто не говоришь всю правду, потому что, если скажешь человеку, что ему для этого понадобится от пяти до десяти лет, у него, в начале пути, просто не будет сил на это.

Когда он потихонечку укрепится в этом пути, увидит, что по дороге он раскрывает для себя серьезные вещи, начинает чувствовать творение, начинает чувствовать себя частью его, внутри себя ощущает акты творения, тогда, естественно, потихоньку, постепенно ему станет понятно, что это действительно путь не простой.

Мы говорили на предыдущих занятиях, что это: 620 ступенек в двойном скрытии, 620 ступенек в одиночном скрытии, потом 620 ступенек после махсома в вознаграждении и наказании, и потом еще 620 ступенек в полной любви, т.е., это путь непростой.

Человек может в течение своей жизни это сделать. Не сделает — будет еще одна жизнь: родится в следующий раз, и, допустим, в возрасте двадцати лет вдруг окажется в каббалистической группе, а может и раньше (у нас занимаются дети 10-12-ти лет, моя дочь преподает девочкам 10-14-ти лет), т.е. продолжит в следующий раз — не надо смотреть на одну жизнь, как на единственное, что тебе дается.

Я вас считаю уже за опытных учеников. Но начинающим, действительно, это говорить нельзя: когда ты говоришь человеку, что двадцать лет тебе понадобится, пока ты достигнешь какого-то там исправления и слияния с Творцом, то, конечно, для него эти двадцать лет будут выглядеть вечностью.

Кстати говоря, этот период все время сокращается. Когда больше людей входит в это движение, происходит включение, слияние друг с другом, тогда мы друг другу помогаем: каждый исправляет свою частичку, включает ее в других, и так далее. Таким образом, этот период укорачивается, но, в общем, все равно это пока еще 10-20 лет, однако не то, что было раньше. Когда я пришел к своему Раву, то примерно через два года решил, что мне понадобится лет двадцать для того, чтобы вообще достичь махсома.

Все зависит от количества людей, которых мы будем приобщать к Каббале, которые хоть как-то будут слушать об этом и участвовать в этом. Они этим укорачивают нам путь. Нам эгоистически выгодно, чтобы они тоже присоединялись к нам.

Мой Рав тогда, действительно, сказал: взять статью «Суть науки Каббала» и объяснить людям, что Каббала — это раскрытие Творца творениям в этом мире. Но он просил единственного не говорить начинающим: что это происходит только тогда, когда они это желают не ради себя.

Вот здесь может возникнуть непонимание, недоразумение. Ну пусть Творец раскрывается нам через пять, десять лет работы. Человек, который хочет в нашей жизни чего-то достичь, тоже работает 5-10 лет. В общем, достижение любой цели требует хорошей подготовки.

А здесь все-таки говорится о том, что ты выходишь в такие состояния, которые перевешивают весь наш мир в миллионы раз, значит, естественно, надо серьезно поработать — ты хочешь заработать больше всех в нашем мире — все, что нисходит из Высшего мира в наш мир.

Самое маленькое каббалистическое, духовное наслаждение, на самой маленькой духовной ступени в миллиарды раз больше, чем все наслаждения нашего мира вообще за всю его историю. Вы представляете, что это значит?

Если ты хочешь это получить, конечно, надо потрудиться. Но мы не представляем, что это за труд, мы не представляем те ступени, которые мы проходим. Мы не знаем, что чем больше вкладываешь, тем больше получаешь — в этом наша проблема.

Если бы мы только знали, что наш вклад действительно оценивается по нашему усилию! Однако наше усилие немножко не там, где, как мы думаем, оно находится. Наше

Творец — это свойство отдачи

усилие в поиске направления, в поиске Творца, в поиске связи с Ним, в поиске контакта.

Оно не в том, чтобы я в этом мире много делал чего-то, много страдал — это совершенно неправильно. И оно не в том, чтобы я перелопачивал десятки книг и искал там какую-то систематизацию, еще что-то. Понятно, что человек, не зная, входит в, так сказать, турбулентные поиски. Это все не так.

На самом деле все усилия подсчитываются только в одном направлении — к Творцу. И вся проблема состоит в том, чтобы уловить себя в этой точке — «поймать» вот этого Творца и правильно Его «поймать».

Что значит Творца? Это значит свойство отдачи. Мы как-то совершенно не связываем это с Ним. Мы думаем, что ловим что-то большое, что-то такое сокровенное, а, на самом деле, ловим совершенно не то — мы ловим какое-то свое маленькое эгоистическое наслаждение, которое нам только кажется Творцом, который нас наполняет.

Нет, Творец — это свойство отдачи. И если я хоть немножечко, на секунду настроюсь на это свойство, тогда я направлен на Творца. Представляете, насколько редко это бывает, поэтому это и занимает у нас годы.

- **Вопрос: Что значит правильно поймать?**

Правильно поймать — значит расшифровать для себя, что значит свойство отдачи на том уровне, в том состоянии, в котором я нахожусь, т.е. не в идеальном состоянии, в Конце исправления, а в том моем, в котором я сейчас, и на это свойство немножко себя настроить. И если я с ним соглашаюсь, это значит, что я с Творцом уже в контакте. И мне надо пытаться этот контакт, появившийся на секунду, не выпускать. Вот такие усилия и суммируются. Все остальное никуда не годится, оно просто улетает в отход.

Если мы в процессе учебы, в разговоре между собой, в распространении, в обучении пытаемся вот так настроиться на Творца и при этом, внутри этого ощущения, еще продолжаем какое-то наше внешнее действие: распространение, передачу информации и пр., — то при этом мы действительно производим духовное действие.

Тогда это действие действительно называется духовным, потому что исходит из этого краткого контакта с тем, что для меня сейчас называется отдачей. В следующий момент это будет немножко по-другому, с другой помехой. Эти мгновения и суммируются у нас.

Как только человек собирает какое-то количество этих мгновений, а у каждого они свои, и у каждого их определенное количество, т.е. собирает свою порцию, причем он не знает, когда это произойдет, он выходит на другой уровень.

То, к чему он действительно стремился, то, к чему он пытался найти путь, он получает. И для него возникает совершенно другая трактовка, что такое его Египет, что такое выход из него, что такое борьба за свободу. Эти выражения получают совершенно другой комментарий, наполнение.

Вот если мы сейчас на секундочку это ухватываем, значит, в нас уже есть эта точка. И когда мы будем дома, далеко, мы уже сможем эту точку пытаться искать, она в нас уже есть. Пытаться — это уже наша работа.

И вся Каббала, в общем-то, построена только на этом. Эта точка называется «некудат ихуд» — точка слияния с Творцом, точка контакта с Ним, она постоянно должна быть у нас как самое главное в жизни. Если она у меня теряется, значит, я уже мертвый, если она у меня есть, значит, я живой.

Впоследствии мы увидим, что на самом деле именно через эту точку мы получаем свет, жизнь, ощущение вечности и совершенства. А вне ее, если вдруг человек теряет с нею связь, он ощущает себя в ужасном состоянии.

И это — не наши маленькие депрессии, плохое настроение, потерянность. Это — невероятное состояние, называемое «аярат Малхут» — свечение черной Малхут, т.е. это ощущение бездны, которая просто раскрывается перед человеком — просто бездна, черная бездна. Но эти ощущения: от точки контакта до этой черной бездны, — ведут человека вперед.

Творец — это свойство отдачи

- **Вопрос: Расскажите немного о построении экрана?**

Экран образуется свыше. Он является ответом Творца на поиски контакта с Ним, когда человек заканчивает свою меру поисков — «игати вэ мацати», т.е. приложил свои усилия и нашел ответ.

Нашел — значит, до этого ответа вообще не было, даже хотя и казалось человеку, что вот эта точка — действительно точка отдачи, действительно точка соприкосновения с Творцом, потому что Он весь — это желание отдавать, и человек здесь с Ним контактирует.

Когда на самом деле человеку раскрывается это ощущение, он видит, что только сейчас нашел это. Масах является просто следствием всего этого поиска, иначе никак его не вообразить.

Вся наша работа, в принципе, очень простая. Она сложна лишь тем, что мы должны в различных состояниях: дома, на работе, в группе — себя «отработать». Мы должны эту точку все время держать в поле своего зрения, искать ее. Как сказано в «Песне Песней»: «В потемках ночных искал я любовь свою».

Вообще вся «Песня Песней» передает именно этот поиск контакта между Малхут и Творцом.

- **Вопрос: Почему, если мера усилий для каждого индивидуальна, срок выхода в духовный мир от трех до пяти лет для всех одинаков?**

У каждого из нас есть свой набор эгоистических свойств, на которых мы должны отработать контакт с Творцом. То есть у меня — 620 моих, у тебя — 620 твоих, но это все равно 620. Разница между ними, в общем-то, совершенно несущественна.

В тебе есть одна твоя корневая точка, а остальные находятся в связи с ней. И у меня соответственно. Поэтому путь один и тот же, внутренние ощущения абсолютно подобны. А разница только в чисто внутреннем субъективном ощущении, которое нельзя сравнить с чужим, потому что каждый ощущает из своей Малхут и девяти сфирот, т.е.

из своей духовно эгоистической точки в сердце и остальных 599 999 душ, включенных в нее.

Таким образом, путь одинаков, этапы одинаковы, подобие полное — поэтому каббалисты могут говорить о какой-то общей технике, пригодной для всех.

Но все равно каждый проходит свои состояния по-разному, потому что «итколелут», т.е. смешение свойств внутри человека, внутри души человека, у каждого все-таки специфическое. Все проходят различные состояния: я прохожу сейчас то, что ты пройдешь через двадцать часов или через двадцать месяцев, а другой уже прошел, и так далее.

То есть у всех эти состояния чередуются по-разному, и поэтому нельзя оценивать, нельзя сравнивать, что он, мол, проходит то, что я уже давно прошел — это ничего не значит. Он, может быть, только сейчас проходит то, что я уже прошел, но того, что он уже прошел, я еще не проходил. И человеку совершенно невозможно определять по внутренним состояниям, насколько он близок или далек от рубежа-махсома, по сравнению с другими.

То, что касается срока «5-10 лет», я думаю, что в ближайшее время он сократится, наверное, в два раза — я чувствую это по людям. Говорится, что человек, который будет впоследствии заниматься Каббалой, будет настолько подготовлен, будет настолько ожидать следствий, будет настолько готов, придя к Раву, услышать ответ, что ему не надо будет ничего объяснять, он просто будет это ловить. И вы сами, возможно, уже чувствуете это по новеньким, которые приходят в вашу группу.

Я помню, после трех лет занятий со своим Равом, я прочитал одну-две лекции ребятам из Тель-Авива, зажег их и привел к Раву. Так они через 2-3 месяца оказались со мной наравне, хотя я уже занимался у Рава три года и был еще не таким, как сейчас, стариком.

Как такое могло быть? Во-первых, у них была группа, а я так и остался у него один. Я, практически, не был к ним включен, он меня и не хотел включать к ним. А во-вторых, это были совсем другие люди.

Творец — это свойство отдачи

Поэтому, когда мы сегодня открываем новые группы и соединяемся с нашими учениками, то это для нас является огромнейшим приобретением. Вы не представляете, сколько я, начав вести виртуальные уроки, имею с этого и вам желаю всем иметь то же самое. Это — подключение новых, уже совершенно других по уровню келим. И мы все вместе не должны об этом забывать.

Я вам часто преподаю абсолютно автоматически, при этом думаю совершенно о других вещах, не о том, что я вам говорю. Я даже забываю вдруг, о чем говорю. Потому что думаю о том, как объединить, как совместить, как собрать всех вместе в общее кли.

Я не думаю о том, что при этом преподаю все эти премудрости, рисую чертежи, пытаясь вас убедить, что тут есть какая-то логика, что это, в общем, рационально. Это мне совершенно не надо, это я для вас делаю. Мне надо при этом собрать все изюминки, все точки в сердце. Это будет являться нашим кли: соединим — получим, не соединим — не получим.

Знания, сами по себе, ничего не дают, они нужны только для того, чтобы убедить «внешнего» человека, что, дескать, в Каббале есть какой-то разум, логика, вроде бы так рационально все объясняется, что можно и позаниматься.

Поэтому я хочу, чтобы и у вас было другое отношение к процессу учебы. Оно должно быть совершенно не таким, как к обычному обучению любой другой науке. Потому что, если мы не обретем шестой орган чувств, мы ничего в этой науке не поймем.

Это такая область мироздания, которая исследуется и ощущается в шестом чувстве. Если мы этого шестого чувства заранее не приобретем, то нам нечего в нем изучать, мы тогда будем видеть просто голые формулы и чертежи. И только в той мере, в которой мы приобретем этот шестой орган чувств, мы увидим за этими чертежами живое дыхание всей природы.

Это так же, как незрячему человеку ты можешь сколько угодно рассказывать, что такое зрение, и что ты при этом чувствуешь. А он слушает, вроде бы согласен с тобой, что, наверное, есть такое, говорят же люди — значит, есть. Но при этом, что у него есть, у самого?

Поэтому надо полностью отказаться от устремления к знаниям и приобретать их только в той мере, в которой они тебе должны как-то помочь, подсобить, я не знаю, как сказать, приобщить тебя к тому, чтобы ты внутри своего сердца ощущал потребность связи с Творцом, не больше. Чтобы мозги лишь помогали, как-то подталкивали к точке соприкосновения, к отдаче, к категории отдачи.

- **Вопрос: Как правильно соотносить количественную и качественную работу?**

Количественная и качественная работа в Каббале зависит от состояния занимающегося. Человек часто находится в таких состояниях, что нет чувств, и все. Что можно сделать? — Надо как-то хорошенько встряхнуться. Неважно как, главное — любым путем просто выйти из равнодушия.

А если не получается: сидишь на уроке, не можешь ничего сделать? — Значит, тогда ничего не остается: надо просто сидеть и воспринимать головой, а не сердцем. Другого не остается.

В состоянии падения человек воспринимает все головой. И он сидит и учит в надежде на то, что эти накопления знаний потом ему каким-то образом помогут — когда он будет уже в чувствах, он эти знания приспособит к чувствам.

Проходит какое-то энное количество времени, точнее, не времени, а усилий: отсчет идет по усилиям, — и Творец дает ему новое решимо, человек начинает пробуждаться. Вдруг вновь просыпается воодушевление к Творцу, мир начинает немножечко светить ему по-другому, и вот тут уже начинается работа в чувствах. Вот тогда надо вспомнить те знания и приспособить их к своим чувствам. И тогда уже начинаешь подниматься и в осознании, и в ощущениях.

Есть периоды чувственные, есть периоды умственные. Это зависит от состояния человека, но всегда есть возможность каким-то образом действовать. Иногда месяцами человек находится в состоянии, когда совершенно ничего не чувствует — такой период, ничего не сделаешь, 3-4 месяца он только разумом может учить Каббалу.

В такой период я вам очень советую: как можно больше пишите и чертите, пытайтесь с помощью всех своих «инструментов» выразить все, что через вас проходит — пропускайте это сквозь себя, как через мясорубку. А потом придут другие этапы.

- **Вопрос: Группа может помочь человеку?**

Группа еще как может помочь, если группа видит. Ну а если группа не видит, то ничего не сделаешь. По мне группа, я думаю, не видит, в каких я состояниях.

- **Вопрос: Нужно ли женщинам заниматься иначе, чем мужчинам?**

Путь для женщины и путь для мужчины — один и тот же, но методика прохождения этого пути разная. Так же, как в нашем мире: женщина живет свои годы, мужчина живет свои. Но разве можно сравнить жизнь женщины с жизнью мужчины? Разве вы можете посмотреть на жизнь мужскими глазами?

- **Реплика: Я пытаюсь...**

Этого не получится, даже если вы попытаетесь посмотреть на этот мир, как мужчина смотрит на него. Этого не получится, потому что мужчина и женщина — это два различных мира, и они в жизни никогда друг друга не поймут. Они могут просто сосуществовать, но понимать, видеть мир не своими глазами — не смогут. У них настолько различные взгляды на мир, на все, что в нем происходит, на отношение к жизни, к взаимоотношениям, к себе, ко всему, что эти взгляды не могут ни в чем совпасть. И это — на нашем животном уровне.

А на уровне духовном расстояния вообще от нуля до бесконечности. Поэтому точка контакта может быть только через Творца. На самом деле — только через Творца. Так и сказано: «Муж и жена — Творец между ними».

Если Творец между ними, тогда действительно муж и жена могут быть вместе. Если этого нет, то их связь — просто лучшее из худшего.

Потому что, в принципе, эти две природы совместить нельзя. Только если самообманом, специально, какой-то регрессией, ухудшением, уменьшением: не будем вспоминать обо всем плохом и пр. На самом деле им нельзя совместиться, потому что это совершенно разные, противоположные точки творения.

Поэтому методика очень различная, вы еще себе этого не представляете. На нашем уровне — это еще терпимо. Хотят женщины учить «Талмуд Десяти Сфирот» — пускай учат, неважно, но, вообще, это же не методика, это просто книга.

А внутреннее восхождение, прохождение ступеней — оно кардинально отличное, совершенно разное. Поэтому, не уподобляйтесь мужчинам. У них свои проблемы, у вас свои, и у вас их меньше, кстати говоря, ваши — более естественные.

Мужчины должны себя намного больше «ломать», чем вы. И поэтому, если вы пытаетесь брать с них пример, ничего у вас не получится, это не для вас. Наоборот, у вас проще, легче, естественнее, чем у них, происходит весь процесс развития.

Вы должны изучать статьи, письма — все, что касается внутренней чувственной работы человека. Это у женщин и у мужчин одинаково. Но изучать духовную механику: «Талмуд Десяти Сфирот», «Введение в науку Каббала», различные премудрости — как устроен Высший мир, парцуфим и пр. — вам не надо, т.е. это не запрещено, но это совершенно вам не поможет.

Вам нужна лишь методика духовной работы, и все. Ее вам достаточно не потому, что вы такие «маленькие», что вам этого хватит, а потому что, наоборот, мужчинам надо больше себя переделывать, чем женщинам.

Мужчины — большие дети. Вам надо понимать, что мужчинам необходимо большее исправление, более острое, чем вам. И хотя мы изучаем с вами практически весь материал одновременно, мужчинам это надо больше, это, в основном, для них и надо. Женщина не должна вставать в три часа ночи, как мужчина, куда-то бежать и где-то заниматься. Вместо этого она должна рожать, содержать дом, помогать, у нее совсем другая природа, которая требует меньшего исправления, меньшей коррекции.

Поэтому, я не понимаю, почему вдруг такая зависть к мужчинам.

- **Вопрос: Каковы взаимоотношения в супружеской паре, если, допустим, только один из супругов занимается Каббалой?**

Какие варианты могут быть? Он занимается Каббалой — она не занимается; она занимается — он не занимается; вместе не занимаются или вместе занимаются.

Наилучший вариант — это он и она занимаются, наихудший — он и она не занимаются. Следующий после наилучшего — это он занимается, она не занимается, но при условии, что мужчина — главенствующий в семье, иначе она на него давит. Но если она занимается, а он нет, то это проблема. Но я одно могу сказать — все зависит от желания. Кроме желания, у нас внутри нет ничего.

Я помню, как много лет назад, несмотря на то, что у меня тогда был неплохой бизнес, я вдруг сказал своей жене: «Мы с тобой сворачиваем бизнес и переезжаем в Бней-Брак к моему Раву». Она просто села на кровать и заплакала. Она уже знала, что муж у нее такой, и ничего не сделаешь. Вы сами знаете — желание определяет все. Я просто не мог — и все.

То же самое в любой семье — чье желание в семье превалирует, с тем и считаются. У нас бывают случаи в группе, когда женщина ни в коем случае не соглашается с этим новым выбором мужа, с таким его распорядком дня, и ее можно понять. Но, с другой стороны, что мужчина может изменить, что он может сделать, если он изменился? Значит, проблема должна как-то решаться, вплоть до развода.

Как правило, мы стараемся это предотвратить: подключаем сюда и женскую, и мужскую «силы», пытаемся переубедить женщину, приглашаем ее на всевозможные наши трапезы, пикники, — все пытаемся сделать. У нас на сегодняшний день только два развода за все годы. В основном, женщина соглашается. И потом даже находит в этом какую-то прелесть и даже становится активной участницей.

Сегодня из нашей сотни семей, может быть, есть две-три семьи, где женщина не принимает активного участия в нашей работе. Остальные женщины более-менее участвуют в распространении, в печати, в обработке материалов. Они собираются вместе раз в неделю, мы им выделяем на это средства.

Они ведут работу, связываются по телефону и читают статью в обед, и так далее. То есть здесь уже все зависит от группы. Я думаю, сам муж на свою жену так подействовать не сможет, как сможет подействовать группа.

- **Вопрос: Влияет ли женщина на мужчину?**

Да. Каббалистически исправленная женщина очень влияет на своего мужа, желает он того или нет. Мужчина слушается женщину. И вы знаете, как можете его направлять. То есть не только внешне, но и внутренне муж женщины, которая продвигается духовно, от этого получает, только получает уже на другом уровне — мы компенсируем друг друга полностью, только это происходит на разных уровнях.

Вы своего мужа компенсируете духовно — он от вас получает ваше духовное наполнение. Он компенсирует вас на животном уровне — вы через животный уровень получаете от него духовное наполнение. Разница лишь в том, что он на вас действует через животную связь, а вы передаете ему свою духовную информацию духовно, потому что общаетесь, направляете его.

Я не знаю, могу ли я это четко и кратко выразить, но мы уравновешиваем, компенсируем друг друга абсолютно, с точностью до нуля.

- **Вопрос: Почему во время урока часто бывают такие состояния, что нет вопросов?**

Творец — это свойство отдачи

Первые месяцы у человека миллион вопросов, а потом потихонечку они исчезают.

Что с этим делать? — Ничего с этим делать не надо. Это не является показателем недостаточного продвижения. Это, может быть, является показателем того, что он получает ответ свыше, находит его внутри себя, и поэтому нет необходимости спрашивать обычным образом.

Поэтому я не удивляюсь, что мои ученики, которые сидят передо мной по пять-десять лет, не спрашивают. Я их за это не укоряю, а понимаю. Значит, у них уже очень много наработано внутри, они внутри себя это проходят, они каким-то образом сами компонуют ответы на возникающие в них вопросы.

- **Вопрос: Одна и та же душа может вселяться то в мужское, то в женское тело? Возможны варианты?**

Нет, вариантов нет. Тот, кто родился мужчиной, будет мужчиной и в следующем кругообороте, тот, кто родился женщиной, будет женщиной в следующем кругообороте. Здесь не может быть никаких вариантов. И в Конце исправления мы обнаружим, почему именно таким образом проходили свои жизни. Увидим это, и у нас не будет никаких претензий к Творцу.

- **Вопрос: Полное взаимное притяжение мужской и женской линии — это же после шестого тысячелетия?**

Дополнить друг друга на самом деле мы можем только в Гмар Тикун, в седьмом тысячелетии. Поэтому все наши субботние песни, суббота — олицетворение встречи невесты с женихом в седьмом тысячелетии.

- **Вопрос: У меня появляется вопрос, и вдруг внезапно я получаю на него ответ. Как это происходит?**

Мы включены друг в друга, поэтому часто я вдруг вижу ответ в вопросе другого, это естественно. Мы можем таким образом контактировать, видеть, насколько проходим подобные состояния или взаимосвязанные состояния друг с другом. Насколько можем видеть, настолько видим в другом вопрос или ответ. И это только благодаря тому, что мы находимся вместе, в одном обществе.

- **Вопрос: Группа переходит махсом одновременно?**

Группа не проходит махсом одновременно, каждый проходит махсом индивидуально. Махсом — это начало индивидуальной связи с Творцом. Контакт с Творцом, который до этого был временным (то да, то нет), каким-то образом, усилием становится постоянным. Это и означает переход махсома.

То есть ничего нового тут не случается, только раз... — и вы замыкаетесь на Творца, и вы начинаете ощущать себя все время в присутствии, под влиянием Творца. И это уже определяет всю вашу жизнь, вы уже находитесь в таком состоянии, когда ощущаете, что Он постоянно находится над вами или в вас, вокруг вас, через Него проходит все, Он определяет все.

Вот это состояние и называется проходом махсома, оно уже не пропадает, становится постоянным. До этого бывают всплески, всевозможные переходы. Но если такое состояние стало необратимым, значит, вы прошли махсом.

- **Вопрос: При падении из одинарного скрытия в двойное — есть ли какой-то тревожный звонок, что надо что-то делать?**

Падение из одинарного скрытия в двойное и переход из двойного скрытия в одинарное — они попеременные, независящие от нас. Мы должны всевозможными путями устремляться к раскрытию Творца, а что при этом нам посылают — это не наше дело, потому что мы не знаем, какие именно желания мы сейчас отрабатываем в себе.

Если я нахожусь сейчас в жутком состоянии, это не значит, что я на самом деле в жутком состоянии. Я, возможно, отрабатываю при этом такой огромнейший эгоизм, после которого я взлечу. Поэтому нельзя судить по своим ощущениям. По своим ощущениям мы не можем объективно измерять наше состояние.

Творец — это свойство отдачи

- **Вопрос: Как я могу понять, ощутить, что такое Творец? Разве группа может мне помочь и в этом?**

Чтобы группа не была таким аморфным телом, надо требовать от группы постоянного оживления, новых желаний, всевозможных обновлений, устремлений к Творцу, чтобы более остро искать, кто такой Творец на самом деле. «Отдача» и «Творец» для меня — синонимы. Я не пытаюсь за словом «Творец» представить себе нечто иное, кроме свойства отдавать. Вот группа и должна меня постоянно настраивать на это, просто «промывать мне мозги», все время толкать меня.

Вы знаете, что такое «стимул»? Стимул на греческом, — это палочка с острым концом. Ею покалывают осла, чтобы он шел вперед, прямо. Так вот, это то, что нам надо — постоянный стимул, чтобы правильно устремляться вперед, чтобы как можно более тонкое острие все время мы ощущали.

Свойство отдачи есть Творец, и именно к нему я хочу устремиться. А через секунду вновь как бы с нуля начинаю, и снова, и снова, как на цель, навожу прицел именно на Него — на эту категорию отдачи. Это та единственная работа, единственная свобода воли, где мы можем себя приложить.

- **Вопрос: Если у всей группы пропал стимул?**

Если пропал стимул у всей группы, тогда вы должны просто прислушиваться к тому, что я вам говорю (я об этом часто напоминаю), и читать Бааль Сулама, Рабаша. Здесь группа не в состоянии тебя на это особенно настраивать. Чтобы настроиться, тебе для этого нужны статьи и Рав. А в группе ты должен отрабатывать то, что получаешь от Рава и от статей. Потому что товарищи не могут точно направлять тебя на Творца, им запрещено с тобой говорить об этом.

- **Вопрос: Понятия «наш мир» и «этот мир» — это, соответственно, двойное и одинарное скрытие?**

Условно под махсомом, под сиюмом Гальгальты, под общим сиюмом, находится «некуда дэ олам азэ» (точка этого мира). Ниже этой точки находится «олам шелану», т.е. «наш мир». Это разделение сугубо условное: «этот мир» и «наш мир». Чем они отличаются?

Мы начинаем все с определения «олам шелану» (наш мир). «Наш мир» — так зовут этот мир люди, которые просто в нем существуют. Если человек получает точку в сердце, начинает понимать, что кроме его мира, есть, наверное, Высший мир, тогда для него наш мир, в котором он существует, который он ощущает, становится «этим миром» — «олам азэ», т.е. он точно указывает, что этот, а не Высший мир.

Этот мир состоит из двух частей: из состояния двойного и одинарного скрытия Творца. Затем идет махсом, и далее уже Высший мир.

- **Вопрос: С какого возраста можно обучать ребенка Каббале?**

Рав Кук, когда его спросили об этом, сказал очень просто, что ограничения нет — когда ребенок захочет: если «ребенку» исполнилось 50 лет, и он хочет заниматься Каббалой — обучай его Каббале. Так и сказано: «ребенок», — потому что это определяется именно наличием точки в сердце. «Ма лаасот им еладим, шэ изкину?» (Что нам делать с детьми, которые стареют?) — Ничего не делать, ждать, пока перестанут быть «детьми».

Я помню, у меня вопрос о смысле жизни: зачем я живу, для чего я живу, зачем мир, — возник где-то в 7-8 лет, может быть, раньше. Вот когда этот вопрос впервые возникает в человеке, это говорит о той временной точке, с которой он может начинать слушать о Каббале. Для этого он в нас и возникает.

Но люди обычно начинают подавлять в себе этот вопрос: сначала — детскими играми, потом — гормонами, и так далее, — подавлять, пока он уже в старости снова не встает перед ними: что я сделал, для чего я прожил жизнь. Вопрос уже не «для чего я живу?», а «для чего я прожил?».

Поэтому Бааль Сулам на вопрос, когда начинать обучать Каббале, отвечает в «Предисловии к «Талмуду Десяти Сфирот»: «Тогда, когда у человека есть этот вопрос: в чем смысл жизни.» Вот и все.

Творец — это свойство отдачи

- **Вопрос: Какие существуют источники энергии, вдохновения для учебы, для продвижения у человека до махсома?**

Не знаю, что тебе сказать. Каббала — это наука чисто практическая, это самая практическая наука. И человек только после того, как на себе все это проходит, может сказать, что да, это так. Потому что во всех это повторяется совершенно точно так же.

Я прошел эти состояния, находясь рядом со своим Учителем — Равом. Это был, действительно, «Последний из Могикан», великий Каббалист. Но я не могу по своему опыту сказать, как действовать вам, потому что мой опыт — он не ваш. Я просто вам советую, что может человеку помочь пройти все это, но советую не из своего опыта, потому что я вырос не в группе, я вырос просто на руках у великого Каббалиста.

Я думаю, что если мы будем связаны вот такими встречами, как сегодня, четкой перепиской через Форум, будем чувствовать эту общность, в которой мы сегодня находимся, будем чувствовать, сопереживать вместе то, что я говорю, если мы на наших виртуальных уроках будем ощущать то, что сейчас ощущаем, то другого нам и не понадобится — каждый из нас автоматически включится в общее кли.

Каждый сможет подсознательно пройти те состояния, которые прошли другие, не проходя их на самом деле, потому что, получая точку в сердце от другого, можно получить вместе с ней его состояние, которое он уже прошел.

Ведь нам не нужна эта точка в ее первоначальном состоянии, мы должны получить ее вместе с тем, что прошел уже этот человек. Вы представляете себе, что это за приобретение! И все зависит только от того, что каждый это общее наше ощущение просто заберет с собой. Тогда у нас и уроки будут проходить по-другому и все продвижение — для этого мы, в принципе, все это и делаем.

Так что я не думаю, что надо еще что-то делать, чтобы это мое пожелание исполнилось. Это очень важно. Если бы вы могли действительно серьезно поверить мне и взять ту технику, которой я пользуюсь, мы бы просто все так и начали подниматься, подниматься, подниматься. И я думаю, что это произойдет. У нас еще пара дней впереди, еще будет все хорошо.

- **Вопрос: Вы только что сказали, что пользуетесь методикой работы с нами, у вас есть свойство, которое позволяет вам проникнуть внутрь человека, пропитаться им полностью и принять его в себя и жить им. У нас этого свойства нет. Как нам работать, чтобы получить его? Какова эта методика? Как нам проникнуться желанием другого, если он весь переполнен желанием, но молчит и даже картошку чистит не на наших глазах?**

Ты хочешь, чтобы все перед тобой сели и показывали свое желание к Творцу. Но от группы нечего требовать, чтобы она перед тобой показывала свое устремление к духовному. Все зависит от того, ставишь ли ты себя нулем относительно товарища, как написано в статье: или ноль перед единицей, или ноль после единицы. И причем тут товарищи, чего ты хочешь от них? Почему ты требуешь?

Ты можешь требовать от них только в той мере, в которой ты в них вкладываешь. Значит, ты должен в них вложить и возбудить их так, чтобы это потом тебе вернулось, но не криками. Разве криками ты можешь возбудить их желание? Криками ты можешь подавить, ты можешь заставить что-то внешне сделать, но не возбудить желание.

От криков ничего внутренне не получишь. Желание ты из человека не выбьешь искусственным путем. Оно ведь — самая внутренняя вещь, которая не зависит от твоих внешних воздействий. Когда мы начинаем это понимать, то «поднимаются руки», и ничего уже с этим не поделаешь. Мы понимаем, что воздействовать на товарища можно только бескорыстной отдачей — это единственный метод, когда к нам может что-то вернуться от него.

- **Вопрос: Вы говорите, что со временем у обучающихся пропадает стремление задавать вопросы. Но тогда человек не просит Творца дать ему вопрос для товарища.**

Вопросы, которые сейчас формулирует кто-то, а я на них отвечаю — это же чисто механические действия. На самом деле, я внутри своих ответов пытаюсь передать какую-то духовную информацию, энергию, пытаюсь аккумулировать в себе все эти желания к Творцу. У меня своя работа. Она не зависит от внешних вопросов и ответов.

Вы знаете, у меня с Равом были часы, когда мы сидели и молчали. Вы знаете, сколько? — Допустим, полтора часа, два часа. Сидишь и молчишь, закрыв глаза, а перед тобой еще один человек. Это — не медитация, это — вид внутреннего взаимного подключения.

- **Вопрос: Но, тем не менее, вы всегда говорите, что необходимы вопросы, чтобы как-то раскачать группу.**

Конечно, внешне. Пока мы еще не находимся на таком духовном уровне, нам необходимы вопросы и ответы — внешние оболочки передачи информации.

- **Вопрос: По мере развития обучающегося, он должен просить Творца, чтобы Он дал ему вопрос для оживления группы?**

Это другое дело. Если я вижу, что моя группа, мои товарищи находятся в спячке, я прошу Творца, чтобы Он немножко всех нас приподнял, встряхнул, т.е. я прошу Его за всю группу — это огромное действие.

ПРЕЖДЕ ВСЕГО Я ВСПОМИНАЮ О ЦЕЛИ

19 апреля 2003 года

Мне очень приятно видеть здесь представителей всех наших каббалистических групп в мире. Почему, вообще, приятно видеть такое огромное количество людей, вы уже это знаете и без меня — каждый из нас представляет собой маленькое, абсолютно эгоистическое кли, из таких эгоистических кли и создана общая душа.

Если я нахожусь только в своем эгоистическом кли, я получаю минимальный свет наполнения, который называется «нэр дакик» — маленькая свеча, тонкое свечение свыше. И больше света в это кли войти не может, ведь даже это количество света входит в кли вопреки Цимцум Алеф, вопреки условию подобия свету, только для того, чтобы кли могло существовать, причем, существовать в самом наинизшем, самом наихудшем виде, который называется «этот мир».

И даже если бы был экран, большего получить в это кли нельзя, потому что получить можно, только если я, со своим эгоизмом, и вокруг меня еще сотни или тысячи, с их эгоизмом, начнем друг у друга перенимать эгоизм, келим.

Когда я перенимаю эгоизм других, во мне он становится способным воспринимать Высший свет, но каждый из нас своим кли, своим сосудом, пользоваться не может — с его помощью он может только почувствовать эту жизнь, в том виде, в котором мы ее чувствуем, и не больше. Этот закон никак не изменишь.

Прежде всего я вспоминаю о Цели

Единственное, что я, маленький эгоист, беру у товарища, такого же маленького эгоиста, — это его эгоизм. Но когда я беру его, я беру его уже альтруистическим методом. Этот эгоизм невозможно достать из товарища никаким иным способом, кроме как покупая его у него: «Купи себе друга», — т.е. я должен вложить в товарища, участвовать в его страданиях, начать ощущать его желания, когда они еще принадлежат только ему.

Когда я достану из него эти желания и к своему эгоизму, к себе, как-то привлеку, приплюсую, я стану вдвойне эгоистом. Но пока я из него этот эгоизм достаю, я начинаю уже на товарище применять этот эгоизм с альтруистическим намерением — ради наполнения товарища.

И получается, что я таким образом обретаю совершенно иное, инверсионное кли — противоположное тому, что у меня было. Причем таких келим я могу приобрести бесконечно много, т.е. не от одного и не от двух, а от всех, окружающих меня, и не только окружающих, а вообще от всех творений, созданных такими, так же, как и я.

Значит, исходное положение нам понятно, и конечное состояние нам вроде бы понятно — приобретаем от окружающих их келим в каком-то инверсионном состоянии, ради отдачи. А вот как это делать, каким образом это реализовывать — в поиске этого и заключается вся наша работа, это все, что мы желали бы знать, потому что, в принципе, ничего другого в мире не остается.

Все неживые, растительные и животные части творения включаются человеком в эту работу, для этого они и существуют. А люди существуют для того, чтобы подняться в результате своего развития к такому уровню, чтобы вот эту работу выполнить — т.е. вместо использования своего маленького эгоизма, приплюсовать к себе эгоизм всех окружающих (ныне живущих, и даже не существующих в нашем мире — это не имеет значения) и таким образом создать огромное общее кли.

Другими словами, в этом и заключается принцип Цимцум Алеф — человек делает на себя Цимцум, т.е. не употребляет свой эгоизм, а начинает работать только на отдачу.

Что значит на отдачу? — Он работает во всех внешних келим, во внешнем эгоизме других, который для него уже становится его кли для получения ради отдачи.

Методика вроде бы простая: я никоим образом не могу отрабатывать ее на других в мире, а могу только в группе — там, где меня могут понять, там, где товарищи поймут, почему я так к ним отношусь, поймут, что мне надо от них, и что им надо от меня.

Поэтому когда мы собираемся, пусть даже всего лишь на пару дней, во время этих встреч происходит взаимное включение, соединение мыслей, чувств, происходит знакомство, создается общность. Это очень важно — мы не представляем, на каких уровнях мы при этом соединяемся, а затем это все начинает работать вне всяких наших мыслей, планов, намерений.

Главное — что собрались люди, у которых одна Цель, и даже неважно, насколько мы это чувствуем и понимаем, отдаем себе в этом отчет. Простое взаимное участие, совместные трапезы, беседы — все эти действия делают свою работу, и через какое-то время мы начнем это чувствовать. И так каждый раз.

Когда я после поездок возвращаюсь в Бней Барух, то начинаю совсем по-другому излагать материал, как-то по-другому происходит обучение. Что, собственно, произошло? — Неделю отсутствовал. Я бы мог просидеть месяц дома — и такого бы не случилось. Но когда я побывал в какой-то из групп, подключился к людям, хотя они этого даже не знают, может быть, еще не понимают, в чем дело, и вобрал, втянул в себя их келим, у меня уже все внутри изменилось, я подключил к себе дополнительные чувства, мысли, желания, такие, которые больше не повторяются нигде в мире: в каждом из нас они совершенно индивидуальные, личные. Я приезжаю, и совершенно по-другому происходит обучение, стиль совсем меняется.

То же самое будет у нас и на Песах: с сегодняшнего дня вы увидите, насколько внутренне каждый из вас начнет больше понимать, обогащаться, и наша идея станет ему ближе — он ощутит это в себе. Мне так приятно видеть огромное количество людей, совсем разных: из разных стран, совершенно разных уровней — именно это и дает нам надежду на то, что наше кли будет богаче, будет более комплексным. Наблюдая за тем, насколько стремительно развиваются события в последние полгода, я надеюсь, что все мы, находящиеся здесь, сможем достичь того, чего желаем.

Мы проходим в наших состояниях 620 исправлений, и сначала — в осознании зла. Эти исправления не ощущаемы нами: они не ощущаются ни качественно, ни количественно, ни по темпу — никак, поэтому эти состояния до махсома и называются состояниями скрытия, скрытия управления Творца.

Но скорость прохождения зависит именно от того, насколько в самом неудобном случае, в самых неожиданных обстоятельствах человек подключает себя к тому, что ищет, где сейчас Творец управляет им и каким образом. То есть он постоянно пытается представить себе Творца, Его управление, Его действия, которые, вроде бы, сейчас происходят над человеком.

Если мы в нашем сегодняшнем состоянии постоянно будем пытаться представлять перед собой Творца, постоянно будем эту идею в себе вызывать, т.е. при знакомстве, беседах, трапезах — во время всего, что мы будем делать в течение этих нескольких дней, постоянно будем пытаться напоминать себе о том, что Он нас собрал, Он выявил это желание, захотел, чтобы мы сидели здесь вместе, что между нами находится Творец, Он нас соединяет, Он создает из нас это общее кли, как из теста лепит его, и каждый из нас в этом находится — одним словом, что «Нет иного, кроме Него», тогда наше общее желание способно вызвать проявление этого желания наяву, т.е. так, что оно явно начнет ощущаться в нас.

Поэтому я предлагаю, советую, прошу, чтобы во время всего, что между нами сейчас происходит: когда мы говорим, думаем, смотрим друг на друга, встречаемся, общаемся, когда мы с группой, с кем-то еще, кто здесь присутствует, — всегда была мысль о том, что это все — наша встреча с Творцом, и мы хотим обнаружить эту невидимую всеобщую управляющую Силу, тогда мы начнем Ее чувствовать.

Для этого нет необходимости много лет заниматься, нет необходимости в каких-то особых способностях, если то количество людей, которое находится здесь, начнет этого по-настоящему желать. Тогда этот общий дух начнет действовать на всех, мы сможем это реально обнаружить.

Значит, давайте попробуем, договоримся не выпускать из нашего поля зрения Цель — для чего мы собрались. Эта цель — Цель творения: раскрытие Творца существующим в этом мире. По определению это и есть Каббала — методика раскрытия Творца творениям, находящимся в этом мире (из статьи «Суть науки Каббала» Бааль Сулама).

Мы об этой Цели должны все время помнить, она должна определять наши взаимоотношения: сначала я вспоминаю о Цели, сначала я замыкаюсь на Творца, а после этого начинаю обращаться к кому-то или что-то делать. Это может происходить и во время простого приветствия или разговора, и во время чистки картошки на кухне или любых других каких-то действий, неважно.

Главное — что я сначала хватаюсь за эту мысль, за это желание, ставлю Творца в поле зрения, и после этого что-то делаю, общаюсь, думаю и т.д. Тогда по этим трем точкам мы начинаем прямо закорачиваться на Цель творения, начинаем приближать ее к себе.

Если, несмотря на то, что будут возникать всякие помехи (а в таком сообществе у нас возникнут помехи изнутри), мы будем все-таки пытаться удерживать в себе эти три параметра: я, замкнутый на раскрытие Творца во всем, что сейчас со мной происходит, — если только это будет определять нас, если мы приподнимемся чуть-чуть над своим обычным животным состоянием взглядами, мыслями, общением, тогда мы настроим себя наикратчайшим, правильным путем на Цель. Бааль Сулам пишет об этом в письме со стр. 63 книги «При Хахам».

Таким образом, человек должен направлять себя на Цель, а ускорение зависит от усилия. А усилие, которое человек может дать, уже зависит от его подготовки и способности. Потому что, если я таким образом настраиваю себя — закорачиваюсь на Цель, мне начинают посылать всякие помехи.

И вот если, несмотря на эти помехи, я все время выявляю свое отношение к Творцу в беседах, в работе, в каких-то своих действиях — эти усилия, вопреки помехам, будут самыми эффективными, они-то и сложатся. Это о них говорится, что человек выполнил свою меру усилий и проходит махсом — имеются в виду эти усилия, т.е. усилия по раскрытию управления Творца.

Есть состояние скрытия Творца: двойное и одинарное, — и затем, после махсома, — раскрытие Творца: простое вознаграждение и наказание и состояние вечной любви, полное. Так вот, все, на что мы настраиваемся, — это на раскрытие Управления. А происходит оно следующим образом: я закорачиваю себя на Творца, и в любом действии, в любой помехе, во всем, что происходит со мной, не отрываюсь от этого направления.

Если этот общий дух здесь будет присутствовать, а мы будем видеть это по себе, потому что подсознательно или нет, но внутри себя будем пытаться, насколько это возможно, удерживаться в этой мысли — это создаст среди нас совершенно другую атмосферу, в которой мы уже начнем ощущать проявление Управления.

Бааль Сулам пишет в «Предисловии к «Талмуду Десяти Сфирот», что человек своими усилиями, даже находясь в каких-то промежуточных этапах до махсома, еще задолго, может быть, до махсома, может вызвать раскрытие Творца в себе на какое-то неопределенное время.

Оно может быть от нескольких мгновений до нескольких суток. Затем это проходит, но оставляет какой-то след и не мешает потом свободе воли: все равно человек путается, все равно сомневается — это сверху играют нами как угодно, и никакие прошлые события не изымают у нас возможности ошибаться.

Таким образом, такие усилия могут сегодня создать нам буквально раскрытие Творца. Это возможно и зависит только от нас. А для чего это надо? Я не говорю об эгоистической стороне. Сам этот момент очень плодотворен. Воздействие такого света создает в человеке необратимые положительные последствия: этот свет как бы выжигает в нас правильные решимот — записи своего нахождения, и поэтому создает совершенно другой уровень, с которого мы уже дальше будем идти.

Вы знаете, что ничего не проходит, все остается. И если за те несколько дней, которые мы здесь находимся, мы хотя бы на мгновение выйдем, поднимемся на другой уровень понимания, осознания, ощущения, в нас потом это будет жить, у нас уже будет эталон, к которому мы сможем стремиться, которому мы сможем уподобиться — это очень важно.

Есть еще одна цель, ради которой, в общем-то, я хотел, чтобы мы тут собрались. Мы находимся с вами в очень серьезном историческом моменте, переломном для всего человечества, когда идеалов уже нет, никаких «измов» нет, человек уже не представляет себе ничего впереди.

Возросший эгоизм разрушает общество, сплочение людей между собой, каждый становится все большим индивидуумом. Люди не могут вместе в каких-то коммунах, колхозах, кибуцах, обществах сосуществовать, даже в семьях не могут (семьи распадаются, дети не могут жить с родителями, рано уходят из семьи). То есть возросший эгоизм проявляется везде, и это будет продолжаться дальше (сейчас такое бурное его развитие только началось).

Мы прошли 4 стадии развития эгоизма, и теперь, начиная с конца 20-го века, проходим 5-ю стадию, — это предсказывали каббалисты. Дезориентация, совершенное неощущение цели, общности будут проявляться все больше и больше.

Сейчас, по крайней мере, есть еще какие-то воспоминания о прошлом, о прошлых веках, когда это было по-другому. Но мы не осознаем, насколько новое поколение уже будет совершенными индивидуумами, эгоистами в таком ярком представлении: каждый будет выделяться, каждый будет отделяться, люди не смогут вместе никоим образом контактировать (только через какие-то договорные обязательства).

Общая потеря ориентации в мире уже очевидна и в государствах и проявляется в их поведении, в их общении, в отсутствии идеологии (существуют только для того, чтобы просуществовать), в подавлении остальных, в отсутствии уважения к общей человеческой культуре.

Это все приведет к тому, что мы сможем в ближайшие годы предложить человечеству каббалистическую методику раскрытия Творца, как истинную, единственную, настоящую идеологию мира — именно к этому мир идет, именно для этого он существует.

Мы сможем донести до людей, что если каждый лично для себя и весь мир в целом раскроют Высшее управление, если ощутят общую картину мироздания и Силу, которая всем этим управляет, которую мы называем Творцом, то это не просто избавит всех от страданий на уровне этого мира и даст какие-то лучшие возможности для существования в течение этой жизни в этом мире, это вообще поднимет всех уже в течение этой жизни на совершенно иной уровень ощущения — ощущения вечности, совершенства, неограниченности в познании, в возможностях — во всем. Это невозможно себе представить.

Сейчас человечество увлекается наркотиками, не знает, куда выйти из своего такого состояния. Естественно, все это будет ухудшаться, эгоизм будет все более и более ощущать себя опустошенным. Но тогда люди начнут с полуслова понимать нас, они будут все больше и больше воспринимать, что в Каббале действительно кроется метод выхода в совершенно другое существование. Нам только надо быть к этому готовыми, желать этого и учиться, каким образом мы можем это преподнести.

Именно раскрытие отсутствия идеологии, цели, без которой не может существовать ни человек, ни общество, ни государство, ни мир, раскрытие никчемности, пустоты будет сейчас очень сильно проявляться в политике государств, вплоть до того, что даже простой человек будет видеть, насколько сами государства поступают глупо, как-то так скоропалительно, совершенно не базируясь ни на каких идеях, чего раньше не было. Вот в это время мы и сможем делать такую большую работу в мире.

В ближайшее время, я думаю, это будет нашей основной задачей в распространении, т.е. наше распространение будет в себя включать, будет ставить своей целью не просто создание групп, дополнительно к тем, что уже существуют, т.е. увеличение количества занимающихся и, естественно, улучшение их качества, в какой-то мере, но и большую работу над тем, чтобы объяснять и доводить эту идею, эту идеологию нового мира не только простым людям, но и людям, которые могут влиять на принятие решений на государственных уровнях, на общечеловеческих уровнях, на мировых уровнях.

Это непростая задача, но, как предсказывают нам каббалисты, как пишет Бааль Сулам, если мы не попытаемся этого сделать (я ни в коем случае не хочу говорить о нас, как о спасителях мира), тогда это говорит о том, что у мира других возможностей развития нет.

Если мир не начнет реализовывать то, что должен, т.е. не начнет исправление своей природы, исправление эгоизма, если он и дальше будет отставать от того авиюта, от того эгоизма, который в нем растет, как на дрожжах, в каждом из нас и в обществе в целом, если он и далее не будет восполнять исправлениями этот возрастающий эгоизм, то это может привести, как пишет Бааль Сулам, к 3-ей и даже 4-ой мировым войнам, т.е. не запланировано, а естественно, обусловливаясь тем эгоизмом, который просто выходит из нас наружу. Поэтому наши действия относительно мира должны быть, по возможности, четко продуманными, но мы не можем откладывать этого надолго.

Согласно расчетам, которые ведут каббалисты, в течение ближайших трех с половиной — четырех лет будет решаться, сможем ли мы совершить в общем перелом и перейти в движение к Творцу, к Его раскрытию человечеству, как к спасению, как к подъему. Если да, тогда, конечно, мир изменится. В общем, ближайшие годы в этом отношении — определяющие.

Цель каббалистической методики

Все, что написано в Пасхальном сказании, так же, как и во всех наших книгах, сочиненных каббалистами, является просто намеком на внутренние события, действия внутри человека в его духовном продвижении. Поэтому все ритуалы, заповеди, исполняемые в нашем мире, не имеют под собой реально в нашем мире никакого обоснования, а все, что связано с праздником Песах, тем более.

Человек проходит махсом, как сказано в этом Пасхальном сказании (Агаде), ночью, вдруг, неожиданно, в спешке, причем напоследок прихватив у египтян все их сосуды (келим), а до этого пережив 10 казней, став свидетелем убийства египетских первенцев и пр. Евреи бегут не прямым путем, иначе бы прошли по суше (ведь не было тогда Суэцкого канала) прямо в Синайскую пустыню и оттуда в Израиль, а бегут окружным путем, к Красному морю, которое вдруг расступается, раскрывается перед ними...

Во время седера приходится раскрывать мацу, закрывать мацу, наливать 4 стакана, съедать яйцо и пр. — в общем, все это ритуалы, которые в тексте описываются еще более непонятно: читаешь какие-то отрывки, о чем они говорят — даже трудно догадаться.

Каждый из нас — это маленький законченный эгоист. В нас есть поначалу только одно — эгоистическое сердце. Но дается нам точка в сердце (точка Бины внутри Малхут), чтобы понять, что есть еще что-то, кроме нашего эгоизма, чтобы понять каббалистическую идею. Так вот, эту точку Бины, которая внутри Малхут, каждый из нас должен развить до своего максимального размера.

Как только это происходит, точка обращается в полное кли, и мы начинаем в нем ощущать Высший мир, Высший свет, Творца — это называется прохождением махсома — переходом из ощущения себя через сердце, с помощью своих животных органов чувств, из состояния ощущения себя через точку, в ощущение через альтруистическое сердце, которое выросло из этой точки.

Действия наши очень простые, их нам указывают: дается Учитель — это тот, кто тебе все объясняет, даются книги, с помощью которых ты можешь привлекать Высший свет, который даст тебе возможность присоединять к себе остальные, находящиеся вокруг тебя, эгоистические желания. Когда ты их присоединяешь, они у тебя становятся альтруистическим кли. Ничего больше нам делать не надо — каббалисты не указывают больше ни на что.

А все наши действия, все наши мысли, чувства, все, что мы ощущаем в себе как свое «Я» — все, что есть в нас, не имеет к нам совершенно никакого отношения. Все, что я ощущаю своим «Я», на самом деле, является посторонними условиями для раскрытия Творца.

То есть те мысли, чувства, которые во мне возникают, все, что со мной происходит — это все нисходит свыше, Творец вызывает это во мне, это не мое. И та точка в сердце, которую Он породил, — Его. Но то, что я делаю, исходя из этой точки, своей свободной воли, — это уже мое.

Таким образом, мое сердце, все животные помехи, мысли, желания, чувства и пр., — не мое, точка в сердце, движение к Творцу, — не моя, но то, что я делаю с ней, — это уже мое. Но что я могу с ней делать? Бааль Сулам объясняет в статье «Свобода воли», что единственным моим вольным движением может быть только постоянный поиск для себя лучшего общества, более эффективного, которое бы меня сильнее толкало вперед, т.е. к раскрытию Творца. Мне больше ничего не надо, мне надо только одно — желать раскрыть Творца — это и есть Цель человека, это и есть цель каббалистической методики.

Бааль Сулам пишет, что как только человеку раскрывается Творец, он не может совершать плохие поступки. Он начинает понимать, каким образом надо действовать, он при этом входит в самое комфортное, в самое надежное состояние. И наоборот, скрытие Творца порождает все-все отрицательное, что есть в нас и вокруг нас. Таким образом, нам больше ничего и не надо, надо только раскрыть Творца, а наш путь состоит из двух периодов скрытия и потом двух периодов постепенного раскрытия — вот и все.

Если человек все время об этом думает, если он ищет такое окружение, которое бы ему помогло раскрыть Творца: через преподавателя, того или иного, через книги, через группу, одну, другую, третью, — ничего больше и не надо, в принципе, нет ничего другого.

Когда он находит группу (а может быть она единственно для него возможная в этих обстоятельствах), он начинает работать над ней, чтобы ее улучшить — это тоже значит, что он постоянно ищет все лучшее и лучшее общество. Он требует от группы, чтобы она изменилась в лучшую сторону — он вместе с людьми, которые в ней, улучшает ее.

В группе собираются люди с такими же точками в сердце, что и у тебя. Ты работаешь вместе с ними над одной идеей, вы собираете при этом общее кли. Каждый из вас эгоист, но, присоединяя к себе чужие эгоистические келим, вы обретаете духовный сосуд. Твой собственный эгоизм остается у тебя как «лев эвэн», который исправляется только в Конце исправления.

Свое «Я» человек не исправляет, он не может его исправить, на него он делает Цимцум, его он давит. Это далет дэ далет — четвертая ступень в четвертой ступени эгоизма. Она не исправляется человеком, она может быть лишь задавлена Цимцумом. Человек ее сокращает, не использует, а использует все остальное. Все остальное — это внешнее, то, что в человека включается извне, из предыдущих стадий.

Таким образом, идея очень простая, компактная. Просто она постоянно выскальзывает из нашего внимания. Если мы смотрим через точку в сердце, то мы видим эту идею. Если же мы вдруг отрываемся от точки в сердце (в ней же постоянно изменяется эгоизм, решимот постоянно возбуждаются), переходим из нее и смотрим на мир уже из нашего сердца, из наших животных желаний, через наши животные органы чувств, сразу же пропадает эта идея, и мы уже снова находимся в обычном мире. А эта идея существует где-то там, вовне, на заднем плане, и мы ею не живем, мы находимся не в этом. Но новая концентрация, новое отождествление себя с точкой в сердце приводят к тому, что мы вновь можем ощутить эту идею компактной, простой, она может уместиться в нашем сердце, она в нем начнет жить.

Песах — от слова «пасах» — переход в различные состояния. Так вот, порядок перехода через различные состояния, порядок выхода из эгоизма через махсом в Высший мир, в альтруистический мир, и называется «седер Песах» — порядок перехода.

Когда мы будем изучать мир Ацилут, у меня появится возможность все это объяснить, потому что все корни того, что происходит с нами, находятся в мире Ацилут. И тогда вам будет просто понятно, по ходу дела, какие действия в мире Ацилут определяют те законы, под которыми мы находимся здесь, в нашем мире.

- **Вопрос: Как я могу дифференцировать свои желания на те, которые есть мое «Я», на которые я должен делать Цимцум, и на приобретенные желания, ведь они все кажутся мне моими?**

Я внутри себя никоим образом не могу дифференцировать желания, допустим, на мои личные и те, которые я приобрел. Я даже не знаю, каким образом на меня влияет окружающее общество, окружающий мир. Они со мной делают все, что хотят: я даже не знаю, кто, где, что подумал, но начинаю думать также, не говоря уже о средствах массовой информации.

Мысли, которые просто ходят по миру, пронизывают все, в том числе и нас, и остаются в нас — это не является нашей работой. Это все и еще миллиарды и миллиарды других сил, воздействий на нас производятся Творцом, и мы никоим образом не можем влиять на это, и не надо нам вообще в это вникать.

Когда я начну понимать общее кли, тогда сверху я увижу, каким образом все управляется, для меня это будет очевидным. Но сейчас, когда я нахожусь внизу, я никак не могу представить себе Высшее управление, иначе это будет походить на то, что зародыш в чреве матери будет думать, каким образом она его собирается рожать, — т.е. это невозможно.

Каждая низшая ступень относительно Высшей — даже меньшее подобие, чем подобие зародыша относительно взрослого человека. Поэтому, если мы желаем что-то сделать, если мы желаем что-то исправить, если мы желаем что-то понять, мы должны подняться на Высшую ступень, туда, где это все зарождается, определяется, откуда воздействует на наш мир.

Но, находясь в своем нынешнем состоянии, мы себя и свои обстоятельства изменить не можем. Нам только кажется, что в ответ на наши какие-то усилия вокруг нас что-то изменится. Никогда этого не будет. Это — ошибка всего человечества, которое считает, что вот сейчас возьмется и... Ничего хорошего не произойдет — станет только хуже, потому что не теми действиями для исправления, для улучшения занимается.

Если бы мы с вами начали сейчас создавать хорошее, мудрое, доброе, человеческое общество на земном шаре (все бы вместе захотели) — мы бы привели все к страшнейшей разрухе. Вавилонская башня — простой пример, люди хотели построить ее все вместе, общими усилиями, у них были одни устремления, один язык, они хотели просто сделать, чтобы всем было хорошо. А что из этого получилось? — Ничего не получилось. Человек должен исправлять себя через Высшую ступень — оттуда ведь все спускается на него. На уровне следствий невозможно исправить причины.

Возьмите любой закон нашего мира, например, такой очевидный, как Закон всемирного тяготения. Находясь в этом мире, разве мы можем противодействовать этому закону? Можем мы с ним что-то сделать? Мы не хотим быть ему подвластными. Ну и что из того, что мы не хотим? Поднимемся на Высшую ступень, где этот закон зарождается, там и увидим, может быть, как можно его изменить.

Просто, когда мы поднимемся на более высшую ступень, мы этот закон и другие менять не захотим, мы увидим, насколько они необходимы. Нам надо будет изменить только свое отношение к ним, а это — уже другое дело.

- **Вопрос: Исход из Египта, описанный в Торе, — это состояние, предваряющее переход махсома. Но есть статьи в «Шаар Каванот», в которых это состояние описано гораздо более глубоко.**

С одной стороны, выход из Египта, из эгоизма через махсом в альтруизм, должен быть вроде бы таким простым. С другой стороны, есть статьи, которые объясняют это на совершенно других уровнях: не на уровнях ниже махсома и чуть повыше махсома, а как происходящее в мире Ацилут действие.

Описывается, что для того, чтобы пройти эти этапы, ГАР дэ Хохма, т.е. Высший свет Хохма, исходит из Рош дэ Арих Анпин в мире Ацилут и воздействует через все миры на нас и так далее. Действительно, для того, чтобы произвести инверсию эгоизма, требуется свет намного больший, чем для дальнейшего ведения тех же душ в исправлении со ступени на ступень уже в духовных мирах.

Даже в нашей жизни есть такие законы или такие явления, когда ты должен пройти какой-то критический порог, какой-то перелом — для этого требуется очень большая и мощная высшая сила, поэтому выход из Египта производится под действием ГАР дэ Хохма из самой высшей ступени мира Ацилут.

Все это связано с тем действием в мире Бесконечности, которым Малхут мира Бесконечности сократила себя и перестала получать свет, после чего связалась с остальными 9-ю сфирот, что привело к «швира» — разбиению, затем включению в какую-то общую работу. Теперь эта же Малхут должна сделать на себя тот же Цимцум Алеф, что и в мире Бесконечности, вернуться к нему, и начать работать с 9-ю первыми сфирот.

Таким образом, это действие эквивалентно происходящему в мире Бесконечности Цимцуму Алеф. И происходит этот Выход из Египта с нами под махсомом. Для этого действительно необходим огромный Высший свет.

Под махсомом — не значит, что там маленькие желания. В нас те же желания, которые существуют и в Малхут мира Бесконечности. Мы с вами на самом деле находимся в мире Бесконечности, просто улавливаем из этого состояния лишь маленький фрагмент — на самом деле мы в нем, ничего не меняется, кроме наших ощущений.

Раскрыть в себе Творца

Раскрыть в себе Творца — значит, раскрыть то состояние, в котором находимся, а находимся мы в мире Бесконечности. А состояние временности, ощущения жизни и животной смерти — это все клипот, т.е. то, что не позволяет нам на самом деле ощущать тот объем, в котором мы с вами существуем.

Творцом создано одно единственное состояние — творение, равное Ему, полностью наполненное Им — только это состояние и существует. Относительно Него все находится в стабильном, неизменном, совершенном состоянии, относительно нас мы просто должны изменить свое ощущение, свое восприятие.

Значит, все — только относительно нас, поэтому наше постижение, наше раскрытие Творца сугубо субъективны: если мы в себе раскроем свои чувства, правильные чувства, не будем их подавлять нашими земными помехами, а, наоборот, на наши земные помехи наложим Цимцум и сквозь них раскроем свои истинные ощущения — все, мы сразу ощутим Высший мир, вплоть до уровня Бесконечности, т.е. до того состояния, в котором мы на самом деле сейчас находимся.

Все ступени постижения Высшего мира, подъема в него — это ступени, стадии, раскрытия в себе того истинного чувства, в котором мы на самом деле находимся. Бааль Сулам уподобляет наше нынешнее состояние человеку, которого заперли в погребе. Но потом он потихоньку выходит из этого темного погреба.

Ничего не изменяется, кроме как в нас, в наших ощущениях. Поэтому и говорится, что нам надо только обрести экран. В меру обретения экрана мы начнем ощущать, что вокруг нас существует Высший свет, находящийся в абсолютном покое, заполняющий собой все. Это то, что создано Творцом — мир Бесконечности.

А все, что происходит потом, начиная с Цимцум Алеф, происходит уже только относительно Малхут: Малхут не желает получать свет, она не желает ощущать себя получающей, а Творца — Дающим, она делает Сокращение — сокращение на свое ощущение, как бы закрывает глаза: закрывает глаза как ребенок — раз... и как будто нет ничего — все. И пока внутри себя не перестроится, чтобы правильно открыть глаза, она себе не позволяет их открыть.

- **Вопрос: Важна ли для достижения Цели страна проживания?**

Страна проживания имела значение до нашего времени. Каббалисты всегда стремились сюда, в Израиль; здесь другая сила и другая атмосфера — самая тяжелая. Но в последние годы, вследствие того, что весь мир приходит уже к необходимости подниматься к Творцу, раскрывать Творца, этого не ощущается. В результате развития связи, коммуникаций, Интернета, которые стирают расстояния, весь мир стал маленькой деревней и в духовном смысле тоже.

Конечно, многое зависит и от общества, в котором человек находится. Но подходящее общество, я думаю, можно найти сегодня практически в любом месте. Даже если бы у нас была возможность собрать всех вместе, я не думаю, что это было бы эффективней, потому что, наоборот, находясь каждый в своих условиях и одновременно в одном нашем внутреннем кли, вот как сейчас собрались здесь из Миннесоты, Уренгоя, Грузии, Эстонии, Австралии — из разных мест, обществ все вместе, мы соединяем через себя все страны, и создаем таким образом еще более комбинированное, еще более собранное мозаикой кли, которое, в свою очередь, позволяет еще более эффективно устремляться к Творцу.

- **Вопрос: Как можно увидеть духовное желание товарища, почувствовать это?**

А зачем? Зачем лезть ему в душу? Бааль Сулам, Рабаш пишут об этом, что нужна внешняя забота о товарищах. Внешне можно говорить о всякой чепухе, только если внутри при этом сохраняется серьезность. Никоим образом не надо лезть в душу товарищу: какие у него там мысли, какие чувства — это его личная работа с Творцом.

Каббала, с одной стороны, — это глобальная идея подъема всего человечества до уровня Творца, но, с другой стороны, — это индивидуальное, только к сердцу человека и внутри — к точке в сердце, обращение.

Таким образом, это два совершенно противоположных обращения — ко всему человечеству и к точке в сердце каждого человека. Это противоречие как-то выбивает нас, вызывает в нас какое-то раздвоение. Но исчезает это противоречие только при Полном исправлении, когда и все человечество, и точка в сердце каждого сходятся вместе, сливаются.

Поэтому обращение к группе, к товарищам должно быть внешним: никоим образом не надо лезть в их душу, думать и понимать, что в них, а просто по их внешним действиям судить о них и не больше.

Если я вижу, как мои товарищи работают на кухне, обрабатывают книги, кассеты, работают в Интернете, преподают, т.е. занимаются всеми нашими видами деятельности, то мне не надо спрашивать, что они в сердце испытывают к Творцу. Я вижу, что они стремятся, и их действия являются просто внешним выражением этого. И наоборот, если этих внешних действий нет, тогда, очевидно, внутренние желания товарища еще не сформированы. Значит, я, может быть, должен помочь ему в этом.

Из всех статей и книг каббалистов мы можем почерпнуть лишь одно: только внешнее, физическое, материальное взаимодействие, помощь (не влезая в душу) дают эффект. Дают эффект совместные трапезы, совместные чтения, совместные походы, экскурсии, совместные занятия чем-то, и так далее, когда внутри при этом есть мысль о соединении для отработки своего эгоизма на альтруизме другого, мысль о достижении Творца — большего и не надо.

А вся учеба является только лишь вспомогательным, в итоге, элементом.

Если я до учебы не приобрел от своих товарищей дополнительное желание к Творцу, то я в процессе учебы ничего с собой не сделаю, я буду заниматься только исходя из точки в сердце, которую мне дал Творец, значит, я в себе новое кли не разовью.

Я должен получить от окружающих дополнительное устремление к Творцу в первую очередь с помощью зависти. Поэтому и сказано: «кина, таава и кавод» (зависть, страсть и почести). Самое главное — зависть. Есть такое выражение на иврите: «Зависть выводит человека из этого мира», — но все трактуют это свойство как плохое: зависть как бы умерщвляет человека, удаляет его из этого мира. На самом деле, зависть выводит человек из этого мира в Высший мир.

Когда ты смотришь на других, ты видишь, как они устремляются вперед, они этим делают рекламу, ты от них получаешь силы и, т.о., реализуешь свою единственную свободу воли — воспринимаешь от группы, от посторонних устремление к Творцу, ты этим приобретаешь дополнительное кли. Что значит дополнительное кли? Дополнительное кли — это дополнительное желание.

Вот с этим дополнительным желанием, если приобрел его у товарища, ты садишься заниматься, и тогда вызываешь на себя дополнительный окружающий свет — Ор Макиф, который тебя исправляет. А если ты не приобрел у товарища этого дополнительного желания, какой толк от книги? Книга не поможет — ничего не поможет.

Поэтому есть очень много в нашем мире «каббалистов», которые учатся днем и ночью, но, к сожалению, у них ничего не получается. Они знают все, что написано на каждой странице того же «Талмуда Десяти Сфирот», они могут нарисовать, может быть, лучше меня различные схемы, но что за этим стоит? Может быть, таким образом все-таки пробиваются вперед? Нет. Это просто голые знания, максимум, как в университете, потому что от окружающих не прикупаются дополнительные келим.

Человек создан внутри огромного общества только ради этого, иначе это был бы тот же Адам. Его разбиение, грехопадение необходимы только для того, чтобы создать возможность приобретения альтруистических келим от подобных себе эгоистов. Вы поймите, какая это задумка! У меня нет слов выразить, каким образом это вообще задумано.

Я — эгоист, и он — эгоист, но совместной работой друг с другом мы рождаем в себе совершенно противоположное — альтруистические келим, тут объяснение должно быть чувственным, а словесно это как-то не получается. Это уникальная возможность, другой нет.

Если я не буду работать с товарищем, то смогу только лишь развить в себе дополнительное взаимодействие между сердцем, точкой в сердце и разумом, т.е. я просто стану внутри себя более изощренным в «игре» между разумом и сердцем, между желаниями и мозгом, я смогу лучше обобщать, анализировать, но качественно, на другую ступень, я подняться не смогу, я там ничего не могу создать себе сам — я же не Творец.

И так каждый из нас — может только прикупить точку, которую создал Творец другому, может приобщить ее к себе. Это и есть тот единственный акт, который подобен творению и который находится в наших руках. Я таким образом создаю в себе дополнительное желание, дополнительное кли — это единственное действие, которое я могу сделать, и оно, в принципе, эквивалентно творению, созданию нового. Оно возможно, только если я возьму от другого.

- **Вопрос: Мы строим общее кли, присоединяя желание товарища к духовному. А эгоистические желания при этом как-то присоединяются или никак не взаимодействуют между собой?**

Эгоистические желания друг от друга мы получаем безо всяких усилий, естественным путем: я вижу, что у тебя что-то есть, и начинаю завидовать, — на этом построено все общение, вся реклама, все, что в нашем мире. Как сказано: «Идите и обслуживайте друг друга», — т.е. передавайте друг другу эгоистические келим, помогайте друг другу их наполнять. Но при этом мы распространяемся только на поверхности нашего мира, и в этом нет ничего того, что выходило бы за рамки нашей природы, т.е. это естественная реализация наших решимот, которые в нас постоянно возбуждаются, а мы в этом не принимаем никакого участия.

Ты — машина, в которую все время запускаются новые желания, которой создаются всевозможные условия и даются калории, чтобы она эти желания реализовала. При этом нет ничего того, что исходило бы из тебя. Естественно, что под воздействием возникающих желаний, ты по-другому мыслишь, по-другому приспосабливаешь для себя окружающую среду. И здесь не возникает ничего нового: человек родился и умер, он при этом ничего с собой не сделал, свое «Я» никак не изменил.

Я так четко прорабатываю на виртуальных уроках статью «Свобода воли», для того, чтобы вы, в конце концов, увидели, что во всем остальном мы являемся абсолютными автоматами: у нас нет ни одной своей мысли, ни одного своего чувства, ни одного самостоятельного внутреннего или физического движения.

Это все проходит по нам без всякого вопроса о том, а что же такое «Я». «Я», на самом деле, присутствует лишь в том случае, если у меня есть цель продвинуться не на плоскости, а подняться вверх, вверх к Творцу, и я понимаю, что для этого мне необходимо дополнительное желание, устремление к Нему, и это дополнительное устремление к Нему я могу получить только от себе подобных.

Творец создал еще, допустим, миллион таких же желаний. Если я эти желания каким-то образом могу абсорбировать в себе, тогда я смогу к Нему приподняться. Больше ниоткуда ничего не возьмешь — вещь очень простая.

- **Вопрос: Являемся ли мы зачатком будущего общества — общества будущего?**

Я думаю, что да. Я думаю, что мы еще увидим своими глазами, как это все будет реализовываться во все больших масштабах. Я думаю, что в ближайшие годы человечество будет вынуждено искать для себя идеологию, так как без нее жить нельзя.

Человек, со столь развивающимся в себе эгоизмом, не может жить на животном уровне — он не может себе этого позволить, он не в состоянии. Он должен все больше и больше давать себе отчет о смысле жизни, иначе — или кончать с собой, или увлечься наркотиками — другого просто не остается: уйти от этого вопроса, как раньше, в науку, искусство или куда-то еще не поможет. Эгоистическое желание становится таким большим, что человеку придется или дать на него ответ, один раз, или «отсечь» себе голову, разум — это с одной стороны. С другой стороны, человечество изнутри подталкивается к решению вопроса о смысле жизни.

Бааль Сулам начинает с этого вопроса свое «Предисловие к «Талмуду Десяти Сфирот», в котором выражается идея автора — преподнести человечеству «Талмуд Десяти Сфирот», с помощью которого оно притянет свет исправления. Как я каждый раз, после того как поработал с товарищами в группе и приобрел от них дополнительное устремление к Творцу, буду реализовывать это устремление? Оно ведь просто устремление и при том эгоистическое. Каким образом я «его направляю» к Творцу? Тем, что с помощью учебы я желаю подтянуться на тот уровень, к Нему, к Творцу.

Бааль Сулам пишет в начале этой книги, что она предназначена для тех, у кого возникает вопрос о смысле жизни: для чего я живу, почему моя жизнь столь тяжела, столь бессмысленна, бесплодна и несодержательна. Причем не просто несодержательна и бесплодна — так может спросить себя какой-то там идеалист, находящийся в душевных поисках, в каких-то маленьких страданиях.

Имеются в виду люди, которые не могут больше оставаться на животном уровне, они просто не видят смысла в таком существовании. Бааль Сулам пишет, что ответ на вопрос о смысле существования очень простой: «Раскройте Творца — и убедитесь в Его доброте». Это единственный ответ на единственный вопрос.

Итак, мы подходим к такому этапу, когда этот единственный вопрос будет «стоять в горле» у миллионов, которые подсознательно будут чувствовать тот единственный ответ. Поэтому, как только мы просто намекнем им на него, они мгновенно это подхватят — к этому все идет. А мы должны лишь помочь этому, опять-таки ненавязчиво, и тем, в ком это уже возникает. С каждым днем таких людей становится все больше и больше, и мы это видим по России и другим странам.

- **Вопрос: Что значит «приобрести желания товарища»?**

Все, что возникает во мне, кроме желания к Творцу, которое я сознательно усилиями купил (я подчеркиваю это слово «купил» — нет другого перевода с иврита), купил у товарища, нисходит от Творца — все остальное не считается моим. То есть желания, стремления, мысли, не купленные мною у товарища по группе, никоим образом не относятся на мой счет и не принимаются во внимание. Это все находится на уровне нашего мира.

И если я хочу подскочить на 1 миллиметр вверх, то смогу это сделать только за счет дополнительного устремления к Творцу, которое я не могу купить ни у кого, кроме как у окружающих. Творец не даст мне это просто так. Зачем тогда Он все это затеял? Все должно осуществиться моим усилием, устремлением к Нему.

Если Творец раскроется, и я устремлюсь к Нему, то это будет эгоистическим устремлением к Нему. Какой будет результат? — Еще больший эгоизм, и я постепенно войду в клипот. Но когда Он скрыт, и я должен действовать в темноте, чтобы откуда-нибудь взять устремление к Нему, это уже может привести меня к действительному устремлению к Творцу, потому что устремление к Творцу означает устремление к свойству отдачи. Вот этого мы еще не понимаем. Творец рисуется нам не тем в наших эгоистических желаниях, но это постепенно пройдет.

- **Вопрос: Каким образом я могу развить в себе устремление к Творцу за счет группы?**

Есть две тенденции. Первая — нам не нужна большая группа: вот нас собралось 5-10 человек — это хорошо, мы будем работать только друг с другом и пройдем куда надо.

Вторая — неважно нам качество, мы о качестве думать не можем — это тяжело, мы будем думать только о количестве: чем больше группа, тем лучше — если перед нами огромные массы людей, мы все-таки начинаем от них каким-то образом возбуждаться, проникаться.

В той же статье «Свобода воли» Бааль Сулам пишет, что есть закон следовать за большинством, и есть закон следовать за индивидуумом. Значит, необходимо и то, и другое. Другими словами, нам нужно большинство, состоящее из индивидуумов. Так и получится в результате развития человечества: каждый станет все большим эгоистом, индивидуумом, но люди, в итоге, свяжутся между собой и сплотятся, но не напрямую, а через Творца.

Наша ошибка в том, что считаем возможным быть связанными друг с другом непосредственно. Здесь на самом деле собрались самые большие эгоисты — люди, которые и духовный мир хотят ради себя. И у нас нет никакой возможности стать друг с другом товарищами, да и не надо в группе к этому стремиться.

Просто так быть товарищами — из этого ничего не получится. Любые такие попытки ничего не дают: ты будешь или сам себя обманывать, или группа просто распадется. Надо понимать заранее, что связь между нами может быть только через Творца.

Если Его я ставлю как цель, то ради этой Цели я уже могу видеть в тебе товарища, потому что без тебя я этой Цели не достигну. Тогда индивидуальное развитие каждого и общее коллективное развитие уже не противоречат друг другу, а, наоборот, поддерживают одно другое. Поэтому мы обращаемся и ко всему миру, и к каждому человеку, индивидуально.

- **Вопрос: Может ли какая-то одна сильная группа вызвать явление Творца миру?**

Нет, такого не может быть, чтобы какая-то сильная группа вызвала явление Творца миру. Такого не может быть, такое бывает только в детских сказках: раскрываются небеса, голос Б-жий, гром и молния, — или в мистических фильмах. Раскрытие происходит внутри человека, изнутри человека, а мир никак не изменяется: то же небо, то же море — все то же самое.

600 000 точек в сердце, устремленных вверх

- **Вопрос: Ускорение развития связывают с количеством вышедших в духовные ощущения людей. Какое количество таких людей нужно для ускорения развития: тысячи, десятки тысяч?**

Любое количество. Каждый присоединяющийся к нам влияет на развитие человечества. Кроме того, каждый из нас, если способствует связи с Творцом, соотносится с миллиардом людей, потому что включает в себя все их животные желания.

Какова должна быть критическая масса для того, чтобы все человечество начало двигаться дальше в четком ощущении необходимости духовного развития и не подталкивалось к этому страданиями, т.е. двигалось именно духовным поиском каждого?

Для этого необходима 10-я часть всего человечества, но это чисто теоретически. А вообще, я думаю, для этого достаточно 600 000 душ, человек, товарищей. Если бы мы каким-то образом набрали такое количество, тогда бы кардинально была решена задача подъема человечества до любых уровней.

То есть необходимо 600 000 устремленных вверх точек в сердце, неважно каких, неважно где и на каких уровнях находящихся. Значит, если наша сеть просто включит в себя такое количество людей, то все человечество через них начнет получать устремление к Творцу самым эффективным, комфортным, добрым способом. Эта масса критическая.

- **Вопрос: Необходимо стремиться к постоянному ощущению Творца?**

Надо стремиться к тому, чтобы жить в правильном, в истинном, в полном объеме мироздания. Полный объем

Прежде всего я вспоминаю о Цели

мироздания означает полное ощущение Творца, всеобщих законов мироздания, всех душ вместе, вечности, совершенства и одновременное ощущение нашего мира, но как совершенно маленькой поверхности, маленького участка, фрагмента из всего мироздания.

При таком ощущении человек не ощущает свои животные жизнь и смерть как какие-то кардинальные, страшные события своего существования; они просто являются этапами его существования.

Вы можете спросить меня по-другому: «А жизнь и смерть — они, вообще-то, изменятся или нет? Мы так же будем умирать и так же будем рождаться после того, как постигнем всеобщий уровень мироздания, полностью раскроем Творца в мире Бесконечности?» — Да, представьте себе, что будем рождаться, рожать и умирать, но это не будет для нас ощущением жизни и смерти, это не будет называться «моя жизнь» и «моя смерть».

Мой Рав сравнивал это со сменой рубашки. Я задавал ему этот вопрос, и он отвечал: «Вот утром встал, помылся, надел новую рубашку — это будет называться «заново родился». Но разве это можно сравнить с нашим рождением?

Каббалистом, ощущающим истинную жизнь так же, как мы ощущаем земную жизнь, земные рождение и смерть ощущаются, как нами переодевание, т.е. являются одними из маленьких фрагментов, незначительных действий на неживом уровне, происходящих с ним.

Все мироздание работает на всех своих уровнях авиюта, и поэтому ничего не исчезает. Просто мы в своих ощущениях (запомните: ничего, кроме наших ощущений, не меняется) поднимаемся на такой уровень, что вся оценка этих ценностей для нас становится иной. Вы начинаете отождествлять себя совершенно с другим уровнем мироздания.

Ведь даже в нашем мире есть огромная разница между каким-нибудь жучком, букашкой, и человеком: в существовании, в мыслях, в желаниях, — хотя с жучком мы находимся на одном уровне: и мы, и он — животные, живые организмы. А здесь — это несопоставимые вещи, это разные миры, это даже невозможно выразить.

Итак, в самом мироздании ничего не меняется, меняется только наше восприятие — но это меняет все.

- **Вопрос: А зачем тогда необходимы 600 000 прошедших махсом?**

Для того, чтобы изменить духовное состояние нашего мира, так сказать его духовную подложку, подушку, на которой будет восседать наш мир, необходимы не 600 000 прошедших махсом, а просто 600 000 устремляющихся, потому что о человеке судят не по тому, какой он уровень занимает, а по тому, к чему он стремится.

Творцу совершенно неважно, реализовался ли какой-то параметр в человеке или нет, ведь для Него времени не существует. Если наше устремление правильное, значит, все — считается, что мы в этом находимся.

Для нас, находящихся пока только в наших ощущениях, требуется определенная адаптация, время, привыкание, нисхождение сверху-вниз — требуется еще какое-то время, для того чтобы все событие пришло к нам. А для Творца — в то время, когда мы желаем этого, мы уже находимся там. Он видит нас совершенно не теми, какими мы себе представляем себя. Именно потому, что к нам все приходит через наши фильтры, через наши органы, и мы это все абсорбируем в себе, проходит много времени.

- **Вопрос: Бывает, что подходишь к человеку, начинаешь говорить и чувствуешь, что не воспринимает человек. Нужно ли подойти к нему через какое-то время или оставить его — пусть сам доходит?**

Мы ни к кому просто так не подходим, потому что в духовном нет насилия. Работа с массами должна вестись пассивным предложением, не более того, т.е. как реклама, но не агрессивная. Распространение — пассивное: книги, кассеты, диски. Наша задача — чтобы человеку было понятно, что же мы хотим ему предложить, что есть в этом для него. То есть наши усилия должны быть сконцентрированы не на том, чтобы вложить в него то, что у нас есть, а на том, чтобы приготовить все таким образом, чтобы это само вошло в человека.

Наша задача — сделать наш товар таким, чтобы, увидев его, человек, безо всяких наших слов, сразу же понял, что это — все, что он искал. Это большое искусство, и я не знаю, как это делать, я совершенно этого не представляю. Но надо стремиться к такому распространению, а не к тому, чтобы убеждать. Ни в коем случае не уговаривать: «Приди, послушай один раз...», — не надо.

Даже если мы видим, что человек, действительно, находится в острых состояниях, в плохих состояниях, в очень тревожных состояниях, депрессивных, не по каким-то причинам, а именно из-за вопроса «В чем смысл жизни?», то и здесь, я бы сказал, он должен в себе это пережить, он должен выявить в себе этот вопрос.

Если мы подхватим человека немного раньше, когда это его состояние будет еще незаконченным, вполне возможно, что он не поймет, что наш ответ — он для него таки ответ, потому что вопрос еще не стал полностью вопросом. То есть человек побудет немножко в Каббале, уйдет, снова вернется, снова уйдет — это тоже ничего, но... Все-таки главное — чтобы то, что мы говорим, было как можно более ясным и понятным именно для тех, в ком есть этот вопрос о смысле жизни.

- **Вопрос: Что такое Каббала как идеология?**

Идеология — это то, что определяет направление развития человека, общества, мира: для чего существовать, ради чего, какие цели. Бесцельность существования мира на сегодняшний день, отсутствие идеологии, становится все более очевидной.

Вот сейчас задавали вопрос о том, как предлагать Каббалу миру. Как человеку, так и миру, мы должны предлагать Каббалу просто, ненавязчиво, чтобы это было понятно различным людям: с разным образом жизни, уровнем развития, ментальностью, ученым, поэтам, политикам и психологам, неважно кому. Я не знаю, каким образом это делать, но мы должны искать, и тогда свыше нам покажут и помогут это сделать.

Я уверен, что наше предложение каббалистической идеологии, т.е. раскрытия Творца, Высшего управления всему миру — это единственное средство дальнейшего существования и развития, и притом комфортного, безопасного и т.д. И это не просто средство уцелеть, это — устремление к тому, к чему мы все равно обязаны прийти законами природы (никуда от этого не денешься), но устремление добром, по-хорошему. Это предложение должно быть хорошо сформулировано и, как я уже сказал, понятно любому, всем. Эта работа нам еще предстоит, но мы должны начинать ее уже сейчас.

- **Вопрос: Миссия евреев, как носителей духовной информации, сохраняется? Или сегодня, когда распространение пошло гораздо шире, можно считать, что мы какую-то часть работы выполнили? И год назад вы говорили, что необходимо 600 000 евреев...**

Когда я говорю о традиционных носителях информации о Каббале, то имею в виду народ «евреи», образовавшийся из группы людей, через которых было передано учение. Но сейчас, когда это учение переходит из хранения в реализацию, в использование, слово «еврей» имеет духовный смысл и относится к каждому человеку, который овладевает этой методикой.

Когда я говорю о человеке, который начинает заниматься Каббалой, т.е. духовно начинает брать эту методику и ее осваивать, то я имею в виду духовный элемент, и мое отношение к нему — как к устремленному к Творцу: иуд с Творцом — связь с Творцом. И смысл слова для меня сразу же переходит с животного уровня на духовный: именно на духовный, а не на человеческий.

Когда говорится о еврее в каббалистическом смысле слова — об устремляющемся к Творцу — о ехуди, а не об устремляющемся ко всем остальным желаниям, к так называемым остальным народам, то совершенно пропадает прошлый смысл и возникает смысл духовный. Поэтому, кстати говоря, каббалисты в течение тысячелетий обучали Каббале всех без разбора.

У нас есть очень интересные исторические документы. Был большой каббалист Рамхаль. Я со своим Равом изучал, кроме книг Бааль Сулама, практически только книги Рамхаля. Есть у него книга «Адир ба маром» — очень серьезный замечательный комментарий на «Сафра дэ Цниюта» (одну из частей Книги Зоар). Рамхаль был известен во всем мире, как обучающий Каббале неевреев. У него были целые кружки в Европе, и, кстати говоря, никто не возражал. И сегодня никто не возражает. А почему? — А потому что традиционный иудаизм относится к массам, Каббала же относится ко всему человечеству, изначально.

Для чего тогда весь мир? — Только для того, чтобы подняться до уровня Творца. А для чего тогда евреи? — Только для того, чтобы передать эту методику миру.

- **Вопрос: Насколько остро для Израиля стоит этот вопрос?**

Это — вопрос жизни и смерти для Израиля: будет ли он передавать эту методику миру или нет.

Израиль может очень сильно пострадать, но его не уничтожат до конца, потому что план должен воплотиться, никуда не денешься.

Сверху вообще нет расчета на тела. Сверху есть очень простой закон, общий Закон всего мироздания (он как Закон тяготения), — ты не можешь с ним ничего сделать, он действует. Он заключается в том, что если человек вовремя не реализует то, что он должен реализовать, не исправляется в соответствии с тем эгоизмом, который в нем изнутри все время, как тесто, подходит, поднимается, то наступает какой-то критический момент, и снова — война, снова — погромы, истребления. Эти и еще другие вещи нам и всему миру сегодня грозят, потому что весь мир тоже запаздывает.

- **Вопрос: В результате перехода в духовное состояние, отпадет ли ощущение времени у человечества?**

Ощущение времени пропадает, потому что и в нашем-то состоянии ощущение времени сугубо субъективно.

Для чего вы носите часы на руке? Если бы у вас было чувство времени, вам бы этого не надо было делать. То есть, это просто чувство. И если чувство меняется, то вы, естественно, не будете отмерять его по часам. Я не могу это по-другому сказать.

То есть бывают часы, когда совершенно ничего не меняется, и они принимаются за ноль, а есть мгновения, в течение которых человек проживает десятилетия — они как будто эквивалентны десятилетиям.

Все зависит от нас. Спрессовать время так, чтобы весь духовный подъем уложился в несколько лет, — это в наших силах. Если не сделаем этого, можно все растянуть на десятки кругооборотов. Ну, и сколько сейчас времени?

- **Вопрос: Поскольку каббалистическую идею может воспринять только человек с точкой в сердце, то какая разница, в каком виде мы будем преподносить? Если человек готов — он воспримет, если не готов — бесполезно ему рассказывать. Так в чем важность этой идеологической оболочки?**

Люди различной ментальности, находящиеся на разных стадиях развития, совершенно по-разному воспримут то, что мы будем им говорить. И до точки в сердце еще надо «докопаться»: человек же еще не осознает этого. Ведь мы ощущаем точку в сердце, как выражение каких-то наших незаполненных желаний, а не как желание к Творцу, устремление к Нему — у нас этого нет.

Для нас эта линия, этот луч света не обозначен. Мы не знаем твердо, что вот это — то, что нам сейчас необходимо в жизни. У нас депрессии, неудачи, нам плохо, пусто. Мы не знаем, что причиной такого плохого состояния является необходимость раскрытия Творца, что кроме этого, нам не надо ничего.

Откуда я могу это знать? Для меня отсутствие Творца скрывается в образе простого отсутствия наполнения: мне плохо, и больше ничего. Например, я не вижу никакой цели, но я не вижу и Творца, я не понимаю, что именно Его мне не хватает. И если бы было иначе, то не пришлось

Прежде всего я вспоминаю о Цели

бы на вопрос отвечать: «Раскрой себе Творца». И людям не надо было бы это объяснять.

Дело в том, что человек не замыкает свой вопрос на этот ответ. Замкнуть эти вопрос и ответ друг на друге, объяснить: «Тебе плохо, но, на самом деле, это вызывается Творцом, для того, чтобы ты Его раскрыл и Его раскрытие для тебя — это спасение от всего-всего плохого», — должны реклама, распространение, выход к людям. У человека нет этого желания изначально, т.е. оно уже сформулировано, ясно оформлено в нем, но не раскрыто совершенно. И никогда не будет раскрыто таким образом — Творец-то скрыт.

Не зря ведь сказано, что Авраам раскрыл Творца. Разве остальные не пытались, не раскрывали? Они пытались. Миллионы людей в течение истории пытались, а методика раскрылась единицам — раскрылась, как будто это их заслуга. Она раскрылась целенаправленно. Не может это автоматически произойти с человеком, если он пойдет путем Авраама. Кому же тогда может повезти?

Такое раскрытие Творца происходит для особой души, которая спускается раз в десяток поколений, для того, чтобы осуществить определенный скачок в каббалистической методике, и все. Кто был после Авраама? — Моше, рабби Шимон, Ари и Бааль Сулам — каждый на своем уровне — вот и 5 круговоротов на 5-ти уровнях эгоизма. Это высчитывается очень просто, это видно.

Сколько людей пытались найти ответ на вопрос о смысле жизни, раскрыть Творца. Бааль Сулам пишет, что люди готовы были рубить себе руки и ноги для того, чтобы хоть каким-то образом узнать, ощутить, есть ли Управляющий всем. Но даже раскрыть наличие этой методики человек просто так не может. Поэтому показать ему, что она существует, что это именно то, что ему необходимо для развития, для наполнения себя, обязан кто-то снаружи. Должна быть реклама, какой-то выход к этому.

- **Вопрос: Не может ли изучение Каббалы стать привычным делом (как любая другая учеба), и работа в группе не может ли обратиться просто в обычную рутинную работу,** а группа — в клуб: приходишь, слушаешь, проводишь время, тешишь себя какими-то надеждами, целями, чувствуешь себя намного комфортнее, компенсируешь как-то свою внутреннюю пустоту, бывшую раньше, вне Каббалы, оправдываешь свое существование и, вообще, жизнь?

Конечно, может. Поэтому мы должны постоянно, как пишет Бааль Сулам, искать для себя все более эффективное общество, для того, чтобы продвигаться вперед. Если группа длительное время находится на том же духовном уровне и превращает все в рутину, то все в ней перестают продвигаться. Каждый раз надо видеть свою группу, своих товарищей другими, нужно требовать от них этого, нужно постоянно тормошить их. Они должны изменяться — так я должен воздействовать на них, а они — на меня.

Мы будем изучать новые статьи, виртуальные уроки, другие материалы, но если мы не будем внутри себя создавать качественно новых желаний к Творцу — значит, мы не будем использовать свою свободу воли, Бааль Сулам так пишет об этом (если прочтешь это на иврите, увидишь, сколько там еще внутри; на русском не все можно передать). То есть наличие группы — это еще не залог того, что все в порядке.

В духовном все измеряется по дифференциалу — по качественной добавке относительно прошлого состояния: если эта добавка есть — значит, все в порядке, если его нет — значит, ты уже находишься на мертвом уровне, на уровне масс.

- **Вопрос: Бней Барух сейчас расширяется, создаются группы в разных странах. Какая должна быть связь между группами? Как должен этот механизм работать?**

В продолжение предыдущего вопроса, я могу еще одно сказать. Существует очень большое опасение в том, чтобы группы действительно не превратились во что-то закостенелое, законсервированное. Есть большая опасность сделать из своего учителя Ребе, перед которым преклоняешься. Надо постоянно контролировать и требовать изменений. Мы еще будем на эту тему говорить — это очень непростая вещь.

Хасидут, в принципе, так и возник — на основе каббалистических групп. И смотрите, что делается сегодня с этими хасидами, во что они превратились. Я живу среди ста тыс. таких, как они, уже 23 года, я хорошо знаю эту атмосферу. Были когда-то каббалистические группы, которые создал величайший каббалист Бааль Шем Тов, и вот во что эти каббалистические группы потом выродились, потому что начали боготворить своего учителя, обращать на него внимания больше, чем на Творца.

Есть одна фраза, которая должна быть постоянно у вас в голове: «Если я думаю о Творце, а потом о группе, о преподавателе, тогда я правильно иду вперед. Но если я больше думаю о группе, о преподавателе и только потом вспоминаю о Творце — то это плохо». Это — кардинальное отличие, которое изменило весь первоначальный план Бааль Шем Това.

Если на первом месте у человека Творец и ради достижения Его он обращает внимание на преподавателя и на группу, тогда человек двигается правильно, если наоборот — значит, неправильно. Весь хасидут стал тем, чем он является сейчас, только потому, что внимание хасидов, каббалистов, в принципе, которые изучали Каббалу и хотели идти к Творцу, на минуточку переключилось на личность, на человека, который им преподавал. И они начали на него обращать больше внимания, чем на Творца, потому что это легче, потому что это удобнее, потому что ясно видно, с кем имеешь контакт, от кого зависишь: он больше, он лучше и т.д.

Поэтому мы пытаемся везде проводить ротацию преподавателей, хотя никто не хочет этого. И понятно, почему не хочет. Потому что так намного легче: не надо меняться, не надо искать постоянного Творца; есть постоянный учитель, на него можно замкнуться, его понимаешь, привыкли друг к другу, и начинается уже массовость, и так далее.

- **Вопрос: Бааль Шем Тов и его группы ставили перед собой те же задачи, что и сегодня, например, распространение Каббалы в нашем мире?**

Конечно. Для чего Бааль Шем Тов создал хасидут? — Он хотел на всю Украину, Россию, Белоруссию, Польшу распространить известие, что можно приходить и учиться духовному, Каббале.

В основе хасидута лежит Каббала: изучаются миры, сфирот, постижение Творца, в первую очередь ставится внутреннее намерение, намерение в сердце, а потом — все остальное. Если вы возьмете книги по хасидуту, то увидите все то же, о чем мы с вами говорим, ничего нового мы с вами, в принципе, не произносим. Возможно, там это все изложено в более простой, более яркой, более острой, более конкретной формулировке.

По прошествии двухсот лет, те группы превратились в массовое, бездуховное движение, в то, что есть сегодня. В наше время для этого не потребуется двухсот лет, в наше время это происходит в течение нескольких месяцев. Я вижу такие состояния в группах, когда человек закорачивается на преподавателя. Я не знаю, есть ли вообще возможность, кроме насильственной ротации, каким-то образом гарантировать, что этого не случится.

Все это — общечеловеческая слабость: есть большой человек, он мне дает, я на него завязываюсь, я к нему привыкаю, а если он еще каким-то образом может играть со своими учениками, так вообще делает из себя мага, волшебника, ребе — кого угодно. Так что в своих группах вы должны это каким-то образом контролировать и вовремя предупреждать, иначе ваш духовный прогресс просто исчезает — прекращается абсолютно и полностью.

Я не знаю, насколько мне удается делать так, чтобы этого не произошло по отношению ко мне, но, по крайней мере, мое поведение с учениками такое, что я им не позволяю, не даю повода себя уважать. Я вам серьезно говорю.

Это необходимо, так поступал и мой Рав. Не раз он пытался показать и на самом деле показывал нам все свои слабости, не заигрывал с нами, не намекал, что знает нечто более внутреннее. Он не заигрывал со своими учениками, не возбуждал в них какие-то эмоции, не закорачивал их на себя.

Вы должны вовремя контролировать все и понимать, что иначе, самым гладким образом, очень комфортно вы можете из каббалистов превратиться в хасидов. Такое уже могло случиться в московской группе, в американской группе, были уже такие случаи с некоторыми учениками и преподавателями. Поэтому проблема есть, и она ваша.

- **Вопрос: Об этом должен заботиться ученик или преподаватель?**

Об этом должны и преподаватель, и ученик заботиться — заботиться друг о друге: чтобы оба были направлены на Творца и только. Преподаватель здесь должен быть тенью, а не фигурой — он должен постоянно направлять ученика на Творца, и ни в коем случае не делать из себя ребе, большего, чем методиста. Методистом — вот кем должен быть преподаватель и все. Если он — кто-то больший, ученики — уже не каббалисты, ученики уже — хасиды. Я серьезно говорю. Это очень большая проблема.

- **Вопрос: Как часто надо менять преподавателя?**

Если каждый раз новый преподаватель ведет урок — это тоже нехорошо, потому что все-таки люди привыкают к какому-то образу передачи материала.

Знаешь, как в школах или университетах преподают: один — физику, другой — химию, а третий — математику, и т.д., — т.е. каждый — свою специальность, и к каждому привыкаешь все-таки, но через год они меняются. Таким образом не замыкаешься на каком-то одном преподавателе, он не один формирует твой образ мысли, ты не обманываешь себя, что только ему хочешь подражать во всем, а это происходит естественным образом.

- **Вопрос: А у нас, особенно в больших группах, урок ведут два человека: один — статью, а другой — Птиху. Так можно делать?**

Да, очень хорошо, когда два человека ведут группу. Но, опять-таки, все это хорошо, если оба они на своих уроках указывают на обязательный поиск желания к Творцу, раскрытия Творца: «Для этого мы читаем и учим», — каждый направляет ученика на Творца. Иначе бессмысленно.

То есть задача преподавателя состоит в том, чтобы в основе учебы, совместной деятельности была идея, и эта идея все время каким-то образом поддерживалась в учениках. Тогда ученик будет смотреть на преподавателя, как на будильник, напоминающий ему об этой идее. В этом и состоит задача методиста — направлять, больше ничего.

Каббалист не должен себя раскрывать, он только должен постоянно напоминать о Цели. Разве он может раскрыть ученику какие-то тайны, какие-то духовные вещи, если у того нет для этого келим? Ничего не может раскрыть, и не надо этого делать.

Если бы вы увидели настоящих каббалистов! (Сегодня, к сожалению, некого показать. А я еще застал несколько таких, сегодня их уже нет.) Вы бы увидели, насколько это простые люди, и как они общаются, и как они обращаются. Не проходило и дня, чтобы я не слышал от своего Рава 5-6 анекдотов или каких-то веселых рассказов, или еще чего-нибудь.

И вообще, это был очень простой человек, не делающий из себя совершенно ничего. Вы знаете, как я бегаю, а за ним 20 лет назад я не успевал. В общении он был абсолютно простым, никогда ни с кем не разыгрывал никаких отношений, особых комбинаций или чего-то еще.

Надо очень бояться возникновения хасидута. В религиозной массе все построено на обоготворении, на обожествлении Рава. У нас этого не должно быть ни в коем случае, потому что это уменьшает образ Творца.

Неважно, на каких уровнях находятся преподаватели. Ротация не говорит о том, что следующий преподаватель должен быть большим: не беда, если он будет меньшим. Но он должен вам напоминать, для чего вы вместе занимаетесь, потому что вы извлекаете из учебы Высший свет в той мере, в которой вы помните, для чего он вам нужен — в этой мере вы притягиваете Высший свет на себя. Какая разница, кто это будет делать. Поставьте вместо преподавателя что-нибудь напоминающее (я вам серьезно говорю), и больше ничего не надо.

- **Вопрос: Если продолжить эту мысль, то надо стремиться к ротации и самого себя?**

Заменяйте преподавателя каждый раз любым членом группы — эффект будет тот же самый, духовный итог будет тот же. Вам не нужен человек, который будет рассказывать вам всякие мудрости, поверьте мне, это совершенно не нужно.

Я вам рассказываю, потому что вы стремитесь к знаниям, иначе вы меня не будете слушать. На самом деле, это совершенно неважно. Неважно. Если бы мы с вами могли изучать Книгу Зоар, даже не зная арамита и не зная иврита, то же самое было бы, но вы бы в каждом слове искали: «вот сейчас, через это мне придет связь с Творцом, вот тут сейчас я приближусь к Его раскрытию». Если бы вы себя все время удерживали на этом, вы бы могли читать любой текст на любом языке, вы бы его эффективно, самым сильным образом использовали.

Отказаться от глупости, что через знания, через мозги вы сможете что-то раскрыть — это было бы вообще идеально, но это невозможно.

Если бы вы побывали на уроках моего Рава (у нас они есть в записи), вы бы увидели, что он не умел говорить вообще, он не мог себя выразить, нельзя было ничего понять. Можете послушать эти уроки — очень трудно пробираться сквозь его текст.

Рабаш иногда сам говорил своему отцу, Бааль Суламу: «Смотри, ты написал полторы страницы «Талмуда Десяти Сфирот», но ничего непонятно; я просидел вчера столько часов и понял, что это можно объяснить в маленьком абзаце». Бааль Сулам отвечал: «Если я напишу в таком абзаце, что же тебе останется? Сквозь что ты будешь продираться?»

То есть не ставится задача обучать — ставится задача на фоне этого материала связаться с Творцом, все. Почитайте, что пишут каббалисты о своих текстах. Вы увидите, что они не требуют от вас знания. Вы все равно ничего не сможете узнать из этих текстов.

В заключение я хочу вам посоветовать перемешиваться между собой. Вы должны понимать, что сейчас у вас есть уникальная возможность сделать это. Будем надеяться, что и через полгода, на Суккот, мы встретимся, или встретимся на Конгрессе в Москве или в другом месте. Но сейчас мы должны познакомиться друг с другом, набраться друг от друга впечатлений, чисто человеческих, просто запомнить, «понюхать» друг друга, так сказать, по-животному, воспринять. Потом это будет в нас работать.

Много-много общайтесь, не внутри групп, а между группами.

МЫ ПРОСИМ ЛИШЬ СЛИЯНИЯ С ТВОРЦОМ

19 апреля 2003 года

Есть только Творец и творение. Желание Творца отдавать реализуется свойством Бины. Почему реализуется свойством Бины? Свойство Кэтэр мы не воспринимаем. Мы воспринимаем исходящий свет, когда он уже входит в нас, поэтому мы обозначаем Кэтэр, как начало точки буквы «йуд». А Хохма у нас — уже буква «йуд».

Таким образом, самое первое ощущение, которое есть в творении, — это ощущение не самого себя, а ощущение наполнения, получаемого от Кэтэр, причем сама Кэтэр при этом не ощущается. Так, первая стадия, бхина Алеф, вначале начинает ощущать себя как существующее, но не ощущает Творца. А когда эта стадия, кроме того, что получает, начинает ощущать Дающего в себе, она уже ощущает это во второй своей половине.

Вначале она ощущает только себя и ощущает существующей, получающей. Но затем в ней возникает ощущение, что она от кого-то получает. От более Высшего. И этот более Высший обладает свойством отдавать — Он желает ей давать. Тогда из первой стадии начинает возникать вторая стадия — желание отдавать, быть подобной Высшему.

Закон — быть подобным Высшему — естественный закон, как это можно наблюдать в природе. И, как сказано в статье «Свобода воли» и в «Предисловии к «Талмуду Десяти Сфирот», если бы нам раскрылся Творец, у нас не было бы никакой возможности не подчиняться Ему, потому что Высший, одним своим явлением, раскрытием давит на низшего и полностью лишает его свободы.

Так вот, в четырех стадиях прямого света это все происходит постепенно, пока еще безо всяких ограничений. И когда появляется вторая стадия, Бина, то мы говорим, что свойства этой стадии — это свойства Творца (хотя она относится к творению), потому что проявление свойств Творца именно такое, как во второй стадии.

Но самого Творца — нулевую стадию, корня — мы не знаем, не понимаем, не ощущаем, а только ощущаем уже Его воздействие на нас, результат Его воздействия.

Значит, свойство сфиры Бина, или парцуфа Аба вэ Има (Има), парцуфа САГ — т.е. всего, что связано с Биной, с отдачей, хотя и проявляется самим творением на какой-то стадии его развития, для нас является эталоном свойства Творца — так мы к нему относимся.

Поэтому, когда мы говорим, что Малхут исправляется за счет связи с Биной, соединяясь с Биной, мы тут не ошибаемся. Бина — это свойство Творца уже в творении, а Малхут — это свойство творения. Оба они находятся в творении, но творение исправляет себя, выбирая в себе из этих двух свойств, полученных свыше, Бину, и с помощью Бины исправляет Малхут. На этом построен весь процесс, происходящий с Малхут, начиная со стадии ее возникновения.

Весь процесс рождения Малхут проходит четыре стадии развития. Малхут не может развиться без того, чтобы Бина не решила ее породить и развить. Парадоксально, но именно желание отдавать Творцу приводит к решению создать абсолютно эгоистическое кли, без которого невозможно действительно реализовать свойство отдачи. Бина видит, что просто желать отдавать — этого мало: реализации нет, действия нет, есть только желание.

У Творца есть замысел и есть действие. Замысел Его — в нулевой стадии, а действие Его — в первой стадии. Он создает желание и это желание наполняет. Бина, если желает быть подобной Творцу, должна пытаться сделать то же самое, т.е. ощущая себя желающей отдавать, она сначала должна создать желание получать, а затем наполнить его.

Это и происходит в ЗА. Бина рождает ЗА: она уже относится к этому акту, как к родам, рождению, а не созданию. Так как это производится уже свойством отдачи внутри творения. А затем из ЗА уже рождается Малхут, т.е. желание получать, выбранное свободно самим творением.

В Малхут, естественно, уже не проявляется свойство Творца. В ней внутри есть такая часть, которая не воспринимает свойство Творца — свойство отдачи, свойство Высшего, а только ощущает разницу между собой и Творцом.

Возникает вопрос: почему Малхут мира Бесконечности (далет дэ далет, четвертая стадия четвертой стадии) после того, как наполняется светом, не может быть такой же, как первая стадия, которая тоже — желание насладиться, получить, наполняющееся светом?

Малхут ощущает Дающего, Творца, но ощущает, что она не в состоянии измениться под Его воздействием, потому что решение получать создалось в ней не под прямым воздействием света, а как бы через буферную стадию, Бину. Кэтэр создал стадию Алеф, первую стадию, затем произошел переход во вторую, т.е. в Бину. Бина, которая сделала то же самое, что и Кэтэр, в итоге получила неизменное желание, исправить которое невозможно.

Все действия, которые можно произвести с Малхут, с нашим эгоизмом, с нашим желанием, — это не исправить ее саму, а, обладая эгоизмом, уподобиться в своих свойствах Творцу. То есть сам эгоизм в этом как бы не участвует активно, его не используют. Все те эгоистические свойства, которые находятся в нас, к Малхут не относятся.

Малхут мира Бесконечности получает в себя, адаптирует в себе предыдущие стадии. Таким образом, она состоит из пяти стадий, четыре из которых — это первые ее девять сфирот (потому что одна из стадий, третья, ЗА, состоит из шести сфирот). Последняя, десятая, сфира может сделать на себя только Цимцум, а предыдущие девять — это те свойства Творца, которыми творение себя каким-то образом оформило, и вся работа творения поэтому заключается в этих предыдущих, надмалхутных свойствах, которые в ней.

Эти свойства светлые, чистые, они все обретены под воздействием Творца, под воздействием света. Проблема заключается в том, что всевозможные свойства Творца — девять первых сфирот, которые есть в творении — получены напрямую творением.

Поэтому они не оцениваются, не могут быть оценены — творение не может их ощущать в их истинном виде, не может знать, какие они есть на самом деле, не в нем. Для того, чтобы понять емкость каждого из этих свойств Творца, эти свойства, каждое из них, должны проявиться в творении во всей своей палитре. Вот для этого и происходит разбиение.

Что значит разбиение? — Это когда каждое свойство которым Творец относится к творению (девять сфирот, девять свойств), в результате действия разбиения меняется, в творении, на противоположное, становится отрицательным, как будто бы происходящим не от Творца, а от обратного Творцу.

Поэтому в нашем мире во многих религиях, верованиях и представляется, что есть Творец и есть еще какой-то дьявол, Ему противоположный. И в природе мы всегда наблюдаем дуализм — две совершенно противоположные, но равные, абсолютно подобные по модулю силы.

Так вот, после того, как в результате огромного разбиения, смешивания свойств между собой эта передача противоположных свойств Творца в творение полностью оформляется, тогда, практически, и начинается творение — т.е. анализ каждого свойства в двух его противоположных проявлениях.

Итак, девять сфирот получили, относительно положительного, свое отрицательное раскрытие, полностью противоположное. Затем они разбились на различные мелкие части и перемешались.

Для чего? — Для того, чтобы нам самим, исходя из этого уже разрушенного полностью объекта, заготовленного для нас, строить в себе подобие Творцу, каждый раз выбирая и оценивая каждую сферу в каждом маленьком свойстве, в двух его, всегда противоположных видах.

Мы всегда строим маленький парцуф, всегда — десять сфирот. Мы выбираем отрицательные части, сравниваем их с положительными частями, причем, исходя из самой Малхут, они выглядят каждый раз по-другому: и положительные, и отрицательные. Далее мы как бы совмещаем, соединяем эти части, каждый раз учась этому у Высшего парцуфа, у Творца.

Каким образом это делается? Есть правая линия, левая линия и средняя линия, которую мы строим, и над нами есть еще Высший парцуф, который показывает нам, каким образом это сделать — так мы двигаемся. В итоге получается, что мы каждый раз находимся в таком состоянии, как будто мы — Творец, и только требуем у Высшего парцуфа, у Творца, совета, каким образом нам поступать — требуем примера.

Наш МАН, мэй нуквин (маим — это свойство Бины — отдавать, нуквин — недостаток, непонимание, как с этим работать), означает, что мы просим у Высшего силы, примера, чтобы создать маленькое подобие Ему, родить это подобие в себе. И мы получаем от Него силы, знание, которые дает нам Его АХАП, спускающийся в нас.

Пример того, что мы можем сделать, проявляется каждый раз подобно действиям матери, которая учит своего ребенка чему-то: она показывает ему, а он повторяет. Все обучение построено на повторении. Таким же образом происходит и наш путь — путь снизу-вверх.

Весь процесс сверху-вниз: распространение миров и парцуфим, разбиение — все это еще не творение, и происходит как бы в потенциале, нет еще вообще никакого созидания. А творение начинается снизу-вверх, с нас; до нас же нет ничего — только чистые действия самого Творца.

И когда Малхут первый раз просит Творца о том, чтобы он ее сформировал (научил ее, показал ей) — это и есть наше первое движение с точки в сердце, когда мы начинаем неосознанно стремиться к чему-то, еще не зная как. С этого момента и начинается наш первый этап. А созидательным путь становится в нас после прохода махсома.

Постоянное выделение в себе двух компонентов — своего «Я», т.е. Малхут, и Бины — абсолютно необходимо.

Именно оно, в итоге, приводит к правильному требованию к Творцу, к Высшему парцуфу.

Каждый раз Высший парцуф называется «Творец». Это требование может быть правильно сформулировано, только если в достаточной степени проанализировать, ощутить в себе свои Бину и Малхут, сердце и точку в сердце, если не выпускать их из виду, усилием своим пытаться как бы столкнуть их вместе, а не убегать, не затушевывать одну воздействием другой.

Есть люди, которые «витают в облаках», и вообще желают, оторвавшись от действительности, быть связанными только с чем-то духовным. А есть такие, которые не желают каких-то нереальных мыслей и намертво привязаны к действительности. Однако сопоставление Малхут и Бины в нас, внутри нас, проявляется на всех наших уровнях: ментальном, физическом, нравственном.

Оно проявляется в постоянном противоречии между тем, что Творец управляет всем и тем, что «если не я себе, то кто мне». Если есть Общее управление, Высшее управление, то зачем я? И есть ли у меня свобода воли? Если что-то происходит вокруг меня, как мне к этому относиться: это Он или я?

Если человек не убегает от всех этих противоречий, а внутри них пытается все время себя формировать, у него возникает правильный МАН, и в итоге Высший показывает ему пример — каким он должен быть. Вот этот первый пример Высшего, который дается человеку, когда человек получает совет, силы что-то сделать с собой, и называется первым ибуром (зарождением), проходом махсома, первым действием человека с помощью экрана.

Хотя это состояние и называется «ибур», то есть «зародыш», и в нем человек подобен капле семени в матке матери, которое только начинает развиваться, на самом деле, это состояние огромной активности со стороны человека, потому что он весь свой эгоизм реализует в этой капле. Это и называется «капля слияния с Творцом».

Она пока еще капля, не может быть чем-то оформившимся, где видны какие-то действия, сочетания свойств, где уже виден человек в его свободе воли, строящий себя определенным образом, своим характером, проявлением, самостоятельностью — еще нет. Но все равно это состояние — оно состояние напряженной активности, когда человек все свои желания, все свои эгоистические устремления, оформляет в виде только одной точки.

Все они концентрируются только в одном — на связи с Творцом. Пока большего проявления для этого он в себе найти не может.

Позже у человека появятся силы, понимание, возможности, примеры, и он уже будет строить из себя маленького человечка. Сначала это тоже будет происходить под непосредственным влиянием Высшего, как плод развивается в матери только ее действием.

А затем, когда человек уже рождается и выходит наружу, появляется авиют Алеф, уже первая стадия авиюта вместо нулевой, и человек приобретает экран уже на более высшую стадию. Тогда у него, в меру экрана, появляется свобода воли, он начинает уже не просто аннулировать себя перед Высшим и как бы слепо следовать свойствам Высшего, формировать себя в виде парцуфа просто по образу и подобию Высшего, нет.

Он создает себя по образу и подобию сам, активно, своими свойствами. Сначала строит катнут (малое состояние), а затем и гадлут (большое состояние) — т.е. стадии, когда используются все ресурсы, которые есть в человеке, для того, чтобы уподобиться Творцу.

Малхут (точка), четвертая стадия четвертой стадии, не изменяется. Единственное, что с ней происходит, — она соглашается, желает использовать свойства, полученные от Творца, для того, чтобы проанализировать все состояния, самые противоположные Творцу, для того, чтобы убедиться, что нет ничего лучшего, чем быть подобным Ему. В этом заключается весь наш путь.

В нас это реализуется именно в столкновении двух качеств — Бины и Малхут, и нельзя нам от этого убегать. Поскольку мы являемся следствием разбиения Души, нас все время тянет быть в одном состоянии: если не в эгоистическом (в Малхут), то в таком псевдо, мнимо альтруистическом (в Бине), — и мы поэтому долгое время не ощущаем, где находимся. Если бы мы сложили те мгновения, когда действительно находимся в обоих ощущениях, Малхут и Бины, анализируем, оформляем их, находимся в борьбе между ними...

В нас это реализуется в попытках удержать Творца на фоне каких-то неприятностей, страданий, всевозможных помех. Когда Он исчезает, помеха кажется не помехой, а просто обстоятельством, которое вот так случается: из-за окружения, из-за нас. И, значит, Бина и Малхут одновременно в этот момент не существуют, а есть только картина внутри Малхут — картина нашего мира. Внести в нее Творца, свойства Бины, и постоянно не выпускать Его из Малхут — это наша задача.

Если вокруг меня находятся люди, которые занимаются таким же анализом, они даже не должны мне об этом говорить: их мысли и меня заставляют настраиваться на поиск Бины в моей Малхут, на поиск Творца в картине моего мира.

И тогда вместо того, чтобы просто проводить время, не помня, что необходимо сочетание Бины и Малхут, я смогу сэкономить годы, необходимые для того, чтобы достичь правильного их анализа. Самый первый правильный анализ приводит к переходу махсома.

Мы всегда сопоставляем только эти две категории — Бину и Малхут, правую и левую линии. В нашем состоянии это реализуется как бы насильственным притягиванием присутствия Творца: мы как бы притягиваем Его образ к себе. Но в этом и заключается вся наша работа.

Основная статья о нашей внутренней работе — это «Нет иного, кроме Него» — статья о единственности Творца, в которой говорится, в чем должны заключаться все наши усилия. В группе такие статьи обычно просто читают, немножко разбирают, но, конечно, никто не рассказывает о своих внутренних ощущениях, потому что эти внутренние ощущения общие для всех нас. Мы можем обмениваться знаниями, а внутренние ощущения не нуждаются в том, чтобы их передавали друг другу.

Это в нашем мире мы можем рассказывать, писать стихи, сочинять музыку. Если ты не заплачешь, никто другой не почувствует твоего состояния и не поймет. В духовном же мире, т.е. в мире чувств, настоящих чувств, которые связаны с Творцом, информация переходит из души в душу по другим каналам, потому что все мы являемся все той же общей Душой, той же Малхут, которая, как была, так и существует в своем неразбитом состоянии.

Разбитое состояние проявляется относительно нас, неразбитое состояние — это то, в котором мы на самом деле существуем; и все связи между нами на самом деле действуют, если они подобны по свойствам Творцу. Но в той мере, в которой они не подобны Ему, в той мере они между нами не действуют.

Поэтому, как только я начинаю анализировать в себе явление Творца мне, сопоставлять, сравнивать свойства Бины и Малхут, усилием своим притягивать Творца к себе, пытаться, чтобы Его единственность проявилась, как воздействующего на меня, сразу же все остальные души, поскольку мое действие направлено на исправление, получают результат того, что я сейчас в себе произвожу: мою частичку души — минимальную дозу исправления.

Мне не надо при этом ни с кем говорить, я даже не знаю, на кого и на что это сейчас воздействует. Я, может быть, воздействую не на ближайшего своего товарища, а на то, что происходит где-то в другой группе, далекой физически. Поэтому каббалистическая методика и называется тайной.

Мы постепенно, постепенно раскрываем, насколько связаны между собой через Творца, через общую Душу, и как друг на друга воздействуем. Это, конечно, здорово, с одной стороны, но, с другой стороны, как вы понимаете, если человек не пользуется предоставляемыми ему возможностями анализа единственности Творца, единственности Управления (ведь раскрыть Творца — значит раскрыть Единственного Управляющего всем), не пытается преодолеть двойное и одинарное скрытия, то в той мере, в которой он уже должен это делать, но не делает, на него это возвращается бумерангом.

Не восполненное им в общей Душе исправление, связь между душами, проявляется в этой общей Душе, и он становится в ней в данный момент не выполнившим своего предназначения относительно всех остальных душ, становится отрицательным элементом, черной точкой, язвочкой.

В итоге, как в любом живом организме, возникают вынуждающие силы, которые сразу же начинают оккупировать это место, замыкать его в какую-то капсулу, воздействовать на него, чтобы изжить из себя, вырвать, нейтрализовать его отрицательные воздействия на весь организм. И это причиняет страдания. Если бы мы только видели эту потрясающую картину!..

Когда человек вовремя не восполняет своего участия в общей Душе, внешняя сила существования всего организма сразу же начинает действовать против него, вынуждает. Но здесь не идет речь о том, чтобы убрать из тела этот кусок, выдавить его из себя, если невозможно заключить его в какую-то капсулу, обезвредить. Здесь все силы направляются на то, чтобы привести его к участию.

Но все равно эта вынуждающая сила ощущается нами как отрицательное воздействие, как всевозможные обстоятельства. Почему всевозможные? Потому что все они состоят из: девять на девять на девять и так далее — сфирот, т.е. их сочетание находится одновременно и во многих плоскостях, и на разных уровнях: это могут быть и мысли, и физические и моральные воздействия.

Из этой картины видно, насколько, с одной стороны, каждый из нас обязан всему человечеству, всем другим, и, с другой стороны, насколько огромна потеря, если каждый, не выполняя своего предназначения, вызывает на себя отрицательные корректирующие силы. Исходя из этого обстоятельства, каббалисты и строят свое объяснение нам о необходимости духовной работы. Это вы найдете в статьях, письма каббалистов.

Мы с вами изучаем только Бааль Сулама, но можем углубиться в историю и изучать Рамхаля, Агра, каббалистов Коцка и многих других, от которых остались их письменные памятники, источники. И о чем они пишут — мы это все поймем.

Мы прекрасно поймем человека, который жил пятнадцать веков назад и писал о своих духовных ощущениях.

Мы просим лишь слияния с Творцом

Душа не стареет, у нее нет времени. Проблема непонимания может быть только внешней, проблемой языка, но то, о чем пишет каббалист, — оно то же самое и в нас, и протекает совершенно одинаково, и ощущать мы можем это, как будто он пишет о нас; времени здесь совершенно нет.

Так вот, на связи всех душ и базируются каббалисты, чтобы объяснить нам нашу миссию. Все статьи и письма Бааль Сулама в общем-то и объясняют это обстоятельство.

- **Вопрос: Можем ли мы совершать наши внешние действия в соответствии с теми внутренними этапами, которые проходим?**

Не можем, потому что для всех действий в нашем мире необходим план по их подготовке и реализации, в котором должно быть много всевозможных этапов, подэтапов. Если я поставлю свои внешние действия в зависимость от своего внутреннего состояния, от того, что сейчас прохожу, я никогда не смогу реализовать это действие.

Возможно, ты спрашиваешь о том, выходит ли когда-нибудь человек на такой духовный уровень, когда и духовное, и физическое действия объединяются в нем в одно? Допустим, я поднялся на уровень мира Ацилут, тогда в нашем мире все, что соответствует миру Ацилут, я также ощущаю и прохожу, я в этом живу.

Спустился ниже — и в нашем мире все относительно меня спустилось: и зарплата стала меньше, и отношения с окружающими ухудшились, да и здоровье ослабло, и так далее. Поднялся выше внутри себя — мир совсем другой, светит по-другому, я бодрее, здоровее, вдруг на работе премию дали, и так далее. А почему «нет», если духовное определяет физическое?

В статье «Скрытие и раскрытие Творца» Бааль Сулам рассказывает, насколько в человеке, по мере изменения его духовного уровня — перехода из грешника в праведника, все меняется. Из скрытия Творца, когда человек называется грешником, потому что вследствие скрытия делает все, исходя из своего эгоизма, когда эгоизм властвует над ним, человек переходит в раскрытие: Творец раскрывается, Его раскрытие подавляет эгоизм, в человеке возникает свойство, адекватное Его раскрытию, человек начинает действовать подобно Творцу. Но если Творец скрывается, у человека не остается никакого другого выхода: он сразу же попадает под власть эгоизма.

Таким образом, скрытие и раскрытие Творца переключает нас с «грешников» на «праведников» или наоборот, и это абсолютно вынужденные обстоятельства. Единственное, что мы можем в себе сделать, — это выбрать одно из них. Но когда мы уже выбрали, т.е. попали под воздействие любого из них: под свое или Творца, — наши действия и поведение определяются уже мерой скрытия и мерой раскрытия, здесь мы абсолютно не вольны.

Наша свобода воли только в усилии, в желании, в каком из этих положений быть, находиться, к какому из них присоединиться.

Так вот, Бааль Сулам пишет, что если человек находится в скрытии Творца, весь мир вокруг себя он ощущает в совершенно противоположном виде, не так, как если бы Творец ему раскрылся. Контрасты здесь очень серьезные.

Но достигнем ли мы такого состояния, когда внутренне будем жить в духовном мире, и все, что мы будем внутри себя делать, ощущать, и то, как мы будем относиться к остальным, и то, как остальные будут относиться к нам — и в нашем мире материально, физически будет мгновенно воплощаться? А почему бы и нет, если свыше нисходят сигналы, и наш мир является четким следствием Высшего мира? Ведь сказано же, что нет в нашем мире ни одной травинки, над которой не было бы ангела, т.е. силы (любая духовная сила называется ангелом), который бил бы ее и говорил ей: расти, т.е. вынуждал к росту, к исправлению.

Таким образом, все нисходит сверху, и наш мир: его неживая, растительная, животная и человеческая природа — весь устроен по образу Высшего мира, кроме нашей души. Душа наша не относится ни к каким мирам — она сама по себе. Подниматься и опускаться она может — это так, но она всегда одна. Она может иметь экран определен-

Мы просим лишь слияния с Творцом

ного уровня и на этом уровне находиться в мирах, но она одна. Нет в мирах какого-то объекта, другой души.

Конечно, если я нахожусь какой-то своей частью, душой, в мире Ацилут, произвожу определенные духовные действия, то я будоражу, двигаю, исправляю все миры. Значит, все должно изменяться, все должно подниматься, и я мгновенно должен видеть следствия во всех мирах, в том числе и в нашем мире.

Так, на самом деле, и должно происходить, к этому, в принципе, и приходит человечество в мире Бесконечности. Когда все замыкается, все поднимается до Полного исправления, нет никаких различий между мирами. Все они поднимаются до уровня Бесконечности, включаются в этот уровень.

Что значит уровень Бесконечности? — Без конца, без ограничения происходит полное наполнение светом и, конечно, мгновенно. Там нет, вообще, такого понятия, как «задержка».

В нашем состоянии я вижу порой совершенно другие следствия: чем лучше я поступаю, тем мне может быть хуже, потому что если во мне появляются силы исправления, то мне одновременно поддают еще больший эгоизм, чтобы я его исправлял. И каждый раз, когда во мне этот эгоизм проявляется, снизу поднимается во мне, я чувствую, что становлюсь хуже.

И если обстоятельства вокруг меня, извне, становятся хуже, «темнее», то это для того, чтобы я больше реализовывал в себе свободу воли, чтобы я выявлял единственность Творца на более сложном фоне, якобы угрожающем мне.

Я начинаю ощущать, что, в итоге моего духовного развития не продвигаюсь, а еду вниз, съезжаю, становлюсь хуже внутри себя, и вокруг меня все становится хуже. И это называется вознаграждением за то, что я встаю по ночам, учусь, стремлюсь к Творцу? Совершенно нелогично. Но это то, что есть в нас до махсома.

А иначе и не может быть. Как же мы иначе реализуем весь тот отрицательный потенциал, который в нас есть? Мы же должны его ощутить, мы именно на его фоне столкновением Бины и Малхут должны полностью выявить их противоречие, и тогда мы перейдем махсом.

В пути до махсома никаких приятных событий и ощущений не жди, и это страшно. Я помню такие состояния, когда постоянно ожидаешь неприятного, хотя головой понимаешь, что этого не может быть. Или наоборот, получилось что-то, и ты думаешь, что теперь готов на любые испытания, но через минуту видишь, что ты снова никто и ничто. И здесь только группа и установленный неизменный распорядок помогут все это пройти.

Во многих наших состояниях мы должны поступать упрямо, как ослы: просто вставать, как бездушное существо, плестись на урок, сидеть на нем, ничего не понимая, смотреть в книгу совершенно отключенными. Потому что эти состояния духовного падения мы должны в себе ощутить. А если оставаться дома, то этого не ощутишь, не сможешь отработать это.

Я, например, не помню, чтобы за те двенадцать лет, которые я был со своим Равом, не состоялись какие-то уроки, за исключением, конечно, тех нескольких месяцев, когда он был в больнице. Хотя и тогда я был вместе с ним: сидел рядом, читал, а он слушал. Ему давали очень сильные антибиотики, и он не мог сосредоточиться и читать, поэтому я ему читал. Рав не мог позволить себе нарушить расписание.

Сказано: «Аколь ба ми домэм», — т.е. все произрастает из неживого уровня, все базируется на неживом уровне. Поэтому расписание, устав должны быть просто святым делом, как присяга, клятва, которую берешь на себя.

Если я перехожу на более щадящий режим, это четко мне должно показать, что я уже не в духовном. Даже если это просто какие-то принятые нами материальные условия, ничего в них нет особенного: давайте перенесем несколько часов занятий в неделю на другое время — что тут страшного? Нет, если я принял устав вместе с группой, я уже этим как бы сформировал какой-то свой духовный уровень. И хотя духовного здесь пока нет, я этим уже формирую желаемый духовный уровень. И если я от него отказываюсь...

Поэтому мы отрицательно смотрим даже на тех людей, которые только опаздывают на урок, а не то, что не посещают или берут на себя какой-нибудь особый режим: «Буду ходить два раза в неделю, а остальное время — дома слушать».

Вы обязаны принять для себя условие, допустим, виртуальные уроки прослушивать вместе с группой, а после урока устраивать маленькую трапезу. Этот акт будет духовным, и вы увидите, насколько одно это действие вам поможет, даже если внутрь себя вы не будете больше ничего вкладывать, но будете сохранять это действие, ни в коем случае от него уже не уходить, меньшим его не делать.

У нас есть рассказы каббалистов, в которых говорится, насколько они, несмотря на внешние страшные, неприятные события, пытались сохранять рамки того существования, которое у них было.

Один из учеников Бааль Сулама на каждый урок к нему ездил из Тверии в Иерусалим. Это даже сегодня — два часа езды по самой кратчайшей дороге. А он должен был проезжать через все арабские деревни. Это происходило во время войны в Израиле.

Он выходил на дорогу, останавливал любую телегу (или грузовик), забирался на стог сена и ехал. Иногда на дорогу уходили сутки. Порой он приезжал среди ночи, тогда Бааль Суламу приходилось размещать его на ночь в маленькой каморке вместе с другими учениками, которые также приезжали из разных мест. Иногда Бааль Сулам показывал им страницу «Комментария Сулам» на «Книгу Зоар», которую он написал накануне.

Так вот, если у этого ученика вдруг не получалось приехать на урок: не было ни грузовика, ни телеги, дороги плохие, пешком не дойдешь, — то это было просто ЧП для него. И Бааль Сулам к этому так же относился.

Поэтому у нас сегодня: можешь спать, но сидя на уроке. У меня иногда спрашивают: «Как это ты не обращаешь внимания на то, что человек спит?» Спит, но он же пришел на урок, значит, выдержал минимальные рамки. Он, для того, чтобы соблюдать их, готов на все, даже из последних сил.

Человек поспал полчаса, проснулся — ничего страшного, если группа вокруг него в это время продолжает активно заниматься. Потом кто-то другой уснет, и человек вместо товарища начнет заниматься.

Но я не говорю о послаблении, я говорю о том, что главное — чтобы человек стремился. А то, что с ним после стремления происходит, — это уже не он, это уже другие, выше него, силы.

Когда группа четко устанавливает рамки и внутри этих внешних рамок: время, место, форма урока — существует, когда все зафиксировано, тогда внутри этого уже ставятся другие вопросы: например, каким образом, какими внешними действиями мы можем возбудить в каждом из нас возможность анализа Малхут и Бины. И тогда это — распространение (когда привлекаешь других людей, и они включаются в это дело, воздействуя на тебя), и трапезы, и действия по подключению через Интернет, и общение с другими группами, и пр. — все это только после того, как есть рамки.

С самого начала, с самого нашего маленького действия и до самого большого мы должны преследовать только одну цель — выявлять единство и единственность Творца во всем, что нас окружает. И для этого мы строим рамки: группа, время, место, связь с товарищами, распространение, создание других групп и так далее. Но мы должны при этом все время удерживать в себе цель, иначе наши действия будут намного менее эффективны.

Раскрытие единства Творца во всем — это то, что я хочу. Поэтому все мои действия лишь вспомогательные, они должны мне в этом помочь. И, действительно, кроме этих действий, мне нечего делать. Я иначе Творца не раскрою. Я могу сидеть, не двигаясь, и заниматься внутри себя всевозможными вычислениями, разрывать себе сердце, есть самого себя, но ничего это не даст. Именно внешние действия, если только они делаются с этой целью, приводят к результатам.

- **Вопрос: Должен ли человек перед махсомом принять на себя закон Цимцум Алеф?**

Мы просим лишь слияния с Творцом

Да. Человек перед махсомом должен принять на себя закон Цимцум Алеф. Человек, в результате своей внутренней работы, анализа свойств Бины и Малхут, т.е. раскрытия Творца, сопоставления с Творцом, способен на это действие.

Что это значит? Что, вообще, значит переход махсома? Что значит ощущение после махсома?

Ощущение после махсома называется раскрытием Творца. Кроме картины этого мира, ты начинаешь уже видеть силу, которая за ним стоит, видишь, как она двигает этим миром, и как этот мир дышит, переливается. Это называется раскрытием Шхины. Ты начинаешь видеть этот мир играющим, в зависимости от Высшей силы.

Ты видишь, какое переливание происходит между душами и между внешними одеяниями, между всем существующим, видишь, как все творение, все мы, в итоге, идем к одной Цели — к раскрытию, к полному проявлению Творца, света, к слиянию с Ним. Когда все это происходит, это и называется проходом махсома, то есть раскрытием Творца.

И мы сегодня должны стремиться к этому явлению. Причем у нас нет даже той картины, которую я сейчас обрисовал, хотя ее и не нарисуешь. Но устремление к этому, усилие именно к этому являются той работой, которую мы должны сделать в этом мире — больше ничего мы не должны, в нашем состоянии нам не о чем больше думать.

То есть мы должны во всем, окружающем нас, действовать для того, чтобы реализовать точку — проявление Творца, раскрыть Его как единственную силу. Все.

Когда наши усилия достигнут определенного количественного и качественного потенциала, тогда они как бы включат эту картину, включат маленький свет, и мы увидим — это будет называться проходом махсома. И как только эта картина проявится перед нами, практически мгновенно в нас произойдет соблюдение условия Цимцум Алеф. Эти два действия определяют одно другое.

Мы своей подготовкой, своим устремлением вызываем проявление Творца. И как только оно возникает в нас, происходит Цимцум Алеф. И мы сразу же становимся под его влияние, сразу приобретаем минимальное духовное свойство — соблюдение Цимцум Алеф, т.е. подавление своего эгоистического намерения, того, которое в нас в это время есть. Дальше в нас будет проявляться все больше и больше эгоистических намерений, и каждый раз мы будем подавлять их.

- **Вопрос: Есть ли падения после махсома?**

Конечно, после махсома очень много падений и подъемов, причем они совершенно не в той плоскости, как у нас. Это — не скрытие и раскрытие Творца, это уже другая категория — вознаграждение и наказание за добрые и злые действия.

Есть подъемы и спуски, причем они идут с потрясающей частотой. Если в нас сегодня подъемы и падения могут проходить часами, днями и даже месяцами, то после махсома частота их смены многократно увеличивается, вплоть до того, что за секунду ты можешь пройти десятки различных состояний, за земную секунду.

Время становится каким-то непонятно изменяющимся, растягивающимся. Ты вдруг чувствуешь, что оно — не время. Ты как-то входишь в него... Оно становится каким-то зависящим от тебя, времени-то нет. Ты выходишь на скорость выше света. Возрастает частота, и время становится как бы набухающим. Одна секунда — это... Да ты просто перестаешь жить секундами, а живешь только внутренними состояниями.

Это уже другое измерение, время уже приобретает каббалистический смысл, трактовку, как у Бааль Сулама: «Чередование причинно-следственных связей называется в Каббале временем», — это ты начинаешь ощущать.

В нашем мире иногда, психологически, мы тоже так чувствуем: «Сколько прошло времени? Как будто время не движется», — а в духовном это более явно происходит.

- **Вопрос: Кли в мире Бесконечности, бхина далет, — оно конечно?**

Конечное по чему: по глубине, по объему?

- **Вопрос: По глубине, по объему, по способности воспринимать?**

    Объем, в духовном, — это полное насыщение. Когда происходит полное насыщение? Когда ты чувствуешь себя абсолютно пустым. Ты достигаешь состояния, когда на все 100 % своего желания, своего кли, желаешь полностью наполнить Творца и ощущаешь, что ты Его наполняешь и в то же время совершенно не наполняешь.

    У тебя постоянно огромное желание и огромная стопроцентная возможность реализации, причем это все одновременно. Такое состояние называется Полным исправлением. Это — безграничная возможность действия, где действие реализуется само по себе.

    Получается якобы какое-то противоречие между тем, что ты делаешь, и тем, что ощущаешь, но этого противоречия нет.

- **Вопрос: Что ощущает наполненное кли?**

    Кли наполнено, но, кроме наполнения, ощущает, что оно получает, т.е. ощущает себя получающим. Ощущение стыда и приводит к Цимцуму (сокращению).

- **Вопрос: Как могут происходить разборки межу Биной и Малхут, если между ними и нашим миром нет никакой связи?**

    Как это нет связи между внутренними нашими состояниями и нашим внешним миром? Она есть.

    Все обстоятельства в этом мире созданы для того, чтобы я внутри себя проанализировал, разобрался и пришел к какому-то результату относительно Бины и Малхут. Ведь в результате разбиения Бины и Малхут и их взаимного слияния, сочетания, смешивания, и образовался весь этот мир.

    Если внутри меня происходят разборки, то это откликается и снаружи, во всех тех обстоятельствах, которые имеются вокруг меня, потому что все взаимосвязано: весь наш мир — я сам (неживой, растительный, животный, человеческий уровни) — и все, что происходит с ним (все законы управления этим миром), является следствием разбиения в олам Некудим, и разбиения Адама Ришон.

Все взаимосвязано. Но мы не понимаем, каким образом вокруг нас будут меняться земные обстоятельства, если мы в себе, например, сейчас будем производить какое-то исправление, пытаясь на фоне какой-нибудь неприятности выявить единственность Творца, вспомнить, для чего Он это делает.

Какая связь может быть между различными уровнями природы: моей внутренней, духовной, и внешней природой этого мира? И та, и другая исходят из шират келим, разбиения, поэтому должна быть взаимосвязь. И эта взаимосвязь есть, но она для нас теряется, в этом скрытие и заключается.

В статье «Скрытие и раскрытие Творца» (есть пока только в рукописях) Бааль Сулам пишет, каким образом человек начинает видеть совершенно другой окружающий мир.

Меняется ли мир? — Меняется, т.е. я это так вижу. На самом деле меняется он или нет, я не знаю: мир — это мое сугубо внутреннее восприятие. Объективно мира не существует. Мои пять органов чувств рисуют сейчас мне мир. Воздействие света на меня, на мои пять органов чувств, на самом низшем уровне называется «этим миром», этой картиной, больше ничего.

- **Вопрос: Переход махсома является рождением и входом в состояние «ибур»?**

С одной стороны, выход в Высший мир называется рождением, потому что человек входит в первый контакт с Творцом. Но, с другой стороны, он называется «ибур» (зародыш), потому что приобретается экран на самый минимальный уровень, на нулевой. То есть акта родов не происходит; роды происходят уже после того, когда человек проходит нулевой уровень авиюта.

Ибур, еника, мохин — эти три стадии мы изучаем на протяжении тысячи страниц ТЭС. В каком состоянии находится творение относительно Творца или Малхут относительно Бины, как Малхут рождается из Бины, кто переживает этот акт родов, как взаимодействуют ЗА и Има, т.е. Бина — все это там изучается.

Следствием духовных сочетаний, всевозможных сил, которые на нас воздействуют, в нашем мире является то, что мы переживаем. Но на данном этапе мы не можем увязать одно с другим. Мы порой материализуем эту картину, а это совершенно не то, что нам надо. Это уводит нас, заставляет ошибаться, представлять какие-то животные наши функции в качестве духовных действий, чего нельзя делать.

- **Вопрос: Что такое сочетание Бины и Малхут?**

Переход махсома — это правильное сочетание Бины и Малхут. Что значит правильное сочетание? Когда Малхут не подавляет Бину, а Бина не подавляет Малхут, они существуют в правильном сочетании.

Если ты полностью перечеркиваешь Малхут и желаешь быть только со свойствами Бины, то становишься как ангелочек, как божий одуванчик, становишься оторванным от действительности, от эгоизма, начинаешь, может быть, заниматься какими-нибудь другими методиками. Но это уже не Каббала — ты подавляешь эгоизм.

Если, наоборот, в тебе возбуждается свойство Бины, тебе Творец дает точку в сердце, а ты от этого убегаешь, тогда тоже нет никакой работы.

Значит, правильное сочетание Бины и Малхут — это когда они друг друга не подавляют. Ты на фоне Малхут, на фоне всех помех, которые тебе приходят на пути к Творцу, благословляешь, благодаришь Его за то, что Он тебе это все посылает, потому как на фоне этих помех ты можешь удерживаться в связи с Биной, с Его явлением, с единственностью Управления, с Его единственностью в мироздании. Но это происходит именно на фоне Малхут.

Когда твои усилия в погоне за постоянной связью между твоим «Я», этим миром и Творцом постоянно в тебе дышат, непрерывно существуют в тебе, и Творец, как Определяющий твои состояния, в тебе многократно, во всевозможных обстоятельствах удерживается тобою, ты приходишь к состоянию, когда заканчиваешь работу со всеми случаями сочетания Бины и Малхут. Больше эту задачу ты не должен выполнять.

Но когда ты это закончишь полностью, ты не знаешь даже за секунду до последнего действия — ты вообще не знаешь, что ты это заканчиваешь. Наоборот, тебе кажется, что это — египетская ночь: ты не знаешь ничего.

Следующий уровень — это уже раскрытие Творца. Здесь начинается исследование как бы доброго и злого, но явного Его управления. И вот тут уже подключаются клипот, потому что ты видишь четко, что Творец делает с тобой такое... — что это все идет от Творца.

Эти внутренние эгоистические желания, клипот, начинают тебя подтачивать, т.е. начинают тебя настраивать против Творца. И все, что в тебе есть: память, разум, ощущения от различных обстоятельств — полностью направлены на то, что Творец делает все плохое. Но ты теперь, уже через явное, как бы отрицательное Его явление, должен выявить единственность Творца и абсолютно доброе Управление.

Таким образом, работа не кончается и не становится меньше. И хотя я нарисовал такую малопривлекательную картину, человек при этом все равно находится в явлении, в присутствии Творца.

- **Вопрос: Каково намерение во время работы, подготовки к занятиям, во время занятия? Есть ли разница?**

Если самое главное, что мы вообще делаем в нашем мире, — это выполнение действий с намерением, то каким оно должно быть в течение всего дня: на работе, в семье, наедине с самим собой, при общении с товарищами и, в особенности, перед занятиями, во время занятий, после занятий?

В «Предисловии к ТЭС» сказано, что самое главное из всех этих перечисленных намерений — это намерение во время учебы. Поэтому давайте говорить о нем. Во время учебы намерение должно быть к раскрытию Творца, т.е. к желанию достичь или понять то, что изучаешь, к вхождению на более высшую ступень.

Следующая ступень (выше нашей) — это раскрытие Творца, т.е. явное видение Его как Управляющего всем, что происходит во мне и вокруг.

В результате учебы, в меру моего такого намерения, свыше нисходит на меня притягивающий, исправляющий свет. То есть Высшая ступень, которая находится во мне своим АХАП, меня в это время исправляет, четко контактирует со мной, потому что я желаю ее раскрытия, связи с ней; и делает она это именно в таком виде, что определяет меня: строит все и во мне, и вокруг меня.

Это самое, самое главное, что должно быть у человека вообще в жизни: концентрация всех желаний человека, всех его склонностей, намерений именно в течение тех двух часов в сутки, когда он занимается. И тогда все остальное время суток не так важно. Оно нужно лишь для того, чтобы подготавливать себя к тем двум часам, которые определяют все.

Если бы мы действительно могли взять это как цель и во время нашего общего виртуального урока устремиться к ней, мы бы увидели, что получится с нами!

Бааль Сулам пишет в «Предисловии к ТЭС», что качественное усилие — это то, что нам необходимо на фоне количественного усилия. Количественное усилие измеряется временем, качественное — временем во время учебы, в течение которого ты помнишь, к чему именно ты стремишься, и чего именно ты желаешь достичь вследствие учебы.

То же самое должно происходить все время — вне группы и товарищей, и в группе, и в отношениях с товарищами — всегда должно быть то же самое, ничего больше, только при различных обстоятельствах.

Одно и то же должно быть: я желаю связи с Творцом, желаю раскрытия Творца, ощущения Его единственности, желаю видеть все, что происходит со мной, внутри меня, все свои мысли, чувства, а также все, что происходит вне меня, как Его явление мне. «Это Он делает, создает во мне», — больше ни о чем не надо думать. О чем еще думать, если есть только один Источник?

Любое отклонение от Него называется «авода зара», неправильной работой, т.е. не на правильную цель ты уже направляешь себя, а на какую-то ложную.

Мы должны четко это осознать и постоянно напоминать себе, потому что через секунду это улетает, и, значит, снова надо это в себе выявлять, снова надо самому себе читать мораль, направлять, и механическими усилиями это делать.

Я помню, как рисовал себе на руке какие-то знаки, напоминания, везде развешивал какие-то таблички, записочки — ничего не помогало. Если один работаешь, ничего не помогает. Нужна группа: ты видишь, как они делают, и сам начинаешь делать.

Попытайтесь войти в группу, которая работает вместе. Поневоле вы начнете думать о том, для чего, как, почему. Это передается только благодаря общению с остальными. Человек сам по себе не может возвращаться к этой мысли, она его будет посещать раз в столетие. А организация эффективной группы, эффективной именно в каббалистическом смысле слова, своими внешними какими-то действиями: звонками друг другу, совместным чтением статей, совместной учебой и пр. — рамками возвращает каждого из нас хотя бы три-четыре раза в день к этой мысли.

Но если действия группы не возбуждают меня, значит, уже я должен разогревать группу, я что-то должен с ней делать. Возбуждение не должно быть обязательно явным. Но если группа не «колет» меня изнутри — а где же мое устремление к Творцу, где же моя связь с Творцом — если группа не толкает меня на эту связь, то это не группа. Я должен ощущать воздействие группы на себе, внутри сердца, и именно в этом направлении — в направлении соприкосновения Малхут с Биной.

Поэтому Бааль Сулам пишет, что постоянный поиск новой, лучшей группы является единственным проявлением свободы воли. У меня нет другого эффективного средства, которое бы натолкнуло меня на мысль о единственности Творца; я сам себя на это не натолкну.

- **Вопрос: Если ощущение Творца индивидуально, как же можно сделать Его явление всеобщим?**

Каббала обращается ко всему человечеству, поэтому распространение ее в мире должно быть абсолютно безграничным, всеобщим.

Любой человек является носителем потенциальной точки в сердце и должен выполнить свое предназначение относительно Творца, иначе не может быть. Со стороны Творца запланировано слияние со всей Малхут, с общей Душой, т.е. со всеми творениями, с каждым из нас в различных сочетаниях, и если не в этом кругообороте, то в следующем.

Общая душа Адама, разбилась, условно, на 600 000 частей — это первоначальное ее разбиение. Каждая из шести низших сфирот состояла из десяти, а эти десять — еще из десяти, и т.д. причем это на уровне ГАР дэ Ацилут. Таким образом, получается «шишим рибо нешамот» — $60*10000$ (рибо — это 10 000, условный уровень ГАР дэ Ацилут).

Затем происходили дальнейшие разбиения общего творения. Это уже более низшие падения, так называемые падения поколения потопа, поколения строительства Вавилонской башни и т.д. Но это все — духовные уровни. В книге «Бейт Шаар Каванот», прямо в начале, пишется об этих падениях. Так происходило падение с духовного уровня вплоть до нашего мира.

Но не просто общая Душа раскололась на частички и упала. Общая Душа — это единый масах на единое желание. На самом деле, желаний огромное количество, но мы считаем эти желания единым, потому что во всех есть единое стремление к Творцу, стремление уподобиться Творцу.

Это так же, как, если мы полностью устремляемся к чему-то, мы говорим: «всем сердцем». А если не «всем сердцем», то в этом сердце существует целый набор всевозможных желаний, устремлений, каких-то целей — что и происходит в результате нисхождения общей Души — единого творения — на уровень нашего мира.

В наших ощущениях мы уже не являемся частями одного целого, полностью зависимыми друг от друга. Мы, вследствие разбиения, ощущаем себя полностью раздельными, абсолютно независимыми, а порой даже враждебными друг другу. То есть, вместо слияния произошло разделение и отдаление.

Отсюда вытекает Общий закон исправления: мы сначала должны преодолеть антагонизм, отдаление, т.е. должны сблизиться, а потом слиться. Но происходить это должно не на физическом уровне, не внешне, а внутренне, на духовном уровне, и может происходить только в меру осознания необходимости в этом.

Для этого человек должен раскрыть картину разбиения, раскрыть отрицательные следствия отдаления друг от друга. Этот процесс в нас называется «акарат ара» (осознанием зла). Если эта наша природа, сегодняшнее наше состояние, действительно оценивается как зло, причем зло, которое угрожает нам, уничтожает нас, тогда, естественно, или вернее противоестественно, мы будем желать соединиться друг с другом.

Мы видим, например, что во время войны или каких-то опасностей люди стремятся объединиться, забывают о том, что они эгоисты. Наоборот, их эгоизм призывает к соединению друг с другом и сближает их на нашем земном уровне.

Все развитие человечества сводится к возбуждению эгоизма снизу все в большем и большем объеме, во всей его грубости, ярости. Любое использование эгоизма, раньше, в принципе, помогало развитию прогресса, развитию культуры, науки. И хотя в результате прогресса бывали и войны, но мы, несмотря на это, приветствовали этот прогресс. Развитие эгоизма внутри нас, которое толкало нас на внешнее развитие, по сей день считалось положительным.

Только сегодня человечество начинает понимать, что, в общем-то, прогресс материальный, который опережает прогресс моральный (называемый нами духовным), — это порочный прогресс. Только в меру духовного развития — исправления — человек может правильно использовать материальный прогресс.

Но в наше время, сейчас, начинает проявляться осознание зла. Каббалисты говорят, что именно сейчас наука Каббала должна раскрываться, потому что нужны средст-

Мы просим лишь слияния с Творцом

ва для обуздания эгоизма, после того, как ты видишь, насколько он ужасен и не управляем. Уже целые страны находятся в абсолютной растерянности: «Что же делать? Как существовать? Мы не просуществуем, мы друг друга уничтожим».

Отсутствие управления, уверенности в том, что ты владеешь ситуацией, сегодня становится все более и более явным в мире. Мы видим, как в любом государстве коррупция, мафия, заинтересованность различных группировок становятся неуправляемыми. Нет закона, который может управлять этим. Никакая ООН не способна помочь.

Человечество начинает ужасаться своей собственной природе. И я думаю, оно очень быстро осознает, что находится, как маленький ребенок, в растерянности, оттого что не может само себя хоть немножко обуздать с какой-то минимальной гарантией безопасного животного существования, выживания назавтра. Нет у него гарантии.

Осознание зла сейчас начинает проявляться в мире, и оно будет выглядеть в виде огромных миазм. Человечество вскоре обнаружит, что у него нет никакого средства исправления, удержания эгоизма, никакого инструмента для поддержания минимального, нормального уровня жизни, которого и не может быть, потому что эгоизм все время растет — Творец приводит нас к такому состоянию, мы от этого никуда не денемся.

То есть, когда осознание зла действительно проявится и станет явным всем, тогда люди ощутят изнутри этого зла, что Каббала является единственным средством, единственным методом, с помощью которого мы это наше зло (которое, оказывается, не зло: оно зло, потому что мы его употребляем неправильно) можем обратить в добро: не только обуздать зло каким-то образом, с какой-то гарантией существования назавтра, но и гарантировать светлое будущее.

Люди постепенно увидят, что они не только могут убежать от этого зла, но у них появится и замечательная возможность прийти к совершенству и вечности.

Осознание того, что можно прийти к противоположному от зла состоянию, к ощущению совершенства и вечности, вырастает именно из самого зла.

И если «маленькому человечку» с его маленькими заботами, с маленьким осознанием зла ты не можешь объяснить, что такое ощущение вечности, совершенства, безграничности постижения, понимание всеобщего управления, достижение уровня Творца (у него нет тех проблем, чтобы он этого желал), то человечеству, когда оно вот сейчас начинает постигать свое окончательное уродство, оно начинает изнутри него чувствовать, что есть действительно противоположное состояние, ты просто обязан объяснять.

- **Вопрос: Сочетание личного и всеобщего исправления…**

Исправление — оно всегда личное, оно возникает изнутри самой потаенной, самой интимной нашей части — из точки в сердце, из связи этой точки с Творцом. Человеку, чтобы добраться до этой точки, необходимо проделать путь от нашего мира до мира Бесконечности через все духовные миры, потому что все эти миры — это суть скрывающие покрывала на нашу самую внутреннюю точку.

И мы постепенно обнажаем ее для связи с Творцом, перестаем бояться этого раскрытия и этой связи.

Если исправление всегда личное, тогда возникает вопрос: зачем нам нужен этот шум, это распространение, эти пресс-конференции — все эти попытки? Все эти попытки необходимы нам, чтобы не только на внутреннем нашем уровне передать другим возможность исправления.

Поскольку мы все, сердцами, связаны друг с другом, то, что я делаю, автоматически ощущается где-то другими, например, в Австралии, и там тоже начинается какое-то возбуждение. Мы не можем по-другому воздействовать на мир, кроме как изнутри, через свое сердце, желая всеобщего исправления, ощущая и понимая, что наше личное исправление зависит от остальных, а их исправление зависит от нас.

Но мы должны воздействовать и нашим физическим действием, не через сердце, а через средства нашего мира.

Мы открываем группы, курсы, размещаем информацию в Интернете, мечтаем о создании глобального канала связи, чтобы мы могли видеть друг друга, чтобы мы транслировали наши уроки, чтобы это передавалось любому человеку в мире на экран его телевизора.

Если бы это могло осуществиться, если бы любой человек в мире мог включить телевизор и слушать нашу передачу на своем родном языке, я думаю, наш мир бы за очень короткое время изменился. Я не вижу сейчас других методов воздействия на мир, чтобы подтолкнуть его к общему исправлению.

Кроме того, мы должны понимать, что хотя исправление очень индивидуально, оно исходит из точки в сердце, куда даже сам человек практически не может войти. Поэтому человек даже на самого себя может воздействовать только окружными методами, например, возбуждением от группы, книг.

Мы к самой точке не прикасаемся, эта точка находится только под властью Творца, а мы должны к ней стремиться. Бааль Сулам в статье «Свобода воли» пишет, что мы должны создавать вокруг себя наилучшую среду, чтобы точка в сердце каким-то образом возбуждалась от этой среды и устремлялась к своему совершенному состоянию.

Мы не можем взять саму точку в сердце и поместить ее в мир Бесконечности. Мы можем только всевозможными окружающими, подсобными действиями над ней, вокруг нее способствовать этому. Поэтому распространение, создание всемирной группы — это уже закладка фундамента будущего человечества. Наш путь — он особенный, мы первопроходцы на этом пути.

Но об этом говорилось в каббалистических книгах еще тысячи лет назад, а только сейчас это начинает реализовываться. Значит, каждый следующий этап нашего развития нами не может быть как-то предусмотрен, запланирован, расписан наперед. Мы не можем знать, какие возможности и обстоятельства вдруг проявятся перед нами. Следующая наша форма может сильно отличаться от той, которая есть у нас сегодня, но наши сегодняшние ресурсы мы должны использовать максимально, как-то реализовывать.

Есть проблема еще и в том, что Каббала написана на очень архаичном языке. Хотя она говорит о внутренних чувствах человека, которые невозможно выразить словами, внешне это описано языком, но языком, который нам сегодня практически неизвестен. Это — арамит и древний иврит. И для того, чтобы люди могли читать и понимать каббалистические книги, даже тексты Бааль Сулама и Рабаша — последних каббалистов, наших современников, надо с людьми заниматься.

То есть распространение, обучение всего мира — это не просто трансляция с переводом, это адаптация текстов к современному человеку, и в этом самая большая наша задача. Каким-то образом, через средства массовой информации мы можем протолкнуть наш материал, но когда он доходит до читателя, он все равно еще не понятен. Мы еще далеко не до конца смогли адаптировать его к современному человеку.

Адаптация — это большая проблема. Возможно, тут надо работать совместно с психологами, со специалистами по PR.

Распространение Каббалы, с одной стороны, должно быть общим на весь мир, ненавязчивым, потому что запрещено любое насилие в духовном распространении, реклама должна быть неагрессивной, с другой стороны, это должно проникать в сердце человека.

- **Вопрос: Самая главное духовное правило, на которое указывает Творец человеку — «Будьте святы, потому что Я свят». Что это означает?**

Святой — это отделенный от всего и принадлежащий только одному свойству. Значит, «насколько я свят» — «насколько я отдающий».

Творец — это только одно свойство. Но мы воспринимаем Его, как какой-то объект, а не как свойство — и в этом вся проблема. Мы рисуем нечто, и оно — это нечто — желает давать, но такого нет. Творец — это свойство отдачи и ничего больше. Под этим словом больше ничего не подразумевайте, иначе вы его будете материализовывать. Свойство отдачи называется «кадош». Бина называется «кадош». Поэтому земля Израиля, т.е. Малхут, которая поднимается в Бину, называется «Святой землей» — «кадош».

Отдача, свойство отдачи, называется «кадош», потому что отделена от всего эгоизма, как невеста от всего мира отделена к жениху. Это олицетворяется в ритуале хупы. Жених говорит невесте: «Ты принадлежишь мне», — потому что жених выступает здесь в качестве Творца, а невеста — в качестве Малхут, нуквы, выступает как хисарон, принадлежащий теперь Ему.

Малхут становится святой, тем, что прилепляется к ЗА, берет от него в себя все его свойства, а эгоистические свойства Малхут входят в ЗА.

Итак, самая главная наша заповедь — указание Творца: «Будьте святыми, как Я». «Я» — это Его свойство Бины; наше свойство — Малхут. «Будьте святыми, как Я» подъемом Малхут в Бину, приобретением свойств Бины, несмотря на то, что мы Малхут. То есть на все свои эгоистические свойства мы должны приобрести альтруистические намерения.

- **Вопрос: Устройство нашего мира...**

Наш мир устроен по подобию духовного мира. Все духовные миры: АК, Ацилут, Брия, Ецира, Асия — подобны друг другу, только каждый более низший мир — более слабый по своим альтруистическим качествам. В каждом мире существуют все десять сфирот, только в каждом более низшем мире — в меньшем их выражении, в меньшей силе их проявления.

Наш мир находится под махсомом, под «железной стеной». Альтруистических качеств в нем нет совершенно, но связи в его материи, в ее структуре, подобны связям между духовными силами, между духовными объектами в духовном мире.

То есть в духовном мире это — духовные объекты с духовными силами и их всевозможными сочетаниями. В нашем мире их копия не в силах, а просто в материале нашего мира. Поэтому так же, как любой духовный мир состоит из всех видов авиют, так и наш мир состоит из неживой, растительной, животной, человеческой природы. Все, что есть в нашем мире, является следствием материализации нисходящего свыше духовного воздействия. Сказано, что нет в нашем мире ничего, что бы не являлось следствием духовного корня.

Но ни в коем случае нельзя внутри объектов нашего мира представлять себе духовные свойства, духовные силы, которые якобы в них существуют. Ведь это и есть поклонение идолам.

Известный каббалист Рамбам (11-й век) рассказывает нам, в чем заключается корень многобожия и различных верований. Он говорит, что люди в древности обладали маленьким эгоизмом. Они, согласно своей «светлости», непосредственности, наивности ощущали природу, ощущали, что над ними есть Высшие силы.

Это происходит с любым человеком, который живет на природе, оторван от цивилизации — у него маленький эгоизм. Сегодня таких практически нет, потому что у всех уже эгоизм поднимается изнутри. А тысячи лет назад, в силу своей тонкости, просто малого эгоизма, люди ощущали Высшую силу, представляли, что есть Творец.

Это находится внутри человека, даже детьми мы вдруг ощущаем какое-то желание молиться, обращаться к чему-то, мы чувствуем, что что-то есть. Это происходит даже с маленькими детьми в самом прагматическом обществе. Но позднее, поскольку мы повторяем в течение нашей жизни те же периоды роста эгоизма, как и все человечество в глобальном своем движении, это все пропадает.

Так вот, Рамбам говорит, что у людей существовало понятие о том, что есть единый Творец, и что Он ими управляет. Но затем они начали изучать окружающий мир. Они увидели, что звезды, своим движением и различным сочетанием между собой, положением на небесной сфере, могут рассказывать о том, что может происходить в дальнейшем, увидели, что есть какая-то закономерность во всей этой картине. Тогда люди начали сопоставлять действия Творца с положением звезд, и решили, что это одно и то же.

Значит, Творец желает действовать на них через звезды. Звезды для них — сигналы, какой-то посредник, буфер, между ними и Творцом. Если так, тогда Солнце, Земля, Луна, звезды являются для людей источниками небесной информации. И люди начали поклоняться им, потому что Творец выдвинул именно эти объекты, как Своих представителей.

Люди начали как бы одушевлять эти объекты: Солнце, Землю, Луну, — начали представлять, что они непосредственно являются духовными силами, которые воздействуют на людей. И здесь возникли «характеры» Луны, Солнца, Марса, Венеры, других объектов природы; их появление отождествлялось с хорошими силами, с плохими силами. То есть Творец уже стал пропадать, и возникло поклонение всевозможным силам природы.

С этого постепенно и началось развитие всевозможных верований, вплоть до того, что даже в наше время человек еще продолжает верить в это: гороскопы печатаются на последних страницах всех газет. То есть мы, по сути дела, сегодня находимся на той же дремучей ступени, что и те наши далекие предки.

Люди посещают различные курсы, пытаются каким-то образом оказать влияние на свою жизнь и уверены в том, что это возможно, что не Творец, а знания о том, как управлять через какие-то силы нашего мира, им помогут что-то сделать.

Еще предстоит долгий путь, пока это все отомрет. Но это, например, в России очень быстро прошло: вера различным экстрасенсам пропала. Теперь — разочарование, все это отмирает. Но был там такой бурный период.

А сегодня Россия первая страна по устремлению к Каббале, по поиску духовного. Хотя, кроме этого, там есть и другие предпосылки, однако это тоже показатель.

Вот если бы так резко это могло проскочить по всему человечеству, мы бы оказались сегодня в другой стадии.

- **Вопрос: Что мы должны передать всему человечеству, какую идею?**

Мы все время говорим с вами о том, что наша внутренняя работа по сближению с Творцом, по проявлению этой Силы, единственно действующей в нашем мироздании относительно нас, т.е. работа по Его раскрытию нам, неразрывно связана с распространением. Потому что распространение — это присоединение к себе исправленных и неисправленных желаний, устремлений к Творцу, без которых сам тоже не поднимешься и не исправишься.

Я могу подниматься вверх, к Творцу, только в той мере, в которой я распространяюсь вширь. Любой мой подъем, пусть на одну маленькую ступеньку выше, означает, что я присоединил к себе еще одно кли, извне, от другого человека. Таким образом я поднимаюсь.

Поднимаясь по всем ступенькам, я присоединяю к себе души всех существующих в этом мире. В итоге, с подъемом, достигнув своего Полного исправления, полного слияния с Творцом, я становлюсь в себе собирателем всех душ вокруг моей центральной точки. Эта точка — одна моя, а все остальные — присоединенные к ней.

И так каждый из нас становится обладателем полного, целого, бесконечного кли, каждый! Потому что каждый присоединяет к себе всех остальных. И без присоединения подъем невозможен. Таким образом, распространение и духовный подъем определяют друг друга.

Отсюда возникает вопрос: если распространение — действительно неизбежное и необходимое мое действие, то что же я хочу конкретно преподнести и сказать миру?

Бааль Сулам говорит об этом очень просто: «Когда я обращаюсь к миру, я не обращаюсь просто в пустое пространство и кричу «Ау». Я обращаюсь к тем, у кого уже есть предрасположенность меня услышать». Что это значит? Он обращается к тем людям, у которых уже есть вопросы: «В чем смысл моих страданий?», «В чем смысл моей жизни?». И поэтому, обращаясь к ним, он должен забросить ответ на этот вопрос. А вопрос в них уже есть.

Тем, у кого нет этого вопроса, к ним не обращаются. Это еще несозревшие люди, у них это просто проходит на расстоянии 5-10-ти сантиметров от уха, они этого не слышат. Их интересуют новости спорта, биржи, политика. А мы рассчитываем на другое ухо. Поэтому наш ответ должен быть именно в таком ключе, как пишет Бааль Сулам: «Раскрытие Творца является единственным ответом на вопрос о страданиях, о смысле жизни».

Вопрос о смысле жизни — это вопрос о страданиях. Если бы человек не страдал, он бы не спрашивал себя о смысле жизни, потому что о смысле наслаждения мы не спрашиваем, мы просто наслаждаемся. Когда возникает отсутствие наслаждений — страдание, только тогда мы начинаем себя спрашивать: а почему?

На нашей пресс-конференции мы пытались сказать, что есть идеология у мира. Когда у человечества пропадают все идеологии, когда у него абсолютно пропадает направление движения, когда оно не знает, что еще может ждать впереди, когда осознается полное зло, в котором находишься, осознается не сразу всеми, но уже есть в нашем мире к этому определенная подготовка, тогда мы можем сказать миру о том, что есть Цель, есть идеология, есть для чего дальше жить и развиваться.

И это — единственное и верное, правильное и истинное, потому что исходит из самой нашей природы, а не выдумано человеком, пусть даже Марксом или Аристотелем. Оно исходит изнутри, из самой природы.

Даже если мы оставим нашу работу, допустим, сами не будем развиваться, мир не будет развиваться — это неважно, все равно весь мир придет к этому. Но, как пишет Бааль Сулам, занимаясь Каббалой, мы сокращаем страдания мира. Если же мы не будем своими усилиями устремлять мир к исправлению, он войдет в третью, в четвертую мировые войны.

Бааль Сулам говорит о том, что осознание зла все равно обязано проявиться в человеке. И осознание зла, и приход к необходимости альтруистического исправления обязаны произойти именно из полного осознания зла эгоизма.

Но осознание зла может произойти или в результате огромных, ужасных страданий, причем на всех уровнях: и на физическом, и на моральном, и на психологическом, и на духовном, — или посредством осознания зла по сравнению с добром, по сравнению с раскрытием духовного.

Если сейчас мы с вами немножко раскроем для себя Высший мир и в контрасте с ним увидим наше сегодняшнее состояние, мы ощутим в этом нашем состоянии такое зло, такую порочность, ничтожность, никчемность, пустоту, которые будут достаточны для того, чтобы сейчас же захотеть вырваться из этого мира. И тогда нам не понадобятся еще десятки лет нашего такого существования в войнах, в катастрофах, в катаклизмах.

А ведь перед нами, как пишет Бааль Сулам, находятся две возможные мировые войны и глобальные природные катаклизмы. Бааль Сулам говорит, что в результате останется «ковец катан» — маленькая кучка, группа, людей из всего человечества. Из миллиардов, которые существуют, останется в тысячи, в десятки тысяч раз меньше. Но эти люди, внутри себя, будут как бы собирателями всех остальных душ. И каждый из них сделает эту работу по исправлению.

Это плохой путь. Но без нашего вмешательства, если мы будем идти жесткими законами природы, не вмешиваясь в них, не используя нашу свободу воли, этот страшный план осуществится.

Раньше, когда у каббалистов были маленькие желания, путем страданий они выходили в духовный мир. Им было сказано: «На земле спи, хлеб с водой в меру, необходимую для существования, ешь и занимайся Каббалой, как средством исправления, и тогда ты пройдешь в Высший мир», — т.е. большими страданиями, лишениями, ограничениями — природным путем, на том уровне эгоизма в человеке это было возможно.

А начиная со времени разрушения Храма, переход происходил только методом света или в ужасных, ужасных страданиях, которые перенести уже практически было невозможно.

Сейчас вся работа каббалистов состоит в том, чтобы заявлять о себе людям, писать книги, рассказывать о том, что существует методика, предназначенная для того, чтобы смягчить путь, сделать его максимально удобным, даже, можно сказать, комфортным, по сравнению с путем страданий. Сказано, что единственная наша свобода воли — организовывать вокруг себя общество, устремляющееся к Творцу, максимально эффективное для каждого индивидуально исправляющегося.

- **Вопрос: Как можно объяснить людям, что Творец — не объект, что Он — свойство?**

Мы видим, насколько нам трудно удержать в себе то определение, что Творец — это не объект, Он — свойство, что свойство отдачи — это Творец. То есть мы не можем за Него уцепиться, не можем Его захватить. Что такое «свойство», «категория»? Это что-то философское, летающее где-то, что невозможно поймать.

«Объект» — это можно понять: его можно как-то заключить в свои органы ощущений, представить себе чем-то конкретным (не в руках, так умозрительно — он находится в моем поле зрения, я его охватываю). А «свойство», причем «свойство отдачи» — это как-то уходит из-под моего контроля, из-под моей власти, из моих ощущений.

Этого мы не можем объяснить. Людям мы можем и должны раскрыть только одно: единственность управления Творца. Через это человек постепенно выйдет на ощущение Творца, и тогда поймет, что Творец — это свойство отдачи.

Если на фоне различных неприятностей со стороны государства, семьи, работы, товарищей я пытаюсь выявить единственность Творца, стоящего за всем этим, то я устремляюсь к Нему, обнаруживаю Его свойство отдачи — доброе отношение ко мне — во всех противоположных, отрицательных воздействиях (положительных практически нет), которые Он на меня оказывает, и таким образом прихожу к тому, что Его единственное свойство — отдавать и давать добро. И все это я выявляю только из противоположности.

Ты можешь возразить: «Чем же этот путь отличается от пути страданий?»

Ты поднимаешь страдания с уровня физических, ментальных, моральных, психологических страданий на духовный уровень и очень быстро (в течение 3-5-ти лет — это быстро, на самом деле) обращаешь их в страдания любви, т.е. начинаешь страдать, если у тебя нет любви, тяги к Творцу, к слиянию с Ним.

Но эти страдания ощущаются как наслаждение, как страдания человека, который любит и стремится к источнику своей любви. Об этом пишет Бааль Сулам в письме на странице 70 в «При Хахам», а царь Соломон в «Песне песней».

В принципе, все наше искусство, все наши желания основаны на маленькой капле ощущения этих страданий. Все высокое, что создано человечеством, является маленькой частичкой этих вот устремлений, сладостных страданий к Творцу.

В результате, глобальные страдания, вызываемые общим природным законом через мировые войны, катаклизмы и т.п., и страдания, на которые намекает Бааль Сулам, которые страшнее, чем смерть, когда человеку не дают умереть, а дают страдать, мы заменяем страданиями любви, сладкими страданиями любви.

- **Вопрос: Если мир не пойдет смягченным путем, и распространение Каббалы не приведет к тому, что человечество осознает...**

  Нет, такого не будет...

- **Вопрос: Какой смысл в войнах, в уничтожении, ведь во время этого человек не в состоянии осознать собственное зло?**

  Из моего объяснения возникает вопрос: неужели уничтожения, страдания, причем неосознанные в основе своей, делают какое-то исправление? Ведь исправление должно возникнуть в нас под нашим влиянием, при нашем личном вмешательстве, осознании, усилиях. Но нас вдруг бьют, уничтожают, вдруг происходят землетрясения, стихийные

Мы просим лишь слияния с Творцом

бедствия. В итоге много раз во многих жизнях мы страшно страдаем, в страданиях проходим путь. Разве так человек исправляется?

Так он исправляется на всех уровнях: на животном, моральном и т.д., — но не на духовном. К духовному уровню приходит небольшое количество людей из всего человечества. Они создают каббалистическую группу и работают в ней — делают исправления.

Все уровни, предшествующие духовному, человек исправляет страданиями, а каббалисты предлагают исправить их с помощью изучения Каббалы.

- **Вопрос: Должен ли человек просить определенно, направленно о чем-то конкретном — об исправлениях своих свойств?**

Нет. Например, я сейчас обнаружил, что у меня вдруг пропала ловкость: я хотел украсть, но меня поймали. Значит, я должен просить Творца о том, чтобы Он меня немножко исправил, чтобы в следующий раз меня не поймали? Ведь о чем я могу просить эгоистически?

Я дал утрированный пример, но, в принципе, какой может быть моя молитва? «Сделай меня таким, исправь меня так, чтобы я не испытывал страданий, чтобы меня не поймали и не наказали». Из этого ясно, что саму молитву я формировать не могу, потому что она всегда будет эгоистической: «Сделай меня более ловким воришкой в этом мире, в любых обстоятельствах, везде, и как угодно» — это, в общем-то, мое «Я» — получить от этого мира любыми способами.

Тогда о чем же я могу молить? «Ты мне помоги, будем с Тобой партнерами в этом деле» — это то, о чем я могу просить Творца. Значит, мы формируем не саму молитву, мы формируем условия для ее создания в нас.

Того, что мы действительно будем просить у Творца, мы не знаем. Это формируется у нас в сердце независимо от нас. Поэтому сказано, что мы должны устремляться. А как это выразится в нас, о чем мы, на самом деле, будем Его просить, мы не знаем. Еще и поэтому Каббала называется тайным учением, потому что человек на самом деле не знает, что он просит. На самом деле, внутри себя мы просим только о слиянии с Творцом.

И самое эффективное средство для формирования молитвы (желаний) — находиться в группе, с учебником, с Учителем. Нам говорят: «Устремляйтесь только к тому, чтобы раскрыть Творца, определить Его единство». Придавать этому направлению более оформленное, по-человечески понятное земное выражение не надо.

Таким образом, молитва, настоящий МАН, никоим образом не может быть сформирована нами. Как мы можем просить Высшего о том, что Он должен дать нам, если мы не находимся на уровне этого Высшего? Откуда мы можем понять не ощущаемое нами? Мы же всегда идем с низшей ступени на Высшую ступень, и поэтому никогда не можем ее понять: она всегда выше нас, она всегда, относительно нас, кажется нам бесконечной.

Поэтому никогда правильное намерение к Высшей ступени, правильное возбуждение ее к работе с нами не в наших возможностях. Мы только должны создать условия для того, чтобы в нас как можно быстрее сформировался МАН, молитва. Мы только помогаем и не более, поэтому и говорится, что «Исраэль мэзарэз эт азманим», т.е. тот, кто устремляется к Творцу (Исраэль — стремящийся к Творцу), сокращает время, ускоряет его.

Мы только и делаем, что ускоряем время, чтобы в нас быстрее отработали все решимот. Ускорение времени вызывает одновременно и совершенно другое восприятие на пути к Цели. Потому что, когда мы сами желаем тех ступеней, к которым идем, они обращаются к нам положительно: мы их желаем. А когда отталкиваем, они ощущаются в нас отрицательно.

СТАНОВЛЕНИЕ ГРУППЫ

20 апреля 2003 года

- **Вопрос: Как привнести во внешнюю группу дух Бней Барух?**

Дух Бней Барух в вашу группу можно привнести только постоянной связью с нами. Для этого я и начал виртуальные уроки. Итак, важна просто связь с нами, с одной стороны, если вы говорите о духе Бней Барух. С другой же стороны, это — работа, такая же, как у нас. Тогда у нас возникнет общность забот, мыслей, проблем: они общие везде, в принципе.

Это так только кажется, что есть какая-то специфика между Москвой и Нью-Йорком. Везде мы работаем с людьми. Везде важна точка в сердце... Внешне мы, может быть, отличаемся как-то. Когда же мы касаемся точки в сердце, то можно говорить о советских министрах, больших ученых американских или израильских — все одно. Когда мы доходим до этой точки внутри, тогда можно считать, что перед тобой голенький, обнаженный человечек: у всех одно и то же, одинаковое.

- **Вопрос: Правила сбора десятины...**

Согласно указанию, даже если человек собирает милостыню на улице, то все равно должен от нее отделять 10 %. Об этом нет даже споров. Это является тем условием, при котором он просто находится внутри группы своими материальными возможностями, внутри духовного продвижения, — и все. Об этом даже говорить нечего, это должно быть прежде всего.

Я узнал об этом на втором месяце занятий у Рава, когда я еще с Равом не был знаком, а только с его учеником.

Ко мне подошли и сказали: «У нас принято так: тот, кто систематически занимается, должен участвовать тем, чтобы платить за воду, газ и т.д., т.е. за то, чем мы пользуемся в нашем внутреннем помещении. Просто потому, что ты, например, приходишь и этим пользуешься для себя. Ты ведь дома или где-то тоже пользуешься услугами? Кроме того, 10 % ты отдаешь Раву».

Я спросил: «Почему?» Тогда мне ответили: «Так у нас принято: хочешь заниматься — плати. Не хочешь — плати где-то в другом месте или же вообще не плати. Может, в другом месте даже тебе будут платить». Вот и все.

- **Вопрос: Спросят тогда: «Чем же вы отличаетесь от тех, кто зарабатывает на духовном»?**

Мы отличаемся тем, что эти деньги берем не себе, эти деньги используем на распространение, на наше расширение. Потому что эти 10 % должны быть точно использованы для «тикуна» (исправления). А исправление достигается за счет распространения. Поэтому все эти 10 % в виде нетто, т.е. чистыми должны уйти на распространение. Поэтому, если ты говоришь: «нам не на что распространяться», — закрывайте группу.

- **Вопрос: Мы не контролируем отделение маасера в нашей среде?**

Никто не контролирует. Маасер никто не считает.

- **Вопрос: Человек, который хочет быть в группе, должен ли он на себя брать обязательства? Иначе говоря, дежурства — это тоже одно из обязательств?**

Начиная с 9-10 часов вечера, приходят в наш центр дежурные: каждую ночь три человека, пока мы не находимся в центре. Они готовят для нас всех помещение, чтобы мы пришли в три часа ночи и у нас было все готово, чисто и убрано. Три мужика остаются на ночь и все это делают. Очищают помещение около 1000 кв. метров, всякие грязные и чистые места: кухню вместе с ее содержимым, туалеты и все такое прочее. Мы приходим каждое утро в 3 часа ночи и видим, что все чисто.

Если он не может в эту ночь явиться на дежурство, то обязан вместо себя найти кого-то другого. Те, кто в три часа ночи заканчивают дежурство, освобождаются в эту ночь от занятий. Каждый дежурит раз в два месяца, допустим. После этого он или идет домой спать, или же остается немножко на занятиях. После урока он или продолжает отдыхать перед работой, или же уходит на работу сразу. У нас есть ответственные за каждый шаг.

Трое или четверо ответственны за здоровье. Иначе говоря, за все есть ответственный человек у нас. А без этого невозможно. Я уже не говорю о бухгалтере, о группе водопроводчиков и электриков.

Если мы товарищи, — значит, все вместе.

- **Вопрос: А все эти отношения в группе — обязательно ли они должны быть скреплены уставом или договором внутри группы?**

Нет. Устав, договор, как правило, показывают, что ничего нового в отношениях не происходит. Ты ведь знаешь: бумажка полезна, если только она соответствует действительности. Но устав или договор хороши тем, что мы по ним видим разницу между тем, чего бы мы хотели, и тем, что мы имеем на сегодняшний день.

Хорошо иметь устав просто для того, чтобы видеть, как мы меняемся. И неважно — в худшую сторону или в лучшую. Бумага при этом не меняется, а ты — да. Тебе лишь кажется, что то, о чем ты думал вчера и сегодня — это одно и то же.

В действительности же смотришь на устав, и видишь совсем иное. Поэтому желательно все фиксировать на бумаге: это поможет вам лучше изучить самих себя. Обязывать, как правило, бумага, конечно, никого и ни к чему не может, но ты сам знаешь: свадебный договор и все остальное... Приходит момент, когда это все ломается, несмотря на то, что записано.

- **Вопрос: Есть ли у вас лица, ответственные за разрешение конфликтов между членами группы?**

У нас есть целая команда, ответственная за разрешение конфликтов между членами группы.

Какой вывод из нашей беседы? Вы должны быть в постоянной связи с нами. Каждый вопрос — это вопрос новый и в новой обстановке. Каждый день — это новый день. Каждый день — люди новые.

Вы должны постоянно спрашивать, каким образом улаживать каждый конфликт, каждый момент, каждый вопрос. Причем, даже самый маленький. Вы пишите, потому что это — ваши вопросы. И мы на них будем отвечать, не указывая даже, откуда они и куда. Они станут базой для решения всех остальных подобных проблем. Мы ведь начинаем совершенно новый путь и новое дело во всем мире. Естественно, что этим вопросам не будет конца.

Я вас прошу сохранять это вот наше собрание и после того, как вы отсюда уедете. Обязательно переписываться.

ПОДНЯТЬСЯ К ВЫСШЕМУ ЗАКОНУ

20 апреля 2003 года

- **Вопрос**: На протяжении последних месяцев у нас строится предприятие. Существует такая тенденция, что на решение всех задач, которые перед нами стоят, мобилизуется часть группы. Формируются отделы, но в то же время не все задействованы в эту работу. Есть вопросы по дисциплине. У нас есть правила посещения уроков, по ответственности за работу в отделах. Но только часть группы это полностью принимает, другая частично где-то участвует, а есть и такие, которых приходится приглашать, напоминать, заставлять. Есть вопросы о статусе группы и предприятии.

Когда люди приходят, не приходят, могут делать, что хотят, поскольку «мы в группе — все товарищи», тогда и возникает проблема. И у нас когда-то этот вопрос встал остро. Люди не приходили на свои дежурства, а ведь у нас очень много различных дел внутри предприятия, группы. И тогда цепочка вдруг обрывалась: где-то кто-то обязан что-то сделать, но не сделал. В общем, выходило все из-под контроля и шло вразнос.

И тогда я сказал, что никакой группы у нас нет. Потому что ее на самом деле нет. Это не группа. Не я выдумал, что ее нет, а это потому, что все так сделали. И поэтому вместо группы вводится предприятие. На иврите это звучит не так грубо, как на русском. Потому что на иврите «мифаль» — это мероприятие, компания, это не что-то вроде завода, это нечто такое, что мы вместе сейчас организовываем. Так вот, теперь нет никаких групп.

До этого мы делились на пятерки, десятки, люди собирались между собой по характеру, кто кому ближе, кто с кем уже заранее как-то подружился и так далее. А теперь решили все это аннулировать, нет никаких подгрупп, нет ничего внутри группы, все одинаковые, и все сейчас у нас структурируются по своим специальностям, которые группа им назначает.

И начали образовываться отделы: отдел по изготовлению видеопродукции, именно продукции, как на предприятии, аудиопродукции, по выпуску книг, рекламы, отдел сбыта, отдел графики, социальный отдел, обслуживающий нас, жен, детей и так далее, бухгалтерия, технический отдел, чтобы поддерживать наше помещение, оборудование и так далее. Есть кухня, магазин, склад и пр.

И с тех пор мы даже особенно и не говорим о товарищеских отношениях, а говорим только об обязанностях человека относительно группы. Тогда у человека возникает естественный вопрос: «А для чего мне это надо: соблюдать дисциплину, график, приходить и что-то выполнять и прочее?» И у него это отношение к группе возникает само собой, потому что его ставят в такие рамки, ограничения, что поневоле этот вопрос в нем возникает, а не потому, что его призывают: «Ребята, да нам надо..., да мы..., вперед...», — нет, именно под давлением.

Еще много что надо сделать, но, в общем, получается, что возникает здоровое отношение между людьми, товарищеское над производственными отношениями. А для чего нужны производственные отношения? Ты хочешь заработать на этом предприятии, у тебя должно быть вознаграждение — ты начинаешь искать оправдание в идее.

- **Вопрос: Рав, у нас тогда останется, допустим, из всех шестидесяти человек, двенадцать или четырнадцать, которые смогут это делать.**

Если другие не могут, они вообще остаются за бортом. Мы находимся с вами на корабле. У каждого вахта, и никаких здесь других причин нет. Нам ты не нужен во время, когда мы тут сидим и выпиваем, понимаешь? Если у тебя есть время только на трапезы с нами, а на другое — нет, будь здоров. То есть закон должен быть железным, жестоким. Вы поймите, что когда мы идем к Творцу, мы включаемся в жесткое, космическое управление всей Вселенной, всем миром. Там очень простые и четкие законы природы.

Ты не можешь сказать, что если упадешь, то, может, с тобой ничего не случится, как-то по-другому поступит с тобой закон тяготения... Не поступит. Эти законы на тебя будут действовать. Мы желаем войти в четкое истинное выполнение законов природы для того, чтобы подняться к самому высшему общему ее Закону. Вы не знаете, что такое ЦА! И неужели вы думаете пройти махом на каких-то договорных условиях?

Значит, остается только одна возможность — отбор, четкий отбор, естественный отбор людей, которые в состоянии себя подавить, наступить себе на горло, во имя достижения Цели. У вас должна быть система поступенчатого приема людей, градации. Слабенькие — в первую группу, посильнее — во вторую и так далее, и больше никак.

- **Вопрос: А кто будет это решать?**

Это решит ваш Устав. Значит, вы должны принять Устав. В нем должно отражаться, каким критериям, каким условиям должен соответствовать человек на каждом уровне. Таких уровней должно быть минимум три.

С самых «маленьких», внешних, начинающих, которые еще ничего не понимают, спрашивать как с детей. Следующий уровень — это когда человек уже действительно проверяется: может, не может, колеблется, не колеблется, у него переходы, спуски, подъемы. И последняя стадия — это уже те, которым уже не может быть никаких послаблений, там уже все время по нарастающей идут вперед. И все. Иначе у вас организации не будет, иначе вы не сможете расти.

Внешняя организация нужна нам для того, чтобы подниматься вверх. Надо распространяться вширь, для того, чтобы подниматься вверх, иначе этим можно было и не заниматься. Закон природы эквивалентен и вширь и вверх. «Возлюби ближнего, как самого себя» говорит о том, что надо весь мир включить в это дело, и тогда мы все вместе сможем подняться к Творцу.

Значит, самая внутренняя группа должна быть очень жесткой. Мы не можем требовать от человека невозможного для него в его состоянии, но мы можем в соответствии с его возможностями участия в нашем движении сказать ему: «Твое место, согласно твоему вкладу, в такой-то или в такой-то группе».

А определять это только согласно Уставу, в котором должно быть все четко оговорено. У нас, например, все очень просто — ты приходишь каждое утро заниматься, ты выполняешь все свои обязанности и задания, у тебя есть внешняя группа, в которой ты преподаешь, ты участвуешь еще в каком-то виде распространения, во всех трапезах ты участвуешь вместе с нами.

- **Вопрос: Если мы так сделаем, у нас никто Каббалой не будет заниматься.**

Если вы сделаете таким образом, значит, половину вашей группы «снесет» во внешнюю группу, и очень хорошо. Зато та половина, которая останется, будет продвигаться выше, а та, что перейдет во внешнюю группу, не будет себя перетруждать. Но пока она дальше будет идти меньшими темпами, ни в коем случае не надо ею пренебрегать. Каждый действует в меру своей точки в сердце — насколько она у него уже взрослая. Так и у них появятся такие, которые через год, через два прорвутся и начнут «гореть» и идти вперед.

- **Вопрос: А во внешней группе должны быть уровни?**

И среди внешних групп должны быть несколько уровней. Если человек может приходить на занятия только раз в неделю, участвовать в каких-то делах, но не может работать на предприятии, конвейер которого не останавливается, то он не может быть во внутренней группе. Причем это не зависит от его материального вклада: он может быть богатым дядей, может быть бедным, это неважно. Все исчисляется именно его усилием.

- **Вопрос: Как избирается дирекция и начальники отделов?**

  В дирекцию человек избирается только по его вкладу, по его усилиям, по его участию во всех мероприятиях. Начальники отделов избираются по своим профессиональным качествам, начальником отдела становится специалист в данной области.

- **Вопрос: А если начальник отдела выполняет свои обязанности, но не посещает занятия или не соблюдает наши обычные рамки?**

  Если человек просто выполняет какие-то профессиональные обязанности на предприятии, но практически не участвует в вашей жизни, значит, он — как наемный работник, он не товарищ, и он не является членом вашего предприятия. Предприятие ваше добровольное, вы в нем получаете духовное вознаграждение. А у этого человека другие цели, но вы можете его при этом держать у себя, потому что он выполняет какие-то другие функции.

  У нас есть несколько таких людей, которые приходят меньше, приходят реже, но они нам нужны по каким-то причинам. Но отношение к ним совершенно другое: мы его как будто оплачиваем, но только не деньгами, а тем, что позволяем ему вместе с нами участвовать в трапезе, уважаем его. На самом деле уважаем за то, что он там что-то делает. Это возможно. Но он не считается членом нашего предприятия, он просто специалист в какой-то области.

- **Вопрос: Как принимать Устав, если на уроках, как правило, присутствует не вся группа?**

  Те люди, которые фактически присутствуют на уроках, являются уже прошедшими первое условие. Но я не говорю о тех, которые не в состоянии приезжать к вам 2 раза в неделю. У Бааль Сулама были уроки раз в неделю, потому что ученики собирались с разных концов страны, а в то время доехать, например, из Тверии в Иерусалим занимало целый день.

  Я вам не навязываю свою точку зрения, я вам говорю о тех критериях, по которым отбираются люди. Если вы решите, что надо так-то, а не иначе, запишите это условие в Устав, примите его, и после этого все должны соблюдать это условие. Хотите заниматься раз в месяц — значит, ваша группа идет по такому Уставу. Не берите с нас пример.

- **Вопрос: Если на занятии присутствуют две трети, то как принимать решение о разделении группы?**

Вполне возможно, что две трети присутствующих у вас на занятиях — это и есть ваша целая группа, т.е. таким образом ее и надо оставить. Я не знаю условий, в которых эти люди живут, в которых они существуют. Может быть, физически они не в состоянии чаще бывать на уроках.

Нас интересует отдача человека не в цифрах, мы не измеряем ее каким-то прибором. Мы измеряем это желанием человека. Вы находитесь вместе в группе, вы чувствуете желание человека, в соответствии с этим и решайте, даже немножко на интуитивном уровне, если по-другому не можете это измерить.

У нас есть люди, которые все время приходят на занятия, выполняют свои работы, но мы видим, что это происходит автоматически, т.е. Творец ему сейчас дает такое состояние. Нельзя здесь установить какой-то единый закон для всех, как при приеме в ВУЗ.

У нас, если человек не пришел на урок, — это ЧП. В три часа ночи он не сидит на своем месте, ему сразу же ночью звонят домой, за ним едет выездная машина, его поднимают, потому что мы связаны круговой порукой. Конечно, могут быть всякие с человеком случаи. Чего мы только не видели. Но если это происходит уже систематически, то особенно мы с ним не нянчимся — он уже топит нас. Бааль Сулам очень просто пишет: «Он сверлит дырку в лодке».

Но не стремитесь быть в самой первой группе — это не самое важное, это не значит, что вы сейчас уже приходите к Творцу. Лучше быть во второй и не сломаться, или в третьей. И постепенно двигаться вперед.

- **Вопрос: Все должны придерживаться одних и тех же правил, или может быть какой-то индивидуальный подход?**

  Все должны придерживаться одних и тех же правил, одних и тех же рамок. Индивидуальность ваша заключается в вашем личном отношении с Творцом. Относительно товарища индивидуальности нет, у всех у нас общий закон.

- **Вопрос: Иногда люди хотят применить себя, а на них не обращают внимания...**

  В группе должны быть ответственные за это. Но человек должен поступать при четком согласии на это группы. Если я делаю какие-то полезные, на мой взгляд, вещи для группы, а группа не согласна с этим, значит, эти вещи не полезные для группы. Я не могу выносить вердикт, решение, какие вещи для группы полезные, а какие нет. То, что мне группа сказала делать, я выполняю.

- **Вопрос: Есть группа, и есть дирекция, управляющая предприятием. Какие вопросы решает дирекция, на самом деле, и какие вопросы может решать группа?**

  У нас это происходит так. Есть начальники отделов. Каждый из них примерно знает, что он должен делать, он только может обратиться выше с проблемой, которая у него возникает: не хватает какого-то оборудования, есть с чем-то проблема, есть проблема с работниками, членами нашей группы, которые находятся в его отделе и так далее. За все производственные вопросы отвечает начальник отдела, это его обязанность, а меня это совершенно не интересует. То есть, все эти вопросы утрясаются, но ответственен за них начальник отдела, с него спрашивают.

  Выше начальников отделов находится руководство, состоящее из четырех-пяти человек во главе со мной. Мы решаем вопросы не производственного характера, а что-то назревающее, наболевшие проблемы.

  В принципе, высшее руководство группы — это ее собрание, но, практически, получается так, что собрание — это балаган, который ничего не решает. Однако желательно проводить собрание, чтобы убедиться, что мы не можем ничего решить. Значит, есть у нас наше мудрое руководство, которое все решит, с одной стороны, с другой стороны, все знают, какие есть проблемы, и это хорошо.

И вообще должны быть собрания, на которых желательно, чтобы каждый встал и сказал, что он сделал, что он решил, что особенного случилось в его отделе, подразделении и так далее. Я не знаю, я боюсь что-либо вам вообще советовать, потому что построение группы в каждом случае — это очень специфическое дело.

Группа — имеются в виду товарищи, которые близки друг другу, которые находятся более-менее на одном уровне — на одном уровне устремления к Творцу. А если я готов устремляться к Творцу каждый день, день и ночь, в любое свободное время, и у меня это свободное время 5 часов в сутки, а у тебя полчаса в сутки, то это неважно — мы оба уделяем этому свое свободное время, значит, мы с тобой товарищи. А если кто-то считает иначе так он мне уже не товарищ, потому что делает расчет, исходя уже из другого правила, как бы из другого условия.

- **Вопрос: Как провести разделение группы: должно быть общее собрание группы, или должны разделиться по тому, как люди друг друга оценивают?**

Начните с чисто механических дел: кто приходит постоянно на занятия, кто каждый раз постоянно выполняет условие преподавания в других группах, кто платит маасер (это может быть копейка, и могут быть 10 тыс. долларов в месяц — это неважно) и пр., — чисто механически.

Есть у меня такие, у которых есть какая-то серьезная проблема, например, учеба в университете, и они могут приходить только раз в неделю или два раза в неделю. Я в таких случаях соглашаюсь (и это оправдывает себя, но это четко оговоренное условие), я за то, чтобы одновременно человек преуспел и в обычной своей жизни.

- **Вопрос: Мы привлекаем на виртуальные уроки из внешних групп, и отбиваем желание попасть во внутреннюю группу. Нам сказали, что привлечение новых членов яв-**

ляется обязательным условием продвижения. Если в группе нет новых членов, группа стоит.

Это верно. Надо стремиться, чтобы в группе были постоянное обновление и новые члены группы. Но не любой ценой — принимать именно тех, кто достоин.

Если вы считаете, что во время просмотра виртуального урока вы каким-то образом «калечите» новеньких, сделайте для них отдельное место. Хотя я особенно не представляю, чем это вы можете так уж их портить.

- **Вопрос: Так сложилось, что в нашей группе есть люди, которые способны выполнять постоянную рутинную работу и не опаздывают, а есть люди, которые способны решать глобальные вопросы, но из-за своей занятости и свободы личности не готовы становиться в какие-то жесткие рамки, не готовы мыть полы, готовить на кухне... Как поступить: выделить тех, кто готов двадцать четыре часа в сутки выкладываться, чтобы продвигаться в духовное?**

Допустим, ваша группа состоит из нескольких человек, которые могут иногда ее посещать, но при этом раз в месяц делать очень хорошее дело, здорово группе помогать. Этот раз в месяц он отдает вам, значит, он вам отдает все свое свободное время.

В принципе, люди у нас подгоняются таким образом, что могут все приходить, и могут все участвовать. Но если нет — никуда не денешься. Допустим, у человека такая работа. Разве он должен уйти с этой работы? Он в этом деле специалист. Он бы с удовольствием, может, поменял место работы, но тогда куда он пойдет? Сторожем куда-то? Это ситуация, с которой надо считаться.

Я же говорю об обычном «среднем» человеке, который работает свой обычный рабочий день, имеет семью. К нему мы предъявляем такие условия, чтобы с трех часов ночи он сидел у нас на уроке.

- **Вопрос: Дифференциация внутри группы...**

Дифференциация должна быть по желанию. И если это обычные люди, то тогда дифференциация может быть сделана по обычным условиям, по меркам. А сколько у вас необычных людей? Ну, пять человек наберется. Так примите во внимание их специфику, а остальным вы всем можете сказать: «Ребята, занимаемся с семи часов утра». Но если человек хочет, но не может к этому времени до вас доехать, нет транспорта, например, что вы сделаете? Смотрите сами. Нет для этого мерок, потому что измеряются усилия, а усилия — они внутренние, тайные. Кто в них может четко разобраться? Вы должны все это решать сами.

- **Вопрос: Вот вы сказали, что отпускаете человека в университет, а ведь могли бы сказать: «Слушай, не ходи в университет, иди в техникум, тоже нормально. Там не пять лет, а два года надо учиться».**

  Я в первую очередь за то, чтобы человек получил надежную профессию, чтобы с этим у него проблем не было. Если можно эту профессию достичь за меньшее количество лет — пожалуйста, но специальность должна у него быть. Мы обязаны заботиться об этом. У нас есть случаи, когда мы платим человеку за учебу, и потом он возвращает, когда начинает работать.

- **Вопрос: Часть группы, достаточно большая, не работает и не прикладывает никаких усилий для того, чтобы оплачивать что бы то ни было в группе: ни маасер, ни взносы на содержание. Другая часть, так сложилось, берет на себя эти затраты, и более того, поощряет, может быть, в чем-то то, что нет усилий у каждого внести свой вклад, хотя бы минимальный, посильный. В результате у нас есть люди, которые месяцами или годами не работают, не учатся, никаким образом вообще активность не проявляют во внешнем мире и, возможно, считают, что они герои, в связи с тем, что занимаются Каббалой, ну и так далее. Как вы считаете, для оздоровления нашего продвижения, что здесь надо предпринять, для того, чтобы мы двигались вперед?**

  Нас не интересует, откуда у безработного человека деньги на проживание, но из того, что он тратит на себя и свою семью в течение месяца, он должен 10 % отдать. Бывают

Подняться к Высшему Закону

такие случаи, когда человек живет у родителей, не учится, не работает. Если у него нет для этого оправдания, то мы установили сумму, которую он обязан выплачивать — допустим, 25 долларов в месяц. Человек же на что-то существует, значит, примите во внимание такой уровень.

- **Вопрос: Все обязаны платить?**

  Практически, все обязаны платить. Бывает такое, что человек не в состоянии платить, и, действительно, мы с него несколько месяцев не требуем этого, потому что видим его ситуацию, что в ней просто невозможно ничего сделать. Очевидно, что это состояние каким-то образом изменится, но, в общем, это всегда очень тяжелая проблема.

  После Песаха мы снова будем пересматривать наши списки и отношение к таким людям. И надо будет что-то с ними делать. Время от времени мы пытаемся так жестко поступать. Дело в том, что если бы это были люди, которые при этом выполняют очень большую необходимую нам работу, то как-то мы бы могли это зачесть, что-то сделать. Но, как правило, это такие люди, которые и в группе не работают.

- **Вопрос: 25 долларов — это взнос на содержание группы или маасер?**

  В таком случае, когда человек не работает, он платит 25 долларов как маасер, а остальное ему засчитывается как долг. Он обязан потом это выплачивать.

  Практически, не должно быть такого вообще никогда, что человек ничего не платит — минимум он обязан. И через какое-то время (через 3-4 месяца) он будет выплачивать, как человек, который учится сейчас, а через 2 года начнет выплачивать за учебу.

- **Вопрос: У нас есть установленный взнос, равный 20-ти долларам, который каждый обязан сдавать, и есть маасер. Значит, если у человека нет денег, то эти 20 долларов он платит как маасер, а обязательный взнос ему должен записываться как долг?**

  Да.

- **Вопрос: Как правильно считается маасер?**

    Маасер считается от того, что человек нетто приносит домой. Если я заработал брутто 10 тыс. долларов, 5 тыс. долларов с меня высчитали в виде подоходного налога, 3 тыс. долларов я уплатил по алиментам своим семьям в прошлом, и приношу в семью 2 тыс. долларов, значит, с этих 2-х тыс. долларов, до того, как я их потратил, я обязан 10% заплатить в группу.

- **Вопрос: С коммунальных расходов?**

    Это не имеет никакого значения. Вы приносите домой некую сумму: сначала вы платите 10%, а потом за все остальные ваши расходы. Так принято у нас.

- **Вопрос: Есть предприятие, на котором все решает дирекция предприятия, и есть группа, которая, может, пытается что-то сделать, а директор говорит: «Нет!»**

    Есть предприятие, и есть группа — не смешивайте эти два понятия. На предприятии есть официальный руководитель. У товарищей в группе руководителей нет — они товарищи. Они все должны решать только своим общим собранием, все вместе, сообща. Значит, если ты говоришь о работе предприятия — то это руководитель. А если ты говоришь о работе группы, то это — группа товарищей, это группа.

    Маасер вы сдаете не в группу, вы сдаете в предприятие, на распространение. Предприятие принимает ваши деньги, на эти деньги оно работает. Группа — это другое, это ваше. То есть это уже является совершенно другой частью вашей деятельности. И когда мы собираемся на трапезы, то платим отдельно.

- **Вопрос: Кто может принимать решение об отчислении людей из группы?**

    Смотря что вы имеете в виду: участие этих людей в предприятии или их участие в группе товарищей? Я еще раз повторяю: группа — это важное, это самое главное. В первую очередь выгоняются из группы, из предприятия при этом можно не выгонять. У группы у нас один устав, а у предприятия — другой. Допустим, предприятию нужен какой-то специалист. И если его обязанность требует присутствия у нас на занятии, значит, мы ему разрешаем приходить к нам на занятия. Это условие его работы на нашем предприятии, но мы его не считаем своим товарищем.

У нас есть много людей, которые то приходят, то не приходят, потому что работают в таком месте, что не могут посещать нас постоянно. Меня интересуют они как работники, как специалисты. Даже желательно, чтобы их было побольше.

По мне, так пусть они приходят хотя бы раз в месяц на занятия, зато они мне нужны. Но только потому, что они хорошие специалисты, мы держим их на предприятии, мы, как юридическое лицо, держим их, а вознаграждение для них — присутствие с нами на уроке, мы за них пьем «ле хаим». За то, что они помогают нам в чем-то, мы раздаем им почести, хвалим, позволяем, например, сидеть у нас на субботней трапезе, но они за нее платят, конечно. Однако они для всех нас не товарищи, они — помогающие нам в этом деле.

- **Вопрос: Человек, который не участвует в предприятии, имеет ли право посещать уроки?**

Человек, который не участвует в предприятии, имеет право посещать уроки в качестве начинающего, не в качестве товарища группы.

- **Вопрос: Можно ли запрещать ему приходить на уроки?**

Запрещать или не запрещать — это вы, как группа, должны решать, потому что уроки не относятся к предприятию. Предприятие — это чисто организованное производство и распространение каббалистической информации.

- **Вопрос: Есть ли какие-то принятые нормы по проведению голосования?**

Есть вещи, которые мы выставляем на голосование. Очень редко что-то принимается единогласно, бывают, конечно, споры. Голосование редко приводит к четким результатам, потом это как-то взвешивается и решается уже советом директоров.

Я, порой, совершенно не знаю, что там решается. Иногда меня ставят об этом в известность, а иногда — нет. Я думаю, что в первую очередь вопрос должен ставиться так: мешает это духовному продвижению или нет? Если мешает, то конечно, надо это дело возбуждать, а если не мешает, то смотреть в зависимости от ситуации.

- **Вопрос: Устав рассматривается активным меньшинством?**

Поскольку у вас явное разделение между людьми, то я бы вашу группу разделил минимум на две, а то и на три. То есть активное меньшинство, которое действительно работает, не только потому, что есть у них время или какие-то возможности, а потому, что желают этого, я бы выделил в отдельную группу.

Остальных посмотрел бы: на одном ли уровне они находятся или на разных? В соответствии с этим выделили бы еще одну группу или две. В каждой группе будут знать, что должны друг друга поддерживать и вместе идти, как бригада, в бой. Первая группа — особая, ее члены понимает, что действительно могут опереться друг на друга, потому что желают, во что бы то ни стало, достичь Цели.

- **Вопрос: Как и кто может определить, что у членов первой группы большее желание?**

Никто не может определить, у кого какое желание: где большее и где меньшее. Это просто видно из того, что человек делает. Но нельзя судить только по сегодняшнему дню. Понятно, что это делается на протяжении времени. Если ты видишь, что человек начинает потихонечку сходить со своего уровня, значит, надо быстро ему помогать. Надо посмотреть вообще, что с ним происходило в течение нескольких месяцев. Бывает такое, что он спускается, а потом снова начинает подниматься, у него такой медленный темп, не надо сразу судить человека за это.

- **Вопрос: Иногда кое-кто позволяет себе судить о чужом намерении...**

Нет. Такие вещи вообще запрещено говорить друг другу. Как можно сказать другому, что у него намерение лучше или хуже? Кто это знает вообще, кроме Творца?

- **Вопрос: А по желанию не видно?**

По человеку просто видно его рвение. Спроси у любого школьного учителя, он тебе скажет, кто в его классе желает заниматься, а кто нет, и это не по результатам, а по тому, как ребенок старается.

- **Вопрос: Но в классе, как правило, условия одинаковые. А здесь тебе говорят, что то, чем ты занимаешься, то, что ты считаешь уважительной причиной, на самом деле не причина.**

Я не знаю, о чем ты говоришь. Я нахожусь в группе, которая мне дает определенные поручения. Я их с удовольствием выполняю. Иногда беру на себя еще больше, стараюсь принять участие в общей работе. Это говорит о том, что я стремлюсь. В чем еще я могу выразить свое стремление к Творцу, если не в том, чтобы приподнимать всех своих товарищей вместе с собой вверх?

- **Вопрос: Вот совершенно конкретный пример: я приехал на 2 дня позже, чем все остальные, по уважительной, на мой взгляд, причине. Все мне сказали, что это не причина, что я приехал позже потому, что у тебя плохое желание.**

Верно. А как еще? Совершенно правильно. И я бы то же самое ответил. То есть у тебя были в тот момент твоей жизни дела, более важные, чем быть здесь вместе с группой. Вполне возможно, что в каждый конкретный момент есть что-то более важное, чем группа. Вот и все. Это слабое желание. Значит, в этой элитной группе, о которой мы говорим, ты, наверно, быть уже не можешь.

- **Вопрос: А если тому причиной была работа?**

Значит, группа должна действительно понимать, что у тебя не было никакого другого выхода. Если бы группа действительно это чувствовала по тебе, то я думаю, что они бы тебя так не судили.

- **Вопрос: Я говорю не о себе и не о конкретной ситуации. Почему они на себя берут право судить о чьих-то желаниях?**

  В конце концов, мы должны судить о ком-то или нет? Как я могу просто так взять с улицы человека и начинать с ним связываться в одну группу? На основании чего? Я смотрю на многих людей, как они выкладываются в работе, и этим они во мне вызывают большое возбуждение к Творцу, осознание действительно того, как может человек себя отдать.

  Конечно, это сугубо субъективное ощущение, но куда от него деться, у нас нет прибора, с которым мы бы могли измерить потенциальное твое желание к Творцу, и стоит или не стоит с тобой иметь дело. Но, в общем, мы как-то должны оценивать человека. Это проблема, но, как говорится, «сердце не обманешь», надо постепенно смотреть, и, конечно, не по физиономии: бывает еще такое, но, я думаю, от этого постепенно мы уходим и начинаем ценить друг друга действительно только по внутренним усилиям.

- **Вопрос: Как нам делить группу: по стремлению к учебе, например, человек может заниматься по 12 часов в день, но ничего не делает для распространения, не работает и не сдает маасер, либо еще как-то? Может быть, это неправильный подход, что человек обязан ходить на работу, исполняет все остальные свои обязанности и условия? Большая часть нашей группы не подходит под эти условия.**

  У моего Рава был очень простой отбор: мужчина, старше 25 лет, женатый, работающий, нормальный. Все. Таких он принимал к себе в ученики.

- **Вопрос: У нас складывается такая тенденция, что человек должен отказаться от работы, для того, чтобы заниматься больше учебных часов.**

Установите у себя правило: есть люди, которые могут заниматься каждый день, есть люди, которые могут заниматься только 2 или 3 раза в неделю. И если кому-то хочется слышать еще и мой основной урок на иврите, это не критерий, чтобы быть у вас в основной группе. Нет, это не критерий, ни в коем случае. Это к вам не относится.

Группа — это группа. Это именно те, кто проводят вместе свои трапезы, свои совещания и так далее.

Маасер идет на вашу внешнюю, активную деятельность. И от этого в принципе не освобождена ни одна группа.

Внешние начинающие группы оплачивают только свое содержание. От них порой не требуется даже оплата за помещение. Только приходи и слушай. Примерно через два месяца, если кто-то хочет уже не слушать, а продолжать заниматься, оплачивает свое помещение. Проходит полгода, ты хочешь дальше идти вперед — плати маасер и этот маасер сам же и реализуй.

У нас в Израиле внешние группы собирают внутри себя маасер, собирают деньги на свое содержание, помещение и так далее, оплачивают дорогу преподавателя к ним, и со всеми этими деньгами сами делают то, что им надо. Мы от них не получаем ни копейки. Иногда они нам передают какую-то сумму на праздник или на другое совместное мероприятие.

У этих групп огромная внешняя работа: они выпускают газеты, листовки, они проводят различные мероприятия, пикники, лекции. И все это совершенно с нами не связано. Они уже совершенно отдельные, финансовые, по крайней мере, единицы. Никто из нас не знает, какие у них там расчеты.

- **Вопрос: Наша группа как бы делится на три части: 1) люди, которые принимают активное участие, но не могут заниматься «24 часа»; 2) часть, которая более-менее выполняет свои обязанности; 3) более внутренняя часть. Внутренняя и внешняя части периодически меняются: в зависимости от состояния активность угасает или поднимается. И есть в группе некая фанатичная часть, имен-**

но фанатичная, которая начинает периодически давить на личность: вот я такой, и все вы должны быть такими. Ладно бы делала это внутри себя — это было бы идеально, тянули бы остальных за собой. Но человек сделал полшага вперед и уже начинает на всех кричать, что все неправы, все делают не так, давайте всех выгоним, гасит желание, гасит инициативу других. Вот этот фанатизм очень, с моей точки зрения, опасен.

Ну, это — болезни роста. Это сплошь и рядом, потому что вы еще маленькие. Друг другу вы не можете предъявлять никаких претензий, а группа каждому члену группы — да. Притом, какие претензии: за то, что ты меньше или больше занимаешься, не хочешь или хочешь что-то, не так выполняешь, не те стремления, не те намерения? Все это — только через группу, т.е. через руководство, через остальных.

- **Вопрос:** В группе очень много не женатых, которые ничего не делают для того, чтобы жениться.

  Заставляйте.

- **Вопрос:** Из тех, кто постоянно ходит на урок, есть люди, которые просто приходят на урок, слушают и уходят — на этом все заканчивается. Это — слушатели. Хотя у нас есть много работы в группе.

  И у нас есть такие посещающие, которые могут приходить хоть каждый день, и раз в неделю, и раз в месяц. Это меня не интересует. Но они не считаются моими учениками, они не считаются в группе. Такие есть. Ну, так что? Чем они вам мешают?

- **Вопрос:** Проблема в том, что они приходят каждый день, но в работе группы не делают ничего.

  Значит, им должно быть ясно, что они при этом совершенно не в группе.

- **Вопрос:** То есть величина вклада определяется по количеству дел, которые человек делает?

Нет, совершенно неверно. Величина вклада человека определяется силой его желания. А количество дел определяется способностью, возможностью, временем и так далее.

- **Вопрос: Должны ли отделы отчитываться перед группой, чтобы каждый мог знать, кто что делает, или только перед руководителем?**

Перед руководителем, это точно. Если ты вынесешь все это на группу, то она в этом ничего не поймет. Группа — это собрание товарищей, желающих получить совместное устремление к Творцу. При чем тут предприятие?

Но для того, чтобы нам вдохновиться друг от друга, знать, что каждый вносит, мы должны друг о друге рассказывать перед всеми. Это мы в субботу и делаем, но не для отчета, а просто именно с целью показать, что действительно делается много, и люди устремлены вперед. Чтобы поддержать своих товарищей в устремлении к Творцу это делается, а не для того, чтобы дать торжественный отчет.

Я понимаю, что у вас общество более расслоено, у нас это не настолько. Здесь все-таки более гомогенная среда. Есть, конечно, личности высокого положения, но и они, когда попадают к нам, становятся абсолютно обычными. У вас немножко другое отношение к каждому члену общества. Но мне кажется, что это снивелируется, перед Творцом все равны, и это начнет чувствоваться все больше и больше.

- **Вопрос: PR должен быть унифицированным?**

Нет, унифицированным он быть не может. Вы знаете, как преподносят один и тот же товар абсолютно разным людям. Я не специалист в этом деле, совершенно ничего не понимаю в этом, не знаю, что будет. Я лишь знаю, что нам придется иметь дело со специалистами в этом деле, профессионалами, которые нам подскажут, как это делать. На сегодняшний день у нас существует всего лишь один путь в этом деле — проведение больших лекций и продажа литературы. Иногда используем телевидение, радио.

- **Вопрос: Из помещения, которое мы покупаем на деньги с маасера, мы должны сделать Центр для распространения или сделать очередной более удобный класс для обучения?**

В первую очередь вы должны сделать хороший, красивый Центр, в котором будет магазин по продаже наших книг, кассет, дисков, периодической литературы, по распространению бесплатных листовок, брошюр. Возможно, в Центре будет библиотека и читальный зал, видеокомната для просмотра фильмов о Каббале, видеоуроков, помещение, где можно посидеть, поговорить, получить консультацию, записаться в группу, попить кофе, покушать недорогие крекеры. Вот что-то такое, я думаю, должно быть. Это самое важное.

Класс должен быть оборудован как небольшой кинозал, должен иметь условия для выступления преподавателя, доску.

Мы должны полностью вывести Каббалу из-под всякой религии. Если она будет восприниматься совершенно не религиозной, рассказывающей человеку о Высшей силе и о том, как эту силу понять и достичь, если мы это сможем сделать, это будет хорошо.

В заключение хочу сказать, что постоянный контакт, постоянные вопросы и постоянные ответы решат наши проблемы. Давайте просто продолжим находиться в большей связи друг с другом. И вы увидите, что в вас будут происходить быстрые изменения, и они будут такими цельными. Кто-то отсеется, уйдет в сторону, но у остальных появится острое ощущение, когда они внутри и когда снаружи. Это зависит только от тесноты общения. Вот и все.

Вы должны переписываться с нашими ребятами. Возьмите каждый для себя кого-то на примету, начните устанавливать с ними более тесный контакт. Вы получите от нас силу, дух, мировоззрение безо всяких усилий, только на основании того, что будете в каком-то контакте, теплом общении. И это вас продвинет сразу на пару лет вперед. Потому что во всех вас есть потенциал.

- **Вопрос: В чем цель той команды, которая «идет в бой»?**

Цель первой группы — быть эталоном для остальных, чтобы увлечь их, и в то же время показывать своим смирением, не гордостью, а, наоборот, огромным самопожертвованием остальным, насколько эта группа любит и уважает всех, кто тянется к Каббале.

То есть это команда людей, которые понимают изнутри себя, как они должны действовать, и чем они действительно могут увлечь остальных, понимают, что от остальных зависит и их подъем. И результат всему миру будет в той мере, в которой они это сделают, т.е. с одной стороны — гордость за миссию, и с другой стороны — ощущение зависимости ото всех остальных. Таким образом, команда, в которой существуют эти две противоположные тенденции внутреннего движения, — это эффективная команда.

Кроме того, необходимо достичь более серьезного, ощутимого контакта между собой через нашу виртуальную связь. Этот контакт, который сейчас появляется между нами, нам необходимо поддерживать нашими усилиями. Эти усилия и есть создание общего кли, потому что то, что нам дается каждый раз — дается Творцом, а то, что мы пытаемся углубить и поднять, — это наше.

Я думаю, что вскоре у нас появятся другие ощущения, другое понимание виртуальных уроков, появится общение. Вы уже по-другому будете смотреть на экран. В общем, все будет по-другому. И если 2-3 раза в год мы будем серьезно встречаться и перемешиваться группа с группой, то все, что есть у нас, перейдет к вам.

Все вопросы бесконечные, их не решишь никогда, они будут решаться изнутри. Но когда Творец между нами, все происходит по-другому. Когда мы вернемся к нашей обычной жизни, мы почувствуем, насколько изменились. Мы уже никогда не будем такими, какими были раньше.

НАПРАВЛЕНИЕ — НА ТВОРЦА

20 апреля 2003 года

Я надеюсь, что наши желания, наши возможности будут такими, что мы сможем достичь состояния, когда человек, говорящий на любом языке, сможет получать уроки, общаться, изучать, проникать в Высший мир. По тому, как это сейчас развивается, я надеюсь, что в течение ближайших буквально полутора-двух лет мы окажемся, действительно, завязанными уже в таком глобальном информационном, так сказать, концерне, сети. И наши уроки действительно будут принимать во всех странах через обычные телевизионные приемники.

Индивидуальна работа человека, всегда индивидуальна его связь с Творцом, потому что внутри нашего сердца находится точка, а внутри этой точки находится Творец. На самом деле направить себя на Творца — это значит проколоть все свое сердце, дойти до этой самой внутренней точки и внутри нее обнаружить Творца.

В каббалистической литературе это уподобляется возвышению из нашего мира в мир Бесконечности. Но все духовные миры — Асия, Ецира, Брия, Ацилут, АК — находятся внутри человека, внутри сердца человека. Снаружи нет никаких миров. Все, что мы ощущаем, мы ощущаем внутри себя.

Мы просто графически так изображаем: мы поднимаемся, удаляемся. На самом деле — удаляемся от эгоизма. Куда? — Вверх. Куда вверх? — Внутрь. Поэтому мы и называем наши занятия — внутренними занятиями, а занятия относительно всего этого мира — внешними. Так вот, внутрь человека, в его сердце, Творец впускает его самого только в той мере, в какой человек в состоянии себя не испортить, не замарать свое сердце. Такое условие мы называем условием исправления.

То есть желание человека, сердце человека, раскрывается ему самому в меру его способности управлять своим сердцем. В этой мере Творец отступает и передает человеку в управление все новые и новые слои в сердце человека. А группа, товарищи, также устремленные к этой же цели, своими усилиями, своими духовными постижениями, своей работой в своих сердцах помогают в такой же работе и этому человеку.

Это влияние людей друг на друга не зависит от нас. Все наши сердца соединены. Есть такие слои в нашем сердце, в наших желаниях, где мы неосознанно связаны друг с другом, то, что называется авиют ноль, один, два. И есть такие слои авиюта, толщины, грубости наших желаний, при исправлении которых мы осознанно завязаны друг на друга, связаны уже между собой, совместно, взаимно исправляем друг друга.

Вообще все, что есть в человеке на самом деле, сосредоточено в его сердце. А его разум только лишь для того, чтобы осознать, оценить, понять, сделать определенную работу — он как хирург, который работает над сердцем.

Поэтому, когда мы собираемся здесь вместе, мы, в общем-то, складываем, соединяем сердца, не понимая, не ощущая этого, но так это происходит. И когда мы разъезжаемся, этот взаимный потенциал уже остается внутри нас. Надо только его дальше растить, встречаться время от времени — пытаться, несмотря на помехи, чисто физические, такие, как расстояния нашего мира, все равно нейтрализовывать их, нейтрализовывать наши возникающие желания.

Поэтому и говорится, что самое главное условие для получения Высшего Света — это условие любви к себе подобным, то есть соединение сердец, желаний. Но оно должно быть не просто соединением — оно должно соединяться в устремлении к Высшей силе, к Творцу, который находится в самой центральной точке нашего сердца. В итоге получается, что именно в самой центральной точке нашего сердца мы и должны друг с другом объединиться, и тогда мы в этом соединении найдем Творца. Это и называется наполнением кли.

Хочу еще раз отметить, мы с вами — первопроходцы. Каббала до нашего времени, до 21-го века, была уделом единиц. Я застал самых последних каббалистов, которые действительно получили ее сверху-вниз, что называется. И на них закончился такой способ постижения духовного, об этом сказано во всех книгах.

А теперь начинается путь восхождения снизу-вверх. И мы с вами должны сами «изобретать» этот путь. Что значит изобретать? Искать в себе, опробовать все возможности духовного продвижения в группе, в новых условиях, в скрытии Творца, в том, что нас сейчас окружает, в распространении, в том, чего не было раньше, в этой идее «возлюби ближнего», как условии восхождения — это то, что требует от нас Каббала.

То есть, мы должны все это на себе отработать. Поэтому иногда при написании книг я вбрасываю в них, как в мусорную корзину, любые, даже незаконченные какие-то отрывки, все, что угодно. Почему? — Я не знаю, что понадобится завтра другим. То, что есть во мне, я помещаю в Интернете, в книгах — везде. Мы должны все это на себе испытать.

То, что уже прошла наша центральная группа, Бней Барух, мы пытаемся вам поскорее передать, чтобы вы могли в чем-то сократить свой путь. Есть в этом и плюсы, и минусы. Перескочить, вообще-то, не получится ни через какие этапы, но ускорить время нахождения в каждом этапе можно. А как это делать, откровенно говоря, мы тоже не знаем.

Допустим, мы видим вашу группу, и вы видите нашу группу. Допустим, вы хотите быть, как мы. А мы хотим вам в этом помочь. Как это сделать, я не знаю. Я даю вам уроки в Интернете, я готов на любые средства связи, на общение, на приезды к вам. Какие точно методы и в каком сочетании здесь могут быть самыми эффективными, я не знаю, честное слово, и никто из нас не знает. И не надо знать. Это должно родиться в результате нашего общения, в результате нашего поиска — это и есть наша работа.

Что мы, в итоге, ищем? — Мы, в итоге, ищем общения между собой во имя слияния с Творцом. То есть мы этим и делаем то, что надо — самую внутреннюю духовную работу. А как получится — посмотрим. Результат от нас не зависит. От нас зависит — только приложить усилия, друг друга подтолкнуть, показать пример, чтобы каждый из нас сделал большее усилие, и этого достаточно.

Мы на своих примерах видим, что каждый раз приобретаем какой-то другой образ, облик: внешний, внутренний, — появляются какие-то другие мысли, какие-то совсем иные формы, заранее нами никак не предугадываемые. Так что не надо задумываться наперед — надо делать то, что можно сегодня, максимально, и все. То, что задумывается на завтра, — это неверный путь по Каббале. Это хорошо в бизнесе или где-то еще. В Каббале нельзя ничего продумывать заранее.

- **Вопрос: Здесь очень много людей. Получается, что успеваешь пообщаться только с небольшим количеством — 15-20-ю человеками. Достаточно ли этого, или нужно стараться почувствовать каждого?**

Даже если мы будем ходить молча, между, внутри всей этой толпы и будем только желать впитать в себя каждого, любое лицо, любое впечатление, любую эмоцию от каждого: «Я хочу, чтобы у меня это осталось, чтобы я потом мог с этим воодушевлением к Творцу, насколько я это сейчас улавливаю и вижу, работать», — то этого будет достаточно. Я даже могу не разговаривать с людьми. Но вот усилие — вобрать в себя кли каждого — является моей работой.

А на самом деле, пока поговоришь с кем-нибудь о чем-нибудь и как-нибудь, ведь тут решаются и технические вопросы, и личные, и групповые — всякие, то не остается особенно времени на действительное знакомство и разговор.

- **Вопрос: Каждый раз, когда впечатляешься, кажется, что привезешь очень многое для своей группы, которая осталась дома, — все то, что здесь получаешь, и дальше пойдет. Но приезжаешь и ничего даже выдать не можешь.**

Вы и сейчас, конечно, вернетесь домой и будете пытаться рассказывать. А что можно сказать? — Ничего невозможно. Вы наполнили свое сердце какими-то ощущениями. Эти ощущения близки вам, они именно в вашем кли, выдать их наружу нельзя, описать их в авиютах и светах, которые заполняют вас, и так далее тоже вы еще не можете. Значит, вы ничего ни о чем не сможете рассказать. Поэтому-то Каббала и называется тайной наукой.

И в нашем мире мы это видим. То, что я ощущаю, и тем более, если эти ощущения действительно близки к духовному, я это не могу передать другому. В этом и заключается тайна — это только мое. Ты меня хоть убей, ну что я могу рассказать? — Что мне хорошо. Больше ничего.

Поэтому передавать ничего не надо. Я думаю, что вы просто должны всем остальным показать пример, безо всяких слов, тем, как вы будете между собой и с ними общаться. Вы должны их «убить» хорошим отношением — и все. Они будут видеть, что же вы привезли.

Вообще всегда помните: кроме примера, тихого, спокойного, нет ничего. Это самое главное в группе. Поэтому человек, который подает отрицательный пример, — это явно тот, которого немедленно надо удалять. И, наоборот, положительный пример надо возвеличивать.

ВРУЧИТЬ ТВОРЦУ ДУШУ

20 апреля 2003 года

О Творце, о самом, мы говорить не можем, Его мы не воспринимаем — воспринимаем ощущение Его в нас. Самое общее ощущение Творца в нас называется «свет». Но оно не воспринимается как привычный нам свет.

Конкретно можно выразить только следствия в нас от наполнения нас светом, от наличия в нас света, как свойства, возникающие в нас: Кэтэр, Хохма, Бина, Хэсэд, Гвура, Тифэрэт, Нэцах, Ход, Есод. Каббалисты дали им такие названия, причем свойства Кэтэр, Хохма, Бина называются тайными, их запрещено раскрывать, а с Хэсэд по Есод — свойства ощущаются и их необходимо раскрывать. Названия сфирот, свойств, каббалисты дают по своим постижениям, ощущениям в свойстве Малхут, в желании ощутить, желании получить. Малхут ощущает находящиеся перед ней воздействия.

Корень воздействий ощущается в виде Кэтэр, Хохма, Бина и раскрывается в меру постижения мира Бесконечности. На каждой ступени постижения мир Бесконечности раскрывается в меру этой ступени, в ощущении Кэтэр, Хохма, Бина этой ступени.

Сам мир Бесконечности — нечто неощущаемое, что проявляется только в виде Кэтэр, Хохма, Бина. Поэтому каббалисты начинают описание в Каббале с Хэсэд и далее, т.е. в тех свойствах, которые ими явно ощущаются.

А ощущения Кэтэр, Хохма, Бина, поскольку они передают ощущения мира Бесконечности, описывать нельзя — они называются «Тайны Торы», потому что до Полного исправления ощущения эти неточные, неявные, несформированные. Ни на одной ступени нашего возвышения, начиная от нашего мира и до мира Бесконечности, до Полного исправления, Кэтэр, Хохма, Бина не могут быть правильно выражены и поэтому называются тайнами.

Тайна, по определению, — это то, что невозможно выразить, высказать, а не потому, что надо скрывать от кого-то. Потому что не можешь правильно раскрыть, поэтому это запрещено раскрывать. Другого оправдания для скрытия нет, потому что, если человек в состоянии понять, если человек в состоянии раскрыть, ему все раскрывается. А если он не может этого изобразить и раскрыть правильно другим, значит, запрещено.

Каббалисты это ощущают непосредственно из постижения высших сфирот и поэтому сами принимают на себя такие ограничения. Причем каббалист, когда он ведет своего ученика, ведет его по принципу «Гилуй тэфах вэ кисуй тфахаим» — т.е. «раскрывай одну меру, скрывая две меры». Нам кажется, что это какое-то неразумное, нелогичное условие — раскрыл немножко, а скрыл в два раза больше. Все выражения в Каббале такие краткие, что требуют разъяснения.

Что значит раскрыл одну меру? — Нечто было скрыто, я сейчас приоткрываю на какую-то часть то, что было ранее скрыто. Это называется «раскрыл одну меру». А что значит: при этом скрываю две? То, что было ранее раскрыто, я теперь начинаю закрывать вдвойне? — Нет, имеется в виду, что раскрывая одну меру, я должен заботиться о том, чтобы в человеке появилось двойное кли, двойное желание, ощущение скрытости вдвое большей, чем была прежде, — чтобы создать в нем устремление вперед. В этом заключается методика.

Ты можешь помочь, чтобы раскрылась перед человеком дополнительная часть мироздания, но ты должен думать при этом раскрытии, что оно должно быть шагом к скрытию, т.е. к получению кли следующей ступени. Это и называется скрытием вдвойне. Поэтому каббалисты передают нам в своих трудах очень ограниченную часть духовных сведений.

Все книги созданы не для того, чтобы их изучать, а для того, чтобы с их помощью возбуждаться к истинному ощущению Высшего света. Подмена целей, когда вместо того, чтобы стремиться к ощущению Высшего света, человек начинает стремиться понять, что написано, является главной ошибкой при изучении Каббалы.

В соответствии с этим и отбираются ученики, достойные войти в Каббалу, которые силой воли заставляют себя думать о раскрытии Творца. Другие же подменяют эту цель на желание знаний, неосознанно, неощущаемо для себя, или же поневоле подменяют постижение не знаниями, а какими-то ощущениями «полета», которые им даются, — они удовлетворяются происходящим с ними во время учебы и также лишаются развития истинного желания к истинной Цели.

Человек должен пытаться вникнуть в ощущения Хэсэд, Гвура, Тифэрэт, Нэцах, Ход, Есод, чтобы в нем духовная картина начала жить, как мир из шести сторон: верх-низ, вперед-назад, вправо-влево — шесть направлений, каждое из которых приносит человеку ощущения от каждой стороны мира, в котором он находится, внутрь его сердца, внутрь Малхут.

Если человек не стремится расшифровать то, что великие каббалисты хотели бы нам передать в Хэсэд, Гвура, Тифэрэт, Нэцах, Ход, Есод, то он читает код, не понимая, что написано, не подозревая, что в тексте что-то скрыто.

Стремление именно ощутить эти свойства, эти слова и является разговором о Творце. Значит, слова «поговорим о Творце» реализуются вот таким образом — по-другому о Нем не расскажешь. Он сам не ощущаем, мы ощущаем только Его воздействие через Кэтэр, Хохма, Бина, а затем уже в нас, в виде Хэсэд, Гвура, Тифэрэт, Нэцах, Ход, Есод, и от них — в нашей Малхут.

То есть Малхут ощущает шесть вариаций воздействия на себя. Внутри себя она это ощущает. И каждое из воздействий называет по имени: Хэсэд, Гвура, Тифэрэт... То есть эти ощущения уже внутри Малхут, но мы говорим о них как об отдельных воздействиях на нее.

А Кэтэр, Хохма, Бина — это именно то, каким образом Творец на нас воздействует еще до ощущения внутри Малхут. Поэтому Кэтэр, Хохма, Бина называются «Рош парцуф» — головой духовного парцуфа, т.е. еще до того, как эти воздействия входят в нас, от Пэ парцуфа и ниже. От Пэ и вниз парцуфа уже начинается Малхут.

Эта Малхут состоит из двух частей:
1) та часть, в которую она может принять эти воздействия, ощущать их — это от Пэ до Табура, в Хэсэд, Гвура, Тифэрэт, Нэцах, Ход, Есод;
2) та часть, которая не может принять в себя ощущения Творца, сигналы от Него — от Табур до Сиюма. Эта вторая часть называется «распространение Малхут» (итпаштут Малхут), и мы должны эту часть Малхут исправить, чтобы она полностью ощутила в себе эти свойства.

Для этого исправления предварительно необходимо: разбиение в мире Некудим, построение мира Ацилут и миров БЕА, создание Адама Ришон, разбиение его и падение его частей, наших душ, до самого низа мира Асия. И мы начинаем наш духовный путь, когда поднимаемся из-под махсома, входим в мир Ецира и начинаем уже исправлять Малхут от Сиюма до Пэ.

И становится вся Малхут, от Пэ до Сиюма, воспринимающей все, что находится в голове парцуфа — это состояние называется «Гмар Тикун», и нет никакой разницы между тем, что находится в Рош, и между тем, что находится в Гуф.

Никакого остатка, т.е. лишнего света, который приходит к парцуфу, не возникает — парцуф все принимает внутрь себя с помощью зивуг дэ акаа, и тогда постигается полностью то, что происходит в Рош — не частичные меры воздействия Творца на каббалиста, на душу каббалиста, а полное Его воздействие, полное Его раскрытие.

То есть весь Кэтэр, Хохма, Бина, весь свет, который в них находится, с помощью зивуг дэ акаа входит через Пэ внутрь парцуфа, от Пэ до Сиюма. Это называется Полным исправлением всех келим, находящихся в парцуфе. И тогда именно внутри парцуфа постигается то, что есть в голове парцуфа — в Кэтэр, Хохме, Бине. И исчезают все так называемые тайны Торы, т.е. все, что находится в голове парцуфа, становится явным, ясным, постигаемым внутри человека.

А затем происходят постижения, которые мы не можем никак описать.

А что происходит до этого, т.е. откуда приходит свет? В каких объемах, в каких свойствах находится нечто, находящееся выше (т.е. прежде, первопричина) головы парцуфа? Прежде головы парцуфа находятся так называемые келим дэ игулим — круглые келим, не ограниченные экраном.

Естественно, когда экран становится бесконечным, т.е. без ограничения, принимающим все, что возникает в голове парцуфа, тогда нет отличия между телом и головой. И Гуф и Рош работают полностью, на все свои 100 %: тело принимает все 100 % того, что есть в Рош. Таким образом, само кли уподобляется круглому кли — неограниченному.

Первоначально келим дэ игулим, круглые келим, неограниченны, потому что в них нет экрана, и кли принимает без ограничения, согласно своему желанию.

Но после Цимцум Алеф возникает запрет на получение, на прямое получение света, потому что кли желает уподобиться Творцу — оно желает само получать, т.е. желает именно с помощью экрана создать возможность бесконечного, безграничного получения, тогда это безграничное получение будет эквивалентно отдаче.

Когда кли приобретает полный экран, неограниченное получение с помощью экрана становится эквивалентным неограниченной отдаче, и происходит наложение прежних келим дэ игулим в мире Бесконечности, окружностей, келим до Цимцума, на созданные нами келим дэ ёшер, прямые келим, и мы достигаем мира Бесконечности, снова выходим на уровень Бесконечности.

Но существование в объеме Бесконечности уже никак не может быть описано каббалистами, потому что все наши буквы, вся передача нашей информации, могут быть нами поняты, приняты, ощущаемы только в границах, не в Бесконечности.

Если границ нет, мы не ощущаем. Мы ощущаем только на контрастах: черное-белое, горькое-сладкое, зло-добро, приятно-неприятно — все наши ощущения происходят на стыке между двумя противоположными воздействиями, так же, как любые наши измерительные приборы построены на сопротивлении — где-то должна быть пружинка, которая сопротивляется, и измеряется ее сопротивление, которое эквивалентно давлению на нее. Любого типа наши ощущения построены на таких сравнениях — такова наша природа.

Так вот, когда человек выходит в ощущение Бесконечности, неограниченности получения ради Творца, тогда как бы пропадает эта грань, и описать для нас нашими, понятными нам, символами эти ощущения невозможно, потому что они не построены уже на противоречии, на столкновении, на возникновении какой-то границы.

Ведь все наши буквы построены черным на фоне белого, т.е., на контрастах, на изображениях право-лево, каких-то ограничениях, перемещениях. Все буквы — четкое изображение каких-то точек, складывающихся в определенных направлениях. А когда этого нет, мы просто не знаем, что ощущать, как ощущать. Поэтому для нас нет совершенно никакой возможности описать существующее за границей мира Бесконечности и выше. То есть говорить о самом Творце, на самом деле, мы пока не можем.

Его воздействие на нас и то, что происходит от головы парцуфа и вниз, так называемые таамим — вкусы, ощущается в нас только в той мере, в которой в нас получаются отиёт — буквы-келим, которые формируются в нас из этих таамим, когда таамим чертят внутри нас, в Малхут, определенные направления, воздействия.

Сама Малхут может быть изображена и черной, и белой, неважно, но контрастом на ней вырисовываются различные значки, т.е. воздействия света, всевозможные ощущения. Вот этот набор ощущений света в Малхут и представляет собой буквы.

Существуют 22 воздействия на Малхут, потому что Малхут поднимается в Бину, до середины Бины. Начиная с середины Бины и ниже, она и ощущает эти воздействия.

Начиная от середины Бины и до конца Бины — это парцуф, называемый ИШСУТ. Он состоит из 9-ти сфирот. Далее идет Зэир Анпин (9 сфирот) и сама Малхут, одевающаяся на 4 сфиры Зэир Анпина, НЭХИМ дэ Зэир Анпин. Итого: $9 + 9 + 4 = 22$ буквы, так называемые 22 воздействия света на Малхут, 22 символа, которые свет может как бы выгравировать на фоне Малхут.

Таким образом мы воспринимаем 22 сигнала, символа или формы. В виде этих 22-х форм, представляющих собой как бы штамп, отливку, и их возможных сочетаний мы и воспринимаем воздействия свыше на нас, и из этих форм складывается алфавит.

Есть еще 5 ограничений Малхут, которые она обязана выполнять, потому что состоит из пяти уровней авиют, — не пропускать свет в ту свою часть, в которой она не может ничего воспринять. Эти пять ограничений выражаются 5-ю буквами, называемыми МАНЦЕПАХ, которые заканчивают парцуф и находятся на парсе мира Ацилут.

МАНЦЕПАХ — мэм, нун, цадик, пэй и хаф — это пять букв, имеющих конечную форму. Человек должен сформировать в себе эти буквы-свойства, которые находятся над парсой, но не пропускать свет ниже этих свойств, под парсу, потому что под парсой находятся еще неисправленные им келим.

Одновременно с тем, как он формирует над парсой эти буквы-свойства, отталкиванием от своих пяти неисправленных уровней авиют, он получает питание через эти пять букв, символов, для тех еще неисправленных в нем свойств, которые находятся под парсой.

Эти пять букв, которые человек «рисует» на свете своими действиями, имеют «хвостики», располагающиеся ниже уровня написания обычных букв. Эти «хвостики» символизируют в буквах энергию, которая проходит под парсу для того, чтобы питать клипот, чтобы келим все-таки в каком-то виде, в какой-то мере (в виде свечения) получали бы

Высший свет, но не в качестве наполнения, иначе это будет просто наполнением клипот, эта операция будет просто во вред: это еще больше возбудит клипот к получению, эгоистическому получению.

Это свечение, с одной стороны, оживляет желания в Малхут, потому что ничто в мире не может существовать, если не будет в нем какой-то доли света, этого маленького свечения. Именно свет формирует из нулевой стадии (через другие стадии) Малхут и потом наполняет ее, и питает ее, и так далее. Таким образом, если не свет, то любая часть творения пропадет, и материя просто не будет существовать.

С одной стороны, свет обязан проходить под парсу и формировать, «овеществлять» желания под парсой, с другой стороны, он должен в них создавать определенные предпосылки для исправления, т.е.: возбуждать к себе, создавать условия скрытия, скрывать то, что в нем есть, другими словами, создавать одновременно и притяжение к себе, и обратную часть свою — скрытие, манить чем-то приятным и одновременно это приятное скрывать, создавать в нас и свет, и кли. Таким образом формируются в нас желания.

С помощью таких символов-букв мы и выражаем, описываем Творца, в той мере, в которой мы Его можем воспринять. И в нашем мире то, о чем человек пишет, он практически пишет о влиянии Творца на себя.

Все, что мы ощущаем, все, что есть в нас, все, что может быть, — является ничем иным, как воспеванием воздействия Творца на нас. Это и наши стихи, и наши романы, и наша музыка. Все, о чем человек пишет в результате своих ощущений, это он пишет, в общем-то, об ощущении Творца, только, конечно же, на таких еще уровнях, когда не ощущает своего Источника, когда не понимает смысла этих воздействий, когда подменяет Творца другими причинами, но, в общем, это так.

- **Вопрос: Расскажите о книге «Бейт Шаар Каванот» (Врата намерений).**

Книга «Бейт Шаар Каванот» сейчас переводится. Все, что изучается в Каббале, изучается многократно. Весь материал проходится первый раз, второй, третий... Вроде бы одно и то же, но, на самом деле, каждый раз изучается уже по-другому. Вы меняетесь — и я комментирую по-другому.

Я ощущаю ваши желания, настроения, подготовку, возможность восприятия, и тогда я просто поневоле по-другому начинаю себя вести. И те, кто преподает, знают, что буквально с первого раза преподаватель ощущает своих учеников, и в зависимости от этого и строится урок, каждый раз по-другому и в разной мере комментируется.

Как только мы закончим краткий курс по Птихе, то начнем заниматься по «Бейт Шаар Каванот». Хотя книга и называется «Врата намерений», но вы будете, может быть, разочарованы, т.к. о намерениях там ничего не говорится. Ведь намерение — это мое отношение к свету, который сейчас на меня нисходит, т.е. к тому, как на меня сейчас воздействует Творец. Он на меня воздействует каким-то образом, значит, я соответственно этому должен сформировать с помощью экрана получение ради отдачи.

Допустим, мне предлагается кусочек торта или селедка — неважно что. Я в соответствии со вкусовыми качествами пищи, наслаждением от нее, одновременно воспринимаю явление Его ко мне, как Дающего это наслаждение, и в соответствии со всем этим я оцениваю Его, в соответствии с так называемыми таамим (вкусами) я строю отдачу Ему, потому что хочу быть в этом подобным Дающему.

Полностью быть подобным в том, что Он являет мне в данном своем раскрытии, я не могу. Значит, я делаю какое-то ограничение, с помощью экрана формирую частичную отдачу Ему, и соответственно частично получаю, только в этой мере. И в этой мере считается, что я Ему отдаю.

Формирование правильного отношения к Творцу в меру Его отношения ко мне, в меру ограничений, которые я должен принять на себя, чтобы быть альтруистичным — это формирование во мне обратной связи с Ним, и называется оно намерением.

Очевидно, что когда вы откроете книгу «Врата намерений», то вам ничего не будет ясно, если у вас нет экрана, если вы не понимаете, чем и как на вас воздействует Творец, и что Он вам хочет дать, и что Он при этом хочет проявить от себя самого как от Дающего. То есть вы не увидите ни стола, ни угощений, ни Хозяина. Тогда что вам даст эта книга? Она будет говорить о том, как работать с вещами, которые совершенно не находятся в ваших ощущениях.

Но мы изучаем опять-таки для того, чтобы возбудить на себя окружающий свет, чтобы этот свет нас подтянул наверх, чтобы он нас исправил до того уровня, до того порога, за которым мы начнем ощущать Дающего и силу уподобиться Ему.

Переход этого порога называется переходом махсома. После этого, действительно, книги будут для нас инструкцией, мы будем видеть, как формировать намерение. Таким образом, намерением называется Ор Хозэр (отраженный свет), кли, в которое получаешь, вот и все, вкратце.

Мы будем, конечно, изучать «Бейт Шаар Каванот», потому что это очень сильный источник для продвижения вперед, это очень сильная книга по свету, вызываемому на человека, по исправляющему свету, если человек желает этот свет получить для того, чтобы исправляться.

А если он не желает, если у него нет к этому кли, то, естественно, этот сорт света на себя он не вызывает. Потому что свет приходит к нам, в общем-то, аморфным, без оттенков, но в соответствии с тем кли, которое мы формируем и можем напротив света отдать, направить, в соответствии с этим мы из этого света выхватываем определенные качества, как-то: Хэсэд, Гвура, Тифэрэт и так далее.

Все зависит от Малхут — на каком уровне авиюта, с каким экраном она может работать. Поэтому, если я сижу с книгой и не формирую в себе, внутри, кли к свету: «Я хочу с помощью света исправиться, я хочу создать в себе свойство, подобное этому свету», — и так далее, если я не стремлюсь к этому, т.е. у меня нет кли, то меня этот свет просто возбуждает, как маленьких детей окружающая жизнь, и не больше.

Он меня не растит, потому что я не желаю роста. В духовном рост происходит только под воздействием моих желаний. Если я этого хочу, я расту, если не хочу, не расту.

«Эйн кфия бе руханиют» — нет насилия в духовном. Если я не хочу, значит, во мне эти желания еще не созрели.

Что значит не хочу? То есть я еще не готов к тому, чтобы вырасти. Значит, вся проблема заключается в том, чтобы подготовить себя к правильным желаниям, чтобы приходящий свет меня изменял, чтобы каждая минута учебы была для меня получением этой оформляющей, созидающей энергии, которая сделает из меня человека.

И тогда мы дойдем до уровня намерений, а пока... Все равно у нас должны быть намерения, просто не на тех уровнях, о которых пишут каббалисты, когда это уже формирование отношений к свету, который приходит к нам. Нашим намерением должно быть просто дойти до такого состояния.

- **Вопрос: Товарищ мне нужен, чтобы получить его келим?**

Это только то, что вы получаете от товарища, и больше ничего. Потому что мы сами — это черные эгоистические точки, «лев эвэн», которые сами по себе никогда не изменятся. Все изменения в нас, все дополнения в нас только за счет келим, получаемых от окружающих, только лишь.

Однажды, когда я только пришел к своему учителю, во время подготовки к Суккот, строительства шалаша, я вдруг услышал, что эта работа важнее, чем учеба. Я помню, как очень удивился этому, т.к. совершенно не был настроен на такие вещи.

В процессе долгих лет обучения в школе, университете, я полюбил воспринимать информацию, учиться. Я знал, что это дает ощущение уверенности, власти, влияния. И вдруг, вместо того, чтобы заниматься, учиться, обретать знания, действительно чувствовать что-то — иди, таскай доски и делай шалаш, сукку. Мне это было очень нелегко принять, очень нелегко.

Но потом я увидел, как Ребе сам заколачивает гвозди в доски и работает на строительстве сукки не меньше других. Я почувствовал, что если мой Учитель может отвлекаться на такую работу, вместо преподавания, то это действительно важно.

Таким образом, нет у нас другой возможности получить дополнительное кли, кроме как от окружающих. Самое надежное средство связи с окружающими — это совместное механическое действие, но если только оно идет с намерением, что мне необходимы окружающие для того, чтобы уподобиться Творцу.

Пускай это будет еще эгоистическое намерение: «Я хочу быть подобным Ему, я хочу быть выше, завладеть всем миром и пр.». Но если есть это эгоистическое намерение, называемое «ло лишма», то моя связь с товарищами, с друзьями, т.е. с теми, у кого тоже есть намерение, плодотворна. Я перенимаю их намерение к Творцу, вкладывая в них — я покупаю у них их намерение. В этом и заключается принцип «купи себе друга».

Я таким образом обретаю настоящее кли к Творцу, потому что я за него заплатил, я его сделал, оно мое — оно возникло во мне в результате моих усилий. И только в это кли я получаю и никогда в свое личное, которое изначально во мне создал Творец, изначально возбудил к себе. В свое личное кли я не получаю ничего.

Поэтому связь с товарищем — называется именно связью с товарищем. Теперь, если я полностью завишу от намерения остальных к Творцу, представляешь, как я должен заботиться о том, чтобы у них было это возбуждение к Нему. У них не будет — у меня не будет.

Я полностью нахожусь в их власти, значит, это уже определяет мое отношение к группе — я должен заботиться о том, чтобы все мои товарищи хотели достичь Творца, чтобы все они достигли самых больших ступеней. В той мере, в которой они будут стремиться к этому, в той мере, в которой они будут достигать этого, я смогу от них перенимать эти качества и тоже смогу достичь. Представляешь, насколько это противоположно обычному нашему чувству зависти.

Это — как отношение родителей к ребенку: они хотят, чтобы он был лучше них, чтобы был выше них, здоровее, счастливее — они будут этому рады. Вот таким должно быть отношение к товарищу. Это уже возникновение «Возлюби ближнего, как самого себя».

А в книге «Дарование Торы» говорится даже, что «...больше, чем самого себя». Если у тебя есть подушка, а у него нет, ты должен ему отдать, а не поделить пополам или чтобы оба сидели без подушки.

Отсюда мы можем понять, почему состояние ближнего, товарища, для нас важнее, чем наше личное состояние, — от него, уже потом, я получаю его кли. Вот на этой простой истине строятся все отношения в группе.

Начинайте с нее каждый раз, когда вы желаете что-то сделать в группе, и вы не ошибетесь. Вам не надо будет учиться ни у Бней Барух, ни у кого. Соблюдайте только это правило — желайте достичь Творца. Если мы правильно его интерпретируем на низких уровнях, в предпосылках к этому, оно формирует все наши отношения в группе.

Затем вы увидите, насколько все сливается вместе, когда сквозь тела видишь души и абсолютно все свои части в остальных, и там уже другая работа.

- **Вопрос: Работа с каждым из товарищей — это работа над каким-то определенным моим внутренним свойством?**

Нет, не надо окунаться в такие детали, как работа с каждым из своих товарищей — это работа над каким-то определенным своим внутренним свойством или качеством. Вы этого не знаете, и у вас будет неверный подход. И, вообще, старайтесь во всех работах в группе быть проще, не пытайтесь привлекать к этому еще какие-то якобы предпосылки, явления из прошлых гильгулим: что-то с нами произошло, поэтому мы вместе и пр. — не надо.

Придерживайтесь простых правил, и вы не ошибетесь — они самые верные. Все остальное, что вы начинаете выдумывать и привлекать к своим состояниям искусственно, потому что хотите якобы обогатить свои отношения, свою работу, каким-то образом подправить их немного дополнительными какими-то доказательствами необходимости, — не нужно. Это у вас забирает остроту направления к Цели.

Мы сейчас поговорим, а через пять минут вы увидите, что уже забыли об этом совсем. Значит, надо снова и снова возвращаться к этому состоянию, к этому ощущению, к этой точке. И со мной это тоже происходит, я часто обязан возвращаться к тем минутам, когда был со своим Учителем в тех или иных обстоятельствах. Я беру это состояние за эталон и от него иду дальше. Поэтому и между нами необходим такой контакт.

- **Вопрос: Как я могу знать о том, что у моего товарища по группе есть намерение к Творцу, и я действительно получаю от него правильное намерение к Творцу? Я готов для него сделать все, но я же не могу в его душу влезть. Надеяться на то, что у него правильное намерение? Может, я вообще ошибаюсь и не в том месте нахожусь, или лучше с ним не контактировать — я могу от него получить совершенно противоположное намерение?**

Человек даже о себе не знает, к кому и к чему у него намерение. И когда вы начинаете обращаться к товарищу в поисках его устремления к Творцу, чтобы как-то это абсорбировать в себе, внутри себя, вы сами не уверены, что у вас, действительно, намерение к Творцу. Все наши намерения скрыты, поэтому Каббала является тайной наукой для человека, и даже для каббалиста: его намерения всегда скрываемы в той мере, в которой он еще не достиг полного зивуг дэ акаа, т.е. до Конца исправления.

Вы можете получить желаемое от товарища, у которого просто существует желание находиться в группе, только в той мере, в которой вы вкладываете в связь с ним: в связь чисто внешнюю, вспомогательную, на уровне нашей жизни.

Дайте мне любую группу, самых начинающих в Каббале. На первых занятиях у них возникают всевозможные завихрения: они где-то занимались другими методиками, а теперь вообще не знают, куда попали. Вы же знаете, что в приходящем в Каббалу происходит некая внутренняя революцию, иногда он даже чувствует себя не вполне нормальным. И это естественно.

А какие внутренние ощущения дальше будут возникать! И хотя это уже не будет таким внутренним переворотом, но все-таки каждый раз это новое открытие. Так вот, естественно, ни я, ни эти новенькие не можем быть уверены, что наши намерения — к Творцу. От нас этого и не требуется.

От меня требуется: в той мере, в которой я желаю получить от товарища намерение к Творцу, заплатить за это, и тогда я у него это покупаю. Это не зависит от него, это зависит от моих усилий. Он, в этом отношении, является как бы маленьким складом, в который Творец поместил мое желание. И я должен этому «складу», как в кассу, заплатить и с этого «склада» получить.

Вот так надо смотреть на окружающих: эгоистически, потребительски — это правильное, хорошее отношение. Поэтому так грубо и говорится: «Купи себе друга».

И поэтому я смотрю на каждого окружающего, как на источник еще одной ступеньки, еще одной силы к Творцу. Я готов в него вложить все, что у меня есть, потому что того, что я могу получить от него, у меня нет и никогда не будет (если не получу от него), и я никогда не смогу приподняться еще выше, еще ближе.

А что он собой представляет — это неважно. Главное, что у него есть общее со мной стремление, как у меня (большее, меньшее — неважно, но оно есть), остальное зависит только от моих усилий, и все. И он сам не знает, что я от него получаю, в нем это еще не вырисовывается совершенно.

Поэтому я могу быть в группе самых начинающих, которые ничего не знают, у которых не сформированы никакие намерения к Творцу, только есть у них какая-то заинтересованность. Они чувствуют какое-то неудобство в своей жизни, они думают, что Каббала им поможет. Это мне совершенно не мешает. Того, что есть в них, во мне нет. И того, что есть в них, ни в ком другом нет.

Если у меня есть такая возможность, такой случай получить это от них, я с удовольствием отдаю им все, что у меня есть. Все, что есть у меня, мне уже не понадобится для продвижения к Творцу. Мне каждый раз нужно новое кли, это новое кли я получу от окружающих. То есть человек не должен жадничать в отношении тех свойств, сил, которые есть у него. Отдай их, ты взамен этого получишь новое, только с помощью этого нового поднимешься выше, поэтому нечего жалеть.

- **Вопрос: А вторая часть — «сделай себе Рава»?**

Про это я сказать не могу, потому что боюсь, что это будет неправильно понято. Скажу лишь, что рав — это не обязательно рав (который преподает), или тот, на ком надета шапка с надписью «Рав» (есть такие детские шапки, на которых написано «Герой»). Равом называется любой человек, от которого ты хочешь перенять его устремление к Творцу. Тогда чем отличается рав от друга? — От друга он отличается тем, что ты следуешь советам этого человека.

С другом ты находишься в общении, когда вы вместе работаете, учитесь, когда вы вместе сидите на трапезе. И это ваше совместное обучение, проведение досуга, совместная работа в группе переливает между вами устремление к Творцу безо всяких слов, безо всяких даже пожеланий друг другу об этом. Поэтому между друзьями вообще о духовном не говорится.

Все свободное время работать на группу и 2 часа заниматься вместе — это самое лучшее дело, все. И работая совместно, и занимаясь вместе, не надо вообще говорить о том, чего вы хотите, в чистом виде — это так. У нас принято читать вместе статьи и говорить об этом, потому что вы еще такие маленькие и слабые, а вообще, каббалисты это запрещали, потому что этого не надо. Между друзьями этого не надо.

Это действует только между Равом и учениками, или между Равом и каждым из учеников, и то, если это необходимо.

Здесь же говорится о направлении, говорится о намерении. «Сделай себе Рава» — это когда ты возносишь определенного человека на такую ступень, которую ты считаешь большой для себя. Рав — от слова «большой», т.е. когда его знания, его опыт, его слова становятся как бы сообщением для тебя, направляющими из всех возможных твоих внутренних поисков, вариантов к Цели.

Вручить Творцу душу

Как маленькому ребенку показывают: «Иди туда», — и он идет дальше, так и здесь — ты принимаешь человека выше себя, это значит, что ты принимаешь человека, который может тебя «покрутить» и сказать: «Вот в ту сторону и иди». То есть, в принципе, Рав — это тот человек, который должен все время «натаскивать» тебя на Творца, говорить, в какую сторону идти, — к Творцу.

Поэтому, мы часто говорим о том, что Рав ни в коем случае не должен закорачивать на себя ученика, не должен на себя обращать его внимание, должен всячески противиться этому со стороны ученика, потому что мы, каждый со своей стороны, невольно стремимся к этому.

В древности люди сначала знали о Творце, ввиду своей светлости, маленького эгоизма, а затем подменили Творца звездами, всякими гороскопами, окружающей природой и стали молиться всем этим силам. Но они еще понимали, что все эти силы — следствие от Творца, Творец через все эти силы влияет на них. Однако потом вообще забыли Творца и начали поклоняться этим силам. Так и возникли многобожие и прочие верования.

То же самое происходит и с нами, с каждым из нас. Мы приходим на первый урок, слушаем преподавателя, и если он нас покоряет, мы, открыв рот и уши, слушаем его, а потом, открыв сердце, уже не думаем о Творце — преподаватель заполняет наше поле зрения. И тогда происходит просто увод, а затем — многобожие, что называется дуализмом поначалу, а потом — вообще не дуализм — мы переходим только на преподавателя и превращаемся в хасидов с Ребе.

Это то, что не раз происходило и происходит везде. И это не только в религии, это во всех других областях нашей жизни, нашего существования. Я уже не говорю, каковы последствия этого для преподавателя, который так делает, но ученик при этом, конечно, полностью уже идет не в ту сторону.

Сказано: «Сделай себе Рава» — потому, что ты должен в себе определять четкие критерии, почему именно этот человек для тебя Рав, и каждый раз ты должен «его делать». А этот человек, если он правильно поступает, каждый раз должен, как Творец, выбивать из-под твоих ног основу — то, из-за чего ты в него верил, из-за чего ты к нему привязался. Он должен тебя ругать, кричать на тебя, он должен тебе показывать свои слабости, он должен тебе казаться хуже тебя и ниже тебя, а ты должен из него делать Рава, большего, чем ты, и только по одному единственному критерию — потому что ты видишь, что у него действительно связь с Творцом. Тем, что он направлен на Него, и тебя он направляет только на Него, а сам остается в стороне, как можно более незаметным. Вот это называется «большой человек».

Причем, я хочу добавить к сказанному, что если происходит уход с правильного направления, то это не просто уход и потеря — это уход в клипу. Это называется «клипа средней линии». Есть клипа правой линии, есть клипа левой линии, а эта клипа — средней линии, т.е. против правильного направления на Творца, в обратную сторону, так называемая «клипат кав эмцаи».

- **Вопрос: Исправляются ли свойства характера?**

В духовном идет расчет не с нашим физическим телом, потому что его таким создал Творец: со всеми его пороками, слабостями, свойствами, хорошими и плохими.

Эти пороки, слабости, свойства, характер — это все изменить нельзя. Мы видим это по себе: сколько бы мы уже не прожили — это все остается. 15 мне лет или 60 — то же самое. Просто усталость немножко, она приглушает эти свойства, но они сами по себе не меняются.

Поэтому с этим нам вообще работать нечего, оставьте в стороне то, что не меняется, чего уж там пытаться что-то сделать. Это — наши животные качества, в животном отношении мы — как любые другие животные. О животном сказано: «Эгель бен ёмо, шор кри», — т.е. однодневный теленок, но уже называется быком. Почему? — Потому что у него те же качества, что и у взрослого быка.

Он уже умеет ходить, он уже знает, что ему хорошо, что ему плохо. Пусть пройдет еще пара дней — неважно: у него все те же свойства, которые будут и в будущем, неизменные совершенно.

То, что мы приобретаем различные знания, — это ничего не значит: наши природные свойства остаются теми же. Поэтому в этом отношении мы полностью животные, и надо к этому относиться, как к животному. Поэтому в этом отношении у нас нет никакого отличия от животных: ни в чем, ни в ком, ни в отношении между людьми. Мы можем даже обмениваться своими органами, делать всевозможные пересадки — все, что угодно.

Теперь о нашем восприятии мира. Оно тоже неизменно, оно может развиваться под воздействием различных методик, но это не более, чем всевозможные виды настройки прибора нашего организма на то, что он будет улавливать не эту частоту, а другую. Вот, в принципе, все, что ты можешь привнести сам. В этом нет ничего нового — ты работаешь с уже созданным в тебе.

Здесь же говорится о создании в себе совершенно нового инструмента — кли, сенсора. Выделить именно эту работу по созданию в себе совершенно нового, чего не было раньше, и есть самая главная наша задача. Она называется «аводат бирур» (анализ). Сначала у нас есть бирур, а потом тикун (исправление).

Бирур — это сортировка, выделение чего-то одного из многого, выбор, а затем исправление того, что ты выбрал: каким образом оно должно быть направлено на Творца, каким точно образом сформировано.

Так вот, сначала есть «аводат бирур» — работа в выделении этого нового, а потом уже «аводат тикун» — исправление. Только этим и надо заниматься.

Выделение из всего мира того, где я действительно могу свое «я» создать, сформировать, где я буду подобным Творцу в созидании, в создании нового, выделение этой точки приложения своих сил — это самое главное. А дальше уже с помощью учебы, товарищей, света в этом направлении двигаться.

Проблема в том, что эта работа должна производиться каждый раз, каждое мгновение заново. Но зато, когда входишь в Высший мир, все, о чем мы с вами сейчас говорим, становится природой, и не надо напрягаться вспоминать или каким-то образом в себе пытаться заново ощутить. Это все уже находится в тебе, в твоем кли.

- **Вопрос: Что значит в работе с товарищами отдать все, что у тебя есть?**

Об этом говорится в статьях «Дарование Торы» и «Поручительство». Мы не очень точно понимаем, что значит хозяин и раб. И это потому, что каждый из нас считает себя хозяином, а остальных — призванными ему служить. Это и есть наше отношение друг к другу: я хозяин, ты раб.

Таким образом я поневоле смотрю на тебя и на всех остальных, только так я вас и вижу. «Весь мир должен служить мне», — не будем стесняться, признаемся, что это так.

Значит, если я хочу действительно достичь нового кли, то я должен вопреки этой природной установке, которая есть во мне относительно любого моего товарища, сделать обратное действие: то, что есть у меня, отдать ему. То есть при его желании спать на подушке, как говорится в статье, и моем желании спать на подушке мое желание совершенно не идет в расчет, и я рад его желанию. Это значит отдать все.

Для чего? Во имя чего? — Во имя того, чтобы приобрести его желание к Творцу, его стремление к Творцу. Вот это и значит отдать все. Что значит все? — Отдать весь свой эгоизм, который говорит мне о том, что я должен весь мир использовать для себя, отдать весь его, чтобы приобрести устремление к Творцу, еще большее желание к Творцу.

Что значит к Творцу? Если точка в сердце есть в человеке, то она работает, если ее нет, то вместо нее возникает подмена всем, чем угодно.

Отдать все — это отдать то, что у меня есть от природы, для того, чтобы получить кли, находящееся выше моей природы. А что происходит во время зивуг дэ акаа? Что делает Малхут, когда она полностью перекрывает себя при Цимцум Алеф? Она вообще не желает использовать то, что в ней, она не желает, чтобы это даже было в ней.

О чем говорит Цимцум? — Я абсолютно ничего не желаю от себя, т.е. я отождествляю себя только с экраном, который желает полностью подавить, аннулировать все, что есть во мне, чтобы это все прямо исчезло. И на этом родилось только устремление к Творцу. Это называется «отдать все». Любое духовное действие состоит из этого предварительного условия. Это называется «вручить Творцу душу».

- **Вопрос: А что мы при этом получаем? Ничего не получаем, ничего нет. И правилен ли, вообще, этот путь?**

Если человек, который так давно изучает и участвует во всем, задает такой вопрос, это говорит о том, что возникают сомнение и страх, правильно ли он идет. Люди внутри группы начинают отдавать друг другу, возникает, может быть, хорошая группа, а потом вдруг — такое разочарование: «А что мы при этом получаем? Ничего не получаем, ничего нет. И правилен ли, вообще, этот путь?» Здесь многое зависит и от Рава, конечно, как обязующегося направлять группу на Цель, на Творца, и от вас самих, когда вы обязаны впереди каждого своего желания, каждого своего действия все откорректировать.

«Есть Творец, я желаю приблизиться к Нему. Ради этого я должен приобрести свойства, которых во мне нет. Ради этого я нахожусь в группе, ради этого я сейчас действую на своего товарища именно таким способом, с помощью которого я могу приобрести дополнительную силу к Творцу, дополнительное стремление к Творцу», — вы должны каждый раз раскручивать внутри себя это намерение, особенно во время учебы, а говорить об этом нечего, это каждую секунду должно быть в голове.

Я говорил своему Раву, что пока я думаю обо всех этих «делах», читая текст, то вообще не знаю, о чем читаю. Он отвечал, что не надо знать, о чем читаешь: «Главное — зацепил одно слово, а теперь начинай снова думать, для чего ты это зацепил, для чего ты это учишь, что ты хочешь от этого».

Это называется «Ма таам бэ хаейну?» (таам — от слова «таамим» — вкусы) — «А чем же я наполнен?» Вот это во время учебы и должно быть. И если при этом ты прочтешь десять слов из двух страниц — это неважно. Зато у тебя будет качество усилий, «эйхут игия», максимальным. Другие, может быть, будут знать, как правильно чертить, будут умные вопросы задавать, но совершенно не по направлению к Цели, а просто углубляясь в свой мозг.

Любое наше действие относительно товарища, группы должно начинаться с предварительной работы над собой. Поэтому мы, начиная учиться, по традиции каббалистов, сначала читаем статью о группе, о товарищах, об отношении к Творцу — о том, что должно возбудить нас, помочь нам быть направленными на правильную цель, а потом уже приступаем к «Талмуду Десяти Сфирот».

Но намерение нужно ежесекундно. Хотя я знаю, насколько это сложно, трудно. Чего я только не делал для этого: заранее клал закладки с напоминанием в «Талмуд Десяти Сфирот», ставил различные знаки, чтобы при чтении на уроке вспомнить эти намерения, заново перестроиться, чтобы в течение этого времени только на этом концентрироваться и так далее.

Ученики моего Рава знали ТЭС очень плохо. Параллельно с нами занималась еще одна группа, учителем которой был 65-летний ученик моего Рава. Так вот, те, кто занимался у моего Рава, совершенно не знали «Талмуд Десяти Сфирот» по сравнению с учениками этой группы.

Я выяснил это через несколько лет, когда, в результате отъезда своего учителя, ученики той группы перешли в наш класс. И мой товарищ, с которым я занимался еще до того, как пришел к Рабашу, вдруг через пять лет снова оказался вместе со мной в одной группе.

Так вот этот товарищ начинает задавать моему Раву такие вопросы, так полемизировать и спорить с ним, и я прямо вижу, что мой Рав думает, как ему ответить! Тот сыпет знаниями, а я вообще сижу, ничего не понимая, в стороне (помню, как меня это разобрало).

Заканчивается урок, и я с Равом, как обычно, еду на море. Еду с ним в машине и ненавижу его, не могу с ним разговаривать и такой весь... Потом вдруг выдавливаю, в конце концов, из себя: «Как это объяснить, что я даже не понимаю вопросов, которые он задает?» (Через пять лет занятий я уже кое-что понимал и уже где-то был, но все равно такого я не мог в себя принять.)

Я помню, насколько мне было трудно, просто невозможно согласиться, а он начал смеяться: «Да ты что? О чем ты думаешь? Что ты говоришь? Что ты ценишь? Что ты понимаешь?» Мне было очень, очень нелегко принять это.

По сей день ученики моего Рава и ученики того рава кардинально отличаются друг от друга, и по сей день, естественно, они идут разными путями. То есть эти уделяют время тому, каким образом найти путь, а те уделяют время именно знаниям и кроме знаний, ничего другого не передают. Но конечно, внешне невозможно определить, кто знает больше, а кто меньше.

Мы изучали в основном кавану — намерение, и именно этого требовал от нас Рав. Поэтому за весь урок серьезно мы слушали лишь десятую часть, все остальное время каждый пытался быть внутри намерений: «Для чего я это делаю? Где во мне Творец? Каким образом через эти строки я могу прийти к Нему? Где этот тоннель, эта тропинка? Где связь между мной, этим текстом и Творцом?» — это самое главное.

Иначе останешься на животном уровне, с головой, переполненной всякой информацией, и даже не будешь понимать, что же она означает. Будете только чисто умозрительно складывать, вычитать различные отрезки на графике или изучать сфирот, авиют и пр., т.е. совсем мертвые данные.

- **Вопрос: Можно ходить в разные группы, чтобы выбрать подходящую себе?**

Я вообще за то, чтобы люди сами выбирали себе группу, методику обучения. Идите в другие группы, посмотрите там и там, решайте, что вам лучше подойдет. И мой Рав не брал насильно к себе учеников. Сами люди сортировались по тому, что они ищут в мире.

Например, человек интересуется Каббалой, но для него это еще чисто внешняя заинтересованность. Он желает просто знаний, у него еще точка в сердце не возбудилась до такой величины, что колет, призывает его только к ощущению Творца.

У нас у каждого бывают такие периоды: вдруг нам хочется знаний, вдруг нам хочется чувств. И поэтому я за то, чтобы человек себя проверял. И своим ученикам советую. И мой Рав, когда я у него спрашивал, что мне делать, он говорил: «Иди проверь». Я помню, что ездил на лекции: в Тель-Авив — к одному, в Холон — к другому. И так раза три я «проверял» — выполнял пожелание, совет своего Рава. И потом рассказывал об этом ему.

Иногда такие проверки обогащают человека, но не знаниями, полученными где-то, а тем, что он видит, где находится. Он начинает больше ценить, более четко, более чувствительно относиться именно к тому, что в его группе является высшим символом, определяющим по отношению ко всему остальному.

Надо стремиться именно к внутреннему постижению. Если мое внутреннее постижение находится на уровне этого мира, что мне даст знание еще парочки каких-то вещей в мире Ацилут? Я же не нахожусь там. Вот устремиться к тому, к этому — да! А получить внешние знания?

Нужно изучать мир Ацилут и стремиться к нему, стремиться к нему и изучать его, т.е. во время изучения устремляться — это да, это необходимо, это и есть методика. А не устремляясь к нему, просто изучать, находясь на уровне нашего мира, — это изучать чистую фантастику, никакого толку нет.

Такая Каббала по определению уже не Каббала: ты изучаешь просто знания — какую-то теоретическую науку. Поэтому здесь уже человек автоматически становится не каббалистом, а просто учеником, изучающим. Каббала — это, по определению, раскрытие Творца человеку.

- **Вопрос: Мы завтра поедем в Цфат на гору Мирон, немножко расскажите нам...**

Мы поедем в пещеру «Идра Раба» (большая пещера), в которой писалась «Книга Зоар». На самом деле она очень маленькая, в нее могут войти человек 20, однако она «Большая». Находится она на севере, в Галилее, там, где жили каббалисты. Все каббалисты вообще стремились жить там. Затем мы с вами посетим Цфат — старый город.

Во всех этих местах каббалисты жили 3 тыс., 2 тыс. лет назад. Затем наступил период полнейшего замирания (начиная с «Книги Зоар» и до появления Ари в Цфате, 16-й век), когда все они ушли в подполье. С появлением Ари (спустя 12 веков после «Книги Зоар») в Цфате началось возрождение Каббалы на совершенно новом уровне. Мы побываем с вами в Старом городе, где было в то время очень много каббалистов, которые во главе с Ари заложили основы всей современной Каббалы.

То, что написал Авраам в «Книге Создания» — «Сэфэр Ецира», то, что написал Рабби Шимон в «Книге Зоар», уже адаптировано к нашему времени, к нашему авиюту, к нашему эгоизму, который, начиная с Ари, вошел в свою четвертую стадию. И поэтому Ари пишет в своем «Предисловии», что начиная с его времени (с 16-го века) и женщины, и дети, и рабы (рабы своего эгоизма), все, в любых своих сочетаниях, условиях, могут и даже обязаны изучать Каббалу.

Эти каббалисты, заложившие всю основу современной Каббалы для нашего четвертого, последнего, самого эгоистического уровня желания, жили в Цфате. Мы посетим этот город, пройдемся по его улочкам, увидим места, где они учились. Может быть, мы сможем пройтись и по кладбищу, хотя кладбище в Цфате пережило очень сильное землетрясение, и те места, где действительно находятся могилы каббалистов, сложно определить: надгробье сдвинулось относительно того места, где находятся могилы, на несколько метров. В любом случае можно посетить кладбище — останутся какие-то впечатления.

В Цфате жил Ари, в Мироне — рабби Шимон. Между этими двумя местами, где они жили, работали, где скончались и похоронены, мы еще сделаем экскурсию по ущелью. Кроме того, поднимемся к особой древней могиле близ

Мирона, ей несколько тысяч лет. После этого мы, возможно, проедем к озеру Кинерет.

В общем, главное, чтобы вы увидели, немножко почувствовали те места. Вы увидите по дороге очень много могил каббалистов — это, обычно, камни, покрашенные в голубой цвет. Эти могилы до 16-го века не были известны, потому что все они потерялись почти за полторы тысячи лет (от рабби Шимона и до Ари).

Ари «вскрыл» эти могилы, т.е. он указал их места и назвал имена похороненных каббалистов. Потом на этих местах уже ставили памятники. Для него это было просто очевидным: кто где находился, хотя жил там 2-3 тысячи лет назад.

И с тех пор эти памятники стоят, к ним относятся с уважением, и арабы, в том числе, их уважают, никогда не трогают, потому что все те особые, святые для нас люди, они и для них тоже становятся святыми. Допустим, гробница Йосефа в Шхеме: она почитается и хранится ими так же, как и нами.

- **Вопрос: Поддержка связи между группами...**

Хотелось бы после Песаха открыть страничку на сайте, через которую все те, кто был здесь, могли бы переписываться, не терять связи, чтобы эта связь, взаимное ощущение друг друга, то, что я здесь пытался во время лекций, бесед сделать, — все это не обрывалось. В этом залог нашего возвышения: мы сможем, таким образом получая друг от друга, подниматься.

Эта переписка нам будет напоминать о Цели и связывать между собой. Вот такую страничку кратких сообщений мы и должны открыть, чтобы оставаться связанными друг с другом.

Я вижу, что вы здесь объединились в какие-то группы. Пытайтесь эти группы разбить и совершенно по-другому их перестроить, перекроить. Смешивайтесь по-другому. Вы, может быть, обнаружите, что подобие не означает, что вам просто приятно с кем-то беседовать или еще что-то. Подобие должно быть совершенно не внешним, оно же внутренним должно быть.

О ЧЕМ ПРОСИТЬ?

21 апреля 2003 года

- **Вопрос: Насколько подробно надо отвечать на вопрос, ведь всегда хочется объяснить человеку, чтобы он понял?**

Отвечать на вопрос полностью не надо. Это относится к той же проблеме свободы воли. Ты не должен заполнять человека собой, ты должен его только направить, а дальше он должен идти сам: поиском, своим трудом, усилием. И поэтому во время обучения какие-то вещи опускаются, не договариваются.

Ответ есть, но он может быть неполным, или где-то рядом с вопросом: не точно тот ответ, который надо бы было дать на вопрос, а немножко как бы в стороне, смещен (иногда смещен по точности, иногда смещен по теме или по акценту).

Это — игра преподавателя с учеником. Она приобретается постепенно, когда ты видишь, где ученика надо оставить, чтобы он додумался сам. Как с ребенком: готовишь ему какую-то игру, в которой требуются его дальнейшие действия — ты ему вначале помогаешь, а остальное он сам доделывает.

Поэтому ответы (и когда вы будете преподавать) не обязаны быть полными, они не должны быть прямо такими, что вы все пережевываете, а вопрошающий только проглатывает, нет.

- **Вопрос: Какие действия в нашем мире ведут к духовному, кроме тех, что мы знаем (кроме группы, распространения)?**

Каждый раз, когда мы что-то исследуем, надо начинать, чаще всего, не с себя, а с конца (с конца — т.е. с Начала). Если свет исходит из Творца, строит кли, исправляет это кли и наполняет его, значит, все делает свет. Что же тогда зависит от кли? После того, как кли делает Цимцум, оно решает, что от него будет зависеть действие света, т.е. свет будет делать все, но только по просьбе кли, а иначе не будет.

Такое условие образовалось после Цимцум Алеф. Кли сказало Творцу: «Ты скрывайся от меня, но когда я тебя позову и попрошу, ты в меру моей просьбы ответишь». И с тех пор это условие сохраняется — Цимцум Алеф не нарушается никогда. Цимцум Бэт — отменяется, Цимцум Алеф — нет.

Получается, что со стороны Творца уготовано нам все: Кэтэр, Хохма, верхняя часть Бины наполнены светом Хохма, то есть Аба вэ Има находятся в состоянии паним бэ ахор, — а ЗАТ дэ Бина и все, что ниже, зависит уже от просьбы душ, от просьбы низших: что они захотят, то они и получат. Это может быть свет, порождающий кли, исправляющий кли, наполняющий кли.

Значит, вся наша проблема заключается в том, чтобы правильно в нужный момент попросить о том, что надо. Если мы просим в нужной последовательности: рождение, вскармливание, отрочество, взросление, обучение и так далее, т.е. если мы в каждый нужный период правильно просим о помощи, об исправлении, о наполнении, то, естественно, сразу же свыше получаем то, что нам действительно надо. Значит, самое главное — это определить: «А что на самом деле мне сейчас надо?»

Откуда я могу знать, что мне сейчас надо, если я не знаю своего следующего состояния? Значит, и об этом мне надо просить: просить о том, чтобы узнать, о чем мне надо просить. Это называется «молитва, предваряющая молитву».

В принципе, это и есть та точка, с которой я должен обращаться к высшему парцуфу, к Высшему, к Творцу. То есть Он должен создать у меня правильное желание к Нему, и, исходя уже из этого желания, я Его правильно попрошу, и все будет хорошо. Это похоже на то, как роди-

О чем просить?

тели хотят, чтобы ребенок попросил у них правильные вещи — они ему готовы это дать, а если он попросит что-то неправильное — не получит.

Такая просьба к Творцу называется просьбой об исправлении. Что значит исправление? Исправление желания, коррекция желания, выявление такого моего желания, которое действительно получит ответ, которое именно сейчас должно отработать, реализоваться. Если я об этом буду просить Творца, то Он сразу же откликнется, потому что я не прошу о наполнении, я не прошу о каких-то других вещах, я прошу именно о том, что мне сейчас необходимо на пути к Нему. Значит, вопрос в том, как не забыть, что мне надо об этом просить.

Часто ли мы об этом вспоминаем? Редко. Значит, надо придумать всевозможные вспомогательные средства, которые бы мне напоминали об этом. Если я просто напишу объявление, я о нем забуду через пару минут, как будто ничего и не было. То есть механические, неживые, растительные или животные возбудители мне не помогут: будет звенеть будильник, будет лаять собака — я не буду этого ощущать. Даже если механический робот будет подходить и бить меня по голове — я не буду от этого возбуждаться.

Я могу возбудиться только от чужого человеческого желания и именно к тому же, именно к тому же. Все остальные методы не помогут. Таким образом, единственное мое правильное движение — к Творцу, с единственной просьбой, чтобы Он мне дал правильное желание.

Итак, я могу только от человека, у которого есть такое же желание, и в данный момент оно работает в нем, возбудиться. Если я услышу, увижу, как-то по-человечески уловлю, что в нем это желание есть, тогда это может меня направить, напомнить мне из любого моего свойства. Обычно, это свойства зависти, хорошие такие свойства: кина, таава вэ кавод. Кина — зависть, таава — стремление к наслаждениям, и кавод — стремление к почестям.

Это возможно в разных вариациях, не только в земных, как мы это себе представляем. Все эти свойства в нас на самом деле положительные. Они позволяют нам воспринимать возбуждение от других людей. И если бы не эти люди вокруг нас — 0% успеха. Мы бы вспоминали о Творце, только бы когда Он нам напоминал.

Но если Он Сам напоминает мне, то я не реализую свободу воли, я к Нему не двигаюсь. Он просто напоминает мне и ждет, чтобы я снова от себя что-то дал. Если я от себя не даю, я не поднимаюсь. То есть Он меня бьет, а я остаюсь на том же месте — это ничего не дает, сближения с Ним нет.

Так что, в итоге, мне надо содержать вокруг себя общество, группу, которая бы меня к этому делу постоянно возбуждала, именно к этому. Значит, я должен этих людей сам настраивать, быть относительно них как бы начальником, указывать им и требовать такого же на себя воздействия. А они, в свою очередь, должны требовать от меня того же.

И только в такой круговой поруке каждый из нас гарантирован, что вспомнит определенное количество раз, о чем надо правильно просить Творца.

И после определенного количества просьб, его просьбы станут более тонкими, остро и правильно направленными, он выявит для себя, что же, на самом деле, значит просьба об исправлении, о сближении, для чего, во имя чего, с чем он обращается и к кому он обращается и т.д., т.е. от кого, к кому, о чем, с какими последствиями, ради чего все-все составляющие этой, так сказать, категории, называемой МАН (мэй нуквин). Это и является всей нашей работой на протяжении нашего пути до махсома.

Переход махсома означает, что ты первый раз, на самом деле, попросил Творца и, на самом деле, об исправлении и получил ответ — экран. Вот и все. Поэтому все, что может вызвать в группе общее возбуждение, взаимное напоминание и т.д., все это — единственно необходимое; а остальное — вспомогательное, если оно действительно содействует всем этим делам.

Поэтому когда начинают, то совершают, как дети, много бессмысленных действий, а потом потихоньку взрослеют, из опыта начинают видеть, понимать, что надо не так делать, а иначе. Это так же, как обучают ребенка:

ничего не сделаешь — надо ждать, пока он вырастет, пока поймет, какие действия более нужные. Новорожденный ребенок не владеет своим телом, но потом движения становятся более осмысленными, более конкретными, целенаправленными.

Так и у нас в организованных группах поначалу... Надо ждать. Дал маленькую порцию — жди, пока прорвется, пока это в них внутри абсорбируется, жди, как они с этим будут работать, снова и снова. То есть это обычное воспитание, как на Земле, но Цель, конечно, терять нельзя.

В итоге весь устав группы, вся работа между собой, получение информации, распространение, любая посторонняя работа, усилия, где бы и какими бы они ни были, в каких бы они ни были плоскостях, относительно кого бы ни были направлены, и в начале, и в конце — все обязательно должно преследовать цель, что мы все делаем для того, чтобы это принесло нам именно пользу — правильное обращение к Творцу.

И тогда эта мысль поможет нам быстрее понять и выбрать именно те действия, которые на самом деле нужны. Мы начнем чувствовать, иначе чувствовать связь, даже через десять действий, с чем-то вроде бы совершенно несвязанным, что оно в итоге тоже помогает. Вот это — в общем, а внутри — надо выбирать самим...

- **Вопрос: Таким образом, настоящий МАН — это обращение не к Творцу, а обращение к своему товарищу в группе?**

Нет, МАН — это обращение к Творцу, а обращение к товарищу в группе — это не МАН, это средство, которое помогает в итоге возбудиться. Причем, те просьбы, которые твой товарищ предъявляет Творцу, они не обязательно должны быть и у тебя, и ни в коем случае не учись у него. Ты должен просто видеть, как у него возникает обращение, ради чего он делает все, что приводит его сюда и т.д.

Его пример должен постоянно настраивать тебя на Цель и не больше. А на самом деле у него могут быть другие, совершенно другие мысли об этом, обстоятельства. На самом деле, он может проходить любые состояния, он ни в коем случае не должен рассказывать тебе об них, о том, как он относится к Творцу, о чем он там просит, ни в коем случае этого нельзя говорить.

Есть такое понятие, как «аин ра» (дурной глаз, сглаз). Так вот, по-настоящему, сглаз (люди этого не знают) — это не в нашей жизни. В нашей жизни это — ерунда, хотя тоже есть. Энергия, которую ты соотносишь с другим человеком — это и есть положительное или отрицательное на него воздействие. В духовном оно очень сильное.

Поэтому, пока человек не защищен экраном от своего эгоизма, он, глядя на другого, если завидует, завидует тому, что есть в этом другом; он не завидует, что хотел бы также относиться к Творцу, он завидует, что это есть у другого, и этим вредит и себе, и другому.

Поэтому ни в коем случае ни один человек не должен рассказывать о том, что в нем, — ни о плохом, ни о хорошем. О плохом ты не можешь рассказывать товарищу, потому что ты этим его ослабишь, он уже не сможет от тебя воспринять, восхититься, возбудиться к Творцу — ты ему покажешь, что в тебе ничего нет. Рассказать о хорошем, что у тебя есть к Творцу, ты тоже не можешь, потому что этим навредишь себе и ему: он не защищен от своего эгоизма, ты возбуждаешь его эгоизм к зависти, и поневоле, не по своей вине, он уже находится в таком состоянии.

Состояние каждого определяет его свойства в данный момент. Поэтому, если ты возбуждаешь эгоиста, показываешь ему, что есть в тебе хорошего, то он поневоле желает, чтобы этого хорошего в тебе не было. Ты этим заставляешь его быть таким и себя при этом обкрадываешь. Поэтому ни в коем случае нельзя рассказывать другому ничего: ни хорошего, ни плохого.

Мы должны просто показывать снаружи, что находимся здесь действительно ради Цели. Как отличник в школе, которого не любят: он такой прилежный, все делает и все... — вот такими мы должны быть. Этим мы внешне показываем товарищам, что у нас действительно есть Цель, и мы ради нее работаем, но что именно внутри — нет, этого уже нельзя делать — только внешними своими проявлениями. И к этому надо членов группы возбуждать, т.е. побуждать, заставлять.

На самом деле, на более продвинутых ступенях каббалисты этого не делают, а наоборот, показывают друг другу, насколько они вообще, якобы, всем пренебрегают, рассказывают анекдоты... В Коцке, например, каббалисты настолько всем этим не занимались, настолько пытались как бы сбить друг друга с правильного пути, что, например, специально во время Йом Кипур, когда нельзя кушать, приходили на занятия с крошками хлеба на бороде и т.д. Делали наоборот, как бы путали товарищей, потому что и хорошо себя показывать тоже нельзя: ты этим не даешь товарищам места сомнению, и ты этим не даешь им возможности поработать. То есть здесь со всех сторон существуют всевозможные вариации соотношений, но это пока не для нас. Нам лучше быть приличными первоклашками, а потом придет остальное.

- **Вопрос: Где лучше всего работать, чтобы не мешало учебе, чтобы жить и учить Каббалу?**

Самая лучшая профессия — это работа с неживым материалом: копать землю, мыть посуду, быть сапожником, портным, — и если при этом не связан с людьми, то это самое лучшее. Я не призываю вас к этому, я просто говорю, что, в принципе, такая работа является самой подходящей, потому что у тебя остается возможность думать. У тебя сам материал не вызывает мысли о нем. Эта работа, как правило, монотонная, автоматическая, механическая, и ты можешь сердцем и душой, разумом, находиться в любых мирах и при этом мыть кастрюли или гладить и пр.

- **Вопрос: Профессия «врач» не годится?**

Нет. Любая работа с чем-то, что выше неживого материала, уже требует какого-то чувственного отношения, потому что материал уже сам по себе чувственный: допустим, растения, тем более животные, и тем более люди.

Из этого надо понимать, насколько и с чем нужно работать. Например, работа бухгалтера и т.п., т.е. головой, поглощает тебя, ты обязан сосредотачиваться, работа с людьми — ты обязан выслушивать, быть внимательным, в это время находиться в человеке. Очень трудно одновременно быть с кем-то и внутри себя с Творцом.

- **Вопрос: Человек не может делать такую работу?**

Нет. Конечно, в наше время любая работа, в общем-то, связана уже с интеллектом, с каким-то чувственным отношением к работе, требует, кроме рук, еще и голову, и все остальное.

Ничего не поделаешь — я тоже два часа в день принимаю людей. Мне этого хватает, чтобы прокормить семью, но эти два часа для меня — очень тяжелые часы. Я бы лучше вместо этого работал на кухне часов пять.

Мой Рав всю жизнь был рабочим: чернорабочим на прокладке дороги, работал переписчиком Торы (писал за деньги свитки), работал сапожником долгое время, — надо понимать, когда это было. В последние перед смертью своего отца годы, после образования государства, он работал служащим в бюро подоходных налогов, и говорил позже, что это была самая плохая работа: он должен был, хотя и механически, что-то заполнять, переписывать.

Он засыпал за этой работой, пачкал бумагу, и даже иногда ему приходилось принимать людей — это вообще была проблема. Рав всегда вспоминал самую хорошую работу — сапожника: сидишь с подметкой и все. А на строительстве дороги ему было плохо, потому что разговоры с другими рабочими о политике и пр. мешали. Но он всегда работал, вынужден был работать там, где можно было.

- **Вопрос: Как же быть в такой ситуации, если твоя работа очень напряженная, требует огромного сосредоточения и длится не 1-2 часа, а как минимум 8 часов? Намерение в это время практически невозможно.**

Нет, я не говорю о том, что вы должны работать 2 часа, как я, это у меня постепенно так организовалось: я не могу больше просто по роду своей работы, т.к. много вкладываю в человека, который ко мне приходит. Я когда-то работал по 4 часа, но сегодня я бы не смог, потому что у меня особый вид включения в человека и лечения.

Что делать человеку, который занят и 8, и 10 часов на работе, где он должен вкладывать очень много своего интеллекта, душу и сердце? Такова сегодняшняя жизнь, специально таким образом созданная для нас, чтобы мы именно продирались через тернии.

Но, если человек у меня спрашивает о том, что лучше выбрать: какую работу, какую специальность, куда идти учиться и т.д., — и если этот человек будущий каббалист, то я ему советую что-то попроще или что-то подальше, отдаленнее от людей. Даже тот же бухгалтер, по крайней мере, работает с бумагами, у него загружена только голова, он не подключает к этому сердце и т.д.

Все это — проблема нашего мира, и специально сделано. Не надо смотреть на это, как на помеху вообще, а смотрите на это как на помехи, которые помогают жить: жена, семья, общество, государство — это все помехи, с помощью которых мы должны идти к Творцу. И они нас выравнивают в итоге и помогают найти правильный путь.

- **Вопрос: Получается, что практически невозможно сочетание ответственной работы и серьезного изучения Каббалы?**

Сочетать серьезную работу и путь к Творцу — это крайне трудно, я даже не представляю как. Ведь у человека, на самом деле, одно желание — это просто желание, а путей наполнения этого желания — множество. Я могу наполнять свое желание пищей, семьей, работой, еще чем-то и духовным (духовное наполнение).

Но, если духовное наполнение начинает перевешивать, то, поневоле, остальные пути наполнения «падают»: семья — это уже не так важно, работа — не так важно, товарищи — бывшие, о родственниках — вообще забываешь, остается только одно — связь с Творцом.

Человек не может быть одновременно в нескольких желаниях. Мыслить — да. Можно думать одновременно о чем-то еще, есть такие возможности у людей, но это уже относится не к душе, не к желанию, а к обработке информации, как в новых компьютерах: одновременно обрабатываются несколько видов информации.

А в сердце у нас такого быть не может, желание — оно в данный момент работает одно, поэтому поневоле все остальное «падает». Мы это видим по каждому из нас, и надо принять это во внимание.

Значит, что надо делать? — Надо вовремя подстраховываться. Как? — Надо подобрать себе такую должность, чтобы не быть ответственным за какие-то большие и очень серьезные проекты, надо стремиться больше к механической работе, чем к творческой. Но, конечно, будет проблема с зарплатой, однако тут уж ничего не поделаешь.

- **Вопрос: О семье...**

Занятие Каббалой нисколько не умаляет твоего отношения к семье. Естественно, что не может человек одновременно... У нас нет двух сердец, сердце — одно. Но это не значит, что ты стал меньше любить семью. Однако большее желание, большее чувство — к Творцу — перевешивает, оно не оставляет тебе много места в сердце для семьи, для детей. И хотя ты их любишь, это выпадает из поля твоего зрения.

Поэтому надо делать себе какие-то напоминания о необходимости выполнения своих обязанностей в этом мире: на работе, перед женой, детьми, перед родителями. Никуда не денешься — это надо. Но они должны понимать, что главное для тебя — это духовное развитие, и что ты только можешь, отдаешь им. Вот и все.

Конечно, наша жизнь не такая, как была раньше. Я еще застал тех каббалистов, когда 25-30 лет тому назад ездил в Иерусалим заниматься, у которых дом был поделен на две половины: на мужскую и на женскую. Отец жил со старшими сыновьями всю неделю в своей половине, ему и сыновьям приносили туда еду, и они там отдельно кушали. В субботу они совместно с женской половиной справляли трапезы. Так это было принято раньше.

О чем просить?

Сегодня группа должна заботиться о том, чтобы ее члены поддерживали правильные отношения в семье. Каждый должен об этом заботиться — это часть его обязанностей в этой жизни, он не может от нее отклониться, иначе не найдет правильного пути к Творцу.

Например, мой Рав не брал к себе неженатых учеников. Жена настолько мужа исправляет, что без нее он не обратится к Творцу. Мы говорили о том, что надо обратиться к Творцу с правильным МАНом. Так вот, без жены этого не произойдет. Без жены как без головы — она тебя направляет. Настолько это важно.

И то же самое касается работы. Если человек не работал, мой Рав не хотел с ним разговаривать. Все. Не говорится о заработке — иди работать, можешь деньги не получать, но работать ты обязан, ты обязан вкладывать свои усилия на животном уровне этого мира, таким образом этот мир устроен.

Ты должен спать, ты должен есть, ты должен работать, ты должен жить в семье, кроме того, еще и в группе, и из нее, из всех этих составляющих подниматься к Творцу.

- **Вопрос: Насколько могут муж и жена совместно идти по пути к Творцу?**

Идеальные отношения между мужем и женой — если они максимально поддерживают друг друга в пути к Творцу. Один раз — «падает» муж, второй раз — «падает» жена, и один другого поддерживает, всегда желание к Творцу кого-то из них определяет отношения между ними, это в идеале.

Если женщина против, она может совершенно не принимать в этом участия, но должна спокойно соглашаться с тем, что делает муж — этого достаточно для того, чтобы сохранить семью. Если она не разрешает ему заниматься Каббалой, т.е. против его духовного развития, желает, чтобы еще и его душа принадлежала ей, а она — не Творец, в таком случае надо от нее бежать, в таком случае я за развод.

Вмешательство супругов в духовную работу друг друга разрешается и поощряется, если это вмешательство обоюдное и приводит к движению к общей Цели. В таком случае муж и жена — они как один человек, это не пара, это просто одно общее создание. Возможно и такое в идеале.

Я не знаю, как это было у Авраама с Сарой, и более поздние примеры об этом не говорят. То есть из истории нам этого практически не видно. Была одна пара — дочь моего Рава со своим мужем. Они действительно, говорят, были едины, действительно оба стремились к духовной цели, и помогали, и были в этом деле откровенны и связаны друг с другом полностью. Оба умерли в раннем возрасте (около 30-ти лет) от рака, внезапно, один за другим, оставили двоих маленьких сыновей.

А бывает, что жена является мужу «помощником наоборот, против» (эзэр кэ негдо), когда «против» — это хорошо.

- **Вопрос: С помощью каких действий мы можем скорректироваться, чтобы не сбиваться с правильного пути?**

Механических действий. Вовремя корректировать себя, чтобы не сбиваться с правильного пути, — это, в принципе, самая главная наша задача. Значит, для того, чтобы вовремя напоминать себе, получать от группы правильное возбуждение, которое в итоге выводит меня на Творца, правильно просить о получении исправления, мне надо вокруг себя установить всевозможные механические знаки, напоминающие об этом, а также иметь товарищей.

Механические знаки — это некое расписание занятий, встреч, трапез, совместных работ, то есть механические рамки, которые меня все время обязывают быть, что-то делать, куда-то идти и т.д. Когда я что-то делаю согласно этим земным, неживым рамкам, я начинаю сталкиваться со своими товарищами: в группе, во время занятий, в совместных работах и т.д., — и надо побольше создать себе таких возможностей, «симаним» — знаков, напоминаний: обзванивать друг друга, посылать сообщения, если возможно, читать статью во время обеденного перерыва.

Кроме того, самое главное — это занятия утром и обязанности после работы вечером: куда-то ехать, что-то делать. Кроме этого, у нас практикуется обязательное написание статей на определенную тему: одну страничку, например, о величии Творца в течение недели. Человек уже начинает ходить с занятой головой — что писать. Это хорошо, давит. Есть обязанность — каждому перевести статью с иврита на русский и т.д.

Такие постоянные обязательства и формируют человека, и их очень много, я даже всего не помню. Каждую пятницу летом мы едем утром на море, все вместе после урока. То есть это организация, это надо просто организовать.

Поэтому, когда я говорю о предприятии, я имею в виду все то, что входит в четкий, жесткий режим, для того, чтобы напомнить человеку о его обязанностях и таким образом создать в нем предпосылки еще и еще раз обратить внимание на товарищей, и на себя, и на Творца — для этого нам нужны эти рамки. Эти рамки мы называем предприятием, потому что они неживые, это не товарищеские отношения.

Товарищеские отношения для начинающих могут стать такими вольготными и такими ненормальными, из-за чего можно все, что угодно, подумать и как угодно их повернуть. А когда это четко сделано по образу и подобию предприятия: есть задания, есть рамки, есть расписание, и ты не можешь и не имеешь права, как на любом предприятии, это нарушать, — это дает человеку возможность внутри этого очень часто и правильно возвращаться к Творцу, к мысли о Цели и т.д. Это его обязывает, это его организует и, в итоге, приводит к лучшему результату.

Сегодня вы можете спросить у наших ребят, как мне было трудно это ввести. Они не понимали, хотя мы прошли до этого всевозможные варианты построения групп, деления групп, связей между нами и все, что угодно, — все равно это понятие «предприятие» очень трудно входило. А сегодня мы понимаем, что не смогли бы ничего организовать, если бы не действовали четко по расписанию: у каждого не было бы своей обязанности, каждый не был бы в графике. Мы бы не подняли даже того, что вообще каждый день делаем, не говоря уже о таком мероприятии, которое сейчас проводим.

В каждом отделе есть свое расписание, в каждом отделе есть определенная потребность в бюджете, количестве людей для выполнения задания и т.д. Одним словом, все это, как на предприятии, насколько мы можем это сделать, насколько мы это понимаем, но мы к этому стремимся.

Таким образом, организация внешних рамок, а потом организация отношений между товарищами, так, чтобы каждый был примером для других, — это все напоминает об устремлении к Творцу и показывает, как надо это делать, реализует единственную нашу свободу воли — выбор правильного, оптимального, максимально эффективного окружения.

Вполне возможно, что завтра, послезавтра мы увидим уже новые формы, о которых сегодня не знаем. И желание максимально использовать то, что мы на сегодня понимаем, быстрее приводит нас к следующим формам.

- **Вопрос: Если в группе есть один или два лидера, и они находятся в падении, не в состоянии показывать группе пример?**

Я надеюсь, вы скоро выйдете на такой уровень, когда ваши падения будут такими, что группа не будет этого видеть, замечать. Это происходит, когда человек с экраном, владеет собой. А пока нужна просто взаимопомощь. Если, во-первых, два человека одновременно находятся в таком состоянии, и в группе не могут друг друга поддержать и возбудить взаимно, значит, неправильно построена общая работа в группе, группа неправильно организована, неправильно организованы рамки занятий, действий, распространение и пр.

Не бывает такого, чтобы все в группе одновременно падали, группа (как мой Рав говорил всегда) — это как танцующие в кругу: взявшись за руки, один подскакивает, второй приседает, один вверх, другой вниз, и все таким образом друг друга держат. Не бывает такого, чтобы все одновременно поднимались или опускались.

Свыше, если вы правильно продвигаетесь, вам всегда дают отработать. Как в моторе, поршни ходят туда-сюда, каждый в своем состоянии, и поэтому непрерывно крутится коленчатый вал — вот таким образом работает группа. И чем больше членов группы, чем больше размах, тем больше, конечно, и падения, и подъемы, и тем ось, все-таки, крутится быстрее.

Иначе, неправильно создана группа, неправильно работают в ней между собой. И, наоборот, если группа правильно работает, то все будут попеременно в подъемах и падениях, в глубоких, хороших, кратких, эффективных, чаще будут напоминать друг другу о Цели, быстрее будут сменяться состояния, быстрее будет крутиться «ось», быстрее будет движение вперед.

- **Вопрос: Надо ли менять группу, преподавателей?**

Группу надо менять постоянно, т.е. изменять. Говорится, что каждый день человек — это новый человек, он просыпается с новым сердцем, с новыми мыслями. Он может в течение дня меняться по нескольку раз, каждый раз обновляя решимо, свое отношение к Творцу, и, исходя из этого, у него будут другие отношения к группе и к товарищам.

Отношения в нашей плоскости должны изменяться в соответствии с отношением к Творцу, исходя из этого. И поэтому требования к группе у вас должны быть постоянно другие, новые, и группа должна, в соответствии с этим, меняться, а вы должны требовать и получать от нее каждый раз новое. Это и называется «выбор новой группы».

Если вы перейдете в другую группу, вы найдете там те же проблемы, ту же работу, совершенно те же обстоятельства и те же отношения между людьми, ничего другого не будет. Немножко будут сдвиги, но очень земные. Отношения между людьми, тем более духовные, не меняются, не зависят от того, где вы находитесь, в какой стране, какой вы национальности, кто у вас в группе, из каких людей она состоит по возрасту, по ментальности — это чисто внешние вещи. Таким образом, отношения между людьми и духовные проблемы взаимного роста, общего роста, будут одинаковыми.

Поэтому нечего искать на стороне чего-то другого. Вы можете попробовать, но увидите, обнаружите то же самое, если, конечно, это одна из наших групп, а если нет, то вы увидите совершенно не ту методику, совершенно не то, что у нас. Может быть, вам там будет и лучше — это ваше дело. Я же говорю о наших группах, что менять одну группу на другую смысла вообще нет. Если вы уже оказались в какой-то группе, как правило, вам это с неба подставили, остальное зависит от вас.

Бывает, конечно, такое, что человек не понимает ментальности членов группы, не может с ними контактировать, они совершенно непонятные ему люди. Тогда, действительно, надо что-то, может быть, более близкое искать. А вообще, вся работа заключается в том, чтобы изменять окружение под себя, и в этом действительно наша единственная свобода воли.

- **Вопрос: Вы говорили, что есть у нас такие свойства, качества: зависть, стремление к наслаждению, стремление к почету. Если мы ими правильно пользуемся, они нас продвигают. Как правильно использовать эти качества, стремление к почету в группе, так, чтобы они меня продвигали?**

Стремление к почету очень положительно... Вообще, отрицательного ничего не создано. В нашем мире, до махсома — это все наши природные свойства, они отрицательные — отрицательного приложения, выражения. Выше махсома все они оборачиваются положительным, ни одно из них не пропадает, а только меняет свое применение. Если ты применяешь «ради других» вместо «ради себя», то сразу же меняется все, и все отрицательные свойства, движения, силы обращаются в положительные.

Стремление к почету, к славе, к власти — это, практически, стремление стать подобным Творцу. Попробуй это сделать, только не ради эгоизма, а ради альтруизма. Тогда ты сможешь этими своими свойствами, качествами на самом деле насладиться, на самом деле их реализовать, иначе ты ничего не сможешь с ними сделать, иначе они будут только бить тебя в ответ за то, что ты будешь пытаться ими пользоваться.

- **Вопрос: Бывает ли правильная зависть, стремление к почету?**

Правильное стремление к почету — это вместо того, чтобы почитали меня, почитали то, что почитаю я — Творца. Это то, что мы должны сделать в группе, это то, что мы должны подсознательно, ненавязчиво, скрыто, в общем-то, неявно привносить в группу.

То есть, если я пытаюсь завоевать внимание и уважение своих товарищей не прямым, грубым методом, то я это делаю для того, чтобы они обратили на меня внимание, чтобы обратили внимание на мое уважение к Творцу. Правильное воздействие на товарищей, чтобы они в ответ среагировали на меня, — это единственное, что есть у нас в итоге. Все остальное — это только вспомогательные вещи. Я должен прийти к такому действию.

- **Вопрос: А если я считаю, что товарищ сидит и увлекается знаниями, могу ли я повлиять на него, или даже не пытаться?**

Мы ничего открыто, явно товарищу не говорим, если он увлекается знаниями. Есть такие периоды у каждого человека, когда его больше тянет к знаниям, чем ко внутренней работе. Мы не можем в это дело вмешиваться, это не наше дело совершенно. Мы должны, в общем, в группе поднимать величие Творца — это самое главное, это вообще единственное, на что мы должны смотреть, на что мы должны направить свои глаза, сердце. И этот идеал, эта Цель, все время должен в группе гореть. Все.

Если это в общем будет идеей группы, будет воздействовать на всех, то мы не имеем права вмешиваться.

У каждого из нас бывают различные периоды, различные внутренние свойства, и в какой-то смеси они там внутри должны пройти исправления. Мы о себе-то ничего не знаем, тем более о других. И единственная забота — это величие Творца, чтобы самым главным это было, определяющим во всех наших мыслях, действиях, поступках, т.е.

мотивацией того, что мы думаем, делаем. Если человек пытается так поступать, он, в итоге, приходит к возбуждению, называемому «я болен любовью» (холат ахава ани), и с этим он проходит махсом.

- **Вопрос: Роль преподавателя в группе — она такая же, как остальных членов группы, или он должен делать что-то специфическое?**

Роль преподавателя в группе — это преподать группе основы Каббалы, т.е. Птиху не в полной, не в тяжелой, не в глубокой форме, прочитать вместе с группой и объяснить ей, как читаются первоначальные, основные статьи, письма, чтобы люди могли сами продолжить чтение. Этому надо обучать.

У израильтян, которые приходят к нам заниматься, уходит полтора-два года на то, чтобы начинать правильно читать текст, понимать вообще, что там написано, т.к. они читают на иврите, без комментариев первоисточники — то, что писали Бааль Сулам и Рабаш. Преподаватель должен обучить этому всему, как грамоте обучают человека, после чего он сам уже может читать книги.

Надо обучать правильно понимать материал, читать книги, чертежи. Надо направить ученика так, чтобы он правильно трактовал чертежи и термины в книге: верх-низ, сближение-удаление, вправо-влево, меньше-больше, свойство отдачи и свойство получения и т.д.

Показать ему, что, в общем-то, все эти параметры с математического языка надо переводить на язык чувств, чувств отношения с Творцом. Есть формулы, но эти формулы как бы нашего психологического внутреннего состояния относительно Творца, по этим формулам мы должны себя настроить, как настраивают музыкальный инструмент, чтобы войти в определенный контакт с Творцом. Таким образом устроены тексты каббалистических книг, чертежи и графики, таблицы — это надо человеку объяснять, и не один раз. До тех пор, пока в нем это не начнет реализовываться, он должен об этом слышать.

О чем просить?

Самая главная работа преподавателя — это организация группы, потому что это совершенно противоестественное дело, и у людей об этом тысячи всяких представлений, кроме правильных. Вроде бы всем ясно, что такое группа — товарищи, вместе сидим занимаемся, проводим досуг, уважаем друг друга и т.д. На самом деле, формирование группы — это самая большая проблема, которая, в принципе, занимает все время, но это самая главная, единственная работа, от успеха которой все и зависит.

Если группа правильно сконцентрирована вокруг каждого из ее членов и дает каждому члену хорошее наполнение, то у него возникает правильное устремление, обращение к Творцу, и все в порядке и приводит к правильному результату. Если этого нет, то 0 % успеха.

Значит, что должен делать преподаватель? Если, допустим, мы посылаем преподавателя в какую-то страну, он должен организовывать новые группы, он должен им преподавать Птиху, письма и т.д. Это я пытаюсь сейчас сделать на виртуальных уроках, но я не могу заменить преподавателя в организации групп.

Все можно преподавать по телефону или каким-то другим образом, но группу так не организуешь. Дать дух группе можно только через человеческие отношения в ней. Если преподаватель может это сделать, значит, он — преподаватель. По этому, именно по этому результату, мы и ценим человека, и ни по какому другому, — создать группу, в которой была бы развита духовная взаимопомощь. Если человек это умеет делать — ему нет цены. В нашем мире это единственная необходимая работа, с моей точки зрения.

- **Вопрос: Вы сказали, что нужно давать пример, воодушевлять группу в отношении к Творцу...**

Если я 24 часа работаю в Центре и при этом вижу своих товарищей в работе, то у меня возникает вопрос: ради чего они это делают? Я проникаюсь их силой к Цели, их устремлением, мне не надо от них ничего слышать, я вижу, как они самоотверженно работают.

С какой стати, например, им нужно обслуживать гостей, приехавших из Америки? Что они от этого имеют? Что в них горит, что в них есть? Когда ты смотришь на них, ты начинаешь проникаться их устремлением к Цели. Вот это и надо. Поэтому намного предпочтительней общение с ними на уровне чистки картошки, чем сидя за столом со всякими умными книгами. Вот и все.

Когда ты вместе с книгой — ты один. Ты можешь быть наедине с Творцом, когда ты вместе с книгой. Но есть ли у тебя для этого подготовка? Принял ли ты от товарищей какие-то их желания, возбуждения? Если ты не смог этим проникнуться, тебе нечего садиться за книжку. Ты садишься за книжку с тем желанием, которое тебе изначально дал Творец, оно не достаточно для того, чтобы подняться... Не то что недостаточно, с ним нельзя подняться ни на миллиметр выше, потому что это не твое желание.

Творец тебе дает желание не к Себе, в общем-то, а к тому, чтобы ты обратился к группе, получил от них желание, с которым поднимаешься к Творцу, и это желание будет твоим, потому что ты должен для этого заплатить группе своим усилием, ты должен себя понизить, не считать себя выше, ты должен свой эгоизм немножко придавить, войти с товарищами в одну работу, в одну плоскость, и даже ниже их, чтобы оценить их, чтобы уважать их, чтобы увидеть, насколько они большие именно потому, что любую работу готовы сделать ради того, чтобы подняться к Творцу.

То есть в итоге получается работа против своего эгоизма; ты готов поступиться своим эгоизмом, чтобы получить от них возбуждение к Творцу. Вот тебе действие уже, в общем-то, альтруистическое, уже духовное, а отрабатывается оно на товарищах.

- **Вопрос: Почему, когда мы сейчас находимся все вместе и вроде бы у нас общее желание, человек вдруг ощущает, что он как бы выпадает из этого, пропадают всякие желания, ему хочется спать, или ходит «запутанный»?**

Это — быстрая смена состояний. Есть люди, которые здесь переживают целые внутренние революции. Есть люди, которые по нескольку часов, ходят как бы в полусознании, в забытьи — настолько сильные ощущения и быстрые внутренние перемены они сейчас проходят.

Мы знаем, что человек, начинающий заниматься Каббалой, проходит в себе определенный этап, когда неявно, неясно представляет себе, где именно он существует, — какая-то такая внутренняя сумятица. У каждого она более или менее проходит. У одних — очень бурно, сильно внутри, и даже снаружи они как полупомешанные, у других — это более спокойно, кто-то это, может быть, больше скрывает, кто-то нет, но это происходит. И это — в начале пути.

И когда попадаешь в такое место, и ты не готов, келим еще маленькие. Мы притягиваем здесь сейчас очень сильный свет, желания огромные, вместе сконцентрированные, и в наших общих действиях, замыслах, во всем, что мы сделали, во что вложены огромные материальные, физические усилия, — все это дает результат, ничего не сделаешь. Мы увидим результат этого и после того, как уедем отсюда.

Состояния быстро меняются и должны еще быстрее меняться. Практически, на сегодняшний день мы могли бы дойти до такого состояния, что, открыв любую часть «Талмуда Десяти Сфирот», буквально десятки страниц могли бы пройти за день и пережить в себе эти состояния, подняться, допустим, с точки до катнут, до гадлут и пройти все это в себе, увидеть, ощутить. В таких совместных собраниях, как сегодняшнее, этого можно достичь.

Этого можно достичь, даже если нам еще не положен постоянный экран. То есть именно общим огромным усилием можно временно выйти в духовное пространство, в духовное ощущение, а потом снова опуститься, но можно.

- **Вопрос: Почему, в процессе изучения Каббалы, вначале схватываешь намного больше информации, но позже уже читаешь не десятки страниц, а буквально 2-3 абзаца в день, и больше просто не способен? Чем это можно объяснить?**

Начинающий, конечно, глотает страницы, пытается с начала и с конца книгу прямо в себя вобрать. Когда проходит период информационного насыщения, вместо желания информации включается желание ее каким-то образом понять, но мысленно этого невозможно сделать. Если бы после разума, после мозгов, у нас не начинало работать сердце, мы бы остались на самом низшем уровне.

Сказано «лев мэвин», — т.е. «сердце понимает», а не голова. Голова только пропускает и обрабатывает нашу информацию, но картина создается на чувствах, в желании, в сердце.

Это мы как-то в нашем мире, в нашем веке привыкли к тому, что информация, запись, память (как в компьютерах) — это да, а сердце (чувства) — это что-то детское, женское, пренебрегаем этим. На самом деле, Малхут, сама по себе, не может ухватить информацию, если у нее нет связи с Биной, потому что сама по себе она — просто память.

Запоминать конкретно какие-то соотношения, каким-то образом градуировать их, давать им оценку по шкале ценностей, сопоставлять — этого Малхут не в состоянии делать, это в состоянии делать только свойство Бины в ней. На сопоставлении Малхут и Бины и рождается правильное восприятие, т.е. это все должно одновременно действовать.

Поэтому, когда человек приходит в Каббалу, он просто хочет всю информацию проглотить, как компьютер при загрузке данных. Но затем, когда человеку надо всю эту информацию сопоставить, он приходит к необходимости ощутить или подсознательно начинает стремиться к ощущению. А может, и не начинает стремиться, но поневоле происходит в нем такой процесс. И поэтому уже впоследствии он не читает много, он читает уже несколько абзацев, несколько строк.

У меня с Равом были такие упражнения: когда где-то в парке мы садились на скамейку, он вытаскивал из кармана маленькую книжечку псалмов (теилим) и вслух читал одну строчку, и после этого мы с ним час молчали. То есть этой информации достаточно, чтобы ею жить практически сколько угодно времени.

Все это происходит постепенно в человеке, потому что подготовка в нем есть, достаточное количество информа-

О чем просить?

ции есть, развиваются чувства, т.е. связь Малхут с Биной, в результате общения в группе, учебы и т.д. В нем эти зачатки уже появляются, и поэтому достаточно небольшого абзаца... Ведь даже в любой науке нашего мира, если ты говоришь со специалистом, тебе с ним достаточно выбрать какой-то небольшой сектор в науке, и вы туда можете углубляться и прямо в этом жить. Этого достаточно, если вы оба специалисты именно в этом. А в духовном это тем более работает.

Поэтому не надо оценивать свое состояние по тому количеству материала, которое ты можешь заглотать, это совершенно неправильно, надо оценивать его наоборот — по той глубине мыслеощущения, которое в тебе может вызвать каждое слово, и не забывать, что именно на сопоставлении Бины и Малхут происходит настоящее понимание. Даже в нашем мире любой специалист ощущает то, что он делает. Например, слесарь, рассматривая болванку, чувствует ее внутри: как она сжимается, как она деформируется, как она «реагирует» на то, что он делает с ней.

Все построено на чувствах, мы от этого никуда не денемся. Поэтому нам надо беспокоиться о правильном сопоставлении Бины и Малхут. И для этого мы сначала читаем какую-то статью, потом учим «Талмуд Десяти Сфирот», а затем работаем с товарищами в Центре и т.д., т.е. сопоставляем все это.

Тех, которые только занимаются и ничего при этом не делают ни в общении, ни в распространении, не обслуживают группу, по мне, пусть их даже не будет — это просто совершенно ненужный балласт. Только с надеждой, что они когда-нибудь это поймут, мы таких людей не выбрасываем, но в принципе, они у нас долго не задерживаются.

- **Вопрос: Ощущения, чувства и восприятие — это одна и та же категория или разные?**

Я не могу об этом сказать, каббалисты вообще очень скупые на слова и одним словом выражают, может быть, тысячи всяких разных внутренних эмоций, и не пытаются найти этим различным оттенкам особые выражения, особые слова, потому что, если ты находишься на уровне этого текста, то понимаешь, о чем идет речь, если ты не находишься, то не понимаешь.

Например, если ты не разбираешься в различных видах рыбы, не понимаешь, какая разница между ними, тогда, что бы тебе ни сказали: форель, карп, окунь и т.д. — это все для тебя просто рыба.

То же самое здесь, нам говорится: кли, ор, масах, авиют такой-то, решимот такие-то — для нас это просто слова, а на самом деле там... внутри оттенки, против которых наш мир кажется маленькой черной точкой, если вообще даже таковой, несмотря на то, сколько мы якобы оттенков в нем испытываем.

У нас просто нет кли для ощущения духовного мира, лишь по мере продвижения происходит расширение, и ты уже видишь, как становишься богаче, в тебе как бы раздвигаются внутренние стенки. А если ты входишь в духовный мир, там миллиарды оттенков по глубине. И по этой причине каббалисты даже не пытаются найти для них слова, в нашем мире нет слов для выражения духовных ощущений, поэтому принято говорить «свет и его всевозможные категории: 1, 2, 3, 4» и все.

- **Вопрос: В соответствии с духовной работой человека меняется ли его личность, т.е. становится ли он добрее, вообще, как-то меняется?**

В человеке ничего не меняется. Ничего не меняется — каким ты был, таким и останешься. И ничего в тебе не изменится, кроме связи с Творцом и, в соответствии с этой связью, твоего отношения к миру. Но ты не станешь больше любить мир внешне, в земном проявлении, никто этого не увидит и не узнает. Ты станешь, может быть, жестче к миру и к окружающим. А самый жестокий в этом — Творец, это Он все делает.

Человек, который поднимается, выполняет исправления за себя и за мир на духовном уровне, там, где этого не ощущается, он относится к миру в меру своего духовного уровня. Если мы достигаем 20-ой ступени, то видим, что

Творец нас немножко любит, 30-ой — еще больше любит, 40-ой — еще больше любит, самой последней — абсолютная любовь. Чем ниже я спускаюсь, вижу — Он меня меньше любит, еще ниже — Он меня ненавидит: какие страдания, какие испытания Он мне посылает, какие-то катастрофы, уничтожения — все, все это делает Творец.

Значит, отношение мое к Творцу, раскрытие действия Творца зависит от моего духовного уровня. Как я двигаюсь вот по этой шкале, вверх или вниз, так я это и ощущаю, в соответствии с этим я меняю свое отношение к Творцу, меняю отношение к человечеству.

Значит, Творец, если я становлюсь Ему подобным на какой-то ступени, на 20-ой, допустим, проявляется мне, как Любящий меня, и я в этом случае в той же мере проявляю себя любящим относительно Него. Если я уподобился Творцу на какой-то ступени, то я отношусь к человечеству, которое находится на нулевой ступени или на минус 10-ой, так же, как к этому человечеству относится Творец.

Только Творец относится с плюс Бесконечности к минус 10-ой ступени человечества, а я с 20-ой — к минус 10-ой, т.е. не настолько вредно, как Творец, я отношусь к человечеству. Я, на своей 20-ой ступени, исправляю себя и помогаю всем остальным душам исправиться, подтягиваю их наверх. Но от этого я не становлюсь добреньким и слезливым, помогающим людям на их земных уровнях, потому что этим я, в принципе, только наоборот, наврежу им, так как буду как бы компенсировать то зло, которое Творец делает им.

Исправления и помощь людям могут быть только на духовных уровнях, там, где я нахожусь, когда я поднимаюсь, там я произвожу свои действия. И на уровне нашей Земли никто этого никогда не увидит, никакого внешнего проявления нет. И если Творец будет жесток с людьми, я соглашусь с действиями Творца, буду оправдывать Его действия. Это звучит ужасно, но когда поднимаешься выше махсома, оправдываешь действия Творца. Из доброты это происходит (что вообще непонятно нам), а не из чувства какой-то ненависти, зависти, эгоизма или чего-то еще. Из — доброты, из любви — просто невозможно это высказать.

Внешне по каббалисту никогда не видно, что он находится в исправленных, альтруистических, добрых, любящих чувствах ко всем, потому что он таким ощущает себя, и видит, и знает. Он действует относительно наших душ, т.е. исправленных качеств, если они есть, а неисправленные, наоборот, его не касаются. Сказано об этом в Торе очень просто: «Уменьшающий наказание — ненавидит своего сына».

- **Вопрос: А если по мере продвижения, по мере учебы у человека возникает желание к большему исполнению Торы и заповедей, на механическом уровне?**

Я надеюсь, что мы создадим такую каббалистическую литературу, в которой не будет упомянута ни Тора, ни заповеди, вообще никакие термины, которые относятся к земным и религиозным. Тогда Каббала будет действительно наукой, методикой, и никоим образом ее не будут связывать с какими-то внешними атрибутами, с иудаизмом и т.д.

Но в наше время, пока еще этого не произошло, и вся Каббала написана на языке ветвей, человеку, изучающему Каббалу, кажется, что во внешних действиях есть какой-то смысл, и он стремится к их выполнению, иногда такое бывает. Или люди считают, что для того, чтобы быть каббалистом, надо пройти гиюр, делать все, что делают набожные евреи, хотя это не имеет никакого отношения к Каббале.

Если бы у меня была такая возможность, я бы вообще переписал все эти книги, так, чтобы там даже не упоминалось о том, что методика называется Каббалой. Человеку нужна методика связи с Творцом и все.

Мы через тысячи лет должны были пронести это для человечества, когда оно достигнет своего нормального эгоистического развития, когда ему это станет необходимым, и тогда отдать. Сейчас мы это и отдаем, и происходит пока вот такая передача. Но она потихоньку будет трансформироваться в совершенно другой язык, Каббала выделится (она и так никогда не была связана с народом) как совершенно чистое, не относящееся, в общем-то, к самому народу, послание через 4 тысячи лет от Авраама к нашему времени.

Само это знание, по сути дела, возникло вместе с человечеством, и оно должно было пройти, пронестись через все этапы развития эгоизма в человечестве, до такого времени, когда человечество войдет в 4-ую стадию и должно будет уже эту методику осваивать. И пока человечество проходило этапы своего развития, эта методика описывалась в религиозных терминах.

Но разве в книге Авраама «Сэфэр Ецира» есть какое-то упоминание о заповедях? Позже все это выразилось в таком языке. И если этот язык путает человека, то он должен потихоньку меняться. В этом и заключается, в принципе, гениальность Ари, который, будучи первым на границе перехода между 3-им и 4-ым уровнями авиюта (начиная с него поэтому и разрешено стало изучать Каббалу всем), уже смог написать Каббалу на совершенно другом языке. Он начал придавать Каббале научный язык: авиют, ступени и т.д. — насколько это мог.

Это все делается постепенно, по мере развития эгоизма. Язык становится все более и более точным, научным, оторванным от всяких обычаев в нашем мире. Бааль Сулам сделал это в «Талмуде Десяти Сфирот» — практически полностью перешел на научный язык: все разделено на цифры, на буквы, и почти не употребляется то, что якобы связано с механическим выполнением заповедей, что может запутать человека. Он создал словарь и комментарии на каждое слово, на каждое действие, сделал чертежи.

Я думаю, что в наше время, может быть, даже в этом поколении, будет написана такая книга, которая не будет вообще привязана ни к какому языку. Она будет как чистое знание, полученное с неба, как методика связи с Творцом. Она не будет никоим образом обращать человека, по ошибке, ни в одну сторону нашего мира, в нашу плоскость (например, к исполнению заповедей), не будет даже возбуждать связи внутренней работы с телом, при чтении этой книги у человека не будет возникать такой мысли, он будет понимать, что все эти действия он должен производить внутри себя, что свое сердце с Творцом он должен связать.

Я надеюсь, что мы сможем это сделать, сможем написать такую книгу (по крайней мере, создать уже какие-то предпосылки к этому). И тогда не будет вдруг возникать в людях, изучающих Каббалу, желания становиться верующими. А кто уже был верующим, пускай остается при своем, это не имеет значения, как пишет Бааль Сулам: если человеку хочется выполнять какие-то обряды (а я не думаю, что такие будут), пусть это делает на уровне нашего мира.

Все эти обряды нужны были только для того, чтобы стеречь народ в каких-то границах, рамках, для того, чтобы через тысячелетия через эти рамки передать сообщение, методику, самому последнему поколению, и все. И практически, надобности в этих рамках больше не будет. По мере того, как человек будет находить связь с Творцом, заповеди и потребность в их выполнении отомрут. Те, кто занимается Каббалой, начинают чувствовать, что уже не могут вместе с остальными молиться, уже не хочется.

Таким образом, естественным путем, как связь с Творцом, как развитие духовного в человеке, отбрасывается, оставляется весь этот мир: человек как бы поднимается вверх, а все прочее остается на земном уровне.

- **Вопрос: Они должны оставаться в рамках своей религии?**

Как они должны оставаться, меня не интересует, в каком угодно виде пускай остаются. Я рассказываю о Каббале миру. Тот, кто может воспринять, — может, тот, кто нет, — нет. К нам приходят ортодоксальные верующие, потихонечку, чтобы никто не знал. Человек не может поступать иначе, если в нем заговорила точка в сердце. Он приходит ко мне, как мальчишка, а на самом деле знает всю Тору в тысячи раз лучше меня. Он приходит спросить о духовной работе.

У нас есть священник из Болгарии, он перевел на болгарский язык мои 4 книги. Он с трудом выполняет свои обязанности, с трудом: нет сил, невозможно это делать...

О чем просить?

Но все должно происходить естественным путем, я никому из них не говорю, чтобы отказывались, ни в коем случае.

В той мере, в которой человек хочет еще находиться на таком уровне, пусть делает, что хочет. Но в итоге все земное обращается в ноль: жена, дети, работа — все. Что уж говорить о каких-то просто механических процедурах? Поэтому ортодоксальный иудаизм так против Каббалы, и он прав. Поэтому каббалисты всегда должны были быть обособленными, и их специально изолировали, что только с ними не делали, они — просто язва внутри общества, смерть для неживого уровня.

- **Вопрос: Но остальная масса, которая не в Каббале, она же должна жить в каких-то моральных рамках?**

Моральные рамки для массы, которая вне Каббалы, должны быть, и эти рамки сделаны. Но когда в человеке возникает эгоизм больший, чем на неживом уровне, то никакие моральные рамки уже ограничить тебя не могут.

200 лет назад был период, называемый «Аскала» (просвещение, просветительство). Несмотря на то, что евреи находилась в изгнании, в местечках, среди враждебного окружения, однако третья часть народа, в том числе ортодоксальные евреи, выходила из религии, потому что окружающий народ был более эгоистичным, развивался быстрее, быстрее всех подошел к рубежу этого эгоизма, и эта часть евреев мгновенно отошла от своих предков, пошла во внешний мир, и ничего нельзя было сделать. И сегодня то же самое.

Так что нам не надо заботиться о том, в каком виде человечество существует, нам надо заботиться о тех, кто может уже духовно двигаться, а остальные... Сказано очень просто, что Творец не ведет расчета с телами. Расчет идет только относительно увеличения точки в сердце, ее развития. И все. Поэтому наш мир и кажется нам таким непонятным: что же с нами будет? А мы — это душа.

ПОСКОРЕЕ НАКОПИТЬ ВПЕЧАТЛЕНИЯ

21 апреля 2003 года

- **Вопрос: Что значит «не сотвори кумира»?**

Не сотвори кумира — это значит, не воображай кого-то другого вместо Творца, который является Единственным, Управляющим тобою, твоими мыслями, желаниями изнутри тебя и снаружи. Это называется «не сотвори себе кумира».

Надо все время представлять единую силу, которая управляет всем, в том числе и мною. И даже то, что я сейчас думаю об этой силе, думаю так, а не иначе, — это тоже все Он. Где же я? Я, начиная лишь с этого мгновения и далее, могу устремляться к слиянию с Ним — это уже мое действие, и это моя свобода воли.

Все остальное — не я. Таким образом, в каждый данный момент — это не я, это то, что приходит ко мне свыше. Но каждый следующий момент я могу определять своей свободой воли — и это уже я.

- **Вопрос: Когда человек продвигается в Каббале, достигает определенного уровня, знаний, когда у него есть группа, много учеников, как найти механизм удерживать себя от гордыни, держать себя в рамках?**

Никаких механизмов не надо: если человек поднимается правильно, то он все время оценивает себя относительно Творца, а потому чувствует себя все более и более мелким, маленьким, нуждающимся в Творце, в опоре, и у него нет повода гордиться. Просто тот же механизм, ко-

Поскорее накопить впечатления

торый делает из эгоиста альтруиста, не допускает этого — это и называется исправлением.

Каббалист может не терпеть людей за их навязчивость, за их ничтожность, т.е. может не спускаться на их уровень: может быть, он не может работать с ними на маленьком уровне. Но гордиться он не может, потому что он знает, что все, что есть в нем, он получил от Творца, а потому нечем гордиться.

Зазнаваться я могу, только если считаю что-то своим. А если я чувствую, что то, что во мне, не мое, а дано мне, я не могу зазнаваться. Сказано, что «во всех местах, во всех состояниях, где ты раскрываешь величие Творца, ты видишь Его скромность». Человек, когда раскрывает Творца, получает от Него одновременно и это качество.

Я не думаю, что у учеников, которые продвигаются, возникают какие-то проблемы с этим. У тех, кто находится в начальных стадиях, это бывает. А среди тех, кто серьезно двигается, работает и уже близок к махсому, где ты видишь зазнаек?

Видишь зазнаек — значит, сразу же можешь сказать, что они еще далеко, даже очень далеко от махсома. Человек, который переключает на себя внимание, хочет быть выше, хочет проявить себя выше, показать выше, еще не получил достаточно свойств от Творца, даже в состоянии скрытия.

- **Вопрос: Желание учить Каббалу — от Творца. Почему Творец не всем дает желание учить Каббалу?**

Если Творец дает желание учить Каббалу, значит, возбуждает в человеке желание к Себе, причем возбуждает это желание в том, в ком уже созрели его решимот.

В каждом из нас находятся свернутые решимот, и мы проходим все эти решимот, от нашего первого кругооборота, нашей первой жизни, до сегодняшней жизни. От нас зависит только скорость смены в нас решимо на решимо, а не сами решимот: они в нас заложены еще при нисхождении сверху-вниз, при падении с уровня Адама до нашего уровня.

И если в каком-то человеке цепочка решимот, в результате его кругооборотов жизни, уже подходит к тому, что, кроме решимо от Малхут, начинает проявляться решимо от Бины, т.е. он уже входит в стадии эгоистических келим, по-настоящему эгоистических, относительно Творца, то этот человек ощущает, что Творец как бы тянет его к себе, или просто ощущает желание к Высшему.

У каждого этот период наступает по-разному. Для каждого есть расчет, план, окончательная цель, место в общей Душе. И то, с какой точки каждый из нас упал, определяет его судьбу: когда и как он начнет осознанно возвращаться к своему корню, откуда упал. Сознательное восхождение к корню начинается с момента, который мы называем «ощущение точки в сердце».

- **Вопрос: Можно ли без знания иврита достичь махсома?**

Без знания иврита можно достичь всего — проблема не в языке. Того, что написано на сегодняшний день, совершенно достаточно, чтобы почерпнуть из этого всю методику восхождения. Все остальное вы получите из непосредственного ощущения контакта с духовным.

- **Вопрос: Надо ли на помехи в нашем мире, на какие-то страдания делать Сокращение, и как?**

Я не знаю такого в Каббале, чтобы на наслаждения, на страдания делать Сокращение. Сокращение на келим дэ кабала, против которых находится наслаждение, делается во имя чего-то. Если я делаю Сокращение против чего-то, значит, у меня есть какая-то другая цель, и я нахожусь в антагонизме между тем и этим.

Например, я болен, и врачи мне сказали не есть сладкого, иначе мне будет плохо. Значит, я делаю сокращение на сладкое для того, чтобы быть здоровым. У меня есть выбор, два состояния: сделать исправление или не сделать исправление.

Сокращение — это то, что возникает вследствие необходимости, потому как проявляется Творец, проявляется твоя жизнь, и ты выбираешь одно из двух.

- **Вопрос: Человек — это его душа. Душа бессмертна. С другой стороны, есть биологическое тело, которое умирает. Так какой смысл в том, чтобы посещать могилы великих каббалистов, если там всего лишь биологическое тело?**

Посещать могилы каббалистов и каким-то образом вспоминать о них — это значит возвращать себя к какой-то связи с ними. Считайте, что это чисто психологическое воздействие.

Душа находится в любом месте, но все равно имеет значение нахождение в таком месте, как Мирон, куда мы совершаем экскурсии.

Мы с моим Равом ездили туда одни много-много раз: как только появлялась возможность туда поехать, Рав обязательно посещал эти места. Там есть особые, дополнительные силы, так же, как в Хевроне, в Маарат Махпела, где похоронен Адам и все остальные после него.

- **Вопрос: Можно ли как-то ощутить, что ты верно включился в группу, как в духовный организм? Или возможно ходить на занятия, работать, но не понимать, что ты принимаешь участие в духовной работе?**

Это можно ощутить (как и все в нашем мире): если у вас есть потребность в группе, если вы осознали, что без нее не будете продвигаться, что это единственная возможность получить кли к Творцу, что вы просто зависите от группы, что должны умолять ее, чтобы она дала вам это кли — если от товарищей зависит ваша жизнь, ваше духовное существование. Все!

Если человек настолько ощущает себя зависимым от группы, тогда он действительно начинает серьезно искать воздействия на группу, чтобы получить от нее устремление к Творцу.

Например, ко мне приходит женщина и жалуется на своего ребенка: отбивается от рук, бросает школу, уже и наркотики могут появиться и т.д. Она ищет методы, как воздействовать на него: может быть, что-то ему купить, чтобы он заинтересовался быть дома, куда-то его не пускать, каким-то образом его оберегать. Она так беспокоится, потому что ее жизнь зависит от его поведения.

Вот если бы у нас было такое ощущение, что наша жизнь зависит от группы, мы бы спаслись. Пока этого нет, человек не будет работать с группой — он не сможет себя заставить.

- **Вопрос: Стоит ли через два года совместных занятий разделиться на мужскую и женскую группы?**

Не всегда эффективно разделяться на мужскую и женскую группы. При разделении может возникнуть взаимное ослабление, а не улучшение, поэтому надо смотреть в каждом конкретном случае. Неважно, что вы занимаетесь два года. Может быть, при этом останутся в женской группе, например, три человека, а в мужской — два. Кроме того, это зависит и от возраста, и от самих людей и т.д. Если занимаются люди пожилого возраста (за 50, ближе к 60), то я за то, чтобы была совместная группа. Если это молодые люди, тогда лучше делиться.

- **Вопрос: Вы говорили, что каббалисты должны создать критическую массу, которая будет влиять на состояние в мире. Насколько мы сейчас влияем?**

Масса, которую мы создаем, проявляется в мире все больше и больше. Это видно по тому, насколько качественные изменения происходят с нами и насколько они происходят в мире.

Но мы не всегда можем связать то, как мы действуем на мир, и то, какая реакция получается в мире. Мы сами, непосредственно, на наш мир не действуем: невозможно в нашем мире действовать на наш мир. Мы действуем на Высшие силы, потому что подтягиваемся к ним, поднимаем к ним наше желание слиться с ними. В ответ на это, эти силы действуют на Землю, на все, что находится здесь, на этом уровне, совершенно по-другому.

Таким образом, наше влияние на мир — это наше влияние на Высший мир. А Высший мир, уже потом, действует на наш мир по тому плану, по которому эта общая Высшая сила двигает к себе все части мироздания. И поэтому мы можем сказать, что в том, что происходит затем в мире, мы участвуем, но каким образом и почему это так происходит, мы, не видя всей картины, не можем определить.

Мы находимся в состоянии скрытия управления Творца, в двойном или в одиночном. Когда перед нами, после махсома, возникнет уже раскрытие Управления вознаграждением и наказанием, тогда мы будем видеть, как воздействуем на Высший мир и какая положительная реакция на наши воздействия происходит во всем остальном мире.

Однако в нашем мире эта реакция может проявляться не совсем положительно. Это могут быть силы, которые, наоборот, двигают очень резко: не уничтожающе, но вызывающе, двигают уже народы и т.д., — но двигают к Цели.

Например, разве всегда, на какое-то наше хорошее действие, нам в ответ сразу же посылается хороший отзвук? Наоборот, этот отзвук может быть плохим. Если он плохой, значит, нам добавляются желания, нам добавляются новые келим, нам добавляются как бы новые погрешности. Ожесточаются условия, чтобы мы, благодаря им, еще быстрее выделили сами себя из своего состояния в Высшее.

Таким образом, адекватной реакции нет. Вознаграждение и наказание прямым путем происходит только после махсома. Там вознаграждение за хорошие поступки и наказание за плохие, естественно, видны. А в нашем мире — нет, эта связь не прямая, поэтому мы так говорить не можем. Но то, что мы влияем, — это так.

Допустим, после того собрания, во время которого мы говорили о Творце, о том, как слиться с Ним, как создать общее устремление к Нему, когда все время это было нашей идеей, конечно, наше влияние на мир кардинально меняется и должно проявиться. Давайте будем каждый наблюдать и все вместе оценивать, будем пытаться разобраться в этом следствии — это интересно.

- **Вопрос: Что такое, с точки зрения Каббалы, выход из рабства?**

  С точки зрения Каббалы выход из рабства — это выход из-под власти эгоизма надо мной. Но сначала мне надо ощутить, что я нахожусь в эгоистическом рабстве, что я являюсь его слепым исполнителем, что я не хочу его, но ни в коем случае не могу ничего с собою сделать. Вот тогда этот эгоизм становится предо мной как Фараон, который полностью властвует над тобою. И я согласен на любые удары, только бы избавиться от него. И проходят по мне 10 ударов, и я убегаю от него.

- **Вопрос: Вера человеку дается, или ее все-таки зарабатывают усилиями?**

  А где вы видели, что что-то дается? Даются только страдания. Все остальное надо заработать.

  Верой называется антиэгоистическая сила, возникающая в человеке при ощущении Творца. У меня веры быть не может до тех пор, пока я Его не почувствую. Когда я почувствую Творца, во мне поневоле возникнет желание быть таким, как Он.

  Так же, как первая стадия, когда она почувствовала Дающего, Кэтэр в себе, нулевую стадию, сразу же обратилась во вторую, в отдающую, стадию, то же самое необходимо и мне. Я, получающий, если увижу Дающего, который выше, больше, сильнее, величественней, поневоле захочу быть таким, как Он. Сила, которая при этом возникнет, желание быть таким, как Он, и будет называться верой.

  Бина — это Вера (эмуна), Ор Хасадим, сила отдачи, которая возникает, только если Творец проявит себя как Дающий. Не ощущая Творца, невозможно стать дающим. Стать дающим кому?

- **Вопрос: Что делать, когда наслаждаешься ради себя?**

  Наслаждаться. Ни в коем случае человек не должен себя насиловать и ограничивать в каких-то обычных человеческих наслаждениях. Человеческих — имеется в виду животных. Продолжайте делать все то, что требует ваше

Поскорее накопить впечатления

тело, не душа. За душой надо следить, чего она хочет. А тело? Каббала не накладывает на это никаких ограничений. Будьте каким хотите животным. Но там, где вы уже становитесь человеком, т.е. относящимся не к животному уровню, а к Творцу, там вы должны делать выбор.

- **Реплика: Я имел в виду использование свободного времени: например, от просмотра телевизора получаешь наслаждение.**

Иногда надо и телевизор посмотреть. Я, например, очень люблю смотреть передачу «В мире животных» — мне это доставляет удовольствие: нормальные существа, действуют согласно своей природе, никогда не ошибаются, все, что в них заложено, они реализуют — нет у них никаких проблем, природа действует автоматически. Я, глядя на животных, вижу в них ангелов, т.е. четкие, неодушевленные силы.

Я люблю смотреть такие фильмы. Мне доставляет удовольствие видеть натуральную природу, то есть натуральное воздействие Творца, проявление Его в нашем мире, без всех тех язв, которые человек наносит своей деятельностью.

- **Вопрос: В своих книгах вы пишете, что ощущение первично, а знание вторично. Почему многие, изучающие Каббалу, ставят на первое место получение знаний и совершенно не обращают внимания на свои ощущения?**

Наш основной материал, наша основа, наш базис — это желание насладиться. И если бы у нас было маленькое желание насладиться, то мы бы немножко наслаждались, а если бы не было наслаждения, то мы бы немножко страдали. Если бы наше желание насладиться было большим, мы бы много страдали, мы бы начали искать, каким образом можно не страдать, заполнить это желание. Таким образом, мозг человека развивается соответственно его потребности найти наполнение своему желанию насладиться.

Значит, если человеку дать все, что только ему надо, он будет абсолютно тупым, он не разовьется — ему не будет нужно развитие. И наоборот, если «бить» человека — он умнеет: известно всем и давно, что работа сделала из обезьяны человека. Получается, что желание наполниться, насладиться первично — это наша материя, а мозг является вспомогательным инструментом для обслуживания этой материи, для достижения наслаждения.

Но когда человек приходит в Каббалу, особенно такой человек, который ценит не чувства, а конкретные знания, то он относится к Каббале соответственно своему развитию. Зачем он приходит? Ему не нужны желания: они у него есть, просто они не заполнены, — он ищет знаний, как заполнить свои желания, но не ищет каких-то новых желаний.

Какие еще желания? Он пришел сюда не от хорошего, он пришел, потому что ему плохо, потому что он ищет в жизни что-то. Значит, желания у него оголенные, пустые. Что же, ему еще чего-то искать, еще от чего-то страдать?! Он ищет наполнения. Наполнение достигается с помощью знаний. Где ему отыскать тот источник, из которого он может напиться?

Поэтому не удивительно, что человек открывает книги и ищет там, ищет, где он может напиться, наполниться — это естественный путь развития. А потом, постепенно, человек начинает понимать, что источник есть, но не под его желание: желание должно быть другим. И вот тогда, постепенно, он начинает работать над желаниями. Но поначалу гонится, конечно, только за знаниями.

- **Вопрос: Чем можно удержать ученика, впервые пришедшего на урок?**

Кого-то надо удерживать знаниями, кого-то — как-то расчувствовав, кого-то — устроив маленький сабантуй. Но есть и такие, которых, наоборот, надо как-то немножко запутать: говорить, что здесь есть такое..., но скрывать, как бы флиртовать с ними. Есть разные методы привлечения, исходящие из природы человека.

Но я не думаю, что все эти методы оправдывают себя в нашем случае. Потому что человек, приходя к нам, все-таки воспринимает наш внутренний потенциал. И если его пробрало через мысли, через ощущения, то он окажется

Поскорее накопить впечатления

внутри группы. Он ощутит, что здесь что-то есть для него и пройдет дальше.

Так что никакие спектакли не помогут. Мы должны принять новенького нормально, с тем, что у нас есть, не притворяясь перед ним никоим образом. Если ему здесь не понравится — пусть ищет в другом месте. Иначе не поможет, он все равно уйдет: не после первого занятия, так после другого.

- **Вопрос: Но ведь для новенького, для его уровня, это недоступно?**

Это совершенно неважно. Пусть он даже придет в группу, где занимаются на китайском — это тоже неважно. Он все равно почувствует, что здесь что-то есть.

Конечно, первый раз вы должны завлечь, рассказав ему, что все, что он захочет, он получит. И это на самом деле так. Но после того, как он побывал у вас один раз, увидел, что у вас происходит, и решил, что это не то, что вы ему обещали, то вы не должны его больше удерживать — это совершенно не поможет. Наоборот, он начнет пренебрегать вами.

У каббалистов вообще всегда был закон отталкивать ученика. Он к тебе — а ты показываешь ему свое пренебрежение. И действительно, те люди, которые могут выдержать такое обращение, как правило, остаются и становятся преданными учениками, идут вперед.

А заискивание перед учеником, ублажение его ничего не дают. Он должен видеть, к чему он идет: вот это — рамки, вот это — Цель. Она твоя — да. Нет — будь здоров, до встречи через 10, 20, 200 лет.

- **Вопрос: Когда вы впервые попали к своему Раву, вам ведь тоже вначале захотелось уйти?**

Я пришел к нему уже с таким желанием! Сел передо мной старец — я решил, что вновь ничего не получится, а придется, как и до этого, снова искать, ездить. Но Рав открыл статью «Введение в науку Каббала» и начал читать со своими собственными комментариями, начал мне объяснять, что стоит за каждым словом. Я был в изумлении, в восторге...

И в следующий раз я привез магнитофон и стал записывать. Ведь что я только не делал до этого: я «Талмуд Десяти Сфирот» уже всю исчеркал, но не понимал, что там написано. А тут вдруг сидит какой-то старик из Бней-Брака и так легко объясняет, просто жонглирует... Он меня купил тем, что мог такие знания давать.

- **Вопрос: Мысли и различные побуждения проходят сквозь меня и постоянно сталкивают меня с моего пути. Вот только что укрепился к Цели, и вдруг... И я уже не знаю, где я, и через пару минут может вспомню, а может и нет. Как с этим работать?**

Надо постоянно устраивать для себя какие-то механические напоминания: пусть будильник звенит, пусть товарищ напоминает, что-то еще действует, что возвращает тебя, на всякий случай, если сам не вспомнишь, т.е. если тебе не напомнит Творец.

И надо установить себе четкий распорядок: например, каждые два-три часа на пять-десять минут открывать какую-то статью (о единственности Творца, как правило, лучше всего) и читать небольшой отрывок. И в это время пытаться увидеть или как-то притянуть это в жизнь, что Он желает сейчас показать именно то, насколько ты не находишься с Ним в слиянии, насколько Он скрывается за всеми теми проблемами, которые создает тебе, и вертит тобою: ты, как собака за хвостом, гоняешься за Творцом, но все равно не можешь поймать Его.

Нам надо поскорее накопить впечатления. И когда они накопятся в достаточной мере, произойдет раскрытие.

ЧУДЕСНАЯ ОСОБЕННОСТЬ КАЖДОЙ ГРУППЫ

22 апреля 2003 года

Сегодня мы провожаем наших гостей. Я хочу рассказать, что значит расставание.

Мы живем в рамках времени нашего мира и в рамках духовного времени. Духовное время зависит от нас, т.е. оно может идти в рамках нашего времени, а может идти и быстрее, если мы его будем торопить.

Частота смены наших духовных состояний может быть подчинена нашим усилиям. Обычный каббалист сокращает время, примерно, в 400-700 раз (это средние такие величины), т.е. если человек проходит какое-то состояние за энное количество времени, то каббалист может пройти его, допустим, в тысячу раз быстрее (по частоте смены состояний). Вы представляете, сколько он может прожить?! И это на маленьких духовных уровнях. А выше — вообще компрессия непередаваемая.

Так что времени, в принципе, нет. Но смена состояний все равно есть. И эта смена состояний — всегда от низшей ступени к высшей ступени.

Как вообще происходит переход от одной ступени к другой? Какие могут быть у низшего, находящегося на низшей ступени, знания о высшей ступени? — Никаких, потому что высшая ступень — это совсем другой мир, каждая ступень — совершенно другое.

Ощущение высшей ступени, позволяющее познакомиться с ней, знать, каким я должен быть, что требуется от меня, — неизвестно. Что мне надо просить, к чему именно стремиться, т.е. следующее мое состояние, — от меня полностью скрыто.

Как же, в таком случае, я могу вообще к нему приподняться, дотронуться до него, начать с ним какой-то контакт? Ведь высшая ступень, Творец, всегда называется высшей ступенью относительно меня, т.е., когда я поднимаюсь на более высокую ступень, для меня Творец — еще более высшая ступень, и так далее: каждый раз более высшая ступень — это Творец.

Дело в том, что если эта высшая ступень начнет надо мной работать, начнет со мной что-то делать, она и сделает то, что надо. Я в этом деле ничего конкретно не определяю. Почему же говорится, что мы сами желаем подниматься, устремляться, идти вперед от ступени к ступени? Какие есть у нас вообще предпосылки, какие есть у нас свойства, силы, зацепки, чтобы мы могли подтягиваться к Высшей ступени? — Практически, никаких.

Как же можно идти вверх к тому, чего ты совершенно не знаешь, подтягиваться правильно к Высшему, который совершенно не ощутим? — Это делается по принципу, звучащему в Каббале так: «Пну элай вэ ани порэа», — т.е. «обратитесь ко Мне, и Я все отдам, оплачу, устрою», это с одной стороны. С другой стороны, «пну элай вэ ани порэа» означает, что мы можем просить у Творца как бы взаймы, а потом отдадим.

Сейчас нам ни в коем случае не положено знание Высшей ступени, ее ощущение, не положены ее свойства, не положено вообще быть с ней в контакте, потому что духовный закон говорит о том, что быть на какой-то ступени, в каком-то ощущении — это значит быть в каком-то свойстве, быть соответствующим этому, иначе ничего не ощутишь.

Если у меня не открыты глаза, я не могу увидеть. Значит, мне надо, чтобы было зрение, чтобы оно четко подходило к окружающей среде, чтобы оно улавливало определенные волны, в общем, чтобы я был настроен, чтобы у меня уже все было внутри готово — тогда я смогу почувствовать и ощутить.

Чудесная особенность каждой группы

Находиться на какой-то ступени — значит, обладать ее кли. А если я не нахожусь на ней, как я могу взять это кли, обрести его? Вот здесь и приходит к человеку помощь свыше: ему дают, а затем он рассчитывается, отдает взятое в долг.

Сейчас, благодаря нашим усилиям, тому, что потратили много сил, средств, попытались тут все устроить, собрались и приехали, мы заслужили, чтобы нам дали следующую ступень, немножко ее ощущения. Теперь нам надо взять то, что нам дали.

Конечно, это еще не в ощущениях, потому что Творец не может просто дать следующую ступень и все. Он дает к ней предпосылки, Он дает к ней келим, Он дает к ней всевозможные средства, чтобы мы затем эту ступень сами освоили. Так вот сейчас, здесь мы получили с вами нужные келим, силы, некоторые ощущения. Мы получили какую-то внутреннюю подготовку для того, чтобы подняться на следующую ступень.

В нашей жизни присутствует множество помех, которые Творец еще больше сейчас возбудит в нас, через окружающих, семью, работу, государственные, общественные проблемы — это все внешние условия Высшей ступени.

Если мы, несмотря на это, сохраним в себе духовный потенциал: чтобы он в нас жил в той мере, в которой жил в эти дни, на том же уровне (это и называется «я рассчитываюсь за то, что Ты мне дал»), — тогда мы сами включимся в эту ступень со своим авиютом, с теми помехами, которые будут вокруг нас, и тогда эта ступень станет нашей.

Мы начнем в ней ощущать действительно собственные постижения, ощущения, понимание того, как относится к нам Творец, что Он сделал.

Мы сейчас с вами находились в каком-то окружающем свете. Если теперь, несмотря на помехи, мы удержимся в том же ощущении Творца, группы, единения, единственности управления, то мы включим в это свои келим, — тогда этот окружающий свет станет нашим внутренним светом. Это будет еще не явный свет, но мы, таким образом, пройдем какую-то ступеньку из более скрытого управления в более раскрытое.

А ведь это и есть наше продвижение вперед: двойное скрытие, одинарное скрытие, махсом и раскрытие Творца. Поэтому, то маленькое раскрытие, которое было у нас сейчас, пока было только в неосознанных ощущениях, потому что оно все-таки — скрытие.

Наш общий путь, который мы проделываем сейчас снизу-вверх, — это скрытие Творца, но оно все больше и больше раскрывается нам, как будто перед рассветом, еще в сумерках, начинают появляться первые проблески света. Включая в такие состояния свои помехи, свои келим, но пытаясь сохранить эти состояния, мы четко можем определить, как удерживаем себя в единстве с Творцом — с той же Целью, с той же идеей.

Если, несмотря на все, что с нами будет происходить дома, мы будем пытаться удерживать между собой этот общий дух, тогда мы в своих келим ощутим это и действительно качественно изменимся, взойдем на другую ступень. Несколько таких состояний — и мы можем пройти путь двойного и одинарного скрытия Творца. А такие совместные собрания создают к этому предпосылки.

Надо не только пытаться сохранять это ощущение, но и списываться, оставаться в этой общности, тогда она будет притягивать всех остальных: нам не надо будет настолько работать на все стороны, люди будут ощущать и тянуться к нам сами, — это закон, который действует в нашем мире.

Итак, АХАП Высшего дает нам некоторое ощущение себя, затем мы должны подтянуть к нему свои келим, свой собственный АХАП, и, таким образом, войти на эту ступень самим, подтянуться к ней. Это то, что мы начнем сейчас делать, по мере того, как будем разъезжаться по своим местам, по мере того, как будем получать помехи извне.

- **Вопрос: Как стоит организовать жизнь группы?**

Вы видите сами, каким образом устроена наша группа. Мы ни в коем случае не хотим навязывать это, как эталон, согласно которому надо строиться, на который надо равняться. Но это все-таки организовалось в результате очень долгого пути, многих лет, ошибок, можно сказать, выстрадано. Так что, если у вас возникают какие-то вопросы, можете, поначалу, брать с нас какой-то пример, спрашивать. Мы в этом с удовольствием будем помогать, будем делиться этим.

Здесь присутствуют группы не просто разного свойства, т.е. более Гвурот или более Хасадим по своим качествам. Интересно наблюдать за группами: каждая группа немножко подобна органу общего тела. Мы будем изучать «Бейт Шаар Каванот», где Бааль Сулам говорит уже об органах: моах, лев, кавэд... (мозг, сердце, печень, легкие, селезенка, желчный пузырь — как у нас в организме).

Это, можно, конечно, перевести, например, так: сфира Есод дэ Хэсэд дэ Гвура дэ Нэфэш шэ бэ Тифэрэт. Так вот чувствуется, что группы собираются так, что каждая из них является как бы конгломератом, содержащим в себе какие-то определенные части общей души. И вместе уже группы как-то начинают состыковываться и образуют действительно какой-то организм.

Связь между группами очень важна. Независимо от того, насколько Литовская группа отлична от Венской, или образующаяся сейчас в Австралии группа от Одесской или от Московской, все равно эту связь надо поддерживать, пусть даже чисто информационно. Потому что я вижу тут каждую группу как часть одного организма, души Адама — здесь уже существуют зародыши разных частей, разных органов. И не стоит эту связь обрывать.

Притом желательно эту связь держать не через Бней Барух, а между собой, на любом уровне. Вы увидите, насколько вы будете взаимно обогащаться, будучи связанными друг с другом как все органы в теле. Это сократит путь, это избавит от очень многих лишних усилий. Мы все равно придем к этому. Так что мы должны как-то механически все это сделать.

- **Вопрос: Объясните подробнее, что значит, что группы подобны духовным органам?**

Каждую группу я чувствую, как какой-то уже начинающий образовываться орган. Каждый человек индивидуален.

Но почему Творец собирает такие души вместе, в Литве или в Америке, в России или в Австрии?

Собираются каким-то образом души, которые дополняют друг друга. Они могут быть совершенно противоположными, потому что даже в каждой клетке есть противоположности, тем более в органе, и все построено на антагонизме и на поддержании друг друга, как у противоположностей.

Но эти противоположности собираются и подбираются друг к другу таким образом, что каждая группа внутри начинает походить на какой-то орган, на какую-то определенную часть внутри общей души. То есть каждая группа уже представляет собой как бы душу.

Я не думал о том, что будет в дальнейшем, но вдруг мне начало это видеться. И стало просто интересно, возникнут ли с переходом человека из группы в группу проблемы или нет. В Израиле, среди внешних и внутренних групп пока я этого не чувствую. Но здесь, среди групп из разных стран, из разных обществ, из разных внешних условий, просто разной удаленности, не знаю, почему, как, но я просто это увидел, хотя еще и не осознал, не оценил, не измерил. Четко увидел, что каждая группа представляет собой какой-то определенный будущий орган в Адаме, в общей душе.

- **Вопрос: Возникновение противоположностей расшатывает, ослабляет группу?**

Нет. Противоположности, которые проявляются в группе, — они именно для того, чтобы ее укрепить, для того, чтобы ее сформировать. Любой орган работает на том, что ощущает недостаток и возмещает его, только каждый в определенном отношении, в определенной позиции к организму: надо ощущать недостаток в давлении, в крови, в лимфожидкости, в газах и пр. внутри тела и пополнять его.

Каждый орган работает на этом: на ощущении недостатка и его наполнении. Поэтому без противоречий в группе не обойтись — без них не будешь жить и двигаться вперед, но противоречия относятся к этому же органу, не к другому.

Чудесная особенность каждой группы

И я не собираюсь вмешиваться в то, что в каких-то группах, может быть, есть лишние люди — это совершенно не моего уровня дело. Потому что это вещи, которые нисходят с мира Бесконечности, и влезать в это никакой каббалист просто не будет. Наше дело — двигаться вперед, а не заниматься тем, что делает Творец: не выяснять, как Он нас сортирует, связывает и проводит вверх.

Но для чего я описываю всю эту картину? Она должна нас побудить сохранять связь между собой, сохранять связь групп между собой (именно между собой, а не через Московскую группу или наш Центр), понимать индивидуальность и особенность, чудесную особенность каждой группы и ее необходимость для нас, понимать, насколько это должно помочь и обогатить нас, если мы это продолжим.

- **Вопрос: Как я могу передать возникшую здесь атмосферу своим товарищам?**

Примером. Вы ничего не сможете сказать, вы ничего не сможете объяснить. Вы можете немножко рассказать из того, что вы услышали, если вспомните об этом, т.е. рассказать какие-то детали. Вы расскажете им то, что они уже слышали. А вот если вы сможете тот общий дух, который у вас останется, передать своим примером, чтобы они от вас им заразились — это будет самым главным. Этому не научишь, это передается без слов.

Сейчас вы здесь видите, как мы работаем. Но мы работаем так всегда, мы так же все делаем. Каждый знает свое дело, никому не надо ничего говорить, у каждого свое расписание. И вы должны так организоваться.

Такие рамки организуют самого человека, и образуют внутри те пустоты, которые заполняются чувствами. А иначе ничего не будет держаться. Поэтому, попытайтесь сначала организовать структуру, но не искусственную, а такую, которая вам на самом деле необходима.

- **Вопрос: Как подготовиться к лекции?**

Перед тем, как идти на лекцию, конечно, вы должны знать четкий план — что вы собираетесь говорить.

Не берите пример с меня. Когда я даю виртуальный урок, я точно знаю, с чего начать, но где закончу, я не знаю — это зависит от того, насколько вы с меня будете тянуть материал. Ощущая вас, я могу больше рассказывать, более глубоко, или менее глубоко, и так далее. Я не знаю, на чем я закончу, но где я начну, я всегда знаю — там, где закончил прошлый раз, т.е. я примерно представляю, если закончил на этой теме, какую тему я выберу следующей.

Но это определяется ощущением слушателей, группы, тем, куда ведет меня их общее движение. В изучении я не могу идти против желания группы, я все-таки должен каким-то образом находить что-то среднее между тем, чего хотят услышать эти дети, и тем, что вообще я хотел бы им дать, потому что так надо. Так что я нахожу нечто среднее.

А у вас, конечно, должен быть четкий план, и тема занятия должна быть заранее известна. Человек, который идет преподавать, должен чувствовать себя выше, больше, дающим, он должен этим гордиться. В тот момент, когда он преподает, он должен чувствовать себя совершенным, он должен чувствовать себя представителем Творца и ни в коем случае не принижаться, не мяться: «я не знаю...», — нет!

Но вы должны передавать не свою важность. Вы должны передавать людям нечто, что нисходит к ним свыше, иначе они от вас не получат, не возбудятся, не пробудятся через вас к Высшему. Вы должны передавать им дух, нисходящий свыше к ним, но нисходящий к ним через вас от Творца. От Творца — здесь надо всегда об этом помнить и всегда добавлять, чтобы они, в итоге, смотрели сквозь вас туда, выше вас, на Него.

Они вас будут уважать и ценить, но именно за то, что вы им даете путь к Единой силе, к Высшей силе, вверх, а не за то, что вы перед ними как пророк и единственное, что есть в мироздании.

Если человек правильно идет к Цели, то он сам вовремя ощущает свою гордыню, свое зазнайство и свою никчемность, ничтожность и зависимость от Творца. Каким бы большим каббалистом он не был, он чувствует, что ему нечего будет сказать, если Творец в него не вложит, т.е. он будет еще более пустым, с еще более пустым кли, чем любой из его учеников, потому что на любом более высшем уровне кли, которое опустошается, обнажается, проявляет еще большую пустоту, чем на маленьком уровне: келим растут по мере подъема и когда они пустые, и когда они полные.

Я думаю, что нормально развивающийся человек, преподаватель ощущает одновременно и свою ничтожность, и свою зависимость от того, что в него вложат сверху.

Например, через минуту мне надо выступать перед аудиторией в две тысячи человек. Ответственная лекция, а у меня — абсолютная пустота, я не знаю, что будет; ощущения ужасные, катастрофа.

Практически, этого нет, наверное, ни у артистов, ни у того, у кого заготовлено внутри, что он должен делать: они должны просто поднять себя на какой-то эмоциональный уровень, как-то мгновенно переключиться и все. А каббалист на сто процентов зависит от Высшей ступени, потому что перед ним оказываются новые келим, каждый раз...

Вот здесь, в этом зале, находится сейчас, допустим, двести или триста человек. Они находятся в новом состоянии: каждый раз у них новое состояние, новые келим, и каждый раз относительно меня они представляют собой новое кли. У меня нечем наполнить это кли, я завишу только от Высшего — там есть свет на эти келим, а у меня этого нет. И я ощущаю себя посредине, абсолютно полностью управляемой куклой, зависимой от низших и Высшего.

Я зависим от низших, так как должен получить их хисарон, ощутить каким-то образом, что они хотели бы услышать, что им сегодня надо дать, притом ощутить не то, что они думают, что у них в голове, а то, что где-то в сердце, внутри, ощущается и, может быть, пробудится у них в середине лекции, независимо от того, понимают они это сейчас или нет.

Этот неощущаемый ими самими хисарон, это кли, на самом деле, разовьется, возможно, в результате двухчасовой лекции. То есть я не могу подойти к ним и спросить, как я внешне иногда спрашиваю, что бы они хотели услышать. На самом деле, внутри ведь иногда стоит вопрос, а говоришь о нем совершенно по-другому и зависишь от того, как тебе дадут свыше.

Ты должен подключиться к Источнику, ты должен поднять через себя их хисарон наверх — без этого ты их не наполнишь. Ты можешь, конечно, рассказывать им какие-то прописные истины, механически чертить что-то на доске, но это будет не наполнение.

Поэтому, если правильно развивающийся человек преподает, не может быть такого, чтобы он начал гордиться. У него появляется ответственность за свою миссию, он гордится лишь тем, что проводит действие Творца: келим не его, наполнение не его, все не его — он как буфер между тем и этим: без учеников, без Творца, посреди, полностью пустой. Полностью. И вы это ощутите.

Это так же, как, если вы не подключитесь к товарищу и не возьмете у него кли, вам не с чем будет обратиться к Творцу. В нас самих нет келим, мы это должны запомнить. Здесь тот же принцип: вы можете обратиться к Высшему, если взяли чего-то от других, — и этот принцип работает на любом уровне: и на самом маленьком, и на самом большом, перед большой аудиторией и перед маленькой. Конечно, мне легче и лучше работать с таким количеством людей, которое собирается здесь или во время виртуальных уроков.

Но и каждый из вас, в отдельности, все равно находится между своим товарищем и Творцом, может от товарища получить кли и обратиться к Творцу, т.е. зависит от того и от другого, сам — пуст.

Если преподаватель идет на занятие и желает, действительно, это занятие сделать созидательным, желает приподняться вместе с группой, он обязательно будет чувствовать пустоту: ни хисронот, ни пустых келим, ни возможности их наполнить.

То же самое, как правило, происходит и с нами в группе: мы всегда находимся в таком состоянии (просто не хотим ощущать), что зависим от товарищей и, в меру получения

Чудесная особенность каждой группы

от них келим, находимся в зависимости от Творца. И, наоборот, мы не ощущаем себя зависимым от Творца, если не получаем келим от своих товарищей — одно определяет другое. И в таком случае мы остаемся между тем и этим бездействующими и не продвигаемся.

- **Вопрос: Возвращаясь к вопросу о группе, как об органе: что будет происходить, если, скажем, состав группы изменится, количество людей изменится, изменится количество групп в регионе?**

Ты меня спрашиваешь: «А что будет происходить, если будет меняться состав групп, группы будут увеличиваться, размножаться на подгруппы, вокруг себя плодить еще группы?» — я не могу на это ответить. Я не знаю, какой образ приобретет в будущем каждая из групп. Такого еще не было в истории, поэтому я этого не знаю.

Вы поймите, что когда поднимаешься по ступеням, то видишь, допустим, какого-то господина N в большей степени исправности: каждый раз в большей и большей. Ты видишь его степени исправленности, потому что это было так, когда его душа нисходила сверху-вниз.

То есть она была в кли Творца, а не в его девяти сфирот обратного света — это было совершенно другое кли. И поэтому это не может служить объяснением или картиной тому, что будет с ним на обратном пути. Я не могу этого сказать.

Я не думаю, исходя из своего опыта, что это вообще возможно. Даже когда я пытался у своего Рава выяснять такие вопросы, он не мог дать мне ответов. А зачем нам это знать? Мы должны реализовать свою свободу воли, все постороннее нас совершенно не должно интересовать, даже если нам скажут, что через 20 лет будет то-то и то-то, это, во-первых, может сбить нас с каких-то наших поисков. Поэтому нельзя загадывать — «не ворожите и не гадайте» — это запрещено. И, во-вторых, мы же должны сейчас реализовывать конкретно то, что нам надо, мы без этого не поднимемся. Что с того, что через 20 лет я, например, как мне предсказывали, займу какую-то позицию — я ее не займу, если я ее не добьюсь. Это так же, как человек, который выходит утром из дому, должен сказать: «Если не я себе, то кто мне?» А вечером он должен сказать, что то, что получилось, получилось силой Творца. Но утром он не имеет права говорить: «Я бы и так все это имел, не вставая». Таким образом, мне эти знания ничего не дают.

Раскрытие будущего — как фокус, оно лишь ослабляет человека, а выигрыша никакого не дает. Человек в итоге не будет двигаться, и реализации от этого никакой не произойдет, свобода воли не проявится ни в чем, и человек останется таким, каким был. Нельзя этого делать.

Поэтому меня к этому не тянет совершенно, меня интересует конкретное дело. Есть у нас тут такой хисарон, такое огромное кли, такая возможность, что если продолжим нашу связь, несмотря на расстояния, несмотря на внешние условия (не эти тепличные, в которых мы оказались на несколько дней), несмотря на помехи, которые сейчас к нам начнут возвращаться, то подтянем свои помехи к этому состоянию, т.е. это кли станет нашим. А как только оно станет нашим, мы начнем в нем ощущать то, что на самом деле получили сверху в долг. То есть тогда мы как бы оплатим его своими келим, и это будет уже наше — тогда ощутим.

Поэтому связи надо сохранять. Это нужно для ощущения единства Творца, для стремления к единству Творца, к Его управлению, к Его проявлению во всех наших жизненных ситуациях, что должно оставаться для нас самой главной задачей, больше ничего нет. И тогда сквозь эти помехи раскрывается — Творец.

Ведь все, что мы делаем, — это пытаемся раскрыть Высшую единую силу. Значит, если в каждом случае, что бы со мной не случалось, я пытаюсь увидеть эту Силу, как источник того, что Он делает со мной, в самых жутких состояниях пытаюсь увидеть Его, если я делаю такие усилия, что страдания, помехи, которые Он же посылает мне, не отрывают, не разрывают мою связь с Ним, то я Его таким образом и раскрываю.

Чудесная особенность каждой группы

Я разрываю занавес между собою и Творцом, который Он создает с помощью помех, и в итоге происходит раскрытие, в итоге я перехожу махсом. Все помехи в Египте, десять ударов, выход из Египта — все это не более чем затушевка Творца от человека, когда Фараон стоит между человеком и Творцом.

- **Вопрос: О поддержании связи между группами. На чем больше заострять внимание?**

В поддержании связи между группами очень важна текущая информация — «листочек новостей»: а у нас в квартире газ, а у вас? а у нас то-то случилось, а у вас то-то, и так далее... Потому что читать о внутренних состояниях — это длинно и скучно, и пока кто-то пишет, у него уже у самого все меняется. Кроме того, многое из этого нельзя говорить, а люди нарушают и говорят.

Поэтому надо сделать страничку, где бы мы точно могли узнать о том, что делают люди друг другу. Мы ведь говорим о том, что самое главное, что каждый может сделать для другого человека, для своего товарища, — это дать ему внешний пример, своим поведением. А поскольку каждый из нас не видит, чем занимаются в Калифорнии или в Иерусалиме, в других городах — не видит их усилий, то по этим новостям, по этому листку, будет видеть, что там сделали, количество произведенной работы, что там вложили, что хотели сделать, какие мероприятия, лекции, выставки, выступления по радио провели, распечатали листовки, еще что-то. Каждый будет видеть усилия других и учиться. Это самое главное.

То же самое и здесь: я не знаю, что происходит в течение недели, кто что делает. В субботу мы устраиваем три трапезы, и люди, ответственные за то, чтобы отслеживать, кто что сделал, встают и говорят, что этот, например, починил чью-то машину, тот провел какую-то встречу, еще кто-то организовал то-то. Про каждого мы слышим, что он сделал, и пьем лехаим. И это не просто повод, чтобы выпить лишний раз. Все это — чтобы узнать, на самом деле, сколько людей в группе сделало что-то для того, чтобы всем нам дать возможность приподняться выше. Это необходимо, и это надо возвышать, ведь сказано: «Делающий другу приятное, обязан ему об этом сообщить». Нельзя скромничать, ни в коем случае.

С одной стороны, мы говорим о том, что надо быть скромным, что делать все надо так, чтобы о хороших твоих поступках никто не знал, иначе будешь зазнаваться. То есть считается нехорошим, если, например, я, сделав тебе что-то хорошее, встаю и говорю всем об этом. А на самом деле указывается, что надо так говорить, потому что это возбуждает любовь между людьми, и дает остальным пример для таких же поступков.

Это возвышает в обществе, в группе благие поступки, придает им большую ценность, и таким естественным образом остальные проникаются этим. Это обязательно должно быть. И если мы будем читать в новостях, что такие-то наши группы в мире то-то и то-то сделали, списываются с нами и так далее — больше ничего и не надо: не надо о чувствах писать, надо просто видеть, что делает человек.

- **Вопрос: По поводу отношений между группами. Если какая-то группа меня просит что-то для них сделать или купить какую-то вещь, должен ли я с нее потребовать сумму, которую потратил, или это должно быть бесплатным?**

Отношения между группами и отношения внутри группы, если это отношения деловые, а не по получению внутренних келим друг от друга, которые ты потом возносишь к Творцу, должны строиться как на предприятии, по хозрасчету, и только так. То есть мы вам пересылаем книги — вы нам пересылаете деньги; ты кому-то что-то покупаешь по заказу или как — должен за это получить полное возмещение. Как это может быть по-другому?!

У нас, например, такая бухгалтерия, с такими суммами и такая разветвленная, что ничего бы не смогло работать, если бы мы все делали без расчетов. Должна быть четкая организация, иначе вы прогорите, от группы ничего не остянется, и все эти внешние непорядки возвратятся на духовном уровне и вас разобьют.

У нас есть отдельный расчет с женской группой. Допустим, им нужна какая-то помощь — мы передаем им пару тысяч шекелей в месяц. А дальше они делают все сами: мы не проверяем, для чего и почему, если видим, что это все в рамках нормы. У них свой расчет, подсчет, у них есть люди, ответственные за это. Есть человек, ответственный за покупку для детей сладостей, есть человек, ответственный за покупку продуктов для их совместных сборов, и так далее. Иногда часть денег они собирают сами, а часть — мужская группа им доплачивает.

- **Вопрос: А можно ли в этом случае потратить 5 долларов, а взять у человека 7, которые пойдут затем на развитие группы?**

Только если не с товарищей и не с других групп. Если я что-то делаю для него, так я делаю для него.

Но в других случаях — иначе. Допустим, книгу, которая стоит 30 шекелей, мы продаем за 60 — в два раза дороже. Эту разницу мы потом пускаем на другие дела. Мы вынуждены это делать, иначе нам не с чего будет существовать, дальше развиваться. Мы это делаем сознательно и, естественно, сами определяем и диктуем цены.

Если вы будете делать у себя то же самое, что-то производить и продавать — пожалуйста, это ваше дело, в рамках рынка действуйте. Почему бы и нет — это предприятие. Насколько это вам позволительно, как организации не коммерческой, не прибыльной, я не знаю — это проблемы ваших бухгалтеров, как это сделать. Но это, конечно, возможно.

Даже нашим ученикам, во всех наших внешних группах мы продаем, практически, по той же цене, что и в магазины, т.е. мы имеем с них прибыль. И мы этого не скрываем. А с чего тогда мы будем покрывать все наши расходы, например, на Интернет, видеокамеры, магнитофоны, компьютеры и прочее оборудование?

- **Вопрос: Об ответственности...**

Ответственность в группе должна быть на двух уровнях — это ответственность, как на предприятии, и это ответственность товарища относительно товарищей. И надо это четко различать.

Если я возьму на себя ответственность за какую-то работу, но я не в состоянии, потому что у меня нет для этого таланта, способностей, знаний и так далее, тогда я прогораю, как на предприятии работник, который не выполнил то, что ему поручили. И ко мне соответственно этому надо относиться. А может, я что-то не сделал по своей халатности или из-за безответственного отношения к товарищам.

Но могут быть совсем другие вещи: может случиться, что я что-то не сделал потому, что впал в такие духовные состояния, что не мог подняться, ничего не мог сделать. Так что в каждом конкретном случае — по-разному. Но разделение на предприятие и группу помогает более четко отследить, в чем проблема.

На предприятии никто на себя просто так добровольно ничего не берет, все должно быть распределено, инициатива наказуема. Это — предприятие.

У вас есть какая-то идея — идите к начальству предприятия, расскажите о своей идее. Если эту идею захотят воплотить, то найдут для этого людей, средства. А если все зависит только от вас самих, то разрешат вам это делать или скажут, что не имеете права, иначе можно наворотить неизвестно что. Не нужны такие инициативы с мест.

Тем более, когда вы сейчас распространяете Каббалу в мире, можно такое натворить, такое наговорить прессе или насоздавать таких групп... Все должно быть четко согласовано, должно быть получено разрешение. Вы должны точно знать, что вы делаете, вы должны знать, что вы идете говорить, у вас должны быть с собой материалы, по которым вам позволено говорить, на какие-то вопросы отвечать, на какие-то — нет, и так далее.

То есть вы выполняете все в соответствии со своей должностью, всегда вы выполняете то, что вам поручено.

Даже если это ваша инициатива, она все равно должна проходить через начальство.

Пока мы пришли к такому порядку, вы не представляете, сколько ошибок мы наделали. И это все сорганизовалось в процессе решения вот таких вот проблем.

- **Вопрос: Почему перед встречей с Учителем есть тысяча всяких вопросов, но когда оказываешься в контакте с ним, все пропадает?**

Потому что попадаешь в поле, которое его окружает, в контакте с ним ощущаешь совершенство, которое в нем, по сравнению с собой. И все вопросы, все затушевывается и исчезает.

Что же делать? — Ничего не надо делать. Значит, все эти вопросы получили какой-то свой ответ на этом уровне, допустим, через сердце — не проходя через голову. Можно эти вопросы записывать, но когда ты будешь их читать, они покажутся как-то сейчас совершенно ненужными, нереальными, в них не будет необходимости. Это всегда ощущает ученик рядом с большим человеком. Ничего страшного. То, что будет надо, все равно всплывет.

- **Вопрос: Виртуальный урок эффективен, только если много людей сразу подключаются?**

Виртуальный урок эффективен, если с группой сидишь и смотришь этот урок. Иначе это прослушивание.

- **Вопрос: Если смотреть урок в записи, эффект будет иной?**

Эффект будет иной. Он будет скорее не духовный, не чувственный, а познавательный. Но нам необходимы также и знания. Знания позволяют нам связываться с ощущением.

- **Вопрос: Насчет преподавания детям...**

Надо взять методистов-учителей и сделать методику, действительно приспособленную к детям. Я не знаю, как это делать, но это все надо передать в играх, в рисунках, в очень интересных выражениях. Я просто видел уже такую очень интересную игру, где детей учат достигать цели. У каждого ребенка был маленький коврик, и надо было пройти к цели только через этот коврик: каждый клал свой коврик, и таким образом дети все вместе проходили к цели. Такие у них были условия, что нельзя было одному прийти к цели — только если каждый положит свой коврик. Это надо выдумывать. Для этого нужны методисты, специалисты, понимающие детскую психологию. Надо над этим работать. Это не обязательно должно быть в Бней Барух. Вы берите и делайте это у себя и делитесь с нами. И мы это примем от вас.

- **Вопрос: Что значит взять хисарон от товарища?**

Взять хисарон от товарища — это значит восхититься усилиями товарища, тем, что он делает для того, чтобы достичь Творца. Я вижу это по тому, как он на уроке напрягается, как он вопреки усталости и желанию поспать все равно приходит на все мероприятия, как он помогает группе во все свое свободное время, как он звонит и спрашивает, как дела, как он пытается организовать наши встречи.

Это видно снаружи, об этом даже можно не говорить, хотя об этом говорится. Когда это действительно делается, мы за это пьем лехаим, мы должны об этом объявлять. Потому что бывает, что ты не замечаешь или не хочешь замечать, не можешь.

То есть не об отношениях с Творцом, а о том, что делает каждый для группы, все должны знать. Допустим, в наших новостях сообщают: «Такой-то организовал хорошую группу в Сан-Франциско и преподает в ней», — значит, я буду знать, что это группа большая, приходит туда много человек, и так далее. Или другой товарищ постоянно пишет мне о событиях, о возникновении новых групп.

То есть надо обязательно списываться. И обо всех проблемах заодно писать — вам подскажут. Только об отношениях с Творцом запрещено говорить, потому что они касаются только вашей души. У другого — другая душа и другие отношения, другие состояния, нельзя это путать. А на уровне нашего мира, если мы будем связаны, будем проникаться примером, хорошим примером, друг от друга — только от этого у нас будут силы.

- **Вопрос: А что еще можно делать, кроме открытия новых групп?**

Группа должна искать любые другие способы распространения, проводить лекции и какие-то мероприятия, пикники, концерты, чтобы привлекать дополнительных людей и им передавать те же знания. Если даже людям этого не надо — значит, не надо, но они должны знать о том, что это есть.

Таким образом вы находите людей с точкой в сердце и приобщаете их к подъему к Творцу, в итоге создаете более широкое, более общее кли и поднимаетесь сами. Если у вас нет ни одного ученика, я не знаю, за счет чего вы поднимаетесь, я не представляю.

К сожалению, у нас есть такие группы, в которых нет учеников. Есть серьезные ребята, серьезные группы, а есть такие, которые просто проводят время. Если вы не проводите никаких внешних акций, то вы ничего не делаете. Все внутри себя — это эгоистическое самообслуживание и больше ничего.

- **Вопрос: Может ли распространение полностью заменить уроки, занятия?**

Я бы не сказал, что работа в группе заменяет уроки. Если, допустим, я все время буду работать в печати или на кухне, этим я не заменю свое присутствие на занятиях. Но если я обрабатываю материалы по необходимости, то в это время я могу не быть на занятиях какое-то определенное время.

Одновременно с тем, когда я даю урок, человек 10 заняты на разных вспомогательных работах: транслируют в Интернет, снимают на кинокамерах, переводят, занимаются техобслуживанием, техподдержкой, и так далее. А считается, что они — на уроке, это все проходит через них. Правда, не настолько, как если бы они сидели с книгой, но все равно их усилия окупаются. И потом, среди них есть ротация, у каждого свое дежурство. Мы стараемся, чтобы на каждую специальность у нас был не один человек, а несколько.

- **Вопрос о посещаемости.**

За несколько минут до урока ученик должен сидеть со своими книжками на своем месте и думать о том, что сейчас начнется урок: «А для чего я сюда пришел, сижу, и для чего я вообще здесь нахожусь, для чего я живу, существую?» — и так далее. И это время перед уроком — минимум несколько минут — необходимо. Поэтому в 3 часа ночи, если вы смотрите нас в Интернет, мы уже все готовы.

Я прихожу иногда одновременно, а иногда позже на 10-15 минут, тогда они начинают читать без меня, я же сижу в своем кабинете, тоже слушаю, что они читают, но одновременно с этим делаю кое-какие свои дела. Потом прихожу, подсоединяюсь и уже дослушиваю статью и даю комментарии.

Причем комментарий зависит от группы, от того, что есть в группе. Он может быть совершенно не связанным со статьей, т.е. быть связан со статьей только потому, что она нас к этому как-то подвела, но внешне я говорю уже относительно тех хисронот, которые вижу в данный момент в группе, в учениках.

- **Вопрос: Занятия обязаны быть именно в 3 часа ночи?**

Нет, необязательно в 3 часа ночи вставать. Можете вставать хоть в 6 часов утра. Дело не в том, когда встаешь, а дело в том, что час-полтора перед рабочим днем надо заниматься Каббалой и каждый день: если вы не в состоянии где-то встречаться, каждый из вас дома каким-то образом должен на полчаса-час подключиться к книге, подключиться к компьютеру, выйти на наш урок.

- **Вопрос: Надо ли маленькую группу делить на мужскую и женскую?**

Не надо маленькую группу делить на мужскую и женскую, потому что она и так маленькая, она может из-за этого потерять свою силу. Нет еще в этом никакой необходимости. Просто надо пытаться, чтобы во время занятий существовало какое-то разделение между мужчинами и женщинами.

На это есть даже такие определенные законы. Допустим, вы сидите вместе за столом: с одной стороны сидят женщины полукругом, а с другой стороны — мужчины полукругом, т.е. вы не разделяетесь. Где стыковка между вами? Посадите парочку, мужа и жену, с одной стороны, мужа и жену с другой стороны, и вот они замыкают таким образом круг. Так принято вообще.

Теперь дальше. Когда вы собираетесь на какие-то мероприятия, на внешние мероприятия, могут идти вместе мужчины и женщины. Но желательно, чтобы вас было нечетное количество, т.е. чтобы на двух женщин приходился один мужчина, или наоборот. Пытайтесь сделать так, чтобы поменьше дурных мыслей приходило в голову, не мешайте одно с другим, чтобы духовное не проигрывало.

Я не ханжа, но дело в том, что жалко терять время и энергию, когда можно внутри себя произвести духовные усилия, на какие-то животные мысли, на какой-то флирт — это просто не рационально. Исходя из этого, и стройте группу, и стройте действия.

Итак, если маленькая группа, нельзя делить ее на мужскую и женскую — это так ослабит ее, что ничего не останется. А начинающих — тем более нельзя. Ни в коем случае не говорите им о том, что в дальнейшем делят группу на мужскую и женскую — это сразу же их отпугнет.

В меру осознания Цели человек понимает, что это он делает для себя, что это вклад в его душу, что это вечный вклад. Практически любые усилия в Каббале, все, что ты делаешь, ты кладешь в банк, который точно не прогорает: ни в этом мире, ни в следующем, — ты это все берешь с собой.

Но пока человек это осознает, пока он это явно почувствует... Есть же время адаптации... Ты так просто идешь и вкладываешь себя в какое-то мероприятие?

Поэтому ты должен говорить новенькому о том, что он будет много знать, что он будет больше всех, что будет хозяином своей судьбы — всем, чем угодно. И это на самом деле так. Ты ему только одну правду не рассказываешь — что по дороге ему придется стать «обратным», альтруистом, работать на отдачу.

Этого и мы-то сейчас еще не понимаем до конца. Нам тоже кажется, что мы идем приобретать, а мы идем отдавать. И этого нам тоже не говорят каббалисты. Иногда вставляют такую фразу — «ради Творца». И кто знает, что такое «ради Творца»?

Таким образом, обучение должно быть поступенчатым. Везде так, и в нашем мире. Ты не обманываешь, ты просто рассказываешь то, что они сегодня в состоянии в себе абсорбировать.

- **Вопрос: Получается, что мы противопоставляем себя всем остальным, что мы единственные в мире. Не может ли это, наоборот, отпугивать?**

Правильно ли противопоставлять себя всем остальным, как единственных в мире? Я рассказываю о Каббале, я рассказываю о методике, я рассказываю о Творце. Если меня спрашивают о других методиках, я отвечаю: «Я не знаю, идите, проверьте».

Насколько я знаю, остальные методики основаны на идее подавления эгоизма. А здесь, наоборот, — взращивание эгоизма. Я пытаюсь как можно меньше заниматься сравнением. Наоборот, если ты хочешь, если тебя устраивает, я предлагаю тебе побывать там: тебе нравится буддизм или еще какие-то «измы» — будь там. Если тебя интересует мой товар, приди ко мне, если нет — нет.

- **Вопрос: Одно дело — говорить, что у меня есть что-то особенное, но другое дело — что только мы можем, а остальные нет...**

Нет, я не говорю, что только мы. Я говорю, что у меня есть особенное. Если это особенное тебе нужно, то ты придешь ко мне, если нет — ищи другое, то, что для тебя особенное. Я пытаюсь не зазнаваться и не возвышать Каббалу, не говорю, что она единственная и так далее. Хотя, на самом деле, это так.

Но говорить об этом вслух людям, которые этого еще не понимают, не надо. Но потом, постепенно они увидят, что иной методики достижения совершенства нет, потому что эта методика на отдачу и с развитием эгоизма, а не с его подавлением. Вот и все.

- **Вопрос: Является ли преподаватель так же и активным участником группы?**

Активное участие преподавателя в группе не должно быть ни в чем. Я это серьезно говорю. У нас есть два руководителя нашего предприятия Бней Барух. Под ними находятся еще 12 руководителей 12-ти отделов, и все они вместе решают проблемы. Если это проблемы какие-то кардинальные или деликатные, то они приходят ко мне, спрашивают. Если что-то связано с большими затратами, то, конечно, они обязаны и между собой, и со мной этот вопрос решить. Они не могут просто так, вдруг, начинать что-то делать.

Предприятие не имеет ко мне никакого отношения. По крайней мере, я пытаюсь, чтобы так было. Все построено по четкой системе. Все, что мы производим: то, что есть от уроков в виде аудио, видео, компьютерной информации, в переводе на 3-х языках, все, что печатается, обрабатывается, проверяется, уходит далее на периферию, — меня не должно касаться. Я не технический директор, не руководитель предприятия, и к группе я тоже не имею отношения. Я должен знать только одно — как лучше преподать, больше ничего.

Когда проводятся групповые собрания (раз в неделю), я никогда на них не присутствую. Поэтому и предприятие без меня должно существовать, и группа без меня должна существовать. Я должен только давать материал, новый материал. И если меня не станет, и группа, и предприятие должны продолжать функционировать, как и при мне. Поэтому их работа не должна от меня зависеть совершенно. Я только подачей своего материала должен ориентировать их друг на друга и на Творца.

Преподаватель — это человек с очень ограниченной функцией в группе, среди учеников, очень. И чем больше ограничен, тем лучше. И чем меньше появляется на виду у учеников, тем тоже лучше. Он должен сделать их самостоятельными, чтобы они о нем вообще не думали, чтобы каждый раз, когда он появлялся, возобновлял бы их связь между собой и с Творцом.

Уколол их в этом деле, они снова ощутили, что необходимо друг с другом соединиться и к Творцу поднять глаза — все, удались, не мешай.

Но если группа новая — там другая методика. В новой группе надо, как с детьми, там по-другому. А я говорил вам о группе, которая уже работает.

- **Вопрос: Как можно преподавать в той группе, из которой ты вышел, т.е. в своей группе?**

Это часто практиковалось у каббалистов. Так и в Коцке было организовано.

Умирает, допустим, Учитель. Группа решает, кого назначить вместо него, выбирает этого человека, и с тех пор он является руководителем, он является Учителем, он — выше, больше остальных, и неважно, что вчера он был такой же, как все. Но то, что члены группы его выбрали и начинают относиться к нему, как к руководителю, это уже дает ему больше сил, права, духовных возможностей, чем другим. (Я имею в виду группу каббалистов, а не просто хасидов, которые выбрали себе главного хасида.)

Тогда новый Учитель начинает работать, как буфер, как проводящий между ними и Творцом, просто берет на себя эту роль, эту должность, а остальные начинают работать как группа.

Мы и в природе видим такие вещи: допустим, как выбирают вожака в стае. В общем, кому-то дается роль, и с этих пор он начинает работать. Если группа выбирает среди себя уже продвинутого человека (неважно, насколько он продвинут, может, как все остальные), он берет на себя эту роль и начинает ее выполнять, он из себя уже строит Рава, а остальные — учеников, и все работает. Все зависит от серьезности отношения к движению к Творцу. Но руководитель все-таки должен быть. Это может быть принято группой просто автоматически, механически, иначе анархия, и ничего не будет.

- **Вопрос: Что для начинающего каббалиста может быть губительнее: действие или бездействие, озабоченность или равнодушие?**

Нет ничего более губительного, чем равнодушие. Насчет лени сказано очень просто: «Сиди и ничего не делай — это предпочтительней», — потому что все плохие дела в мире делаются людьми, которые не знают, что они делают. Поэтому сиди и молчи и сдвинешься потихонечку в лучшем направлении. То есть лень — это хорошее качество. Благодаря лени люди изобретают хорошие приборы, которые помогают им лентяйничать. В принципе, благодаря возрастающему эгоизму и существует прогресс.

Есть единственная черта, с которой надо бороться, — это когда человек ставит себя выше других (хотя мы все такие). Он не замечает, что при этом не воспринимает от группы ничего. Это больше всего ему вредит. Все остальное неважно, характер не имеет значения. И когда человек зазнается, он просто ничего не видит вокруг, может 10 лет быть в группе и ничего вокруг не видеть, и все будет проходить, пролетать мимо него.

Вот каким-то образом подойти к человеку и помочь ему выбраться из этого свойства, — это надо попытаться. Мы обычно такими людьми пренебрегаем, гоним, не хотим иметь с ними дело, если у них такая гордыня. А на самом деле надо понимать это, как болезнь, и помочь человеку, потому что это его настолько изолирует от других, что просто изымает саму возможность продвигаться. Он не виноват в этом.

Надо как-то ему помочь, окружить такими людьми, которые смогут сконтактировать с ним и показать ему, что он этим проигрывает, чтобы он почувствовал это свойство и его возненавидел. Когда он увидит, насколько проигрывает от этого свойства, пожелает с ним расстаться, придет к отторжению от зазнайства, от гордыни быстрее, чем любой другой, именно тот, в котором это сильно сидит.

- **Вопрос: Может ли без внешних проявлений происходить внутренний обмен духовной информацией в группе?**

Конечно, может. Но для этого надо очень хорошо себя чувствовать и понимать. Вот сейчас мы столько находились вместе. Мы не так уж много говорили, но мы чувствовали общность ощущений, что-то общее проходило через всех. И это потому, что все равно находились в одинаковых действиях, получали из одного источника, постоянно общались механически, физически. А в обычной жизни необходимы дополнительные усилия, внешние усилия.

- **Вопрос: Перцовка — это отдушина, или у нее особая роль в Каббале?**

Почему мы выпиваем? Я когда-то, году, наверное, в 75-76-м, ездил со своим другом, с которым я занимался в Реховоте, к его родственнику, к Баба Сали. Был такой большой каббалист из Марокко, который жил в Израиле. Ему было уже лет за 100. И когда мы приезжали к нему, нас принимали отдельно. Мы заходили в его комнату, и он, встречая нас, говорил: «Ну, сейчас мы сделаем трапезу».

Что значит трапеза? Это стакан арака, анисовой водки, и хлеб, который макаешь обычно в оливковое масло, и все. Он встречал нас радостно, а потом, как правило, читал и учил немножко отрывок из Песни песней.

Когда я потом сталкивался с этими вещами у каббалистов, я видел, что они никогда не доводят себя до крайности — все перегорает, и это все-таки считается каким-то символом.

Ничего нет особого в том, что мы это делаем сами. Но поскольку мы это делаем сами, делаем для группы, для нашего общества, конечно, вкладываем в это усилие. Что еще есть в этой перцовке? Если человек будет пить ее где-то в Америке и будет знать, что она сделана в Бней Барух, то, конечно, он будет через внешнее получать внутреннюю информацию, потому что мы вложили в это силу, усилия. Это

Чудесная особенность каждой группы

так же, как получить кусок хлеба от Рава. В этом есть какой-то внутренний заряд. Извлечь этот духовный заряд из носителя, уже зависит от человека. Но он есть.

Я почувствовал это первый раз, когда выходил с Равом из больницы, в которой был с ним в течение 30 дней. Это было всего лишь через 5 месяцев после того, как я поступил к нему заниматься. У Рава было воспаление уха, и его положили в больницу под капельницу антибиотиков. Когда его уже отключали от капельницы, я вдруг почувствовал, что мне надо взять ее с собой. Я потом у Рава расспрашивал об этом, и он мне сказал, что внешнее является переносчиком духовной информации, и если ты желаешь из него ее извлечь, это работает.

Это можно наблюдать, например, в семье, особенно между мужем и женой. Если муж занимается Каббалой, а жена ничем не занимается, но каким-то образом просто желает от него воспринять, то ее обслуживания мужа достаточно, чтобы к ней перешла какая-то часть духовной информации.

Она не должна ничего больше делать, т.е. духовная информация воспринимается и пассивно, просто за небольшую как бы плату, усилие, уже перетекает от одного к другому. Надо только захотеть. Каждый из нас — нуква, женская часть, относительно большего, Высшего.

- **Вопрос: Если товарищ пьет водку, ему что — не хватает ощущения Творца?**

Что дает крепкий алкогольный напиток? — Он в некотором смысле на минимальном животном уровне дает возможность выйти из каких-то ограничений организма, делает человека более раскованным и дает огромное количество энергии. В алкогольном напитке находится огромное количество энергии, которая мгновенно употребляется, рассасывается. И это каббалисту необходимо. От этого не полнеешь, от этого не становишься алкоголиком и не пьянеешь практически.

Если человек пьянеет, значит, он при этом не производит духовной работы. Я знаю это по себе. Я вообще по своей природе много не могу выпить, но сидя с Равом, я мог выпивать по 2 и даже по 3 стакана коньяка, т.е. по пол-литра! Как же я мог это делать? Только потому, что находился рядом с ним, и в течение двух часов, если я работал вместе с ним, я этого просто не чувствовал. Мне это необходимо, чтобы во мне что-то сгорало, как в двигателе.

А если человек пьет и напивается — это другое дело. Но у нас этого нет.

- **Вопрос: Последний месяц, после того, как мы решили заниматься распространением грамотно, у нас не проводится никаких серьезных мероприятий по распространению.**

Когда мы работаем в группе и с Творцом, мы можем делать разные ошибки и их исправлять. И мы постоянно двигаемся вперед, делая ошибку — исправляя ее, т.е.: ошибка — исправление. Только так. Если ты не делаешь ошибок, тебе нечего исправлять. Мы двигаемся только таким образом.

Если я делаю эти ошибки в отношении общества, на неживом уровне, вне себя, я их не могу уже исправить, тем более, когда мы выходим на широкую публику и создаем определенный стереотип о себе. Нас могут неправильно понять и, как правило, не хотят правильно понимать. И вообще здесь есть тысяча всяких ограничений с нашей стороны, в том числе и то, что мы не можем о себе правильно рассказать. Это невозможно рассказать хорошо, доступно, просто, привлекательно. Что же нам делать? — В общем, не дергаться.

Когда я выступаю перед публикой, я должен принимать во внимание косность, непонимание, несовершенство моего объяснения. Я это все должен учитывать. Если я не знаю, как выйти к людям, то опрометчиво не должен поступать.

О Каббале знают все. А теперь очень важно, каким образом создать у людей правильное представление о Каббале. Все уже слышали слово «Каббала», а что это такое, никто не знает. Вот сейчас им и будет вырисовываться карти-

Чудесная особенность каждой группы

на. Ее надо рисовать правильно. Это могут только специалисты. Я не специалист в этом совершенно.

Я знаю, что есть у меня, но я не знаю, как другой это услышит. На маленьких оборотах тут чего-то выпустил, там что-то рассказал — все в порядке. А когда ты начинаешь работать в полную мощь, с такими динамиками, это может так обернуться... А что будет с общим исправлением человечества? Мы же хотим, чтобы это произошло? Надо понимать ответственность.

У меня этой уверенности нет. Я не знаю, как это делать. Поэтому у нас есть условие: прежде, чем мы выступаем, мы советуемся каждый в своей группе, затем группа запрашивает все остальные группы, и потом все вместе принимаем решение. Правильно преподать Каббалу, как ты видишь, даже тебе самому невозможно пока. Поэтому будем искать. В поиске, в таком медленном разумном продвижении наша работа.

- **Вопрос: Откуда у человека вдруг берется свобода воли?**

Во всем, что касается наших отношений с Творцом, плохих или хороших, в выборе хорошего или плохого пути в отношениях с Творцом — в этом есть наша свобода воли. Я могу испортить путь, а могу сделать его хорошим и для себя, и для группы, и для всего мира. В этом и есть свобода воли. Мир все равно придет к этому. Но каким путем он придет, зависит от меня.

Поэтому мы и распространяем знание о Творце. Чтобы предотвратить конфликты, войны, страдания. Это зависит от нас, поэтому мы к миру и выходим. В этом только и есть свобода воли — сделать раскрытие Творца не отрицательным, не через АХАП, которые нисходят на этот мир темнотой, когда весь мир погружается в конфликты, в разборки, а чтобы оно было светом, возвышением.

Если сам поднимаешься к свету, чувствуешь, что это свет. Если не поднимаешься, начинает проявляться темнота, которая тебя обязывает убегать от нее. Будем двигаться светом.

СОЕДИНЯЯ СЕБЯ И ТВОРЦА

24 апреля 2003 года

Сегодня мы с вами уже расстаемся... Наступят будни — это совсем другая работа. В праздники мы получаем Ор Макиф: он идет свыше, но с самых низших духовных ступеней, потому что он определяется как «домэм» — как «неживой» в нашем мире. И поэтому, желает человек или нет, но этот свет действует на него, и даже маленькое усилие, соответствующее празднику, уже вызывает на человека какое-то свечение, уже его подбадривает, уже его держит.

Поэтому, объединив наши желания, мы, соответственно этому, получили хорошую порцию окружающего света. Теперь, в меру нашей работы в будни, этот Ор Макиф постепенно будет переходить в Ор Пними, т.е. мы будем более осознанно ощущать его.

Все наши знания, личные ощущения в подъемах, спусках — все то, что мы раньше проходили, но не понимали или понимали, но смутно, неопределенно, сейчас будет все более и более определяться, выдвигаться, станет более понятным. И так, постепенно, будет рассеиваться скрытие Творца, пока Он рывком не проявится.

Сейчас ваши состояния будут более контрастными. Разница между подъемом и спуском, разница между воодушевлением и падением будет расти до такой величины, что действительно перед полным рассветом появится сильная тьма. Вам только надо будет эти переходы поскорее пройти. И то, что вы сейчас накопили, поможет вам значительно ускорить время.

Соединяя себя и Творца

• **Вопрос: Что означают понятия Песах, маца, марор?**

Песах — от слова «пасах», т.е. перескакивающий. Это потому, что Творец подсчитывает только наши правильные поступки, мысли, усилия и не подсчитывает все то, что связано с нашими оплошностями, с нашими падениями, с нашим бессилием.

Ведь, как говорится в сказании, Он проходит между домами египтян и евреев и каждый египетский дом поражает язвой, а дома евреев оставляет, не трогает. То есть все Гальгальта вэ Эйнаим собираются вместе, а АХАП остаются, откладываются. На АХАП делается дополнительный Цимцум, а ГЭ получают Высший свет. И, таким образом, человек отрывается своими минимальными ГЭ наружу.

Это называется появлением его первого, минимального кли «леашпиа аль менат леашпиа». Пусть это лишь авиют Шорэш, нулевой, но это уже отрыв от АХАП, и человек может уже существовать в ГЭ и ощущать себя хотя и в таком маленьком кли, но в слиянии с Творцом. Вот это и есть выход из Египта, это и является Песахом: аккумулирование келим дэ ашпаа и аккумулирование келим дэ кабала, а затем отделение одних от других. Весь процесс Песаха — отделение Малхут дэ Малхут, Фараона, посредством десяти избирательных макот (казней, ударов).

Казни предназначены Фараону. Творец как бы говорит Моше (Моше — это точка в сердце, стремящаяся к Творцу): «Я вместе с тобой пойду к Фараону. Ты только выкажи желание, что хочешь от него оторваться, уйти от него. А всю остальную работу буду делать Я».

В чем состоит эта работа, влияющая на Фараона? В том, что дается больший свет. А свет для Фараона — это усиление тьмы, потому что свет, который не может зайти в эгоистические желания, вызывает в этом эгоистическом желании еще большую тьму. Все наши страдания потому и происходят: у нас возникают все большие и большие эгоистические желания, мы желаем все большего и большего наполнения, но не можем наполниться — от этого и страдаем мы, человечество.

Так вот, явление Творца вместе с Моше Фараону и является причиной этих десяти ударов, десяти макот. Выявляется 10 светов, НАРАНХАЙ, которые светят попеременно на Малхут, и она четко при этом отделяет себя от девяти первых сфирот. Выделяется «лев эвэн», состоящий из 10-ти основных клипот, — это и есть клипат Паро (Фараон), которая потом проявляется в Амане и в 10-ти сыновьях Амана и т.д. Против 10-ти нестираемых имен Творца есть 10, соответствующих им, имен в клипот, неисправляемых желаниях Малхут, которые исправляются только в Гмар Тикун. В прохождении этих ударов и состоит работа в Песах, которую проделывает человек.

Когда наберется достаточно наших усилий, ГЭ и АХАП (в зародыше, конечно, потому что мы не понимаем, где и как они формируются в нас, ведь мы находимся в двойном скрытии, а затем в одиночном скрытии), то уже начнется этап взаимодействия с Фараоном, т.е. мы доберемся до Малхут дэ Малхут. А до этого мы работаем на предыдущих этапах эгоизма, когда четко не ощущаем, эгоизм это или не совсем, работаем ли мы на отдачу или на получение — в общем, еще непонятно, еще есть моменты, где народ Израиля и египтяне смешаны друг с другом: келим дэ кабала и келим дэ ашпаа еще вперемешку, и нет еще точного их разделения.

Это — предварительная работа в Египте. А дальше начинается осознание эгоизма как зла, а не добра. Эгоизм начинает проявлять себя, а человек начинает ощущать, что его эгоизм, на самом деле, является злом, и не помогает ему, а наоборот. И становится очевидным, что если человек избавится от эгоизма, от мыслей, намерения «ради себя» (ведь эгоизм — это не просто желание насладиться, это желание насладиться ради себя) и будет жить в слиянии, в радости с Творцом, в отдаче, тогда он придет к совершенно другому состоянию — внутреннему и, как следствие, внешнему.

Этот процесс начинается с «семи голодных лет», когда народ Исраэль, т.е. альтруистические желания, которые заключены внутри эгоистических (вследствие разбиения души Адама и перемешивания частей его души — ГЭ и АХАП) и могут быть устремлены к Творцу, отделяются от таких жела-

Соединяя себя и Творца

ний, которые не могут быть к Нему устремлены. Причем, человек начинает четко выделять телесные желания, которые обусловлены нашим животным организмом, далее — желания человеческие, и желания, устремленные к Творцу.

Это четкое разделение на три вида желаний и работа с каждым из них начинают проявляться перед свиданием с Фараоном. Человек начинает четко сортировать в себе ГЭ и АХАП. Со своими животными желаниями он, в принципе, не занимается, потому что они — желания тела, их все равно не изменишь, подавлять их не надо, они сами собой определенным образом трансформируются, тем более, что когда человек устремляется к духовному, эти желания поневоле становятся минимальными: сколько человеку надо для тела, он потребляет, а потом об этом просто не думает. Человеческие желания — это то, что возникает в нас под воздействием «кина, таава вэ кавод», т.е. под воздействием зависти, стремления к власти, к знатности, к почестям, к излишним наслаждениям (не телесным, а, как правило, душевным, «духовным», т.е. к тому, что человечество ценит). Когда между этими человеческими желаниями и желаниями к Творцу начинает происходить борьба, человек выделяет из человеческих желаний те, которые, как он видит это в себе, не могут никоим образом трансформироваться, стать исправленными — так выделяется часть, называемая Фараоном.

На самом деле, Фараон — это очень большая духовная сила, которая полностью выделяется только в результате подъема до Высшей точки, и в этой самой последней точке происходит уже Полное исправление. Там полностью отделяются, остаются в своем чистом виде, 10 клипот, и только тогда они исправляются. То есть в течение всего подъема снизу-вверх с «лев эвэн» (каменное сердце) человека каждый раз как бы соскабливается еще что-то, что можно присоединить к работе на Творца. А когда с «лев эвэн» уже полностью все снимается, это означает, что все, что можно было, человек исправил — достиг своего полного исправления.

Но «лев эвэн» он сам не в состоянии исправить, потому что это — центральная точка, Малхут мира Бесконечности.

Она уже исправляется именно результатом его предыдущей работы — одним ударом.

Что значит одним ударом? Соединяются вместе все исправленные ГЭ, все исправленные АХАП дэ алия, соединяются вместе все «лев эвэн», и происходит на мгновение, если можно так сказать, такое очень яркое противостояние всех исправленных келим и неисправленных «лев эвэн» (потому что исправить их невозможно), и ощущается, что эти «лев эвэн» — это то, что создано Творцом, но абсолютно противоположно свету, и тогда происходит их трансформация в желания к Творцу. Что это значит? Даже «лев эвэн» получает намерение «ради Творца».

Как это возможно, я не знаю. Так сказано. Этого невозможно себе представить, ведь та часть Малхут мира Бесконечности, которая ощущает, что получает от Творца, но не ощущает Его свойств, т.е. не может ими проникнуться, только делает на себя Цимцум — это максимум, что она может сделать. Каким образом она затем получает свойства Творца, так, что может себя изменить, это непонятно.

В «Книге Зоар» пишется, что каждый раз, когда происходит зивуг дэ акаа, «типот» (капли) капают в «ям гадоль» (в большое море), и таким образом оно исправляется. Но четко объяснить это, не аллегорически, невозможно. Потому что мы можем объяснить только то, что происходит по законам взаимодействия с экраном (авиют, зивуг дэ акаа), а здесь все происходит помимо этих законов.

В каждом зивуг дэ акаа, в каждом действии есть какое-то маленькое свечение, которое все равно где-то как-то воздействует на Малхут и постепенно ее исправляет, так, что потом рывком она исправляется. Как поэтично сказано в «Книге Зоар», что падают слезы Малхут, которая ощущает, что она не в состоянии исправиться, и эти слезы постепенно ее исправляют. Слезы — это неоформленный свет Хохма — Ор Хохма. Глаза — это, соответственно, сфират Хохма. Выделения, которые падают вниз, — слезы — это Бина, олицетворяющая собой связь с Малхут, потому что они соленые. В «Книге Зоар» красиво это описано.

Как следствие этого, человек в нашем мире или от радости, или от горя, или от избытка, или от нехватки, плачет. В основном это происходит, когда у него нет возможности отдать, помочь каким-то образом, сделать что-то другому, участвовать в каком-то действии, исправить то, что случилось или может случиться. То есть человек, как правило, плачет из сострадания к себе или к другим.

И это тоже как бы соответствует той части желаний, над которой мы не в состоянии властвовать. А слезы как бы «мамтиким» (подслащивают) — в итоге приводят к исправлению тех желаний, которые мы не можем исправить действием, серьезным действием с помощью экрана и т.д.

Естественно, на животном уровне слез нет, потому что нет необходимости что-то исправлять, и животные не плачут. Если у них и появляются слезы на глазах, то это чисто физиологические выделения, а не от какого-то сострадания происходящему.

- **Вопрос: Выход из Египта — это процесс непрерывный?**

Выход из Египта — это процесс одноразовый, переход махсома. То, что происходит до и после этого, естественно, является продолжением выхода из Египта.

Мы основываем любую Заповедь, любое исправление желания на тех исправлениях, когда вышли из Египта, оторвались от лев эвэн. Следующие Заповеди состоят только в том, чтобы как бы вытаскивать из Египта дополнительные желания, АХАП дэ алия, поэтому мы говорим: «Зэхэр ле ециат Мицраим» (в память о выходе из Египта), — на этом базируемся.

- **Вопрос: Вместе с евреями выходили из Египта и египтяне?**

Из Египта выходят и египтяне. А иначе за счет чего евреи размножаются в Египте? Это в нашем мире сами рожают потомство, и если рожают больше двух, значит размножаются. Но в духовном мире увеличение может происходить не за счет Хасадим, а только за счет келим дэ кабала, потому что Хасадим все время только отдают.

Ехуди — это ГЭ, а ГЭ не размножаются. Поэтому говорится евреям, что они — народ малочисленный и таким и останутся. Значит, они — только ГЭ, которые не приобретают, не могут себе ничего приобрести. Вся их задача только распространять, раздавать, проводить, как это делает Бина, но ни в коем случае ничего не получать для себя.

А когда они начинают размножаться? — Когда начинают приобретать себе келим дэ кабала. В этом и заключается все исправление: сначала выделиться в отдельные ГЭ, исправить себя в чистом виде, а потом подключать к себе АХАП дэ алия.

Когда говорится о размножении в Египте: из 70-ти членов одной семьи становится народ до 3-х миллионов, — имеется в виду, что это происходит за счет прибавления к себе келим дэ кабала. И говорится так, что народ выходит из Египта и берет с собой келим египтян, это называется «эрэв рав» (великое смешение народов).

«Эрэв рав» — это еще не исправленные, еще не готовые к присоединению к ГЭ келим. Но без «эрэв рав» невозможно дальнейшее продвижение. Нам, на нашем «детском» уровне, только кажется, что если бы к евреям при выходе из Египта не примкнули египтяне, то они бы сразу же пошли в Эрэц Исраэль, и вообще все было бы хорошо. Но с чем бы они завоевали эту Эрэц Исраэль?

Эрэц — это «рацон» (желание), Исраэль — (прямо к Творцу) т.е. «рацон яшар Эль» (желание к Творцу). А этот рацон можно завоевать только с теми, кто выходит вместе с тобой, в том числе.

Размножение происходит за счет присоединения АХАП к ГЭ, что подразумевает получение какого-то света. ГЭ не получают, а только отдают — распространяют, передают. Поэтому и было нисхождение в Египет, потому что не могли размножаться где-то в другом месте. Значит, первичное присоединение тех келим, которые могут присоединиться к ГЭ — от нулевого до второго уровня авиют в келим дэ кабала — является смыслом нахождения в Египте.

Светит большой свет, человек начинает ощущать себя в больших эгоистических желаниях. Еще больший свет — еще большие эгоистические желания. А до этого они были?

Говорится, что наши праотцы были «овдей авода зара», то есть идолопоклонниками. С Авраама уже как бы начинается работа по выделению ГЭ. Авраам — это Хэсэд, самое главное свойство, но на тонком уровне, авиют Шорэш, на нулевом уровне желания. Поэтому Авраам, Ицхак и Яаков (Хэсэд, Гвура, Тифэрэт) подобны Кэтэр, Хохме, Бине.

Их так и называют праотцами, т.е. совершенно не имеющими отношения к желаниям самого парцуфа. Они находятся на нулевом уровне развития своих желаний. Это еще желания, которые работают снизу-вверх, как в рош парцуфа, на отражение от экрана. Так же и Хэсэд, Гвура, Тифэрэт работают в теле подобно этому и являются там как бы представителями Кэтэр, Хохмы, Бины.

А затем, уже после Яакова, необходимо спускаться в Нэцах, Ход, Есод, Малхут, т.е. необходимо спускаться в эгоистические желания. Нэцах — это уже Моше. Есод — это Йосеф, и выше него средняя линия — это Тифэрэт, Яаков, поэтому все началось с соединения Яакова и Йосефа. Яаков как бы спускается в Египет, т.е. происходит включение Яакова в Йосефа, и затем, когда евреи выходят из Египта, они забирают с собой уже Йосефа и Яакова и выходят наружу.

Можно очень много рассказать об этих семи сфирот: Хэсэд, Гвура, Тифэрэт, Нэцах, Ход, Есод и Малхут, — которые включают в себя всю историю и вообще все, что только есть. Сверху — Кэтэр, Хохма, Бина — это управление Творца, а вся история человечества — в этих семи сфирот. Это и есть все кли, вся Малхут мира Бесконечности, которая желает на всю себя обрести экран.

- **Вопрос: Чем отличается внутренняя работа перед махсомом от состояния «наш мир»?**

Душа Адам Ришона раскололась и начала падать до самого низкого уровня. Но, кроме этой души, есть еще мир, который окружает ее. Этот мир образовался разбиением сосудов в олам Некудим. Затем происходит относительное исправление мира Некудим в мире Ацилут. Когда Адам Ришон, его душа, рождается внутри миров АБЕА, поднимается вместе с ними до Аба вэ Има мира Ацилут, а там происходит зивуг дэ акаа и Адам Ришон желает получить ради отдачи весь свет Бесконечности, то у него это не получается, душа разбивается и падает. Разбиение всех частей Адам Ришона, его кли, происходит многократно, и продолжается их падение. Соответственно и миры БЕА падают под парса, порождая ниже себя состояние скрытия.

Есть миры БЕА дэ кдуша (чистые), и есть миры БЕА дэ тума (нечистые), но в них находится не настоящий свет, а свет, который только просачивается через парсу из мира Ацилут. При падении вместе с Адамом миры одновременно порождают оболочку вокруг Адама (которая тоже называется миром), т.е. порождают наш мир и этот мир — еще две ступени. И, кроме того, на каждую душу, которая падает вниз, на каждый осколочек общей души, порождают еще земное тело, наше, биологическое. Таким образом, при падении сверху-вниз, душа начинает ощущать себя, через свои огрубляющиеся келим, находящейся во все более и более грубом мире.

Мир — это ощущение души. И то, что мы ощущаем сейчас, ощущаем не в теле, ощущаем в душе. Наше тело является просто внешней оболочкой, не больше. Можно заменять в нем все, что угодно, но душа — рацон лекабель, желание насладиться — остается. Так вот, падая ниже сиюма Гальгальты, душа попадает в олам азэ, т.е. этот мир.

Этот мир состоит из двух уровней. В первом уровне ощущается скрытие доброго Управления, т.е. как-то ощущается, что все нам делает Творец, но многое из того, что Он делает, кажется нам нехорошим. То есть при ощущении нехорошего мы одновременно осознаем (поскольку есть сердце и есть разум), что это — от Него и, очевидно, для нашей пользы. Такое отношение человека к Управлению называется одинарным скрытием, простым скрытием.

Затем следует более низкий уровень — двойное скрытие Творца, когда человеку плохо, и, кроме того, он ни в коем случае не ощущает, что это исходит от Творца. То есть это скрытие — оно не только на добро, которое представляется злом, но и скрытие на Источник, откуда все исходит. Поэтому это скрытие называется двойным.

Не надо придумывать себе, что при двойном скрытии одно скрытие как бы накладывается на другое, т.е., что при одинарном скрытии я мало чувствую, а при двойном еще меньше. И в одиночном скрытии Творца, и в двойном скрытии Творца я чувствую практически те же страдания. Только в одиночном скрытии Творца я где-то ощущаю, что страдания — от Него, но, в итоге, для моей пользы: Он, как хирург, делает мне больно, но я знаю, что так надо, — Он делает ради меня, для меня.

А при двойном скрытии Творца, ощущая зло, я забываю, вернее, я не чувствую (нет такого понятия, как память, — возникновение в нас какого-то ощущения называется памятью), не ощущаю совершенно даже неявного Его присутствия. И тогда я, естественно, верю, что происходящее со мной исходит не от Творца. Я естественным образом становлюсь поклоняющимся другим всевозможным силам: начальнику на работе, жене, правительству, еще кому-то, — считаю, что все это зависит от них, а не от Творца.

Но в двойном скрытии Творца бывает только тот человек, который находится в духовном движении. Просто он еще находится в состоянии двойного скрытия, но он занимается, хочет достичь Его раскрытия, он временами ощущает, что находится в этом состоянии. Вот если сейчас что-то произойдет, и мы на время потеряем осознание того, что это происходит от Творца, то мы начнем думать, что это происходит от какого-то другого источника.

Ниже состояния «этот мир» есть еще состояние, которое называется уже не «этот мир», а «наш мир». Когда мы говорим «наш мир», значит мир наш и все, и больше никого и ничего нет. Это такое состояние, когда в человеке еще не раскрылась точка в сердце, когда он находится безо всякой связи с Творцом, без желания к Нему, без возвышения, без устремления, он находится еще в своем предварительном, животном, развитии. Вообще-то нет понятия «животное развитие», и когда точка в сердце еще не ощущается, когда человек проходит еще только всевозможные предварительные этапы к этому, такие состояния называются «наш мир».

- **Вопрос: Как научиться во внутренней работе быть честным с самим собой?**

Научиться быть честным с самим собой — это самое главное, это страшнее всего. И если бы мы признавались самим себе, кто мы и что мы, мы бы выскочили из своей шкуры. Это и есть «акарат ара» — осознание зла. Но эгоизм не даст этого сделать, потому что иначе мы просто будем готовы сделать харакири своему эгоизму.

Человек должен устремляться к Творцу, а не устремляться внутрь себя, не заниматься самоедством. Не надо уничтожать, съедать, ненавидеть себя — это неверно, потому что это все — не мы. Это все — действия Творца, это — вообще все Он...

Но с другой стороны, когда человек рассуждает, что ему вообще на все наплевать: «Ну вот я такой, ну и что. Это же не я. «Лех ле оман, ше асани» (иди к Тому, Кто меня сотворил). Претензии все не ко мне, а к Нему», — это тоже неправильно, так легче всего говорить.

Значит, заниматься самоедством — нехорошо: будешь себя подавлять, а это ничего не даст. Говорить о том, что виноват Творец, тоже ничего не даст. То есть эти два состояния, эти два отношения к своей природе непродуктивны, неэффективны, несозидательны. Ты из них ничего не построишь, ничего не создашь.

Тогда надо относиться к себе очень просто: пытаться увидеть, разглядеть Творца, держать Его постоянно в поле зрения и прилепляться к Нему какими угодно возможностями, чувствами и мыслями — сопоставлять. Ты можешь находиться в каких угодно условиях, среди кого угодно, но пытайся в любом состоянии одновременно оставаться в мыслях с Ним. И тогда все исправляется.

Что значит исправляется? В той мере, в которой ты пытаешься во всех своих самых худших желаниях, действиях, мыслях одновременно быть с Творцом, в той мере они проходят исправление. Ты не должен ни о чем больше думать. Как они проходят исправление — это не твое дело. Какими бы они ни были грязными, ты должен всегда пытаться склеивать их с мыслями о Творце.

Соединяя себя и Творца

Именно в таком поступенчатом усилии каждый раз ты будешь сортировать свои желания, ты будешь видеть, как они соотносятся с Творцом. Поначалу это будет невозможно, потом противно, но вот именно эта работа нужна, а во время учебы особенно. Больше ничего нет — только это.

И при этом ты не должен думать, что это — твое, или что это — от Творца, что Он тебе это дал. Ты хочешь быть одновременно, сейчас вместе с Ним. А с тем, что из этого будет возникать, уже нужно начинать работать.

В той мере, в которой человек желает быть более чувствительным, настроенным на связь своего состояния с Творцом, в любом случае пытается сделать это, пусть даже насильно, в любых обстоятельствах, в той мере он ускоряет исправление своих желаний.

Исправление состоит только в том, что я сравниваю свои желания с желанием Творца. Я хочу сблизить их, совместить. Неважно, какой я сейчас, я представляю себе Творца и себя и хочу быть вместе с Ним, не терять Его из ощущений. Я не могу при этом контролировать, каков Он на самом деле. Мне может представляться абсолютно ложная картина, но это неважно.

То, как я сейчас представляю себе Творца и себя самого (пусть это будут самые ложные ощущения нас обоих — неважно), это я пытаюсь совместить в себе и постоянно находиться в этом состоянии. Больше ничего нам не надо. Только это.

Не теряй постоянное внутреннее усилие, соединяя себя и Творца вместе, и при этом делай все, что надо: работай, общайся с товарищами, друзьями, женой, детьми, — делай все, что ты обычно делаешь в жизни. И ты увидишь, как тебе будут посылаться все большие и большие помехи, чтобы на их фоне ты все равно сохранял связь. Эти поступенчатые усилия, эти внутренние действия и приведут уже к столкновению с Фараоном.

- **Вопрос: А 6000 лет назад осознание точки в сердце также произошло под действием усилий самого человека?**

6000 лет назад точка в сердце никак не проявлялась. 6000 лет назад — это начало отсчета, с нулевого уровня, развития точки в сердце. А первый раз она проявилась в человеке спустя 2000 лет, и произошло это с Авраамом, когда через точку в сердце он почувствовал явное стремление к Творцу. Но если вести отсчет в поколениях и исторически, то это произошло через 10 поколений.

- **Вопрос: Имеется в виду рождение человека, Адама?**

Нулевой год по каббалистическому летоисчислению — это когда впервые началось развитие в человеке точки в сердце, с нулевого уровня. Но точка не проявлялась. Проявилась она впервые уже в Аврааме. А до 6000 лет не было еще практически никакого зарождения, т.е. явного появления и даже предрасположенности к этой точке в сердце. Существовал человек в виде животного, развивался только в своих животных желаниях. И 10 тысяч лет назад были люди и 20 тысяч лет назад.

- **Вопрос: Это качественный скачок?**

Качественный скачок... Кто чувствует качественный скачок? Мы говорим о том, что в наше время происходит качественный скачок, но кто-нибудь это чувствует? И относительно кого скачок?

Мы с вами никак не можем знать, в каких состояниях мы будем находиться, и каким образом мы должны работать, в связи с тем, что сейчас получили или не получили. Это все очень далеко от нас и совершенно нам непонятно. Я говорю о том, что мы должны постоянно иметь в виду: мы должны постоянно ощущать себя в связи с Творцом.

Мы с вами находимся в мире Бесконечности, в единственно созданном состоянии, когда Малхут мира Бесконечности полностью наполнена светом, находится в полном слиянии с Творцом, под воздействием Творца. И нет, кроме этого, ничего.

Когда Малхут мира Бесконечности начинает ощущать это состояние, она желает достичь его сама, чтобы слияние с Творцом, взаимная любовь, было не за счет Творца, сверху-вниз, а исходило от нее. Для этого она делает Цимцум Алеф. И все изменения, которые следуют после ЦА и до возврата в мир Бесконечности, в полностью исправленное состояние, происходят в Малхут мира Бесконечности чувственно — на самом деле ничего не происходит.

Малхут мира Бесконечности делает Цимцум на себя, на ощущение в себе Творца, и говорит: «Я Его буду ощущать, я буду с Ним находиться в каких-то отношениях, каком-то соединении только в той мере, в которой я буду отдавать, буду подобна Ему».

После этого начинается игра. Это так и называется — «мисахэк им левьятан» (играет с китом) — в «Книге Зоар» и во всех книгах. И происходит эта игра только относительно творения. Я как бы закрываю глаза, и пока я чего-то не сделаю, я якобы не существую...

А на самом деле ничего этого нет. Я нахожусь в мире Бесконечности, и все эти ощущения миров, отдаления, приближения — все это только в моих ощущениях. Все это только относительно Малхут. Относительно Творца всего этого нет. Творец видит творение только в полном, совершенном, слитом с Ним состоянии.

В предисловии к «Книге «Зоар» Бааль Сулам говорит, что мы находимся в единственно существующем первом состоянии, которое создано Творцом. Второе состояние — это наши сугубо субъективные переживания и исправление этого состояния, когда мы просто начинаем по-другому к нему относиться.

А Творец всего этого не чувствует, для Него всего этого нет. И когда мы, вопреки своим внутренним свойствам, сможем в себе себя перебороть и действительно начать относиться к Творцу, как Он к нам, то у нас изменится внутреннее ощущение. Мы станем Ему подобными, станем внутренне Его понимать как Дающего, потому что сами станем дающими.

Я начинаю понимать Его свойства, становлюсь таким же, как Его свойства, т.е. во мне кардинально меняются все ощущения. Но это во мне они просто меняются, потому что я себя настроил на другое отношение к Нему, и не больше.

Когда я желаю выбрать какое-то направление к Творцу, как-то себя зафиксировать, что я должен делать, что от меня требуется? Тысячи всяких книг, примеров, каких-то советов — меня это все совершенно запутывает. Мне этого ничего не надо, мне не надо ничего распутывать. Мне надо лишь представить себе то состояние, в котором я на самом деле нахожусь. А я нахожусь в полном слиянии с Творцом — это мое настоящее, единственное и верное состояние, и я просто его должен ощутить.

Но я должен это сделать не с помощью глупой какой-то фантазии, а чувственно, явно, осознанно — к этому надо прийти. И если я беру ту последнюю точку, где я уже полностью слит с Ним, и начинаю стремиться к ней, несмотря на помехи, которые возникают во мне, — это и есть моя работа, мой возврат в мир Бесконечности, единственное, истинно существующее состояние.

Поэтому не надо никаких премудростей. И не думайте, что чем дальше вы будете продвигаться, тем у вас будет многосложней работа. Она становится более простой, все заостряется только на одном, и большего не требуется. Статья Бааль Сулама «Нет иного, кроме Него» включает в себя всю нашу работу. Все остальные письма, статьи — вообще все является только комментарием к этой статье. Эта статья являет собой концентрацию всего того, что вообще надо человеку. Она — вся Каббала, вся идея сближения с Творцом.

- **Вопрос: Если Творец видит нас в совершенном состоянии, тогда получается, что мы ничего не должны делать. Все, что мы сейчас делаем, — только для того, чтобы почувствовать все, что здесь происходит, и увидеть это другими глазами. От того, что мы сделаем что-то или не сделаем, в сущности, ничего не изменится?**

Если Творец видит нас в том единственном состоянии, которое Он сотворил (ведь больше Он ничего не создал — только Малхут мира Бесконечности, полностью наполненную светом), то все остальные состояния — это лишь наши субъективные ощущения. Естественно, весь путь, который мы сейчас проходим, — только для того, чтобы изменить наши ощущения.

Соединяя себя и Творца

- **Вопрос: Но в действительности ничего не произойдет?**

А что такое действительность? То, что мы ощущаем, — это и есть действительность.

- **Я имею в виду катастрофы и то, что происходит вокруг.**

Останутся ли в результате нашего подъема вверх, допустим, катастрофы — катастрофами, приятные события — приятными событиями, глобальные войны, уничтожения — чем-то ужасным? С таким ли багажом мы придем обратно, в мир Бесконечности?

По мере того, как ты будешь возвращаться в мир Бесконечности, ты будешь видеть все эти вещи, как абсолютно добрые исправления, как помощь Творца тебе, чтобы ты двигался к Нему. Но это абсолютное добро сейчас тебе, в твоих неисправленных ощущениях, кажется совершенно противоположным.

Нельзя объяснить человеку, который находится в эгоизме, как он будет воспринимать происходящее, когда будет находиться в альтруизме. Это невозможно — это два разных мира. И это восприятие меняется не так, как у нас бывает: я смотрю на плохое, привыкаю, и оно мне начинает казаться не таким уж плохим, наверное, даже хорошим, возможно, что и полезным. Нет. Происходит революция — кардинальное изменение в оценке всего. И это не объяснишь. Это — другая природа.

- **Вопрос: Можно ли считать, что тот мир, который мы видим, — некая очень примитивная форма желания получить?**

Мы видим мир Бесконечности, который в каком-то минимальном, инверсном виде отражается в нашем эгоистическом желании. И то, что отражается в нашем эгоистическом желании, как бы строит на нем картину, — это мы ощущаем. Поэтому мир называется на иврите «олам» — от слова «алама» — скрытие.

Мир Бесконечности скрывается за 5-ю мирами, за 5-ю занавесами, и мы ощущаем от мира Бесконечности лишь какой-то фрагмент, перевернутый на эгоизм, и это мы называем «мой мир», «наш мир».

Затем мы будем ощущать какое-то подобие миру Бесконечности — это будет духовный мир Асия. Далее — более подобный миру Бесконечности мир Ецира. Затем — еще более подобные миры: Брия, Ацилут, АК, — пока не дойдем до полного исчезновения всех миров, т.е. всех сокрытий. Уберутся все занавесы с наших ощущений, и мы полностью ощутим то, где на самом деле находимся, и это будет называться миром Бесконечности.

Бааль Сулам уподобляет этот процесс человеку, сидящему в погребе, перед которым потихоньку зажигают сначала маленькую свечку, затем большую, еще большую..., и он начинает видеть, где он находится.

И раньше он находился в том же месте, но ничего не видел, и значит, это было как бы не его состояние. Он ощущал обратное тому, что начал ощущать, когда зажглась даже маленькая свечка. Маленькая свечка — это уже духовный мир, допустим, Асия, а до этого было ощущение скрытия Творца — наш мир.

- **Вопрос: Если мы говорим о том, что наша связь с Творцом — это самое главное, и постоянно надо не терять этой связи, то как может группа помочь в этом?**

И группа, и вообще весь мир каждый раз должны напоминать нам о необходимости вернуться к связи с Творцом. Группа может это делать явно, создавая какие-то определенные рамки. Кроме того, когда мы просто вместе думаем, вместе стремимся, мы влияем друг на друга, потому что связаны друг с другом и на животном уровне: при разных видах общения мысли перетекают друг от друга.

Поэтому, если большее количество людей в группе думает о Цели, связаны с ней, с этой идеей устремления к нашему настоящему состоянию, чтобы его раскрыть — раскрыть мир Бесконечности, то и на остальных это действует поневоле.

Мысли перетекают от человека к человеку на любых уровнях общения. Я могу совершенно не знать языка людей, среди которых нахожусь, но все равно их мысли, в виде желаний, в виде стремлений, будут воздействовать на меня, и я буду ощущать их в себе, уже трансформированными на мой язык.

Соединяя себя и Творца

Поэтому связь между членами группы, с пониманием того, что ради Цели мы между собою связаны, взаимодействуем, — это самая большая помощь, которую мы можем друг другу оказать. И наша единственная свобода воли заключается в устремлении к Творцу — это раскрытие того единственного состояния — мира Бесконечности, в котором мы находимся.

Я хочу получать в устремлении к Нему максимальную помощь от группы, чтобы во мне идея возврата в мое настоящее состояние — жить не в лживом мире, а в истинном моем состоянии — все время горела.

- **Вопрос: Когда говорить «осознание зла» и когда говорить «акарат ара»?**

Можно говорить на любом языке. Но не надо без надобности, просто так, использовать такие термины, как «масах» и др.

Каббалу можно излагать на любом языке. Но поскольку каббалисты произошли из древнего Вавилона, то они использовали арамейский язык — это был разговорный язык того времени. Арамейский является как бы ахораим (обратная сторона) относительно иврита (паним — лицевая сторона), который создавался на основе арамейского.

Иврит появился из арамейского именно благодаря тому, что каббалисты, для которых арамейский был родным, начали приспосабливать арамейский к своим духовным поискам, ощущениям — к духовной работе, как бы для себя. А потом, когда из группы каббалистов развился народ, иврит стал уже разговорным языком. У Бааль Сулама есть на эту тему заметки; они еще не были опубликованы.

Каббалу можно объяснить и на английском. Просто проблема в том, что мы не представляем себе, как это делать, нам не дали законы выражения всех духовных свойств через другой язык. И если иврит дает нам формы букв, обозначающие четкое распределение света вверх и вниз, в стороны и т.д., то в любом другом языке нам не известна связь между духовной формой и обычной формой, не дана зависимость их друг от друга.

В разговорной речи, для выражения чувств, мы можем использовать любые языки. Тут можно все перевести: вместо «бхинот» можно говорить «стадии»; вместо «алеф, бэт, гимел, далет» говорить «один, два, три, четыре»; вместо «масах» — «экран» и т.д., — все слова заменяемы. Вместо «Аба вэ Има» ты можешь говорить «папа и мама», в конце концов.

Однако здесь есть два «но». Дело в том, что когда речь идет о форме букв, то мы ни в каком языке, кроме иврита, не сможем найти четкое сочетание формы букв с духовными свойствами (о чем нам рассказали каббалисты). В иврите же форма каждой буквы является символом какой-то определенной духовной силы.

Девять первых букв — это ЗАТ дэ Бина, то есть единицы относятся к Бине. Десятки относятся к ЗА, а сотни — 100, 200, 300, 400 (куф, рейш, шин, тав — четыре последние буквы) относятся к Малхут. Итого: $9 + 9 + 4$ — всего 22 буквы, и плюс 5 конечных букв, МАНЦЕПАХ (потому что есть пять видов авиюта у парсы), которые имеют особую форму, — всего получается 27 букв.

Алфавит составлен таким образом, что в нем есть 5 букв, которые пишутся только в конце слов. Например, буква «хаф» при написании в середине слова имеет одну форму, а при написании в конце слова — другую. И это не потому, что вдруг кому-то пришло в голову один и тот же звук изображать двумя символами, а потому, что это исходит из духовных корней.

Таким образом, каббалисты создали для себя язык, на котором они стали объясняться. Они это сделали в четком соответствии с духовными свойствами. Где находятся келим дэ кабала? — 9 — в ЗАТ дэ Бина, 9 — в ЗА и 4 — в Малхут (потому что Малхут надевается на 4 сфирот ЗА).

Теперь, когда из этих букв собираются слова, слова уже тоже представляются в виде определенных блоков сложения сил. Поэтому есть в Каббале такое понятие, как «гематрия»: вычисляется численное значение букв в слове, и не только самих букв, но и их произношения.

Например, есть буква, которая обозначает звук «а», она называется «алеф», т.е. произношение буквы не соответствует тому звуку, который она обозначает. Или буква «вав» — произносится тремя звуками, а обозначает один — «в». Почему? — Потому что «в» — ее внешняя форма, а «вав» — внутреннее ее содержание.

Поэтому, если мы будем писать, допустим, слово «Аба» (отец), то напишем 3 буквы, но если мы распишем эти три буквы, учитывая их произношение, то у нас вместо 3-х букв получится 11 (алеф + бет + алеф). Если теперь мы вычислим гематрию этих 11-ти букв, мы определим внутреннее свойство «Аба». Гематрия, таким образом, выражает внутренний смысл слова.

Но если мы возьмем вот это уже развернутое имя и еще раз его развернем, то есть учтем еще произношение каждой из 11-ти букв, то получим уже «ахораим дэ ахораим» — предварительный этап, который нужен, чтобы подняться на ступень «Аба», и так далее. А есть еще гематрии к перестановке букв по особым правилам, когда переводят Хохма и Хасадим в разные стороны, и таким образом видят вхождение света в кли.

Написание слов и форма букв в иврите такие, что содержат в себе огромную и глубокую информацию. Ни на каком другом языке нам это не передано. Поэтому, если ты спрашиваешь, как лучше преподавать (называть термины): на русском или на иврите, — то на всякий случай лучше называть их на иврите, потому что когда-нибудь нам понадобится написание этих терминов на иврите, чтобы этими буквами, допустим, зафиксировать, кратко выразить какое-то состояние, какие-то свойства, силы.

Например, я нахожусь в каком-то определенном состоянии и хочу его зафиксировать: я как бы снимаю с него все данные и хочу их изобразить. Я могу изобразить это состояние в каком-то определенном виде — в виде предложений. Эти предложения могут быть прочитаны каждым, они могут быть очень поэтичными, допустим, как в псалмах царя Давида. Но если каббалист посмотрит на них, он в них увидит информацию о духовных ступенях, об экранах, о зивугах — обо всем том, что происходило в этом состоянии.

Читая псалмы, например, ты воспринимаешь чувственную информацию на своем животном уровне. Каббалист же, когда читает то же самое, видит, каким образом эту информацию в себе реализовать, чтобы подняться на духовный уровень этой информации. А выглядит эта информация, в общем-то, как песнь. И настолько емко она записана на иврите (хотя есть множество способов извлечения этой информации, чтобы достичь тех ступеней, откуда она происходит), что заменить этот язык ничем нельзя.

Иврит был создан первыми каббалистами специально, искусственно. Сами-то они говорили на арамейском — языке Междуречья, откуда произошел Авраам. Но этот арамейский был не совсем тем арамейским, на котором написана «Книга Зоар», потому что от Авраама до «Книги Зоар» прошло 2000 лет. Но он из того же семейства языков — семитского.

Мы с вами ничего не изобретем. Но даже если ты начнешь придумывать запись каббалистической информации в другом виде, ты по мере подъема по духовным ступеням увидишь, что у тебя получается тот же язык — иврит. Пока нам ничего не надо запоминать, мы пока не изучаем ни гематрию, ни внутренний смысл слов, ни перестановки. Сначала нам надо выйти за махсом. После этого будет другой разговор.

- **Вопрос: Чувствует ли человек, что вошел в состояние «ибур»?**

При переходе махсома человек входит в ибур. Но если он не чувствует этого, значит, он не вошел в него.

Все, о чем мы говорим — говорим относительно ощущений человека. Где ты находишься сейчас? — Там, где ты ощущаешь, что находишься. Если ты чувствуешь, что находишься в скрытии Творца — Творец от тебя скрывается, и значит, это твое состояние. Если нет — значит, нет. Нет такого: «где я нахожусь?». Я нахожусь там, где я себя ощущаю.

Бывают состояния, когда я могу сказать, что я ничего не ощущаю, но я нахожусь в них. Это происходит, когда я чувствую, что надо мной производится скрытие, но я знаю, что оно производится надо мною специально, т.е. я знаю, от чего меня скрывают.

Допустим, происходит определенное падение, в левой линии, на определенное количество ступеней, чтобы соз-

Соединяя себя и Творца

дать во мне предпосылки к возникновению нового кли. Но все это измеряется относительно меня. А относительно кого еще можно измерить?

- **Вопрос: Как мы можем преодолеть наше многоязычие?**

Было бы хорошо, если бы та страничка, на которой мы будем рассказывать, объяснять, обсуждать — образовывать совместное кли, была на одном, понятном всем, языке. Но у нас минимум три языка: английский, русский и иврит. Переводить надо полностью на все три языка. А что делать? Мы находимся, к сожалению, под уровнем строителей так называемой Вавилонской башни.

Прегрешение состояло в том, что хотели познать Творца своим разумом. И в результате этого произошло смешение языков. Познать Творца можно только тогда, когда работаешь совместно, со всеми, когда есть общность. Язык — это слияние человека с человеком, принятие языка. А здесь происходит разбиение такого понятия, слияния между людьми нет. Значит, нет уже предпосылки для создания общего кли.

Если бы люди это кли создавали для того, чтобы постичь Творца «ради отдачи», не строя Вавилонскую башню, то тогда бы они Его постигли, был бы один язык, «лашон кодэш». Поскольку они этого желали для того, чтобы притянуть к себе Ор Хохма, то возникло много языков. То есть люди перестали понимать друг друга, не могут уже соединиться в общее кли — произошло разбиение.

Поднявшись выше уровня, который называется «Вавилонская башня», можно понимать все языки. Как сказано в каббалистических книгах, что человек понимает язык птиц, понимает язык рыб, и т.д.

Я заинтересован получать от вас краткие сообщения, которые содержат для меня четкие сведения о том, что происходит. Есть у меня несколько человек, которые это делают, помогают мне в этом. Я их очень ценю.

- **Вопрос: Роль женщины в духовном?**

Роль женщины и в духовном, и в нашем мире в первую очередь заключается в том, чтобы создавать мужчине условия для его духовного продвижения — от этого женщина имеет и продвигается. Это видно из отношений между ЗА и Малхут в мире Ацилут, и по тому, какой женщина создана для обычной земной жизни. Именно она создает дом, семью, производит потомство. Здесь есть такая взаимосвязь, которую не распишешь в паре предложений.

То же самое в духовном: если женщина создает мужу условия для занятий и показывает, что она его уважает именно за то, что он отдает себя духовной работе, то это самое главное для женщины.

Самое главное для участника женской группы — вместе со своей группой выполнять те виды работ, которые женщина по своей природе делает намного лучше, чем мужчина: запись материала, его обработка, сортировка, рассылка, подготовка книг к печати, прием телефонных звонков, запись в группы, составление новых групп. То есть у женщин есть много места для приложения своих усилий.

- **Вопрос: Песах кончается, мы возвращаемся в свои «углы», к нам будет много вопросов, как со стороны групп, так и от посторонних. О чем можно говорить, о чем нельзя говорить, о чем стоит говорить?**

Сделай все то же самое, что было здесь, у нас, чтобы они почувствовали. Иначе как еще можно это передать?

В первую очередь надо говорить о том, насколько у нас пытаются все устроить по порядку, сделать изо всей работы как можно более четкую организацию. Это становится залогом наших успехов, и это выводит нас с чувственного уровня.

На чувственном уровне мы — с Творцом, а все остальные наши действия должны подчиняться строгому распорядку, который гарантируют нам группа, книги, Рав и так далее. И здесь мы не можем пускать себя на самотек. Если мы, занимаясь Каббалой и входя в различные ощущения (а у нас их хватает), будем жить под воздействием этих ощущений, то у нас будет балаган, и ничего не получится.

Поэтому нужны жесткие рамки, которых надо как можно строже придерживаться, чтобы, несмотря ни на какие метаморфозы, которые мы проходим внутри, наши

Соединяя себя и Творца

внешние действия оставались теми же — на основании этого надо оценивать силу группы.

Я считаю большим успехом то, что мы смогли организовать праздник. Сколько было подготовки к этому... Мы стараемся быть организацией, причем очень четкой. Вскоре мы начнем уже готовиться к Суккот. О своей успешной деятельности надо рассказывать, потому что каждая группа просто обязана научиться этому.

То, что мы делаем, должно подчиняться строгой дисциплине и распорядку. Ни в коем случае дело не должно зависеть от наших состояний, желаний: «хочу» или «не хочу» — это клипа. Кдуша — это значит, я наметил цель и к этой цели иду, несмотря на то, что я чувствую. Это — святость. Несмотря на все помехи, которые есть, я продолжаю физически находиться в этом пути. А внутри себя я пытаюсь постоянно удерживать Творца, насколько это возможно. Но если даже я делаю это только физически, меня эти действия очень быстро возвращают ко внутреннему намерению.

Вот это надо передать. Кроме того, мы выставим на сайт фильм о том, что здесь происходило. И надо выставить совместный фотоальбом. Надо, чтобы это все не забывалось, чтобы вы писали и обменивались мнениями о том, что было сейчас, и о дальнейшем.

Это состояние, эту связь надо хотя бы сохранять, не говоря уже о культивировании. И вы увидите, насколько на фоне помех, которые будут сейчас появляться, это вас поднимет. Вот тогда у вас и будет образовываться кли. Сейчас это кли просто образовалось под воздействием того света, который на вас повлиял, который свел вас всех вместе. А дальше, если вы, каждый самостоятельно, будете делать усилие, чтобы сохранить это кли вопреки помехам, это будет, конечно, подъемом на следующую ступень.

И если только это удастся, если это станет понятным изнутри (слова ведь ничего не дают, я поэтому об этом особенно и не говорю), т.е. изнутри это так проймет вас, что вы будете стремиться к ощущению этой же общности, когда возвратитесь домой, то, я думаю, этого вам будет достаточно для всего. Потому что масса у нас уже довольно хорошая, и для вывода большого количества людей, группы впередсмотрящих, я думаю, уже есть предпосылки.

Когда я говорю об общности, я имею в виду тех людей, которые находились здесь, на Песах, которые прониклись общим чувством, которые ощутили, что значит быть вместе, и знают, как при этом взаимно обогащаешься, чувствуешь, выходишь из себя.

Если эти люди, оказавшись в своей группе, среди тех, кто вообще не в этом состоянии, кто не был с ними, будут подключать к себе группу, будут подключать работу и прочие дела, в которые они возвращаются, будут пытаться внутри себя и как спасающиеся удерживать это состояние (а оно может пропадать и снова появляться — неважно), но не будут обращать внимания на общее воздействие, тянущее их прямо вниз, как болото, значит, это и будет созданием в них кли. И это уже очень серьезно.

В общем, нужно пытаться сохранить эту связь: выставлять на специальной страничке фотографии, переписку, обмен новостями. И поменьше личной переписки. Лучше все-таки это делать наружу, потому что все мы учимся только на примере товарищей, а тот, кто этот пример не дает, но мог бы дать, наносит этим себе вред.

На этой страничке вы можете писать все, что хотите, только немножко, вкратце. В основном пишите о том, что происходит в группе, и немножко о том, почему это так происходит. Но не организовывайте на этой страничке группу депрессивных. Эта страничка будет создана с целью взаимного укрепления, чтобы подбодрить друг друга, ведь в итоге только совместно мы можем выйти. А для этого есть предпосылки.

Я считаю, что нам очень продуктивно удалось провести Песах.

В заключение хочу сказать, что мы не расстаемся, мы просто должны будем продолжить наш обмен опытом, мнением, знанием — всем.

Вопросы о духовной работе

ОГЛАВЛЕНИЕ

Работа в группе 411
Управление творением 457

РАБОТА В ГРУППЕ

- **Вопрос: Часто говорится «группа», «Творец»... Но ведь группа — это только полигон для моих попыток уподобиться свойствам Творца. Следовательно, я должен воспринимать группу как Творца, чтобы тренироваться на моих товарищах в приобретении, понимании свойств отдачи. Так ли это?**

То есть он хочет сказать так: «Есть группа, слава Б-гу, есть мои товарищи — это материал, на котором я буду себя отрабатывать, т.е. полигон».

Когда мы говорим о том, чтобы «возлюбить ближнего своего как самого себя», то объект, к которому я так отношусь, что люблю его как самого себя, — он мне не может казаться полигоном. Поэтому это немножко неправильное понимание группы.

Группа должна ощущаться в человеке как то, без чего он просто не может получить самого желаемого, самого необходимого в мире. Ведь мы должны сейчас выйти в Высший мир. И человек должен себе представить, что вся группа стоит в строю. Он стоит в строю последним.

Группа находится между ним и махсомом — железной стеной. Если каждый в группе ему не подпишет «листочек с разрешением пройти в духовный мир», то он не пройдет. Вот так он зависит сейчас от своих товарищей.

А товарищ подпишет ему только тогда, когда он будет любить его как самого себя. Представьте себе, как вы зависите сейчас друг от друга! И ничего никому не поможет, пока он не добьется от другого, чтобы тот полюбил его как самого себя, и пока он не будет любить другого как себя. Вот пока друг другу не подпишитесь в этом (но подпишитесь от всего сердца, просто подписи тут ничего не дадут), в духовный мир не пройдете. Потому что это значит, что ваше духовное кли еще не готово к выходу в Высший мир. Как это сделать? Бааль Сулам говорит, что не надо бить в лоб, в лоб мы не можем это делать. Мы можем это делать только другим путем, обходным. Таким обходным путем нам необходимо обрести величие Творца. Если мы будем сейчас поставлять друг другу величие Творца, как самого большого в мире, насколько это только возможно, тогда под впечатлением Его величия мы все сможем взяться за ручки, сможем начать как-то отдавать друг другу, любить друг друга.

Его величие вынудит нас к этому. Относительно Него мы все понизимся. Относительно Него мы сможем начать связываться друг с другом, входить друг в друга, участвовать в друг друге. Только величие Творца — огромное, висящее над нами, подавляющее все, только оно может помочь нам, заставить нас, вынудить нас, вызвать в нас желание относиться друг к другу с каким-то чувством.

А затем, когда этот свет будет на нас дальше влиять, мы начнем чувствовать, что действительно необходимо нам развитие чувства к другому, любви к другому, потому что это эквивалентно моему отношению к Творцу: отдача Творцу, любовь к Творцу, т.е. раскрытие духовного кли — оно происходит в той же мере, в которой я это делаю относительно другого, моего товарища.

Нет никакой разницы между тем, как я отношусь к группе и как я отношусь к Творцу. Группа — это не полигон, это то же самое кли, с которым я потом вхожу к Творцу. Относительно Творца я ничего не делаю. Я, делая все относительно группы, с тем же кли обращаюсь к Творцу.

Мне практически не надо обращаться, все это поворачивается так само собой. Потому что (мы сейчас этого еще не видим, но потом вдруг обнаружим) все явление Творца, так называемая Шхина — раскрытие Творца, — оно находится во всех окружающих меня, но не во мне.

Я для того, чтобы раскрыть Творца, должен ощутить всех остальных вокруг меня, и в этом я Его почувствую. Точно так же и они, каждый из них. То есть где скрыт Творец? Творец скрыт в душах, меня окружающих. Если я эти души привлеку к себе тем, что я их люблю, я включу их в себя, там я почувствую Творца. Я перестану ощущать себя, я стану ощущать Его, и так каждый из нас.

Таким образом, выход из себя в кли товарища равносильно ощущению Творца внутри кли товарища. Товарищ этого не ощущает, он не сделал аннулирование себя на свое кли, а я сделал. Я через товарища могу ощущать Творца.

Я сейчас беру любого из товарищей, и если я его буду любить, то в нем сейчас в размере его кли — в размере бесконечности находится Творец, я через это ощущаю Творца. А он — нет, он останется в состоянии скрытия, как и сейчас. Потому что я таким образом исправляю свое кли, а он нет. Так что относиться к своей группе, как к полигону — это правильно. Но, смотря какой смысл в это вкладываешь.

- **Вопрос: Получается, что я могу любить другого только из себя, т.е. могу дать другому только то сочетание свойств и качеств, которые есть только у меня, только в ограниченном объеме удовлетворять потребности ближнего?**

Потребности ближнего я могу удовлетворять не в ограниченном объеме, а в полном. Потому что если я беру в свое кли, а потом отдаю ближнему в той мере, в которой он желает то, что желаю я, — я могу ему отдать, ты прав. А если я сначала вхожу в ближнего, и я беру кли ближнего, вместо своего, и работаю над его наполнением, то я ему 100 % даю то, что хочет он. И то, что он хочет, а не то, что я изначально хотел бы. Поэтому мы кли ближнего можем наполнить целиком.

Что значит наполнить целиком? Ощутить в этом кли Творца. Никогда в своем кли мы Творца не ощущаем. Мое кли — это лев эвэн (каменное сердце), это та точка, от которой я могу прыгать вверх или вне. А все, где я могу ощутить Творца, — это вне себя, т.е. в келим остальных людей.

А где еще есть келим? Кроме моего кли, есть только остальные души. Если я выйду из своего кли (из своей черной точки — лев эвэн), которое я исправить не в состоянии, в другие келим, то они будут у меня как 9 первых сфирот, в них я буду ощущать Творца. А мое кли исправится только после того, как я полностью со всеми 600 000 душ сольюсь именно выходом из себя. Это называется АХАП дэ алия. После того, как я это делаю, происходит исправление и моей основной точки. И так в каждом из наших келим.

То есть мы должны видеть вокруг себя (можно назвать это полигоном) 600 000 душ. Если я выхожу из своей души в ощущение других душ — там находится для меня Творец, там находится для меня Высший свет. В себе его ощутить я никогда не смогу. Никогда — имеется в виду до Конца исправления, в течение 6000 лет.

Сливаясь со всеми 600 000 душ, принимая их желания как свои, а свои не принимая во внимание, я таким образом приобретаю все их желания и все их наполнения. Постепенно. И это постепенное присовокупление всех желаний с их наполнением и называется подъемом по духовной лестнице.

Сделав это, я достигаю такого состояния, когда Высший свет (этот совокупный во всех них так называемый свет 612 заповедей) действует как 613 заповедь. Он меня, мою точку внутри исправляет тоже ради отдачи, и тогда я достигаю полного исправления. Я достигаю принципа «возлюби ближнего как самого себя» в полном объеме и кроме того, восхожу еще на 613 заповедь. Тогда нет ни во мне, ни вокруг меня ни одного кли, которое бы ни было исправлено мной и наполнено ощущением Творца. Это, в принципе, то, о чем говорит нам Бааль Сулам, только другим языком. Мы потихоньку еще адаптируем это для себя.

- **Вопрос: Как можно войти в кли ближнего до махсома?**

Необходимостью. Если я понимаю, что без этого мне махом не пройти, то я просто умоляю своего товарища, чтобы он мне помог и я ему помог. Я обращаюсь к Творцу, я изучаю ради этого. Я все делаю для того, чтобы у меня была возможность каким-то образом выйти из рамок своего «я». А для чего мне это надо? Чтобы упросить товарища. Какое средство для этого есть? Упросить товарища, чтобы он мне дал рекламу величия Творца, и тогда это обяжет меня относиться к Нему и работать с группой.

Все исходит только из необходимости. Так в больнице, если человек подключен к кислородному аппарату, и кто-то случайно наступает на кислородный шланг, то человек задыхается. Так вот, если бы мы знали, насколько мы друг другу перекрываем кислородный шланг, насколько мы стоим друг у друга на этом шланге! И насколько наша жизнь зависит от другого, чтобы он на этот шланг не наступил, тогда бы мы относились к друг другу по-другому. К сожалению, это от нас скрыто. Это и есть единственное место приложения нашей свободы воли.

Еще раз! Творец находится вне нас. Вне нас — это в душах окружающих.

- **Вопрос: Исправление эгоизма в человеке — имеется в виду исправление с начала разбиения души Адама, первого человека, или только относительно воплощения в наше время?**

Исправление эгоизма в человеке начинается с нуля, с наинизшего его проявления в человеке и до самого наивысшего, т.е. до уровня Адама, до возвращения в свой корень. Через все духовные ступени падения — обратно по тем же ступеням восхождения до своего корня, до своей точки в Адаме. Это и называется вернуться в свой корень.

- **Вопрос: Есть ли лекарство против зазнайства?**

Все свойства, которые есть у нас, — они созданы, потому что необходимы для достижения цели. Поэтому вообще не надо думать о том, чтобы себя исправлять. Исправление происходит автоматически Высшим светом. Нигде в Каббале вы никогда не увидите (что бы мы ни изучали), что исправление может производиться непосредственно самим исправляющимся. Ну, как вытащить себя за волосы из своих низменных свойств? Нам самим это невозможно сделать, в нас таких сил нет.

Исправление Малхут производится за счет Бины, за счет свойств Творца. Пока в нас этих свойств нет, как мы можем измениться к лучшему? Никак! Поэтому единственное, что мы должны делать, — это любые действия, направленные на то, чтобы вызвать на себя Высший свет, вызвать в себе искусственное стремление к Творцу под воздействием окружающего общества, группы, искусственно устремлять себя к Творцу.

Первоначальное стремление к Творцу Он сам нам дает. Мы с этим первоначальным стремлением к Творцу должны прийти к группе и потребовать от нее, чтобы она нам дала свое устремление к Творцу.

Я нахожусь, как сейчас, допустим, среди ста человек. Эти сто человек должны дать мне хотя бы в сто раз большее ощущение величия Творца (хоть я его и не ощущаю, но проникнуться этим я могу), чем у меня у самого, чем Он мне дал. Значит, это устремление к Нему я заработал тем, что я пригнул себя перед группой, склонил свою голову, готов в группе делать все, что угодно, обслуживать их, только бы получить от них взамен величие Творца.

Я от Него получил устремление, маленькое влечение к Нему, а сейчас я от группы могу получить, допустим, в сто раз больше, и это будет заработанное мной устремление к Нему, т.е., заработанное мною кли.

И это кли я зарабатываю без всякой разумной, реальной основы. Просто группа будет мне рекламировать величие Творца, она будет лгать мне, работать надо мной, играть со мной, неважно, так у нас все в жизни получается. Ведь когда мы бегаем за какими-то новыми игрушками, разве мы бегаем за чем-то реальным? Нас убеждают в том, что это полезно, что это нужно, что это даст нам наполнение, насыщение, наслаждения.

Работа в группе

Что мы должны сделать? Мы должны купить у группы величие Творца, заплатить ей. Платить своими усилиями, абсолютно любыми своими вкладами в группу: обслуживанием, связью с товарищами, помощью — неважно чем.

В итоге, жертвовать своим эгоизмом ради того, чтобы купить это величие Творца. Покупая это, я устремляюсь к Нему, я раскрываю себя для Него и по мере совершения определенных усилий, накопив это величие, накопив свои усилия, я достигаю такой величины, такого качества устремления к Нему, что начинаю ощущать Его, прохожу некий порог, границу усилий (на иврите это называется «сеа» — доля), т.е., перехожу какую-то определенную критическую массу усилий. Для каждого она индивидуальна.

И тогда уже Творец раскрывается мне, тогда я обретаю настоящую веру, силу, которая позволяет мне действовать уже во имя Творца, ради Него. И я нахожусь с Ним в замкнутом цикле обращения информации, или наслаждения, как угодно назовите.

Так вот, лекарства от зазнайства нет, это помеха, которая объективна и должна быть в нас. Единственная проблема, которая есть у человека — это нервы — то, что жизнь сделала с ним. Не его исконные свойства, а различные болезни, проблемы, в основном, связанные с нервной системой: в течение своей жизни мы все снашиваемся, стираемся, что ли. Нервную систему можно успокаивать, подлечивать, укреплять. Я помню, что когда я пришел учиться к РАБАШу, у меня, была тяжелейшая язва желудка, и он сказал:

— Тут есть проблема: Каббала требует крепких нервов, а у тебя, может быть, их и нет.
— Ну, так что, — я говорю, — неужели человек находится в таком состоянии, что из-за этого нельзя продвигаться вперед?

Он говорит:
— Нет, можно, но надо одновременно и лечиться.
— Что значит — лечиться? Само продвижение вперед — оно не вылечит?

— Оно может вылечить, конечно, но нужно и лечиться, потому что это вещь приобретенная, а не исконная.

Если у кого-то исходными свойствами являются зазнайство, гордость, властолюбие — все эти свойства нужны, они полезные, ни в коем случае их убирать нельзя. Лечить, т.е., вычеркивать их из себя, нельзя. Вот с ними вместе и справляйтесь для того, чтобы склонить голову перед группой, чем угодно заплатить за то, чтобы они дали вам ощущение, воодушевление от величиия Творца.

- **Вопрос: Но все-таки, возможно воздействие на определенные участки головного мозга, резонансные частоты и т.п. Можно ли убрать такие отрицательные качества, как вспыльчивость, или возможна только борьба с самим собой?**

Можно убрать, можно использовать любые техники, которые помогут вам стать более спокойным, уравновешенным. Они не ликвидируют ваши качества, они только делают их проявления более сглаженными. Но все эти качества все равно внутри остаются. И поэтому лечение не запрещено, а поощряется, но только если оно построено не на подавлении, а на уравновешивании нервной системы.

- **Вопрос: Каким образом аннулировать себя перед товарищем, будучи полным эгоистом, ощущая при этом только свои желания? Что означает - ощутить желания товарища?**

Ощутить желания товарища — это значит представить себе, что я нахожусь внутри него, внутри его желаний и готов исполнять его желания. Готов. Не надо на самом деле ничего исполнять, иначе вы будете без всякого толку бегать друг за другом.

Пытайтесь ощутить, что вы готовы, из этого вы начнете видеть, как дальше действовать, а действовать надо только в рамках группы, ни в коем случае не угождать или прислуживать друг другу — это должно реализовываться уже в групповом виде.

То есть, аннулировать себя перед товарищем — это означает пытаться своим эгоизмом ощутить его потребности и то, каким образом, если бы они были моими потребностями, я бы их удовлетворял. Таким образом вы отключаетесь от своих желаний и привлекаете к себе его желания.

Этого достаточно: если вы работаете в таком направлении, не надо реализовывать это на самом деле, иначе я буду просто бегать и обслуживать всех. Достаточно именно этого.

- **Вопрос: Возможно ли, что группа меня может повести в противоположном направлении - от Творца? Чем определяется истинность действия группы по отношению ко мне?**

Есть закон «Глас народа — глас Божий». Бааль Сулам пишет об этом в статье «Свобода воли». Он пишет, что единственное свободное движение — единственное, что человек может сделать и определить это как свое действие (ему будет казаться, что все остальные действия, — они все равно не его, не стоит даже на них обращать внимание), единственное его свободное действие — это постоянно, каждый раз строить вокруг себя все более эффективную для духовного продвижения группу. Больше никаких свободных действий мы не совершаем.

Все, кроме отношения к окружающим, как к группе, которая должна меня направить на Творца. Семья, дети, жена, работа, государство, все, что внутри нас, — все взаимодействия с окружающим нас все это — действия вынужденные, марионеточные. Мы — абсолютные куклы, в этом нет совершенно ничего нашего. И не считается нашими, не считается, что мы действуем, что мы что-то делаем.

И теперь представьте себе, сколько на самом деле есть самостоятельных людей в этом мире? Единицы. А все остальные — просто букашки, которые действуют, исходя из своих внутренних свойств и тех свойств, явлений, которые вокруг них постоянно образуются. И во взаимодействии собственного эгоизма с окружающим меня наслаждением я действую постоянно — выбираю оптимальные варианты. Эгоизм автоматически это делает. И этим он двигает меня, толкает, куда-то посылает, заставляет, якобы, решать какие-то проблемы — как лучше, оптимальнее насладиться, и так далее.

Но все эти движения — они как у муравьев. Как они все это делают, так это происходит и у людей. В этом человек ничем не отличается от других животных, которые находятся внутри своей природы. Единственное движение выше нашей природы — это когда я заставляю группу меня изменять, поднимать меня выше моей природы. Я сознательно требую от них, чтобы они меня третировали, чтобы они меня дергали, чтобы они мне лгали, чтобы вселяли в меня то устремление к Творцу, которого у меня от природы нет.

- **Вопрос: Поскольку я такой, какой есть, значит, я мало получаю Высшего света?**

Мы, вообще, ни о ком в группе не можем правильно делать выводы, поскольку мы оцениваем человека по его животным качествам, т.е., по тем, с которыми он родился, в которых он сейчас существует. Мы должны оценивать человека только по тому, каков его вклад в группу, и не просто в группу (где мы сядем, выпьем и закусим), а именно в давлении на группу, чтобы она заставляла всех нас двигаться к Творцу.

Какое давление на группу (но рациональное, разумное), он оказывает, в соответствии с этим мы и должны оценивать товарища, определять степень его важности для группы. Человек может очень мало находиться в группе, а может долго, люди бывают с разными характерами, подчас может появиться человек замкнутый, невыносимый, нелюдимый, раздражительный — это неважно. Нас интересует только то, насколько он вынуждает группу быть направленной на Творца.

- **Вопрос: Нужно ощущать желание группы или всех окружающих тоже?**

Нет, только группы. То есть, только тех, кто так же, как я, устремляются к Творцу, тех, кто вместе со мной работают над возвеличиванием. Пока мы не ощутим Его — только сознание величия Творца, которое создает себе группа, только это и поднимает, и двигает нас вперед.

И причем никто не ощущает Творца, никто не ощущает Его величия. Это, вроде бы, вообще никому не интересно. Мы начинаем культивировать в себе это сами, для того чтобы создать из своего эгоизма неощутимое, пока ничем не подтвержденное движение к Нему.

Я еще раз повторяю: мы должны признаться себе, что все это — вранье, что всего этого совершенно нет. Мы Творца не чувствуем. Ради чего нам совершать все эти действия? Ну, есть у нас точка в сердце, которая нас к этому толкает. Есть какое-то увлечение. Но это все ведь не базируется ни на каких четких чувствах, сознании, осознании, ощущении. Значит, мы должны в себе это поднять до такой величины, как будто мы это ощущаем. Об этом ясно пишет Рабаш в своих статьях о группе и подчеркивает, что это единственная работа в группе. Признавая, что это ложь. Это называется «шекер моиль» — ложь, которая приводит к истине.

- **Вопрос: Какими действиями можно направить группу на воодушевление одного из членов группы? Это должны быть действия по построению индивидуальных отношений во имя Цели?**

Конечно! То есть, мне они совершенно безразличны, эти люди, я бы никогда с ними рядом не сидел, я бы никогда с ними не контактировал, у меня вообще другие интересы в жизни, и я здесь с ними (и с ними — только с ними!), потому что у них те же устремления к Творцу. Поэтому они мои товарищи. И именно для этого я здесь с ними и нахожусь. Конечно, только это является основой наших индивидуальных отношений.

- **Вопрос: Мы продвигаемся за счет усилий и действий против нашей природы. А если человек приходит в состояние, когда до махсома он видит прямое вознаграждение за усилия, он набирает себе много обязанностей в группе и хо-**

чет еще. Значит, это уже для него не усилия? Где он должен их применить теперь? Стоит ли ему продолжить это делать, если он знает, что это не против природы?

Любые усилия человека в группе чисто эгоистические — я работаю в группе для того, чтобы меня уважали, для того, чтобы меня ценили, для того, чтобы я ощущал себя выше других, важнее других. Все наши желания — эгоистические.

Ничего нет страшного в том, что я (но осознанно!), это делаю. Да, я хочу быть больше других, я хочу быть выше других, я хочу быть важнее других. Если мы все будем работать в обратную сторону, то из группы ничего не выйдет, это будет просто артель инвалидов. Наоборот, мы должны стремиться подняться выше, каждый индивидуально, и чем больший вклад вносится в группу, тем действительно больше каждый. Здоровый эгоизм — он и выводит нас в духовное.

- **Вопрос: Если я уже ощущаю вознаграждение от Творца, работая в группе, занимаясь различными делами — с компьютерами, с книгами — как мне ощутить, что необходимо прыгнуть выше себя, идти наперекор себе?**

Надо не обманывать себя тем, чем занимаешься в группе. Является ли это вознаграждением? Я могу чувствовать себя таким крутым в группе и руководить всеми и подминать всех под себя, но является ли это вознаграждением, которое я жду от группы? Даст ли мне это толчок вверх? Это надо понимать. И одно другого не исключает.

Работа в группе должна состоять из двух частей. В Бней-Барух это четко разделено. Одна часть нашей работы — это предприятие по изготовлению каббалистической массмедиа: фильмы, книги, аудио, видео, сайт в интернете, виртуальные уроки, планы этих уроков и обслуживание.

Около 150 человек работают над этим только внутри. А во внешних группах еще, наверное, человек 150 обрабатывают материалы. Все, что я сейчас говорю, на этих уроках, потом обрабатывают, редактируют, переводят на аудиокассеты, превращают в фильмы, переводят еще на несколько языков, передают в эфир, помещают в интернете... Группа графиков делает обложки, листовки. Выбираются статьи, фотографии для журналов, газет.

То есть, это огромный комбинат. И это называется у нас завод. И на заводе у каждого есть своя должность. Естественно, это не отменяет работу, где он получает зарплату, но эту работу он обязан делать. И у каждого есть план — что он должен сделать в течение недели, месяца, над чем точно он работает, за что он ответственен. И весь этот план изо дня в день двигается и, как на рулоне, появляется новый план на следующий период, на следующий отрезок работы.

Эта часть работы нашей группы неизменна. Если ты болеешь — позаботься о том, чтобы кто-то выполнил ее вместо тебя. На этом заводе есть разные отделы: есть бухгалтерия, есть отделы, которые занимаются обслуживанием работающих (как профкомы), есть отделы, которые занимаются семейными обустройствами и так далее. То есть, это предприятие.

На нем не может быть никаких срывов, все должны работать четко и бесперебойно. Так должна быть организована группа. Это базис, на котором строится все остальное. И он должен быть неизменным. Есть у тебя настроение или нет, вдруг тебе не захотелось что-то делать — такого быть не может. Как на предприятии. Обязан и все!

Следующая надстройка над группой — уже над этим заводом — это наши взаимоотношения: для чего мы это делаем, во имя чего, ради чего.

Мы выпускаем продукцию, печатаем книги, производим все эти материалы для распространения Каббалы, у нас тут есть начальники отделов, они требуют, кричат (и я тут кричу больше всех). Это все относится к предприятию. И тут твое вознаграждение может быть любым. Вот, мол, я какой, сколько делаю! Вы знаете, как у нас по субботам поднимают тосты «Ле хаим!»: этот выпустил сейчас такую-то книжку, там открыли группу, тот еще в чем-то преуспел. Это завод. И все действительно должны ощущать вознаграждение. Смотрите, какой я, сколько я дал своей группе, сколько я дал человечеству.

Другая сторона, надстройка над этим — духовная. Как я себя аннулирую относительно товарищей. Что я сделал для того, чтобы подставить себя под них, чтобы они больше воздействовали на меня. Это совсем другая, уже более верхняя часть отношений в группе. И она уже не имеет совершенно никакого отношения (причем, это надо точно разделять), к заводу.

На заводе есть директор предприятия, бухгалтер, еще кто-то из руководства, и они могут требовать, давить — как везде. Что касается отношений в группе, то если новичок пришел неделю назад — я относительно него тоже работаю, склоняюсь перед ним, хоть я и руководитель. Потому что я завишу от него духовно. Это надо очень четко разделять.

Мы не сразу создали такую структуру, не сразу нашли эту фому работы. И всему этому есть основание в том, что пишут наши учителя. Если вы так организуете свою работу, сразу увидите, насколько станут здоровыми отношения между вами.

- **Вопрос: Существует ли предприятие другого типа производства?**

Вы должны создать предприятие по производству каббалистической информации. Мы совместно будем пытаться работать, мы обязаны это все делать совместно, потому что одна группа без другой — я не верю в такое продвижение. Если вы сольетесь в чем-то с нашей группой, вы сразу же увидите, как вас это поднимает. Меня поднимает моя группа, тем более вас она поднимет.

Слияние, контакт между нами, взаимодействие в работе, в учебе — то, что сейчас дают виртуальные уроки, взаимодействие в материале между собой — это сразу же даст вам другую основу, вы начнете наполняться. Так что другого типа предприятия быть не может, потому что Бааль Сулам пишет, что главной нашей задачей, кроме необходимости существования в этом мире, является распространение Каббалы — это то, что мы обязаны дать окружающе-

Работа в группе

му миру. А для того, чтобы самим подняться — для этого нужна группа.

Таким вот образом и строится наша деятельность в этом мире. Я иду на работу, зарабатываю свои копейки, чтобы прожить, я иду домой, в семью, потому что я обязан иметь семью, детей, обеспечивать их. Я обязан перед государством быть лояльным гражданином, где бы я ни жил, и, кстати, независимо от того, какое там правительство. Я обязан быть просто обычным членом общества.

Кроме этого, я обязан распространять Каббалу, и кроме этого, я обязан духовно возвышаться. То есть, кроме животной жизни, у меня две обязанности. Распространять Каббалу — это относительно всего мира, служить проводником всему миру, чтобы через меня проходила информация — это раз. И второе — относительно группы, чтобы это меня поднимало. Три вида деятельности: земная, распространение Каббалы и подъем к Творцу.

- **Вопрос: Почему новичок ощущает от коллектива людей, ищущих Каббалу, некое чувство высокомерия...**

Человек придает важность знаниям. Знаниям. Я прочел, я изучил, я понял — это уважаемо. А в духовном ведь это не имеет никакого веса. В духовном только подобие свойств — это приобретение, это — духовный уровень. Поэтому самый непонимающий, который совсем ничего еще не соображает, если он себя аннулирует перед группой, он начинает ощущать Творца. В Каббале совершенно не надо быть умным, не надо стремиться к накоплению знаний.

Что я хочу сказать? Надо ценить друг друга по стремлениям в данный момент. Вот сегодня, сейчас — он выше. Вчера он был в депрессии, а сейчас он выше — подключись к нему! Попробуй что-то взять от него. Он спустился вниз — помоги ему! От этого у тебя тоже будет подъем.

То есть, нам надо относиться друг к другу, невзирая на накопленные знания, опыт. Нам надо выработать технологию отношений в группе только через Творца. Я отношусь к тому, к другому, к третьему — только через Творца, как к объекту, который связан с Творцом, и с которым я могу подняться. А знания совершенно не имеют значения.

Есть такие специальные, каббалистические, древние молитвы, в которых человек просит Творца помочь забыть то, что он учил. Вы представляете? 10-15 лет ты учил, ты познал, все это живет в тебе! Ты с этим можешь работать внутри себя и все понимать. И тут вдруг ты понимаешь, что тебе лучше все это забыть. Человек ощущает, что знания отвлекают его от настоящего требования.

К чему должно быть настоящее требование? Не к знаниям, а к совмещению с Творцом. Среди нас есть такие, которые много работают на распространение, на отдачу группе, на организацию групп, — и это предпочтительней, чем сидеть и выуживать «червячков» из книжки.

- **Вопрос: Если человек в группе занимает высокую должность и отделен от группы вне занятий секретарем, может ли группа попросить его иметь телефон, по которому члены группы могут, естественно, не мешая его работе, услышать его голос в течение дня?**

Часы, которые вы проводите на работе, отданы хозяину вашей работы. Это не ваши часы, вы за это получаете деньги. Надо быть прямым и честным. Иначе это называется кража. Если я во время работы на одну минуту связываюсь с кем-то — с семьей, домом, товарищем, неважно с кем — я эту минуту украл. Я говорю совершенно серьезно.

Должна быть какая-то договоренность: или это принято на предприятии, или на десять минут можно выйти покурить каждый час. Есть такие законы, правила, условности.

Но в принципе, группа не имеет права распоряжаться рабочим временем своего товарища.

- **Вопрос: Человек в силу возраста или отсутствия полезных навыков не вкладывает в группу. Чем он может впечатлить группу и заработать ее уважение, ведь его не будут воспринимать всерьез?**

Я не думаю, что есть какой-то человек, который не может ввести себя в группу. У нас есть, допустим, группа ре-

Работа в группе

монтников. У каждого есть руки, чтобы работать на кухне, заниматься уборкой класса, стоять на улице и раздавать листовки.

Вдруг ты видишь, что ни на что непригодный человек садится у компьютера и делает однообразную работу, и эта работа важна. Систематизирует, обрабатывает, ремонтирует, книги раскладывает. Есть ученики, которые лучше меня убеждают, делают доклады, проводят уроки.

Пока я в отъезде вместо меня на моем месте за столом сидит один из учеников и руководит всем уроком. Каждое утро другой. Он читает материал, спрашивает, отвечает, полностью меня заменяет. И это по четкому расписанию. И кроме него, сидит еще один человек, который читает, еще один одновременно ищет определения, вопросы, ответы и т.д. То есть, одновременно происходит поиск по нескольким книгам, и в этом участвует группа людей, каждый день другая группа. И мы таким образом тренируем всех.

Я не верю в то, что есть люди, которым нет применения. Практика показывает, что совсем наоборот — те, от которых, казалось бы, не может быть совсем никакой пользы, они находят для себя очень нужное дело. Тихое, спокойное и очень нужное. И это не искусственно, это на самом деле так происходит.

- **Вопрос: Должен ли член группы рассказывать своим товарищам о своем ощущении двойного скрытия и просить их о помощи?**

Ни в коем случае. Нельзя говорить о своих личных состояниях. То есть, ни о чем нельзя говорить: ни о двойном скрытии, ни об одиночном, ни о своем раскрытии Творца — ни о чем своем.

Мы должны общаться так, чтобы не мешать друг другу. Мы должны говорить друг с другом только об общем, о том, что написано, об общей работе, и ни в коем случае не помещать в эти разговоры свои внутренние ощущения и переживания. Этим вы мешаете товарищу и наносите вред самому себе.

- **Вопрос: Есть ли у группы свобода выбора или это зависит от Рава, или от Творца?**

  Свобода воли группы, как и отдельного человека, — идти путем Рава или Творца, что одно и то же.

- **Вопрос: В группу приводят, книги и Учителя дают. Откуда у группы свобода?**

  Из слияния свобод членов группы. Группа - как общее кли.

- **Вопрос: Те желания, которыми на нас воздействует общество, — их мы и должны исправлять?**

  Мы должны найти от них защиту.

- **Вопрос: Если человек находится в группе только потому, что так получилось, по привычке, то это тоже несвобода. А что же тогда свобода? Ежесекундный выбор группы?**

  После перехода махсома человеку показывают как его вели до махсома.

- **Вопрос: У Человека (с большой буквы) нет свободы выбора?**

  Свобода выбора появляется в мере обретения экрана — защиты от Творца (от света, от своего эгоизма, от своей природы).

- **Вопрос: Я, человек, выбрал Каббалу — это ли не свобода выбора?**

  Как мы только что прочитали, никакой свободы выбора в этом нет. Вы пришли к этому в результате причинно-следственного развития. Никуда бы вы не делись от этого, и никуда от этого не денется все человечество. Как сказано у пророков (вы можете взять книги пророков, почитать и вы увидите), как сказано в «Книге Зоар», в конце 20-го века все начнут приходить к Каббале. И это реализация абсолютно четкого причинно-следственного развития.

  Вы же видите, что на сегодняшний день в мире происходит полнейшая дезориентация. Нет идеологии, без которой ни мир, ни государство, ни общество, ни человек не мо-

Работа в группе

гут существовать. Ведь для чего существовать? Должна быть идея: русская идея, сионизм, капитализм, возвышение чего-то, во имя чего-то, для чего-то... — этой идеи нет.

То есть, мы сегодня являемся свидетелями возникновения вопроса о свободе выбора, о свободе воли во все в более острой форме, и даже в массах. Массы сегодня понимают, в них этот вопрос: «Зачем я живу?», — вопрос о смысле жизни, — это, в принципе, вопрос о свободе выбора, о своем «Я».

И здесь-то, когда происходит полное падение всех религиозных, общественных, научных и культурных ценностей, падение всех видов идеологий, крушение в один момент абсолютно всего — вот здесь-то, как говорит «Книга Зоар», в конце 20-го века и возникают обстоятельства (как результат причинно-следственного развития), когда Каббала выступает как единственная идея, которая может быть идеологией для человека, для группы, для общества, для государства, для мира. Почему?

Потому что объясняет человеку, как именно реализовать вот это ощущение свободы, которое существует в нас изначально, но которое совершенно нереально и лживо. Каббала объясняет как достичь истинного состояния свободы, потому что из него-то и появляется творение — человек (чего в нас еще нет).

Бааль Сулам объясняет нам, каким образом мы можем найти в себе такую точку, которая будет нашим «Я», не зависимым ни от Творца, ни от нашей естественной природы. И эта точка будет действительно нашей, мы ее создадим, мы ее разовьем, из нее мы сделаем подобие Творцу в полностью свободной реализации, т.е., не принимая эти желания и эту точку снаружи, и не взращивая ее какими-то внешними, независящими от нас влияниями, факторами, желаниями.

Статья Бааль Сулама «Свобода выбора» является основополагающей. Она показывает нам, что, в принципе, в жизни нет никакого иного занятия, кроме как реализации вот этой свободы — свободы выбора. Все остальное — записано, расписано, рассчитано вне нас, изначально и автоматически реализуется, а мы с вами лишь находимся в иллюзии того, что мы что-то делаем и реализуем.

Бааль Сулам объясняет это в нескольких письмах, и объясняет, каким образом человек должен делать расчет, зная изначально абсолютно точно, что все его расчеты, — не его, и зная, что все реализации в течение дня, — не его, и как в конце дня выявить, произошла ли хоть в чем-то реализация его свободного выбора?

Мы будем это изучать. Это очень сложные вопросы. Но сложные они потому, что сейчас они у нас находятся только на уровне сознания, обдумывания, а когда мы их почувствуем в сердце, в чувствах, они не будут сложными, они окажутся просто нашим естеством.

- **Вопрос: Как мне почувствовать себя «животным»? Для этого мне надо почувствовать Высшего! Но я не могу, пока не исправлюсь! Замкнутый круг?!**

Надо спокойнее учиться и строить вокруг себя группу — остальное придет в мере приложенных усилий.

- **Вопрос: Как воспринимать установку вышестоящих товарищей по распространению каббалистических материалов, если внутренне я не согласен с самой методикой распространения?**

Если вы просто не согласны, то я даже не знаю, как это охарактеризовать. Может быть, у вас внутри образовалась какая-то своя собственная методика вместо той, что вам предлагают. Или вы просто ничего не хотите.

Если вы ничего не хотите, ничего не желаете, тогда разговаривать не с кем и не о чем. А если у вас существует какая-то своя методика, не совпадающая с нашей (наверное, нас вы называете «вышестоящими товарищами»), значит, вы должны предложить свою. Возможно, ваши пожелания будут правильными.

И я вам скажу, почему. Наша методика — классическая, она базируется на тысячелетнем опыте каббалистов, но это опыт преподавания непосредственно своему кругу учеников.

Работа в группе

Сегодня впервые в мире мы начинаем проводить серию виртуальных уроков по Каббале, не будучи в непосредственной связи друг с другом. Существуют огромные группы, находящиеся в разных условиях. И методика, действительно, должна адаптироваться к определенным условиям: общественным, государственным, национальным.

Поэтому, если вы не согласны, вполне возможно, что вы и правы в чем-то. Тогда мы желали бы знать пункты вашего несогласия и, возможно, мы воспользуемся ими в нашей методике. Это послужит на пользу нам всем. Но, в любом случае, просто так сказать, что вы не согласны, нельзя: это означает, что вы будете продвигаться только по каким-то собственным каналам, идущим от вашего эгоизма.

Бааль Сулам указывает нам в «Предисловии к «Талмуду Десяти Сфирот», в п.155, что мы, в принципе, должны двигаться вперед только под воздействием на нас вот этого Высшего света — так называемого «Ор Макиф». Во время учебы мы возбуждаем на себя этот окружающий свет, он на нас действует, он нас «чистит», он нас поднимает, он нас исправляет и постепенно проводит сквозь махсом, наверх — в Высший мир.

Методика — она одна, и другой нет. Другое дело, что в каких-то странах, в каких-то ситуациях (поскольку это происходит виртуально), сам подход, подача материала может быть какой-то другой. Но принцип — вызвать воздействие на себя окружающего света с помощью изучения истинных каббалистических материалов для того, чтобы окружающий свет поднял тебя сквозь махсом наверх — это неизменно. Другой силы в природе нет, которая могла бы нас поднять в Высший мир.

- **Вопрос: Как же человек может желать исправления, если он даже не знает, что это такое?**

Вопрос правильный. Дело в том, что мы находимся в состоянии скрытия Творца. И поэтому совершенно не знаем, какова следующая ступень, что такое Высший мир. К чему же мы можем стремиться? Это все от нас совершенно скрыто двойным или одинарным скрытием. Как же мы можем желать то, что скрыто от нас?

Это явная проблема. Мы можем этого желать только в той мере, в которой подключаемся к желанию группы. То есть, я сам желать не могу. У меня это вызывается только маленькой точкой в сердце, которая к чему-то стремится, но не знает — к чему. А если я буду присоединять к этой точке еще желания своих товарищей, тогда у меня возникнет желание, как бы более осознанное, к Высшему миру.

- **Вопрос: А почему ваши ученики сидят годами, прилагают усилия, приезжают по утрам, Вас видят каждый день, получают от Вас свет напрямую, группа хорошая, сильная, соблюдают все обычаи, пьют и кушают вместе, проводят праздники, а махсом не переходят?**

Откуда вы знаете? Знайте, что никогда каббалист не будет говорить о себе, о том, на каком уровне он находится. Никогда! Он обязан скрывать это даже от самого себя.

Вы знаете, как Бааль Сулам начинает свою первую маленькую книжечку для масс — «Матан Тора»? Он пишет, что надо раскрывать немножко, а скрывать при этом в два раза больше. Эта статья есть в моей первой книге. То есть, никогда нельзя раскрывать свое кли даже относительно себя, чтобы не прожгло опять этим эгоизмом, чтобы не попасть снова в его власть. И тем более — относительно остальных.

Если вы раскрываете свое кли относительно остальных — в Каббале это называется «дурной глаз». Это не «дурной глаз» в нашем мире. В Каббале «дурной глаз» — это когда вам начинают воздавать какие-то почести, подкупать тем, что дают вам власть, возвышают вас или еще каким-то образом «раздувают» в вас эгоизм до совершенно неестественных размеров, которого у вас не было с самого начала, от природы.

И таким образом возлагают на вас двойную или тройную задачу по его исправлению, хотя вам вообще это и не надо по вашей внутренней структуре, но в вас искусственно его «раздули». Это и называется «дурной глаз», или «укус змея», «ситра ахра» (обратная сторона).

Поэтому никогда вы не узнаете от настоящих каббалистов, где они находятся. Бней Барух этим, в принципе, отличаются. Мы больше любим говорить о наших недостатках — это полезнее. И даже если бы находился рядом с вами огромный, большой каббалист, вы никогда бы не узнали, что он большой.

А как вы можете это оценить? Если бы он раскрыл небо, если бы начал говорить о том, что он большой, — так ведь есть много таких людей в мире, которые говорят, что они большие. Так что проблема не в нас — проблема в вас, в том, что вы недооцениваете своих товарищей, я уже не говорю — Учителей. Потому что в той мере, в которой вы пренебрегаете, в той мере вы, по сути дела, лишаете себя Высшей помощи.

У скептически настроенных людей есть вопросы, я это понимаю. Но важно следующее — происходит ли серьезное изменение взглядов после выяснения вопросов?

- **Вопрос: Если нет группы и нет пока вокруг меня заинтересованных людей (или я не могу их заинтересовать), достаточно ли участия в интернет-занятиях?**

Абсолютно достаточно, если вы подключаетесь к нам как часть нашей большой группы, как ее член. Вы можете жить где-то в Сибири или в Техасе — это совершенно не имеет значения. У нас сейчас гость из Австралии, он тоже там один. Не имеет никакого значения, где вы находитесь. Если вы сможете быть нашим товарищем, ощущать общность с нами — вы получаете наше кли и вместе с нами продвигаетесь.

- **Вопрос: Как построить группу, которая будет на меня правильно влиять, если большинство людей при напоминании об этом злятся?**

Это действительно так. В начальный период, когда ты напоминаешь людям в группе о том, что надо думать, готовиться к уроку, и во время урока надо думать о Цели, а не о знаниях, и внутри группы надо работать над ее сплоченностью и т.д., им кажется, что все это совершенно искусственно. Нас много лет учили всем этим «отдачам»: надо отдавать, ты обязан родине, стране, государству, семье, жене — всем.

Конечно, такие призывы у нас просто вызывают оскомину. Но постепенно, вопреки этому нашему сопротивлениям, свет все-таки действует, и я вас уверяю, что через какое-то время — через год, через два, может быть, но придет такое время, когда вы вдруг убедитесь, что это на самом деле не игрушки, что это на самом деле принцип, и очень высокий, который мы недопонимаем.

И на самом деле, человечество, когда оно стремится к отдаче во всех своих коммунизмах и других «измах», оно, в принципе, подсознательно чувствует, что есть внутри какой-то ключик, просто не понимает точно, каким образом к нему подобраться.

В вас прорежется ощущение того, что обретение свойства отдавать — это действительно духовное свойство, которое выводит на иной уровень существования. Ты отрываешься этим от тела, ты становишься жителем Высшего мира. Это придет, надо только, чтобы Высший свет все-таки немножко подействовал на эту точку. Он ее чуть-чуть приподнимет, начнет образовываться кроме двойного скрытия еще одиночное скрытие, и тогда человек поймет, что выход через махсом — он... как будто ты встаешь из могилы.

- **Вопрос: Если в группе кто-то внезапно перестал ходить, стоит ли пытаться вернуть этого человека? Каким образом бороться за него?**

Это зависит от каждого конкретного случая. Если это человек, с которым я вместе был много лет и который, действительно, много отдал группе, т.е., он уже находится внутри нее, то мне надо приложить много сил и много терпения, и любыми путями пытаться его вернуть. Возможно, что у него это какое-то временное явление.

Если же это новенький, который пришел и через пару недель уходит, то мне за ним гоняться не надо. Я могу, максимум, еще один раз напомнить, пусть еще раз попробует, еще раз придет. Бывает, что машина заводится со второго оборота, а не с первого.

Работа в группе

Большинство людей отсеиваются, практически, сразу. Первое, второе, третье занятие — и они уже уходят. То есть, у них есть какая-то начальная точка в сердце, но она очень быстро получает наполнение, и дальше ему нужно пройти какой-то внутренний период развития.

Вполне возможно, что он придет через год или через два. А вполне возможно, что сидя дома, он все равно будет думать, что он занимается, что он идет вперед. Человек, даже после того как он оставляет занятия, все-таки считает, что он находится рядом с вами. Потому что, если он хоть немножко услышал о том, что связан с вечным, совершенным, что от этого не уйти, что это смысл жизни, что это не кончается в этой жизни, а продолжается в следующих жизнях, он не может сам себе признаться в том, что он с этим порвал. Иначе ничего у него в жизни, кроме животного существования, не остается.

А такого быть не может — он не может себе этого позволить. Его эго, его гордость не даст ему такой возможности. Я иногда даже через пять лет встречаю людей, которые говорят, что они со мной вместе, что они смотрят, слушают, читают в газетах, что все это здорово. Им кажется, что они все равно еще внутри занятий, внутри нашей группы. И не надо их разочаровывать и разубеждать. Они потом придут, даже если в следующей жизни — вы уже сделали свое.

Мы ни в коем случае не должны насиловать других людей. В принципе, наша задача — показать всему человечеству: вот здесь написано о том, кто ты и какова твоя цель. Если ты ее достигнешь — это будет самое счастливое состояние из возможных. А дальше от человека зависит, насколько он созрел. Поэтому ни в коем случае у нас нет никаких принуждений, только пассивный рассказ о Цели существования.

- **Вопрос: Часто открываешь человеку глаза на правду, а он пугается и убегает. Когда он вернется?**

Есть очень верный принцип: «Не ставь препятствие перед слепым». Человек маленький, он вообще еле-еле понимает, как он существует в этом сложном для него мире.

А вы вдруг начинаете одним рывком, грубо, открыто рассказывать ему то, к чему вы сами пришли в течение многих недель и месяцев большой внутренней борьбы — в тех сумбурных и запутанных обстоятельствах, в которых были вы сами. А в него вы это хотите внести одним ударом.

Нельзя ни в коем случае так делать. Все это нужно делать осторожно, маленькими порциями. Только люди, которые действительно понимают, как мягко относиться к начинающим, имеют право излагать им материал и преподавать. Ни в коем случае не чваниться, не гордиться, какое у вас открытое, высокое мировоззрение, и какой вы умник. Этим вы наносите большой вред и ему, и себе.

И не надо «открывать человеку глаза», как сказано в вопросе: «Открываешь человеку глаза на правду, а он пугается и убегает». Не надо ему открывать глаза, он сам должен открыть себе глаза. Вы ему просто должны маленькими порциями, намеками, постепенно объяснять. А он уже изнутри додумает все остальное, и раскроются глаза у него изнутри. Это будет именно его постижением.

Надо преподавать материал так, чтобы человек изнутри себя раскрыл его. Тогда это будут его ответы на его вопросы, а не ваши ответы на его вопросы. Ваши ответы — они все равно из него улетятся. Он все равно не сможет их адаптировать, он все равно не сможет с ними жить. Он их примет: в тот момент вы его подавите своим знанием, но в итоге это в нем не останется. Вы должны создать такие предпосылки, чтобы в нем возникли свои ответы на свои вопросы. А это не значит «открыть глаза», это значит просто подвести человека к возможности открытия.

- **Вопрос: Стремление группы воздействовать на меня вызывает с моей стороны критическое отношение к группе. В какой форме и насколько остро можно критиковать группу?**

Я не знаю точно, о чем вы говорите, я знаю только одно — если человек совершенно один, у него ноль процентов возможности успеха. Если есть много людей, но они собираются и при этом не объединяются, то они — все равно что один, каждый отдельно, и у них также нулевая возможность успеха.

Только в той мере, в которой вы между собой создадите связь, на соединениях между вами возникнет эта точка, как сваркой скрепив эти соединении. Вот эти точки сварки между вами — они и будут теми келим, в которые вы получите свет.

Поэтому и сказано: «Возлюби ближнего, как самого себя», — это общее кли для получения света, общая заповедь Торы, главная заповедь Торы. А это возникает не в тебе и не во мне, а между нами, это общее кли. Таким образом, до тех пор, пока не будет в нас такого общего кли, — и с помощью него мы не начнем действительно притягивать на себя Высший свет — конечно, серьезного и эффективного подъема не будет.

Поэтому, если вы против создания такого кли, а группа все-таки действует на вас, влияет на вас, а вы огрызаетесь, то я бы вам посоветовал (если кто-то не согласен с этим принципом) уйти из группы. Потому что в той мере, в которой вы мешаете группе — вы мешаете 20-30 людям, может быть, а возвращается это к вам не в 20-30-кратном размере, а в размере намного-намного большем.

И поэтому лучше вам уйти, потому что этим вы причиняете, в первую очередь, огромный, личный вред себе. Лучше тогда быть вне группы. Если вы не хотите включаться с ними в одно общее кли, сидите, занимайтесь дома один, — вы им не мешаете, они вам не мешают...

- **Вопрос: Что значит восхвалять Творца?**

Я не знаю, что значит восхвалять Творца, и как вам рассказать об этом. Но я знаю только одно — должна быть причина, для чего мне нужен этот свет, для чего я привлекаю его к себе — для того, чтобы достичь чего-то большого. А что значит большое? Значит, я восхваляю это что-то большое — состояние духовное, вечное, совершенное, полное постижений, наполнений, Бесконечности. Я должен все это каким-то образом себе обрисовать, вот это и называется — восхвалять Творца.

Возможно, вы это воспринимаете в каких-то других внутренних описаниях, но Творцом называется ваше совершеннейшее состояние. Оно называется Творцом. Вы не можете представить себе что-то вне себя, вы всегда представляете себе себя в чем-то. Так вот, представьте себе себя в самом наилучшем состоянии. Назовите это состояние Творцом, восхваляйте это состояние. Вы его хотите, вы к нему хотите прийти, хотите этого состояния достичь — вот его и воспевайте.

У группы должна быть идея, должна быть какая-то миссия. Создайте ее для себя, назовите это Творцом. Назовите это не Творцом — назовите это просто вашей Целью.

- **Вопрос: Что значит «необходимо принизить себя по отношению к товарищу из группы»?**

Я не должен унижать себя, я должен принизить свое знание, ощущение своего «я», свое понимание относительно товарища по группе. И в чем именно? Если товарищ говорит мне, если я слышу от него или вижу по нему, как он проникнут величием Творца, как он много работает, приезжает издалека, вкладывает всего себя, пытается записывать, пытается сделать все, что можно, я могу отнестись к этому пренебрежительно — ну, молодец, очень хорошо.

Но я могу заставить себя (а это не просто) воодушевиться от него и воодушевляться постоянно. Я должен себя на это тренировать. Смотреть на других и пытаться вытащить из них, выудить из их отношения к нашему делу искорки энергии, которые дали бы мне возможность самому сделать еще больше.

Принизить себя — это значит попытаться взглянуть на другого как на большого человека, который прикладывает большие усилия. Так посмотреть на него, чтобы его воодушевление стало для меня живительной энергией. И чтобы все остальное время, кроме занятий, я смог бы постоянно готовиться к следующим занятиям.

Когда у моего Рава спрашивали: «А что же делать в остальные 20 часов до следующего», — он говорил: «Готовиться к ним». Что значит — готовиться? Думать о них,

Работа в группе

т.е. о том, для чего я существую эти 20 часов? Чтобы подготовить себя, желания свои, мысленаправленность свою так, чтобы на следующем занятии, за те 2 часа, которые я буду сидеть на нем, допустим, через двое суток, у меня все рвалось бы внутри, потому что я двое суток только об этом и думал. Тогда у меня, действительно, эти два часа пройдут в четком притяжении исправляющего света.

- **Вопрос: Должен ли член группы сообщать своим товарищам о своем возможном падении?**

Интересно, у человека предстоит падение, и он просто так сообщает им, телеграфирует: «Привет, группа, у меня начинается падение». Как к этому надо относиться? Если у человека начинается падение, он должен пытаться воспрепятствовать этому, как человек, который заболевает, должен сразу принять таблетки или попариться, т.е. должен сопротивляться этому.

Каким образом это можно делать в группе? Для этого у группы всегда должны быть резервы, где можно было бы приложить свои усилия. В Бней Барух — это кухня. Там всегда есть горы грязной посуды, так что можно поработать. Есть компьютеры, за которыми можно сидеть, обрабатывать материал. Есть еще тысячи всевозможных вариантов — хотя бы вымой еще раз пол. Неважно, что делать.

То есть, в первую очередь ищи как бы тебе соприкоснуться (не на духовном уровне, потому что на духовном ты уже падаешь, а на физическом) с отдачей. И это тебя приподнимет обратно.

Как только человек чувствует, что начинает падать, он немедленно должен начать действовать на группу, что-то делать. Отключить свои мозги, отключить свое сердце. Отключить — это значит на самом деле отключить, потому что, если он будет контролировать свои состояния, он будет продолжать падать и бросит, в конце концов, эту физическую работу.

Он должен выполнять только физическую работу. Не думать, что у него в голове, не думать, что у него в сердце, а хорошенько поработать на группу. Пойти раздавать какие-нибудь листовки, какой-то материал, помочь кому-то другому. Самое лучшее — это прибрать то место, где вы занимаетесь. В общем, сделать любую работу, в которой группа в какой-то мере нуждается.

Вы сразу же почувствуете, как прервали свое падение и обратили это падение в подъем. Поэтому нам надо (каждому из нас, каждой группе), создавать такие условия, чтобы была возможность выполнения такой работы. Чтобы человек в любых своих состояниях мог бы немедленно что-то сделать физически, когда внутренне, духовно он уже не в состоянии, — и этим предотвратить падение.

- **Вопрос: Если в группе один человек начнет наполняться светом, значит ли это, что и другие — тоже? Или это наполнение будет индивидуальным?**

  Индивидуальным оно не может быть, если это группа. Я еще раз повторяю. Всегда будет по закону сообщающихся сосудов — какие-то изменения возможны и в остальных, но в той мере, в которой они подключены к нему, а не просто потому, что сидят рядом.

  Я вижу сейчас на экране группу, в которой люди сидят рядом, но это еще не значит, что они — группа. Возьмите, как рентгеновский, духовный снимок группы — вы между собой соединены или нет? Посмотрите, как на рентгеновский снимок.

  Мы вместе составляем одно общее тело или одна кость — здесь, вторая — там, а может, вообще не относится к этому скелету? Это какой-то общий скелет? Попробуйте посмотреть так на себя, тогда вы увидите. Если это общий скелет, тогда, естественно, то, что получает один, перельется к другому.

- **Вопрос: Слабая группа лучше никакой? Какой выход, если группа новичков вялая, и такое ощущение, что она не усиливает стремление к цели, а наоборот, ослабляет?**

  Если вы находитесь в слабой группе, но ваше стремление больше, ваш вклад будет больше. Но если вы по своему потенциальному духовному заряду подходите к другой группе, то желательно в нее перейти, конечно. Все в духовном действует только по одному закону — закону совпадения свойств (ашваат цура). В той мере, в которой мы уподобляемся какому-то уровню, мы на него и попадаем. Поэтому не может быть здесь какого-то другого критерия.

- **Вопрос: Не является ли работа в группе моими постоянными духовными действиями, кроме распространения?**

    Очень точно сказано в вопросе — работа в группе является именно духовными действиями. Работа по распространению является духовными действиями, учеба, и кроме этого нет больше ничего. Самое внутреннее — это учеба. Для того чтобы возникло правильное, нормальное к ней желание, нужна работа в группе. Для того чтобы сплотить группу, очень важна работа по распространению. Эти усилия так и должны быть связаны: самое внутреннее — это учеба, внешнее — работа в группе, и еще более внешнее — распространение.

- **Вопрос: Если посредством путающихся мыслей Творец показывает мне мое истинное положение в пути, так, может быть, мне лучше вообще не идти, чем идти в разочарованиях в Нем?**

    Действительно, когда человек начинает получать помехи, возникает особенно много проблем в группе, потому что в группе все многократно умножается между товарищами. И возникают всевозможные помехи — такие, что просто уводят из истинного состояния. Групповая помеха, вообще, намного более эффективна, чем помеха человеку, находящемуся один на один.

    С другой стороны, ему и легче, и труднее определить, вспомнить, что это исходит из Творца, и тогда группа может напомнить ему об этом. В группе, между ее членами обязательно по нескольку раз в день должно быть систематическое, как часы, напоминание: «Вспомни о том, что все твои помехи от Творца!». Даже механически напоминать об этом — это полезно. Это уже возвращает человека.

Мы говорим о привычке, о ней говорит и Бааль Сулам: «...после того, как человек воспитал в себе привычку идти путем отдачи...», — т.е., во многом надо использовать наши чисто психологические склонности.

Привычка становится второй натурой, поэтому необходимо напоминание друг другу о том, что все, что есть у каждого и между нами — это все делается Творцом, а мы должны внутри нас и между нами все это собрать воедино и отнести к единому Корню. И считать все нисходящее на нас не помехами, а призывом к большему слиянию между собой и с Ним.

Когда человек и группа работают таким образом, то, действительно, любое состояние между ними превращается в рычаг, в трамплин для огромных скачков вперед по духовному пути. И об этом необходимо напоминать.

Кроме того, обязательно надо читать статьи из раздела «Единственность Творца». Такой раздел специально выделен на нашем сайте в Интернете.

Кроме того, надо себе постоянно как-то отмечать и напоминать. Творец требует от нас некоторых искусственных усилий. Не ждите, пока Он изнутри страданий напомнит вам о том, что это Он их посылает, вызывая такое ощущение, что вы вдруг вспоминаете, что это исходит из Творца, что все, что со мной сейчас происходит в жизни — исходит из Творца. Не ждите, чтобы Он вам таким образом напоминал. Вы должны пытаться любым способом сделать так, чтобы самому себе напоминать об этом.

- **Вопрос: А если мой товарищ поверил наговорщику и сам стал наговорщиком, то он не товарищ? Или нужно помнить о примере с конвертом, в котором находится один доллар, а я должен поверить, что там тысяча? Но ведь мы можем судить о человеке только по его действиям, намерения нам не видны.**

Мы говорили о работе с Творцом. Как работать с группой, как работать между собой — это совершенно другая сторона работы, потому что, когда мы говорим о Творце, мы говорим об Абсолюте, который относится к нам абсолютно добро, посылает нам только изобилие и по другому Он к нам никогда не относится. Это только нам в наших ощущениях кажется, что Он относится к нам по-другому, но это наше чисто субъективное восприятие.

В той мере, в которой человек себя исправляет, он видит в любых воздействиях на него (какими бы они ни были), только абсолютнейшую любовь со стороны Творца. Это уже зависит от нашего исправления.

Если же мы говорим: «Я и мой товарищ», — мы имеем в виду два неисправленных объекта, и конечно, здесь один по отношению к другому не может выступать в качестве абсолютного добра, а другой — в качестве абсолютного зла. Здесь совершенно другой метод взаимного сближения.

Ни в коем случае нельзя сопоставлять отношения мои и Творца, с моими отношениями с товарищем, потому что ни я, ни товарищ не исправлены. Творец же является Абсолютом, полностью исправленным, стандартом, полностью Добрым, эталоном. Поэтому отношения между товарищами должны быть построены на другой основе. Ни в коем случае нельзя рассчитывать на прямоту товарища. Что это значит?

Допустим, товарищ приходит ко мне домой, а я у него на глазах оставляю на столе миллион долларов и ухожу. Это запрещено, потому что я таким образом создаю ему условия для того, чтобы он украл, не справился со своим эгоизмом. Это называется — работать на прямоте другого. Он хочет быть добрым, хочет быть хорошим и в каких-то рамках он это в состоянии делать, но выше этого порога, выше этих рамок — не в состоянии. Я не имею права предлагать ему преодолеть какие-то препятствия. Это не мое дело, это дело Творца. Я своему товарищу должен помогать, и ни в коем случае не ужесточать его путь.

Я не должен брать пример с Творца, который посылает помехи каждому из нас. Наоборот, я должен напоминать другому о том, что эти помехи эффективны, что они целенаправленны, поэтому отношения между нами должны быть только взаимопомощью. В этой статье мы говорили о том, как Творец, якобы, отрицательными воздействиями двигает нас к Себе. Между товарищами ни в коем случае этого быть не должно. Я не имею права вводить своего товарища в какие-то плохие состояния, создавать ему такие условия, в которых он обязательно нарушит, показывать ему, насколько он плохой. Это не мое дело, это делает Творец, и Он знает, как надо поступать с каждым из нас. Мы должны только помогать!

- **Вопрос:** Как происходит исправление в группе, оно должно быть индивидуальным или общим?

  Каждый работает над собой, являясь при этом частью группы, и не отделять одно от другого.

- **Вопрос:** Не является ли работа в группе также постоянным духовным действием, кроме распространения?

  ДА.

- **Вопрос:** Роль товарища по группе ясна, а роль Рава?

  Рав — ведущий.

- **Вопрос:** Правильно ли предполагать, что переход группы через махсом произойдет с обязательным прохождением следующих ступеней: 1) Всеобщее воодушевление. 2) Отчаяние, разочарование, безысходность (практически почти развал группы). 3) Чудо спасения, начало общего перехода?

  Пройдем — увидим, а до этого, наперед ничего понять нельзя. И лучше не занимать себя фантазиями, а действовать.

- **Вопрос:** Распространение и производство отнимает все время, нет времени читать, это отвлекает от цели.

  А кто сказал, что остальное — более полезное занятие для достижения цели? Ты знаешь как к ней идти? Вон сколько умников сидят годами над книгами — и где они, а где цель? Если я Рав для тебя — поступай соответственно! Но не забывай в своих действиях о цели!

- **Вопрос:** Есть ли возможность вознуждаться в Творце при помощи влияния группы, а не в результате страданий (через общество и материальный мир)?

Работа в группе

Только через себе подобных, когда я в подъеме воодушевляю их, а в падении получаю от них.

- **Вопрос: Непонятно, каким образом «животный» сигнал от группы «вспомни о Творце» может помочь побороть внутреннюю бездну, пустоту, бессилие? Или согласно правилу не может быть в сердце двух ощущений: находиться в мыслях о Творце и в своих животных страданиях?**

Если подчиняешься группе, как рекламе.

Наше тело - животное: начните подпрыгивать, танцевать и увидите, как меняется настроение (низшие сигналы тела влияют на более высокие). А от группы вы получаете назад то, что вкладывали в нее, — свои усилия.

- **Вопрос: Что дают вопросы, которые группа посылает вам, заочно обучаясь на ваших виртуальных уроках? Может быть не стоит их посылать, а просто записывать и складировать — ждать, что когда-то получишь ответ?**

Вопросы устанавливают связь с материалом и с преподавателем, развивают анализ ощущений.

- **Вопрос: Вы говорите, что надо стремиться к пустоте, не убегать от нее, хотя она и приносит неприятное ощущение. А как же заповедь «Быть все время в радости»?**

Ни в коем случае не надо стремиться к пустоте. Надо стремиться только к Творцу. Но если появляется пустота, то нужно встречать ее энергично, что возможно только с помощью группы: ты — в падении от этой пустоты, но группа, в целом, — в постоянном подъеме, и ты этим пользуешься для эффективной реализации пришедшей новой дозы эгоизма.

- **Вопрос: Что означает помощь свыше? Помощь группы — это помощь снизу? Почему воздействие группы не относится к воздействиям Творца на человека?**

Потому что воздействие группы зависит от свободного поведения человека, ведь связь между частицами общей души зависит только от нас, как сказано: «Главное средство исправления — «возлюби ближнего (т.е. того, кто тебе ближний по душе, по стремлению к подобию Творцу, т.е. к Цели) как себя», и обретешь этим кли для ощущения Творца».

От группы человек получает желание, стремление, толкающие его снизу, и возвышение Творца, притягивающее его вверх. С этими двумя устремлениями, с подталкивающим сзади и с притягивающим спереди, человек обращается к Творцу за помощью (МАН) и получает помощь свыше (МАД).

- **Вопрос: Как строится правильная совершенная молитва?**

Правильная, совершенная молитва, строится очень просто. Я уже сказал, у нас в сердце нет желания к Высшему или оно очень маленькое. И я должен свое желание в сердце скорректировать четко по направлению к духовному — по вектору и по величине. Я не могу сам властвовать нам моим сердцем, уже давно всеми понято, что над сердцем мы не властны.

Как же мы можем действовать? Действовать мы можем только через группу. Если я свои желания к Высшему вношу в группу, воодушевляю группу и еще в группе есть такие как я, которые тоже вносят свою лепту в это же, то тогда, в итоге, в группе возникает одно общее большое желание — человек начинает гореть этим.

Каждый из нас, кто был здесь у нас во время Песаха, ощутил это на себе. В первый день еще ничего почти не ощущалось, а во второй день где-то к вечеру появилось в нас такое ощущение. Уже мы настроились на то, чтобы друг с другом поговорить, друг с другом объединиться, обменяться разными нашими желаниями, свойствами, всевозможными сообщениями, состояниями. И вот ко второму дню пребывания вместе началось это общее ощущение подъема, ощущение того, что мы вместе, что мы желаем подняться к одной общей Цели. И это ощущение каждый взял себе, оно не делится.

Если оно существует в группе, если есть духовная сила, к которой я уже подключен, я всю эту духовную силу воспринимаю полностью, а не какую-то маленькую часть пропорционально себе — всю. И также каждый может взять себе ее всю.

Это подобно тому, как в нашем мире от одной свечки можно зажечь миллион свечей и при этом первая свеча, от которой зажигают, нисколько не пострадает. В духовном мире действует закон, что ни в коем случае получение от парцуфа не вызывает его уменьшения, а наоборот, еще большее его увеличение, потому что ты заинтересован в том, чтобы получить, значит ты вносишь в него еще и свое дополнительное желание, он становится на эту величину еще больше.

Так вот, как только мы начинаем вносить в группу, в наш общий котел, наше общее желание устремления к Высшему, сразу же каждый может проникаться этим состоянием. И таким образом, мы мгновенно можем ощущать подъем. Как только я вспоминаю, что нахожусь в группе, ощущаю ее влияние на себя, я просто мгновенно обязан почувствовать, что я приподнялся. Как только я приподнялся, я должен использовать этот подъем для того, чтобы открыть каббалистические книги и вызвать через их изучение — именно с помощью этого подъема — вызвать на себя окружающий свет. Этот окружающий свет начнет меня исправлять и чистить, и поднимать к себе. Вот и все. Методика очень простая. Наш эгоизм стоит на пути. На самом деле все операции — очень простые.

- **Вопрос: Готовность к столкновениям, противоречиям, спорам — в какой форме должно реализовываться это в группе?**

Если тщательно изучается Устав группы (совокупность условий, указанных в статьях Бааль Сулама и Рабаша), то не будет противоречий. Но если появятся — обращаться к Раву.

- **Вопрос: Включение всего человечества в человека происходит через группу?**

Работа в группе и распространение полностью покрывают все внешние усилия человека и позволяют ему, поднимаясь от работы в группе, включать в себя весь мир.

- **Вопрос: Постепенный отказ от животных желаний происходит безболезненно: просто увеличивается в человеке важность других (духовных) желаний, и он перестает хотеть животных наслаждений. А ЦА (сокращение) на все животные желания происходит по такой же схеме?**

  Всегда все определяет важность Цели, т.е. Творца. Об этом только и надо говорить, этим только и надо стремиться наполниться от группы. А затем уже, под влиянием этого важного, в процессе учебы на всю группу изольется достаточное количество Ор Макиф, которое и принесет «хэн дэ кдуша» (важность, приятность, притягательность свойства отдачи). И вместо слов «Творец», «духовное» станем видеть слово «отдача», пока не захотим отдачу настолько, что появится желание к Творцу не только ради себя, но и ради Него. Это и будет настоящим состоянием «ло лишма». И пройдем махсом — раскроется управление Творца (что означает «раскроется Творец»).

- **Вопрос: Можно ли сказать, что весь наш капитал — это сила стремления к слиянию со свойствами товарищей по группе, с их стремлением к Цели?**

  От группы мне необходимо только устремление к Цели, а не свойства моих товарищей. Товарищи ничем не лучше меня, но их устремление к Творцу не зависит от свойств товарищей в каждом конкретном состоянии.

- **Вопрос: Как может учитель, находящийся под махсомом, помочь ученику, если ученик ошибается? Может ли такой учитель увидеть ошибки ученика?**

  Это почти невозможно! Но находящийся под махсомом не имеет права брать на себя роль Рава, а может быть только посланником, преподавателем, т.е. не может давать направления в пути. Поэтому я был вынужден открыть курс виртуальных уроков: чтобы дать всем в мире уверенность не ошибиться в пути. И поэтому я так настаиваю на постоянном просмотре этих уроков.

- **Вопрос: Чем отличается отмена перед Равом от замыкания на Рава?**

Отменить себя перед Равом — значит признать его методику раскрытия и достижения Творца. Рав направляет только на Творца. Но ученик не ощущает себя обязанным постоянно следить за мнением Рава. Именно поэтому мои ученики и могут попасться на чье-то привлечение, на чей-то магнетизм.

Замыкание — это когда человек уже не может иметь своего мнения, не может оторваться от Рава. В таком случае Рав для него — уже не Рав, а магнетизер.

Почитайте, что пишут Рабаш и Бааль Сулам о Раве, хотя я, как правило, эти отрывки не перевожу, чтобы меня не донимали затем. У меня своя жизнь и я — в ней. Почитателей мне не надо. Если есть готовые к восхождению под моим началом, их я принимаю и только. Но никогда не замыкаю: от меня легко уйти, а вот от магнетизера — почти невозможно!

- **Вопрос: Это все очень похоже на «разделяй и властвуй».**

Совершенно согласен: отделяю свое мнение от иных и делаю все, чтобы только оно властвовало в моей группе. А разве может быть иначе? Вы видели где-нибудь, даже в нашем мире, чтобы происходило иначе? Чьим же мнением группа будет подниматься? Конечно, моим! Я этого и не скрываю! Только одно мнение должно властвовать в группе, как сказано в статье «Мир»: «В духовном личность определяет, а в земном — массы». Хотя и в земном определяют не массы...

- **Вопрос: Может ли быть «работа с товарищем» между мужчиной и женщиной, мужем и женой?**

Между мужем и женой — нет, потому что они — как одно тело. Между мужчиной и женщиной — запрещена. Только между мужчинами, в группе.

Вопросы о духовной работе

- **Вопрос: Вроде у вас не слабаки собрались, чтобы друг на друге зацикливаться?**

  Это не зависит от силы человека, а зависит от его характера.

- **Вопрос: А Творец на что дан? Иди да попроси, чтобы "расциклил", раз Сам и зациклил.**

  А уже поздно: обратиться не хочет и не может!

- **Вопрос: «Сердце разобьется, крылья разобьются, небо и земля исчезнут, но человек от своего не отступится!» (рабби Мендель).**

  Это уже о Человеке, как его понимает рабби Мендель!

- **Вопрос: Кто такой ученик?**

  Ученик — предан своему Учителю, тем, что впитывает его методику достижения Цели и только этим занят все время, а остальное определяется им как совершенно несущественное! Но впитывая, вбирая в себя методику, он затем в своей свободе воли использует группу, своего Учителя и все свои силы, чтобы достичь Цели.

- **Вопрос: Как подстелить себе соломку, чтобы не сойти на полпути, и какова роль группы в этом случае?**

  Действительно, нет группы, которая была бы свободна от того, чтобы не попало в нее это ощущение, что мы мало, недостаточно продвигаемся. Что же нам делать? Возможно, что это ощущение истинное, а возможно, оно только возникает из новых келим, которые только-только сейчас начинают проявляться, т.е., если я сделал очень хорошие усилия.

  Разберем это на одном человеке. Если я сделал очень хорошие усилия, то после них у меня, как правило, есть падение. Но это падение происходит оттого, что мне добавляют эгоизм. Я чувствую снова разочарованность, слабость, Цель не привлекает и так далее. Но все равно это устремление вперед, только пока еще в левой линии. Это не яд, потому что он пришел после восхождения, и падение это только для того, чтобы я поднялся на еще больший уровень.

В таком случае эти падения эффективны, созидательны и не являются «ядом смерти». «Ядом смерти» называются продолжающиеся длительное время состояния, из которых я не могу выйти и чувствую себя слабым и полностью не способным ни на что другое.

Здесь возможно только одно. Во-первых — обращение к группе. Если группа не в состоянии — любыми путями, самыми жестокими, самыми коварными ухищрениями пытаться расшевелить группу. Надо подговорить нескольких товарищей в том, чтобы начать «заводить» группу, надо устроить хорошую пьянку, совершить какое-то путешествие. Не важно, какие методы применять, главное — вывести группу из состояния равнодушия.

Надо организовать в группе особый комитет, который бы занимался только тем, чтобы величие Творца, величие Цели стояло бы, горело бы перед нами, как яркий, привлекающий огонь — что только к этому мы должны устремляться. В группе должна быть такая команда, которая только этим бы и занималась Надо набрать таких людей, которые действительно близки к ощущению необходимости этого свойства, чтобы они этим занялись.

Кроме них, в противоположность, в группе должна быть создана другая команда, которая бы заботилась о том, чтобы выявлять всех, кто тянет обратно, кто не хочет идти вперед, т.е. отказывается вообще войти в то, чтобы давать группе хоть малейшее восхождение, малейшее устремление вперед, малейшее вдохновение.

Если человек начинает относиться с насмешками, пренебрежительно к Цели творения, ему в группе не место. В таком случае надо его немедленно выгонять, даже если от группы останется 10 процентов. Не нужен остальной балласт, они только топят ту лодку, в которой мы можем плыть к Цели. То есть — обязательно выявлять тех, кто будет нас тащить вперед, и обязательно выявлять тех, кто нас тащит назад.

Если мы эффективно будем это делать, если будем пытаться попасть под воздействие группы в привлечении к Цели, тогда, действительно, все эти множества состояний мы можем пройти очень быстро. Двойное, одинарное скрытия Творца, раскрытие управления вознаграждением и наказанием (любовь и трепет — первая ступень любви), раскрытие Творца в том, как Он вообще всегда относился ко мне в прошлом, во всех моих состояниях (вторая ступень любви), раскрытие Творца, как Его отношения ко всем душам сегодня (третья ступень любви), раскрытие Творца — как Он, вообще, относился и относится ко всем душам всегда, т.е. Его полное, истинное, самое высокое отношение ко всему мирозданию (абсолютная любовь), когда во мне возникает, соответственно, такое же чувство к Нему — все эти состояния мы можем пройти в том темпе, который мы вызываем, заказываем от нашей группы.

Поэтому свобода выбора, свобода личности, свобода воли реализуется только в том, что мы можем требовать у группы воздействия на нас. Единственная степень свободы воли — подставить себя под группу, которая даст мне устремление к Цели.

Сначала надо приготовить группу, приготовить в ней это, как бы, сообщение — эту Цель, эту миссию, чтобы в ней это горело, а затем подставить себя под группу, желать, чтобы она влияла на нас. И тогда все эти состояния мы пройдем очень быстро.

- **Вопрос: Каким образом человек может присоединить к себе неисправленные желания других, исправить их? Необходимо при этом какое-то физическое действие, или достаточно анализа? Это могут делать только каббалисты?**

Правильно, это могут делать только каббалисты. Потому что мы говорим уже о таком выходе, когда человек находится в мире Брия. Вознаграждение и наказание происходит в мире Ецира. В мире Брия уже происходит ощущение вознаграждения и наказания во всех моих прошлых жизнях и вознаграждение-наказание душ в этой жизни. Мир Брия — это уже свойство Бины. То есть, естественно, что разбирается с этим уже не простой человек, а каббалист, находящийся на уровне мира Брия.

Притом не просто на уровне мира Брия, ведь мир Брия делится до Хазэ и ниже Хазэ. Когда мы поднимаемся снизу-вверх, то сначала входим в мир Брия до его Хазэ и постигаем только свои отношения к нашим прошлым состояниям. Когда я поднимаюсь на уровень мира Брия выше его Хазэ, тогда я начинаю ощущать отношение Творца к душам сегодняшнего состояния. Поднимаясь в мир Ацилут, я ощущаю управление Творца относительно душ во всех их состояниях.

То есть, естественно, что здесь говорится о каббалисте, а не о человеке, который сейчас это воспринимает.

- **Вопрос: Человек, который начинает заниматься Каббалой, становится слабым и ранимым. Эта слабость физическая, это — нехватка сил?**

Я не согласен: человек становится несколько отрешенным, физически слабым и безвольным, потому что его желание к этому миру подавляется, но он не становится ранимым. И если нет помощи группы, как в армейской группе, он ничего не достигнет, а будет отлынивать и от этого мира, и от духовного: у него не будет сил и желания ни к тому миру, ни к этому.

Таких случаев я видел много, и причина только одна — отсутствие правильной групповой работы или, при наличии этой работы, нежелание человека включаться в нее. В любом случае никто у него выбор не забирает и претензий, кроме как к себе, он никому предъявить не может. Принудить можно к внешнему усилию, но не к внутреннему: нет насилия в духовном со стороны товарищей, но такого надо гнать из группы, а уж Творец потом позаботится, как его подогнать «палкой к счастью».

- **Вопрос: Как узнать, происходит ли движение вперед в духовном или находишься в застое?**

Возникают ли у вас падения, и преодолеваете ли вы их усилием раскрыть Творца, повысить через группу Его важность в ощущаемой вами картине мира, думаете ли вы во время учебы о помощи свыше, требуете ли вы помощи от группы — все это признаки вашего продвижения, т.е. указатели не номера вашей ступени, а качества ваших духовных запросов.

- **Вопрос: Вы говорите, что есть определенное количество усилий, которое мы должны приложить для раскрытия Творца. Значит, мы всегда должны пытаться приложить максимум во всех областях. Тогда почему вы часто говорите: «Это вам не обязательно, этого вы можете не делать, вам достаточно только того и того»?**

  Так я говорю относительно ненужных усилий, которые не ведут к Цели, которые вы уже совершили, говорю, когда вместо того чтобы углубиться в работу внутри группы, вы занимаетесь ненужным, отвлекающим, обманываете себя, что вроде бы делаете необходимое.

- **Вопрос: Можете ли вы сказать, сколько частных душ Адама Ришона закончили свое индивидуальное исправление?**

  Все, кроме вас.

- **Вопрос: Как я могу влиять на товарища в любом из его состояний?**

  Вызывать в нем целенаправленную бодрость.

- **Вопрос: Как я могу влиять на группу в любом из ее состояний?**

  Вызывать в ней целенаправленную бодрость.

- **Вопрос: Как я могу влиять на общество в любом из его состояний?**

  Объяснять, что все проблемы людей — от незнания закона управления ими свыше. В меру знания закона человек делает меньше ошибок и достигает совершенства, вечности, наслаждения.

- **Вопрос: К сожалению, большинство группы оценивает человека по внешним факторам, что часто приводит к ненависти, и человек, который просто не нравится, обвиня-**

ется в том, что топит лодку. Как члены группы могут решать, кто тащит лодку назад, а кто вперед?

Решать это можно по следующим факторам (не в порядке важности):
1) внешние усилия: посещение занятий, трапез, мероприятий, участие в нагрузке-дежурстве, участие в распространении;
2) внутренние усилия: забота о достижении Цели с группой в целом, понимание того, что только группа может обеспечить успех, забота о духе и бодрости группы, борьба с пассивностью.

- **Вопрос: Если я должен быть в связи с обществом, должен ли я интересоваться его проблемами, быть «озабоченным» ими? Если «да», то в какой мере? Находясь в обществе, я действую в рамках эгоизма, получаю и по необходимости отдаю ради себя. В группе я работаю на отдачу, в состоянии отдачи, для получения духовного (достигая стадии «ло лишма»). Как быть с такой двойственностью?**

С обществом быть на «животном» уровне, быть как все. К обществу относиться терпимо и распространять в нем знание о Цели творения. А в себе быть человеком, быть в связи с Творцом. Исправляя себя, вы помогаете обществу продвигаться к лучшему состоянию. Все остальное — в группе.

- **Вопрос: Частая ситуация: оглядываясь назад, вхожу в штопор. Как работать с прошлыми состояниями (анализ, критика, вынесение опыта), чтобы при этом не терять темп, не останавливаться, не уходить на дно?**

Не опираться на прошлое, а только цепляться за будущее, за Творца. Прошлое не может дать продвигающемуся основу, потому что каждый раз в нем проявляются большие решимот. Поэтому темп можно сохранять только за счет требования к себе и к группе о получении на каждое все большее решимо все большего понимания величия Цели и Творца.

- **Вопрос: Группа состоит из различных по свойствам товарищей.** Но ведь Творец это сделал специально, чтобы создать нам среду для лепки из себя стремления к «правда-ложь» вместо «сладко-горько». Так?

Совершенно верно, чтобы создать из группы небольшое законченное кли — сосуд. Например, у рабби Шимона была группа — 10 учеников, соответствующих 10-ти сфирот.

УПРАВЛЕНИЕ ТВОРЕНИЕМ

- **Вопрос: Разве Творец наказывает?**

Для нас, в нашем обиходном языке это расшифровывается как вознаграждение и наказание. Другое дело, что всякие вознаграждения и наказания я, в зависимости от своего духовного уровня, представляю себе различным образом, потому что лестница моих качественных определений, — она меняется. Естественно, что по мере подъема для меня иными, чем раньше, становятся и вознаграждение, и наказание.

- **Вопрос: Махсом действует избирательно — к нам пропускает Высший свет — Ор Макиф, а от нас пропускает наши молитвы, искренне обращенные к Творцу. Существует ли еще что-нибудь, способное преодолеть махсом, кроме нас, исправленных, разумеется? Существуют ли люди, которые рождаются уже с ощущением Творца, которым подарено это по какой-либо причине?**

Существует еще многое в мире, но мы эти вопросы оставим пока в стороне. На наших занятиях мы разбираем индивидуальный путь человека к Творцу с помощью методики, называемой Каббала. Если к человеку вдруг приходит какое-то озарение, то оно приходит для особого вида душ, которым надо снизойти в этот мир для того, чтобы проводить дальше в этом мире каббалистическую методику. Для них есть особые причины выяснения отношений с Творцом. Они получают свои определенные задания и свои определенные свойства.

Я уже не раз говорил о том, что есть такие так называемые 36 праведников, которые связывают наш мир с Высшим миром и создают кругооборот света из Высшего мира в наш мир — приводят его на себя, а потом через себя на весь остальной мир, благодаря чему мир и существует.

Иначе в нашем мире не было бы энергии даже двигаться, не было бы энергии ни на какие реакции химические, физические, ни на что. Все эти реакции, свойства притяжения, приближения и отталкивания — все это является внешней оболочкой свойств света и кли.

Если бы внутри нашего мира не было света и кли, которые уже облачаются во всевозможные одеяния, вплоть до нашего эгоистического (а сверху на него даже и материальные оболочки), то и этой материальной оболочки и всего, что внутри этих оболочек, не существовало бы.

Поэтому естественно, что существуют в нашем мире такие люди. Это даже не люди, это, можно сказать, такие духовные келим, которые одновременно находятся в нашем мире и в духовном мире, получают из духовного мира на себя свет Хохма, свет Хасадим и распространяют его в нашем мире.

Каким образом распространяют? Мы ведь с ними не можем иметь внутреннего контакта через келим, у меня-то келим обратные им. А распространяют через то, чем мы с ними связаны. Мы им делаем туфли, одежду, еду, обслуживаем их, мы для них врачи, мы для них — все-все, что их окружает. Они специально пользуются всеми благами нашего мира для того, чтобы таким образом дать возможность связаться нам с ними. Такие люди существуют. И путем обмена получают такие люди от нас все, якобы, блага земные, а взамен отдают Высший свет.

И есть специальные на то указания, что человек, который желает заниматься, получить духовные знания (это в статье «К окончанию «Книги Зоар»), — он должен служить такому мудрецу. Он ему отдает свои усилия механически и может при этом взять у него силу духовную.

Так вот, о таких случаях мы не говорим, потому что это не наш случай. Наш случай — это метод волевого индивидуального восхождения снизу-вверх к Творцу. Мы с вами — обычные люди. Поэтому мы говорим только о нашем методе.

- **Вопрос: Что значит — притянуть окружающий свет? Окружающий свет неизменен, вечен, неподвижен. Он входит в готовое кли только по мере совпадения свойств. Каким образом во время занятий окружающий свет может очистить, исправить эгоистические намерения на альтруистические?**

Окружающий свет не неподвижен. Говорится о свете, который человек вызывает на себя своими усилиями, своими желаниями, чаяниями, чтобы исправиться. Это не просто свет, который окружает все мироздание. Я подчеркивал вначале, что есть очень много видов света, одинаково называемых окружающий свет. Так же, как и внутренний свет.

Все состоит из света и кли, поэтому есть десятки названий светов и десятки названий келим. И в общем, они делятся на внутренние и окружающие. И поэтому, может быть, вы путаете то, о чем я говорил. Окружающий свет — это свет, который вызывает на себя человек во время учебы, во время желания сблизиться, во время того, как он работает с товарищами, занимаясь распространением, для того, чтобы подняться. Этот окружающий свет полностью и целиком зависит только от наших усилий.

- **Вопрос: Почему вы всегда говорите о какой-то дискретности постижения ступеней? Я хочу стремиться к бесконечному, может, сильно нелинейному, но непрерывному.**

Я говорю о дискретности постижения потому, что как только вы постигните Бесконечность, и она вас заполнит полностью — вот и все, в следующее мгновение вы начнете ощущать, что это не бесконечность, и она потихонечку сужается, ограничивается, но не как в нашем мире, когда пропадает все и снова ощущаешь голод — на основании этой бесконечности, которая становится ограниченной, возникает новое, более широкое кли. И так каждый раз — все более и более широкое.

Вы обнаружите, что ваша бесконечность — всего лишь очередная ступень, и впереди у вас вырастает еще большая бесконечность, и так каждый раз. Бесконечностью называется то, что я сейчас, в данный момент, в себя получить не могу, но как только получил и ощутил на мгновение: «Ах, это — все!», — так сразу же это «все» начинает мною ограничиваться. То есть, возникает следующее решимо по цепочке решимот, которая находится во мне, и уже следующая ступень... И каждая следующая ступень, до того, как я ее полностью вобрал в себя, — она представляется мне Бесконечностью.

- **Вопрос: Начало прямого ощущения Творца и переход махсома происходят одновременно или нет?**

  Это одно и то же.

- **Вопрос: Получив возможность давать наслаждение Творцу и получая от Него свет, не возникает ли необходимость во втором экране, чтобы не наслаждаться от того, что я Ему даю наслаждение?**

  Это называется наслаждением ради получения, т.е., отдачей ради получения. Мы об этом не говорим. Мы говорим только о том этапе, когда я от группы ощущаю важность Творца, устремляюсь к Нему, я хочу Его просто заполучить в себя. Эгоистическое желание, дай Бог, чтобы оно у нас было, чтобы только к этому я устремлялся, как говорит Бааль Сулам.

  Когда я начинаю вместо призрачного, надуманного Творца, к которому я устремляюсь, ощущать настоящего Творца, настоящий Источник, то уже этот Источник, — Он воздействует на меня своим светом, и уже свет исправляет мои эгоистические желания, придавая им альтруистическое намерение — ради отдачи. Но это происходит тогда, когда я уже начинаю ощущать Источник. А мы сейчас говорим о том, как бы устремиться к нему.

- **Вопрос: Скажите, пожалуйста, по закону ветви и корня базовые свойства или желания могут передаваться от предков потомкам?**

  Нет, предки не имеют никакого отношения к этому. Одно поколение к другому совершенно не имеет никакого отношения. Это могут быть духовно совершенно удаленные друг от друга люди. Почему благодаря таким-то телам появляются такие-то души? Это уже тема, составляющая целую науку, целый раздел Каббалы.

- **Вопрос: Если после длительного обучения не возникает никаких вопросов, т.е., все ясно, все понятно, является ли это признаком того, что я что-то делаю неправильно, духовно не продвигаюсь?**

Зачастую изучение дает нам какое-то наполнение, мы понимаем то, что учим. Если мы пытаемся воспринять материал в мозгу, в разуме, осмыслить его, бывает, что мы его очень хорошо понимаем. Нам ясно: свет туда, желание сюда, решимот... По чертежам все идет нормально, как будто. Чего же еще надо? Где-то как-то механизм работает, теоретически все понятно.

Но когда мы начинаем накладывать на эту картину себя: где во мне эти решимот, что значит подъем, какие изменения происходят во мне, что значит смещение и т.д., то может быть наоборот — полное непонимание всего изучаемого.

А иногда я смотрю в книгу, на доску, ничего не соображаю до тех пор, пока не начну себя помещать в эти процессы, в эту систему, и в себе находить, что это говорится обо мне, только тогда я начинаю понимать, что же там вообще внутри происходит. Все зависит от того, в каких состояниях человек находится.

- **Вопрос: Мы говорим, что Цель творения — сделать равным кли и Творца, человека и Творца. По свойствам. Сегодня Вы нам четко показали, что как бы ни были равны между собой кли и Творец, все равно Творец создает в кли будущее желание под Свое наслаждение, поэтому и существует дискретность. Я вот чувствую противоречие...**

Цель творения — сделать совершенно равными человека и Творца, сделать человека равным Творцу. Я не понимаю, почему это равенство практически невозможно.

Я объясню, в чем дело. Действительно ли невозможно человеку достичь уровня Творца? Ведь мы уже сейчас находимся именно в таком состоянии. Мы просто себя в нем не ощущаем. Мы находимся в мире Бесконечности.

Вспомните, в письме со страницы 63 из «При хахам» (Плоды мудрости) Бааль Сулам говорит, что мы находимся в мире Бесконечности. Это общее кли, называемое душа. И каждый из нас в нем находится. Затем нисходит на уровень, называемый «Этот мир». И должен из состояния Этого мира, по тем же путям, по которым снизошел вниз, подняться снова вверх, в свое состояние.

Что значит — подняться, опуститься? Мы перестали ощущать это свое состояние и находимся от него на расстоянии, допустим, 620 ступеней. Возвращаясь обратно в то же состояние, мы ощущаем себя в мире Бесконечности в 620 раз сильнее. Об этом пишет Бааль Сулам в письме со страницы 63 «При хахам».

Что это означает? Мы находимся в том же состоянии. Никуда мы от него не ушли. Оно просто скрыто от нас за 620-ю сокращениями. А сейчас мы должны эти сокращения аннулировать и раскрыть. Больше ничего. Что значит, человек может — не может? Тебя заставят страданиями все равно эти ступеньки преодолеть. Не беспокойся, Творец знает, как с тобой справиться. Это мы не знаем — Он знает.

- **Вопрос: Что важнее: произносить слово «Каббала», или распространять суть? Иногда люди могли бы прийти, могли бы заниматься, но с первого момента их отталкивает само слово. Этот барьер иногда трудно преодолеть. Так вот, в распространении важнее сама сущность, даже не произнося слова Каббала, Творец, изменение эгоизма, природы человека?**

Важно ли нам употреблять слово «Каббала» и всю каббалистическую лексику, или важнее передать человечеству суть постижения Творца? Конечно, важнее передать суть. Ведь мы находимся под гнетом тысячелетних наветов, легенд, связанных с тем, что происходило с Каббалой за всю ее историю.

Поначалу это была маленькая каббалистическая группа, произошедшая от одного бедуина Авраама. И она должна была быть такой. И всегда в каждом поколении каббалистов было не более, чем небольшая группа.

Но поскольку эгоизм в массе народа, окружавшем эту группу, победил, было введено выполнение заповедей в нашем мире, внутреннее исполнение, намерение ради Творца, слияние, сближение, заменили на выполнение чисто механическое, которое обеспечило сохранение рамок народа, еврейской массы — и не более.

Для того, чтобы выполнять духовные намерения, не надо никаких рамок. Сбрось с себя все, что на тебе, останься даже без тела, — и можешь выполнять духовные действия только в одной душе. Руки, ноги тут ни при чем.

Каббала написана на языке ветвей и прошла в течение веков через наслоения множества ритуалов. А сейчас мы начинаем от этого избавляться. Но трудно избавиться и оторваться от внешнего, понятного, привычного. Да и люди еще не нуждаются по-настоящему в связи с Творцом. Этот период только начинается. Еще не пришло время открыть всю правду человеку, и чтобы эта правда его притянула. Ему все-таки нужны еще и ритуалы, и мистика, и сказки.

Я пытаюсь в своих книгах перейти на другой лексикон, отдалиться полностью от слов, которые каким-то образом могут быть связаны с религией, обычаями, обрядами, или, вообще, с этим миром. Это должно быть связано только с точкой в сердце, которая в связи с Творцом, и больше ни с чем.

Поэтому, если есть возможность сказать человеку прямо, и он поймет — это предпочтительнее, чем все остальное. Я думаю, что мы успеем сделать такие книги, которые будут обращены ко всему человечеству, в которых даже не будет прослеживаться связь с иудаизмом, принадлежность к одному народу, связь с обычаями, а будет излагаться в чистом виде наука Каббала — методика раскрытия Творца всем в мире. Я всегда подчеркиваю, что Каббала к религии не относится и не имеет никакого отношения к каким-либо механическим действиям человека.

- **Вопрос: Как организуется усиление при восхождении на каждую следующую ступень?**

    Ты каждый раз чувствуешь себя нулем, начинаешь с нуля. Предыдущих ступеней как и не было. Они нужны только для того, чтобы в тебя сейчас вошло новое решимо. И необходимо изыскивать силу для реализации этого решимо. Она может быть получена сверху, но просьба должна быть от тебя.

- **Вопрос: Что такое намерение?**

    У человека есть желание насладиться. Больше нет ничего. Как использовать это желание насладиться, определяется намерением. И это зависит от меня. То есть, желание все равно будет реализовываться. Реализоваться для себя или ради Творца — это зависит от меня. Это и называется намерением. То есть, намерения могут быть только двух видов — или ради себя, или ради Творца. Третьего нет. Намерение — это то, что я хочу от реализации своего желания.

- **Вопрос: Если у человека есть определенный доход, рента, позволяющая ему не работать, он может посвятить себя полностью Каббале.**

    Он должен пойти на любую работу и работать. В таком случае ему можно дать задание, на котором он будет занят в группе несколько часов в течение дня. И эту работу он обязан выполнять по плану. Не может быть такого, чтобы у человека не было обязанностей в жизни. Каббала говорит не о том, что ты обязан зарабатывать. Каббала говорит о том, что ты должен работать.

- **Вопрос: Есть все-таки что-то фанатичное в этом жгучем стремлении перейти махсом.**

    Если бы оно было таким, конечно, перешли бы. В письме на страницы 70 «При Хахам» (Плоды мудрости) Бааль

Сулам пишет, что человек переходит махсом, когда он сходит с ума по связи с Творцом, как молодой парень, влюбленный в девушку, который просто ничего больше не видит. Знаете, что такое первая любовь? Такое сумасшествие. Это нам показывают пример в нашем мире, какое может быть влечение, когда человек так представляет себе Творца и связь с Ним, горит этим, как молодой мужчина, страстно желающий женщину. И ничего больше у него нет. Он сумасшедший от этого. Когда в человеке возникает такое устремление к Творцу, он переходит махсом. Удачи вам в этом!

- **Вопрос: В самых страшных состояниях нет сил и желания отнести все к Нему, а очень хочется оправдать. Он вообще пропадает, и чем дальше, тем больше. Есть ли выход? Пример? Где практика?**

Ну, насчет примера — вы сами даете пример. Насчет практики — она должна быть у вас самих. В духовном мире нельзя взять человека на практическую работу, чтобы провести его через все состояния непосредственно самому. Духовный практикум заключается в том, что Учитель дает ученику советы, дает ученику особо важные точки в его состояниях, а ученик должен обратить на них внимание и пытаться повторить.

Затем, когда у него возникают в связи с этим вопросы, он снова обращает их к Учителю, Учитель снова уже по этим новым точкам дает ученику ответы, и снова новые точки, на которые надо обратить внимание и т.д.

Вы пишете, что «в самых страшных состояниях нет сил и желания отнести все к Нему». Я вас понимаю: острота страданий и страха такова, что вы забываете Творца, у вас ощущения подавляют мысль к Творцу.

Но, с другой стороны, в следующей половине предложения вы пишете: «а очень хочется оправдать». Значит, вы все-таки, если не в ощущениях, то в разуме, как-то удерживаете мысль, вы вспоминаете о том, что существует Творец, чисто теоретически. Так? Вы еще не чувствуете, что эти страдания исходят от Него, вы просто ощущаете страдания, а Творца представляете чисто теоретически.

Это начало для того, чтобы теперь ухватиться за Него, за то, что вы хотите Его оправдать. Неважно даже, хотите ли вы на самом деле Его оправдать. Я не думаю, что вам больно из-за того, что вы не можете оправдать Его, я думаю, что боль ваша больше оттого, что вы хотите избавиться от этих страшных состояний, от страха.

Так вот, если вы будете хвататься за Творца, чтобы почувствовать себя лучше, чтобы у вас не было этих состояний страха, этого будет достаточно — достаточно для того, чтобы начинать наработку связи с Ним. Потом эти наработки обратятся во вторую натуру.

- **Вопрос: Что позволяет человеку осознавать, что Творец получает наслаждение именно от его работы?**

Вопрос не очень хорошо поставлен. Что позволяет человеку осознавать, что Творец получает наслаждение именно от его работы? Если я ощущаю Творца, то я могу в результате своих усилий (когда я произвожу свои усилия), ощутить также Его реакцию на мои усилия.

Доволен ли Он мною? Это уже следующий этап связи с Творцом. Это все вопросы относительно связи с Творцом, и это очень хорошо. Нам надо бить только в одну точку: хватать Его и не отпускать.

- **Вопрос: Когда человек не может даже молиться Творцу о помощи — это по причине греха. Как определить причину греха, или этого делать не надо?**

Вы меня неправильно поняли. Грехом является то, что человек не пользуется возможностью связаться с Творцом: у меня есть возможность укрепить связь с Ним, когда Он мне дает какую-то ниточку, а я за Него не хватаюсь, за эту ниточку...

Знаете, как протягивают толстые канаты, или какие-то огромные кабели? Сначала тянут за маленькую ниточку, потом за более толстую, потом за еще более толстую, пока не вытягивают самый толстый кабель. Так вот, Творец дает тебе маленькую ниточку, ты за нее должен ухватиться. Если ты не хватаешь ее, а бросаешь — дескать, мне эта ниточка мала, мне для связи с Тобой нужна труба, целый канал связи, — это пренебрежение тем, что Он делает для человека, называется грехом.

И тогда Творец уже полностью скрывает Себя, чтобы вынудить человека обратиться к Нему через страдания. Но естественно, это нежелательный путь ни со стороны Творца, ни со стороны человека.

- **Вопрос: Откуда мне знать, что именно желанно Творцу, если я вижу вокруг лучшее Его отношение к другим людям — простым, иногда даже праздным?**

Мы вообще никоим образом не должны оценивать отношение Творца к кому бы то ни было. Каббала называется индивидуальным развитием человека. Не то, чтобы мне нельзя смотреть на других, — мне нельзя оценивать отношение Творца к кому-то. Я не могу этого сделать. «Нельзя» в Каббале означает «невозможно». Все можно, если можешь, а если не можешь, то невозможно.

Пока я не нахожусь в другой душе, в другом кли, не зная всех причин и следствий, всех решимот, всей цепочки развития этого кли, я не могу судить об отношении Творца к нему.

Ведь есть люди, которые сегодня жутко страдают рядом с вами. У них нет никакого проблеска в жизни, они не представляют, что есть Творец, что есть какое-то оправдание их существованию, что есть что-то, что ведет их куда-то, им кажется, что лучше было бы быть просто не в своем уме, чтобы не ощущать такие страдания, как они, или вообще не жить.

Смотрите, в каком состоянии вы находитесь по сравнению с ними... Вы сейчас рассуждаете о смысле своей жизни — вы думаете о вечности, о совершенном, вообще, о возможности существования во всех мирах. Почему же вам вдруг так повезло, а остальным нет? И они влачат несчастное существование, без всякого оправдания, не зная даже, почему они страдают, в их состоянии даже нет никакой поддержки со стороны Творца. Вы не можете знать, почему.

У вас такой сейчас кругооборот, у них другой, и неизвестно еще, как повернется судьба каждого. Творец дает возможность. Если человек ею пренебрегает — это то, что он заслуживает. Никакого вознаграждения и наказания нет — всегда следующая ступень, следующее состояние является следствием предыдущей вашей реакции и только. Просто вы еще не знаете всех взаимосвязей и той формулы, по которой происходит управление.

Почему сейчас, если я поступил так-то, в следующий раз я буду ощущать этот поступок по-другому, я сделал плохо, но вдруг чувствую хорошее, а иногда сделал что-то хорошее, а чувствую плохо? Вы этой взаимосвязи еще не знаете, потому что не представляете устройства вашего кли. Мы только теоретически знаем, что чем дальше человек продвигается, тем, возможно, у него больше неприятных ощущений.

Творец его отталкивает (мы об этом читаем), для того чтобы приблизить к Себе и т.д. Даже по тому, что мы изучаем, видно, насколько наше продвижение обратно нашему разуму, потому что оно обратно эгоизму. Поэтому вопрос: «Почему Творец так поступает, или не так?», — для нас сегодня это вопрос риторический. Ответ на него мы даже не можем услышать. У нас нет для этого совершенно никаких связей и знаний.

- **Вопрос: Закон причинно-следственных связей в широком смысле есть миф. Все, что происходит в нашем мире есть следствия, а причина одна — Творец?**

Каждое наше действие является причиной для нашего последующего состояния-следствия, а от Творца исходит один незыблемый закон — максимально добро и приведение нас к Цели кратчайшим путем.

- **Вопрос: Не является ли вера до махсома вынужденной, психологической, защитной реакцией?**

Да.

- **Вопрос: Есть ли место в нашем мире для бескорыстной добродетели?**

В «нашем мире» означает в «эгоистических желаниях» — конечно же в них нет места истинной добродетели!

- **Вопрос: Невозможно постичь свет не постигнув тьму! (Бааль Сулам)**

Кли должно появится в человеке прежде его наполнения светом.

- **Вопрос: К каким желаниям относится любовь между мужчиной и женщиной - это же не только секс, это забота о детях, друг о друге, это примеры самопожертвования?**

Конечно, наше отношение к противоположному полу богаче, чем у животных, у которых оно базируется только на инстинкте. У нас оно дополняется воспитанием, модой и пр., но все равно это чувство эгоистическое.

- **Вопрос: Желание распространять знание - это какой вид желания?**

Человеческий. А кроме того — необходимость развития.

- **Вопрос: Насколько я понял, мы должны только распространять и «взять» количеством, а не качеством?**

И тем, и другим. Но количество обращается в качество. В наше время — массовость в движении важнее отдельных личностей. Они и так вырастут. О них не надо заботиться.

- **Вопрос: Что значит притянуть окружающий свет?**

Окружающий свет неизменен, вечен, неподвижен и входит в готовое кли только по мере совпадения свойств.

- **Вопрос: Каким образом обретается вера?**

Тем, что вы вызываетесь на себя окружающий свет. Человек, который начинает изучать «Введение в науку Каббала» или «Талмуд Десяти Сфирот» должен во время учебы постоянно преследовать именно эту мысль — что мы существуем в океане света, практически, света Бесконечности. Неважно, что мы его не ощущаем, но он действует и проходит сквозным путем через нас.

И если мы своим кли постараемся задержать его (что значит задержать? — потребовать от него истинного воздействия на нас, правильного, духовного), то он это сделает, совершит. И тогда мы продвинемся наверх, обретем экран, обретем какое-то свойство выше нашего эгоизма.

Когда мы сможем перекрыть все свойства нашего эгоизма, мы проходим через махсом, получив экран на свой эгоизм, сделав Цимцум Алеф на свой эгоизм, самый первый. То есть, не работать вообще никак со своим эгоизмом — это и означает, пройти махсом.

- **Вопрос: Вера может быть врожденным свойством в человеке нашего поколения, или это то, чего можно только удостоиться?**

  Врожденного свойства веры быть не может. Вера — это свойство, приобретенное под воздействием Высшего света в результате многолетних, титанических усилий. Именно направленных усилий, когда во время учебы человек постоянно стремится к тому, чтобы приобрести это духовное свойство, эту духовную, антиэгоистическую силу — веру, когда он абсолютно не будет подчинен своим внутренним эгоистическим желаниям.

- **Вопрос: Существуют ли люди, которые рождаются уже с ощущением Творца, которым это подарено по какой-либо причине?**

  Такие люди возможны в каждом поколении, их — единицы. Это не один из миллиона, когда, в итоге, набираются на земле тысячи, а единицы, буквально, — те, которым может быть, как бы, подарено особое отношение к духовному, особое возвышение к Творцу. Это является исключением. Это не люди, в принципе. Они просто выполняют какие-то определенные задания в нашем мире. Допустим, являются проводниками каббалистической мудрости.

  Для того, чтобы существовали проводники между Высшим миром и нашим миром, чтобы замкнуть через махсом Высший мир и наш мир — для этого в нашем мире, действительно, появляются такие люди. Причем, возникают они зачастую вне всякой связи со своей работой, со своими усилиями, а только потому, что обязаны выполнить это задание. Ни в коем случае это не является исправлением, это не является привилегией, это просто тип работы души. Об этом мы еще будем как-нибудь говорить.

- **Вопрос: Можно ли сказать, что правая линия соответствует мужской части совершенства, подобию отдачи, а левая, женская — восприятию себя получающей?**

  Да. Так обычно говорится, хотя нет никакого четкого соотношения с тем, что происходит в нашем мире. На самом деле в душе каждого из нас существует и правая и левая часть, мужская и женская.

- **Вопрос: Может ли человек, не перешедший махсом, преподавать Каббалу?**

  Человек, который хоть немножко что-то знает, изучал в течение, допустим, полугода Каббалу, уже может рассказывать о ней другим. Неважно, сколько он знает, потому что мы не изучаем Каббалу, как науку. Науку Каббалу можно изучать после махсома, когда раскрывается Творец, тогда ты Его изучаешь. А когда Он скрыт — нечего изучать.

  Каббала — это наука о Творце. О том, кто Он и я — в Нем. До махсома, в темноте ничего не изучишь. В темноте не может быть науки. Наука может быть, когда она явно реализуется внутри кли, когда ты получаешь, воспринимаешь, измеряешь. А это может быть только с экраном, и не с одним даже, а с двумя.

  Если есть только экран Бины, то как Бина — в себя ничего не получаешь, — это еще и не наука, и не измерение, и не постижение, и не уподобление Творцу. Поэтому наука Каббала — она начинается только выше махсома.

  То, что мы сейчас изучаем, — это еще не Каббала. Мы изучаем методику вхождения в Высший мир. Мы занимаемся привлечением на себя Высшего света, чтобы он исправил нас и втянул наверх. Когда мы поднимемся и внутри нас начнет раскрываться ощущение Высшего мира, ощущение Творца, тогда мы начнем исследовать эти ощущения, что и называется «наука Каббала».

Поэтому нечего бояться, что человек, который посетил десяток занятий, вдруг начинает преподавать Каббалу. Он еще ничего не знает, и нигде в духовном мире не находится, он, как сказано в вопросе, находится под махсомом. Как же он может преподавать? Что же он преподает? Он просто зажигает своих учеников, слушателей, зажигает идеей привлечения на себя Высшего света, чтобы этот свет их исправил. А это не зависит от количества знаний.

Надо стремиться к тому, чтобы Высший свет тебя исправил, чтобы он тебя поднял, чтобы он тебя изменил, вот и все. А для этого достаточно хотеть донести эту информацию. И ни в коем случае продвижение человека в скрытии не зависит от количества его знаний. Оно зависит от интенсивности, напряженности поиска этого света, который тебя исправит.

- **Вопрос: Настоящая работа начинается только после махсома?**

Да, действительно, только после махсома. Но что значит настоящая работа? Работа со своим эгоизмом в уподоблении его свету, в уподоблении его Творцу, — она, действительно, начинается только после махсома. А до махсома — только попытки обретения веры, т.е., нейтрализация эгоизма, а затем его работа уже на отдачу.

- **Вопрос: Каким должно быть количество уроков?**

Уроки — это просто пребывание в месте изучения. Мы уже говорили, что самое главное — это не количество. Бааль Сулам пишет в своем «Предисловии к «Талмуду Десяти Сфирот», что самое главное — не количество часов, в течение которых человек учит, а их качество. То есть, насколько интенсивно, сильно в течение урока (когда он сидит перед книгой, и книга рассказывает ему о Высшем мире, откуда нисходит вот этот свет), он стремится, чтобы этот свет, который на него сейчас нисходит (он не ощущает его, но просто должен верить, что он нисходит); насколько он просит, чтобы этот свет подействовал на него. Не принес ему знания, а именно внутренние исправления.

- **Вопрос: Есть ли у языка и алфавита какое-то самостоятельное божественное происхождение?**

Естественно, все наши буквы являются, как я уже говорил, следствием движения Малхут в свете. Когда Малхут перемещается в свете, она движется или вдоль — это свет Хасадим, или вверх-вниз — это свет Хохма. Свет Хасадим — это когда есть кли Бина, и свет Хохма — когда есть кли Малхут. Кроме этих двух келим и двух светов у нас нет больше ничего.

Сочетание Хасадим и Хохма образует всевозможные фигуры, так называемые буквы, движения. И конфигурация Хасадим дэ Хохма, т.е., келим дэ Бина и келим дэ Малхут — она и создает особенность каждого кли. Всего таких конфигураций 27. Это мы будем изучать в мире Ацилут. Поэтому, естественно, что буквы (кстати говоря, не только ивритские, а и любого другого алфавита) построены только на сочетании этих двух видов келим.

В принципе, все наше движение построено на сочетании этих двух сил — эгоистической и альтруистической. Если бы в нас не было одной из этих сил, т.е., была бы только эгоистическая — мы бы не смогли двигаться. Божественная искра, нэр дакик, которая падает в наш мир, которая дает энергию всему нашему миру, — она и двигает все атомы, и далее на уровнях растительной, животной, человеческой природы — двигает всю природу.

В зависимости от того, насколько кли более развито, т.е., больше в нем сочетание келим дэ Хасадим и Хохма, настолько это кли стоит на более высокой ступени, и называется уже не растительное, а животное, не животное, а уже человеческая природа. Все зависит только от того, насколько более сильно и более разносторонне сочетание между этими двумя видами келим в одном объекте.

Так же и в духовных мирах: есть 5 духовных миров, разница между ними — в возможных сочетаниях этих двух келим. Так это и в нашем мире: если есть лишь малое сочетание Бины в Малхут, то это — неживая природа. Больше Бины в Малхут — это уже растительная, еще больше — животная, еще больше Бина в Малхут — это уже человек. И потом человек, когда он достигает полного подобия Бине, принимает на себя все свойство Бины — веру (эмуна), полностью уподобляется Творцу.

От количества желания отдавать, присутствующего в желании получать (в исконном желании получать, т.е. в эгоизме), и зависит уровень: неживая, растительная, животная или же человеческая природа.

- **Вопрос: Насколько помогают в духовном росте помехи?**

Я бы сказал, не «насколько помогают», а — без помех духовного роста нет. Мы, вообще, постоянно неправильно определяем, что нам на пользу, а что нам во вред.

Если я достиг какого-то слияния с Творцом, уподобления Ему, какого-то духовного ощущения, то я слился с Ним в определенной точке, т.е. я — то состояние, в котором я сейчас нахожусь — и Он слились в одно целое.

И возникает вопрос: ну, а что дальше? Я должен все время держаться за это состояние? И тогда что — я останусь в нем все время? Вот для этого человеку сразу же посылаются помехи — чтобы преодолеть эти состояния.

И тогда точка слияния разбухает — человек как бы находит все большие внутренние ощущения, в нем образуются внутренние органы, пока не станет целым парцуфом, состоящим из всех 613 желаний, исправленных частей. И внутри будет находиться Творец. А сам этот парцуф будет называться душой, исправленной душой.

И окажется, что душа является кли, а внутри нее находится свет, или Творец. И это все из точки развивается до полной конструкции только под воздействием помех и Высшего света. Помехи возникают изнутри, Высший свет приходит и исправляет их снаружи. И потому эта конструкция постоянно совершенствуется. И потому все помехи, приходящие к нам, мы должны воспринимать не как помехи, а как необходимые нам условия для развития.

Управление творением

- **Вопрос: Как слушать записи старых уроков, можно ли слушать их в машине и т.д.?**

Если вы можете заниматься Каббалой в любое время — моя посуду, ведя машину, в электричке или в метро, то, конечно, это добавит вам очень многое. Причем, неважно, что вы сможете уловить. Даже если вы сможете прочитать или услышать одну-две фразы, но эти одна-две фразы — они «воткнут» вас снова в какое-то духовное состояние, в какую-то связь с духовным из любых ваших жизненных обстоятельств.

Это сочетание жизненной помехи, обстоятельства с духовным, — оно и создаст то, что называется у нас новым кли. Не может быть, как у ангелов, просто парения в духовном мире. Настоящее духовное состояние — оно состоит из двух: из земного и из света. Как мы всегда говорим, свет должен прийти.

Так что, если вы находитесь в любом эгоистическом состоянии — ведете машину, едете в метро, и при этом читаете, слушаете какие-то наши уроки, беседы, вы при этом вызываете на себя окружающий свет еще и в эти состояния. Естественно, что он на вас воздействует и очень помогает.

- **Вопрос: Как можно пока что вообразить связь с Творцом?**

Вообразить связь с Творцом... У нас в интернете есть раздел, который называется «Единственность Творца». Почитайте материалы, которые там находятся, и возвращайтесь к ним, используя для этого любую возможность.

Вообразить связь с Творцом — это значит вообразить связь или раскрыть в себе причину того, что происходит с вами. Причина того, что я существую, что я дышу, что я делаю, что все делают вокруг меня, что делают со мной, что я в следующий момент буду делать, к чему я приду, что случится со всеми в следующий момент — все вместе это называется Творцом.

Вы можете вообразить это как единственную причину, внутри которой вы существуете? Значит, воображая себя с Ним таким образом, вы уже находитесь в какой-то связи с Творцом. Исходя из этого, начинайте далее пытаться действовать так, чтобы ваши движения как бы совпадали с Его движениями. Ищите, а каким бы образом Он поступил, и пытайтесь поступить так же.

Бааль Сулам уподобляет это всаднику, сидящему на лошади, когда лошадь полностью ощущает желания всадника и точно так же действует. Вот мы должны начать думать и поступать так, как всадник над нами. Если мы уловим Его мысли, Его желания и будем поступать так, как Он, мы вдруг почувствуем, что мы поступаем даже не по Его приказаниям — мы настолько внутри себя исправились, что просто сами знаем, как поступать, т.е. сами вдруг стали, как Творец.

А затем обнаружим, что мы даже опережаем Его — еще до того, как нисходит от Него ко мне Его желание, приказание, я уже сам так поступаю. Вот это и называется подъемом по духовной лестнице. И тогда человек, действительно, поднимается на уровень Творца, обретает Его статус.

Это все происходит только из ощущения внутренней работы, постепенного-постепенного сопряжения, соединения, слияния. Это Бааль Сулам объясняет в статье «Ахор вэ кэдэм цартани», т.е., «Спереди и сзади Ты образуешь меня». «Спереди и сзади» — как причина и следствие. «Вокруг меня Ты находишься, и пониманием этого я сливаюсь с Тобой».

- **Вопрос: Если можно, провести один из уроков на тему распространения? В чем необходимость его, и как это действует на группы и на каждого в отдельности?**

Нет никакого действия в нашем мире, кроме распространения Каббалы, которое помогало бы человеку продвинуться в духовном.

Я живу, работаю, рожаю детей, обслуживаю окружающее общество — это делают и все остальные. Занимаюсь Каббалой — хорошо. И эти занятия мои уже не относятся к этому миру.

Подключка к духовному источнику энергии — это является нашим занятием. Так каждый из нас должен смотреть на занятия. Занятие — я подключаюсь зарядить свой аккумулятор. Это настоящее занятие. Не знаниями (не знаниями!) — энергией, силой Высшей, которая бы меня исправляла — этим я занимаюсь.

Что я делаю в остальное время? Что я могу в нашем мире, в своих действиях сделать такое, что являлось бы духовным? Руками, ногами, языком — неважно чем. Чем я могу, что называется, одухотворить этот мир?

Я возьму бумагу, компьютеры, свет, телекамеры — все, что находится вокруг меня, и буду с помощью этого, с помощью всего, что есть в нашем мире, распространять знания о Творце. Это единственное духовное действие, которое мы можем совершить в нашем мире.

Как это действует? Представьте себе, что в той мере, в которой мир через вас узнает о Творце, в той мере весь свет, который затем пройдет на них, — он пройдет через вас. Вот как это действует.

То есть, мы являемся частичками одного большого кли, и каждая частичка — она определяет, кем она будет в этом кли. Вы являетесь в таком случае уже той частичкой, через которую пройдет свет к миллионам остальных. Представьте себе теперь важность такого начинания.

- **Вопрос: Главный источник света — занятие с книгой? А остальное — подготовка к этому?**

Совершенно верно. Все остальное — подготовка: распространение, все наши действия в этом мире — работа, еда, сон, поездки — если вы в течение всего этого времени думаете о том, что у вас через два дня в течение двух часов будет возможность подключиться к этому источнику, и вы готовитесь к этому: как я к нему подключусь? что я захочу от него взять? как я его максимально впитаю? — если будет у вас эта подготовка, то больше ничего не нужно.

А получение происходит только во время занятий — книга и свет, окружающий свет. Поэтому мы говорим, нет иной методики.

- **Вопрос: Может ли человек выявить свое ощущение нахождения в духовном мире, или ему об этом должен сказать Учитель?**

Как только вы начнете серьезно ощущать свои духовные состояния, даже еще до махсома, вы сразу же сможете их каким-то образом градуировать, и у вас не будет сомнения в том, как себя измерять. То есть, у вас уже начнут проявляться возможности измерения не того, как мне лучше-хуже, а как я — больше или меньше, стремлюсь к Творцу.

Почему я стремлюсь к Нему? Больше ради Него, или больше ради себя, чтобы мне было лучше от связи с Ним? И так далее. То есть, даже перед махсомом, когда начинается ощущение страданий любви, как пишет Бааль Сулам в письме со страницы 70 «При хахам» (Плоды мудрости), там уже начинается устремление, как к любимому.

А в «Предисловии к «Талмуду Десяти Сфирот» он дает нам определение, что значит «ло лишма». Это когда я устремляюсь к Творцу на 95 %, даже на 99 % я желаю ради себя, но на один процент я все-таки начинаю желать ради Него. Вот тут человек уже начинает этот один процент выделять, он все-таки ощущает это. Или, наоборот, 99 % — ради Творца, а один — ради себя. Но без одного процента этого «ради себя» он все равно не находился бы здесь. Как только этот процент исчезает — это означает переход махсома.

- **Вопрос: Почему, в основном, страдают и мучаются добрые, хорошие люди, а воры, злые и бандиты радуются, наслаждаются и правят миром?**

Потому что воры, злые и бандиты — они еще не доросли внутренне до того, чтобы страдать и заниматься своим собственным исправлением. Поэтому их мысли и желания — еще к власти, к богатству, и поэтому они в этом мире, в нашем мире преуспевают.

А возьмите сегодня любого из вас и скажите: «Будешь большим начальником, только оставь свои занятия Каббалой», — ведь вы не захотите власти, не захотите никаких особых почестей. Все зависит от внутреннего развития. И поэтому так получается, что ничтожество — наверху, а остальные — ниже.

- **Вопрос: Если я дарю своим знакомым книги по Каббале, не является ли это духовным насилием, и не наношу ли я этим вред людям?**

Нет ничего лучшего, чем, если дома будут находиться книги по Каббале. У человека бывают всякие обстоятельства. Сегодня он не захочет — в следующий раз захочет их взять. Я считаю, что это самый наилучший подарок.

А что, вообще, в нашем мире, кроме хлеба насущного и книги по Каббале, необходимо человеку? Поэтому, что вы им можете еще подарить? Принесите кусок хлеба — это, конечно, важнее, нет хлеба — нет жизни. Но потом, после того, как он его съест, что ему еще надо? Все, что свыше необходимого, является только удлинением пути страдания. Поэтому такой подарок, как каббалистическая книга — это самое хорошее.

- **Вопрос: Работать механически на распространение — это засчитывается в духовные заслуги?**

Выполняя механически заповеди, попадете ли вы в рай? То есть, человек считает, что распространение не является духовным действием, это просто механическое действие. Так ведь и в группе, когда я соединяюсь с остальными, — это тоже механические действия.

А что же тогда является духовным в нас? Где же духовное, где же то, что я изучаю? Когда я изучаю, ничего духовного во мне нет, если только я, действительно, не стремлюсь к тому, чтобы ко мне пришел духовный свет — Высший свет — и меня исправил.

Люди, подобные задавшему вопрос, обычно задают мне и различные заумные вопросы о парцуфим, решимот и так далее, а не о том, как исправиться внутренне, сердцем и поэтому, мне кажется, находятся совершенно не в нужном направлении развития. Но еще есть время исправиться...

- **Вопрос: Правильно ли готовить себя к занятию, как будто оно последнее и единственное?**

Действительно, так. Мы не должны смотреть на всю эту лестницу подъема до махсома. Мы должны, как говорил мой Рав, знать только одно, что мы находимся в скрытии, и поэтому наше следующее действие может вызвать в нас прохождение махсома. И человек перед махсомом совершенно не знает, что он будет его сейчас проходить. Ему кажется это, вообще, совершенно неосуществимым. Поэтому мгновение до прохождения махсома или нахождение где-то намного ниже — это совершенно одни и те же мгновения по ощущениям.

И любое, каждое наше мгновение может быть таким, как будто я сейчас прохожу махсом. Для чего это надо так себе представлять? Для того, чтобы наше усилие, стремление было действительно истинным, — вот сейчас я вкладываю все — и сейчас я это пройду.

Поэтому накапливать в себе такой потенциал, стремление — для этого нужно время, и для этого оно нам дано в этом мире. Почему мы в этом мире должны пять-восемь часов спать, восемь часов работать, заниматься семьей, почему мы должны все это делать? Это время, когда мы должны накапливать стремление, потенциал к тому, чтобы — вот сейчас я, наконец-то, сажусь за книгу и прохожу махсом.

Поэтому каббалисты обязывают человека работать, а не сидеть весь день и заниматься. Даже если у вас есть какой-то богатый дядюшка, вы все равно обязаны (обязаны!) занимать свое время так, как обычно занимают все остальные люди. Вы можете не получать зарплату, но все равно вы обязаны работать, рожать, заниматься семьей и так далее.

Почему? Потому что без подготовки в этих обстоятельствах во время урока не сможете правильно требовать Высшего света. Потому что таким образом устроены Высшие корни, чтобы вы именно таким образом подготавливались к следующему уровню.

- **Вопрос: Правильно ли, что все, что есть в нас альтруистического до махсома — это только в потенциале?**

Совершенно верно. В нас есть зачатки нашего будущего кли, но не больше.

- **Вопрос: Правильно ли сказать, что сокрытие Творца необходимо для самостоятельного осознания человеком и четкого разделения в себе души и земного эгоизма?**

Управление творением

Бааль Сулам здесь говорит, для чего нам необходимо сокрытие Творца. Сокрытие Творца — это сокрытие наслаждений, совершенства, постижения, управления, т.е. то, чего мы полностью лишены в нашем мире, и даже не представляем себе, насколько лишены. Так же, как кошка не представляет себе, что может быть что-то выше нее, так и мы не представляем в нашей жизни, что может быть выше этого.

Для того, чтобы оторвать нас от этой жизни, от этого мира, т.е. создать в нас другие ощущения, новые келим; для того, чтобы мы могли постичь все вне времени, вне движения, вне пространства, в более высокой категории, для этого надо дать нам новую природу. Не ту, в которой мы принимаем внутрь себя, хватаем, поглощаем, и поэтому эти состояния и ощущения ограниченные, а природу, в которой мы отдаем, полностью раскрыты и в таком случае способны пропустить все через себя, не внося абсолютно никаких помех в то, чем Творец наполнит нас.

Вот когда мы обретаем эту вторую природу, тогда мы действительно находимся в слиянии с Творцом. Мы как бы труба, бесконечность, которую Он наполняет. Переход из одного состояния — эгоистического (внутрь себя все захватить) — на полную отдачу возможен, только когда мы нейтрализуем наш эгоизм, когда мы показываем ему, что в следующем состоянии никаких выгод для него нет.

И тогда он, естественно, мешает нам, но не гонится, по крайней мере, за нашими следующими постижениями, наслаждениями — он отсекается от них. Вот для того, чтобы отрезать эгоизм от Высшего мира, от ощущения Высшего мира, Высший мир или Творец скрыт от нас. Только в этом причина Его скрытия.

- **Вопрос: Надо ли пытаться прислушаться к своим ощущениям в сердце, чтобы найти там Творца?**

Ну, а к чему же еще вы можете прислушиваться? Вы должны прислушиваться только к своему сердцу и к тому, что в вашем сердце образуется под влиянием окружающей среды. Когда вы начнете (только начнете!) работать над сближением с Творцом, раскрытием Творца, вы сразу же почувствуете, что вам необходимы посторонние дополнительные силы, устремления.

Тогда вы почувствуете, что вам надо воспринимать что-то от окружающих вас товарищей, что вам необходимо проникаться их устремлениями. Вы начнете завидовать тому, что есть в них, начнете стремиться приобрести желания каждого из них к духовному. И тогда вы действительно начнете их ценить, желать с ними соединиться в одном общем устремлении, чтобы оно стало вашим.

- **Вопрос: Что значит — «мертвый эгоизм»?**

Есть состояние, называемое «смертью» — это когда не даешь эгоизму никаких выгод, и он умирает. Что значит — умирает? Он перестает участвовать в своем движении к духовному. А поскольку он перестает использоваться, он считается мертвым.

Затем, когда мы приобретаем духовные свойства — желание отдавать, намерение отдавать, мы можем этот эгоизм начать «воскрешать из мертвых». Это и называется «воскрешением мертвых». Вы знаете, есть такое поверье, что в будущем все, кто умер, восстанут из своих могил и вернутся к жизни.

Откуда происходит эта легенда, поверье? Из того, что говорят каббалисты. Но они говорят о том, что происходит с нашим эгоизмом в духовном мире, а не о том, что произойдет с нашими телами. Естественно, что наши тела сгниют, и ничего от них не останется. Наши тела подобны телам других животных, и ничего в них нет, кроме чисто биологической массы.

Душа наша, т.е. наше желание — оно вечно. Оно может выйти из состояния «мертвое», неиспользованное, и если у нас есть экран, мы можем начать его использовать с намерением ради Творца, получать ради Творца. Это и есть воскрешение мертвых.

- **Вопрос: На плач маленьких детей Творец не реагирует?**

И на плач маленьких детей Творец не реагирует, и на плач больших детей Он не реагирует. Он реагирует только на тот плач, который исходит из глубины сердца, как мы говорили об этом в начале статьи. Что такое глубина сердца? Это когда человек полностью разочарован в своих силах достичь духовного свойства отдачи и просит об этом Творца. Только на эту просьбу откликается Творец.

Поэтому вы можете в нашем мире видеть огромные страдания, уничтожения, невыносимую боль, что только не происходит с нами — Творец на это не отзывается. Не в этом надо проверять Его на то, что «Он добр и желает делать добро». Добр, Желающий творить добро — это относится к концу нашей цели, когда мы восходим в мир Бесконечности. Добр, Желающий творить добро — так называется сам Творец.

Поэтому, если мы хотим достичь добра, мы должны достичь Его. В Нем, на Его ступени это находится, а не на нашей. Поэтому Он, Его ступень, называется Совершенство, Доброта, Любовь. Достигните Его ступени, и вы это почувствуете. Это Он предполагает как наше будущее состояние, как нашу цель. А не достиг этого состояния — не может идти речь о том, что Он должен быть добрым, — наоборот, Его отношение к нам обратное, для того чтобы заставить, вынудить нас подняться в это совершенное, доброе состояние. Поэтому естественно, что на любые просьбы и плачи, кроме самого настоящего, истинного, Творец не реагирует.

- **Вопрос: Почему Он не успокаивает нас и не ласкает, как маленьких в нашем мире?**

Он успокаивает нас и ласкает, как и мы ласкаем маленьких в нашем мире, но все равно требует, чтобы мы росли. Если бы он нас ласкал так, как вы хотите в своих эгоистических желаниях, то мы бы перестали расти. Творец производит с нами расчет только в одном векторе — вверх, а на все остальное не обращает внимания. Посмотрите, как жестко на нас действует природа — никаких поблажек. Так и сказано: «Я установил закон, и он неизменен».

- **Вопрос: Что отдавать ради Творца, какие желания, как ищущий Творца разберется в этом? Абстрактные категории трудно воспринять.**

    Что значит — отдавать ради Творца? Я понимаю, поначалу у вас нет никакого образа, куда устремиться и что делать. Вместо этого у вас есть ваша группа, ваши ученики, т.е., те, кто вместе с вами готовы идти для постижения свойств отдачи. Они для вас сейчас вместо Творца, а не посторонние люди, которые находятся в эгоистических желаниях.

    И если есть среди вас еще несколько таких, которые желают устремиться к исправлению, значит, они для вас могут быть олицетворением Творца. Попробуйте на них работать, попробуйте им отдавать, на них влиять.

    А кроме того, попробуйте просто вызывать в себе это чувство отдачи. Вызывать безадресно. Вы еще не представляете себе Творца? Не надо. Как угодно можете Его себе представить. Просто настройтесь на то, что вы не желаете никоим образом получать никакого вознаграждения; что вы желаете думать о чем угодно, только чтобы при этом не думать о собственной выгоде, нарочито не думать о собственной выгоде. Попробуйте это вызвать в себе. У вас буквально сразу же начнутся внутренние войны, взрывы, осознание своей природы, как чисто эгоистической. То есть, вы тут же, немедленно начнете духовно работать. С этого и начинается духовная работа.

- **Вопрос: Может ли пройти воскрешение мертвых осознанно, безболезненно, или это всегда происходит на надрыве, в бессилии?**

    Нет, воскрешение мертвых, — оно уже происходит в хорошем состоянии. В той мере, в которой есть у человека экран, он нарочно вызывает в себе изнутри подъем умершего эгоизма, не использованного ранее, поднимает и реализует его с экраном на отдачу. Это называется получением ради отдачи. Это уже ступень мира Ацилут. А до этого человек находится на более низких ступенях, когда он только строит в себе экран. Но все равно, все эти процессы происходят в состоянии духовного восторга, постижения, ощущения воодушевления, связи со светом.

Еще раз я повторяю: начало работы зависит от вас, не от того, где вы находитесь, на каком духовном уровне, а от вашего решения. И каждый раз начать этот этап — это чисто психологическая проблема внутри вас.

- **Вопрос: Работая на распространение, в данный момент не могу достичь намерения ради Него. Получается только ради себя. Что делать, чтобы выйти в духовное?**

Есть в нашем мире лишь одно-единственное действие, которое может помочь нам выйти в духовное — механическое действие, которое называется «возлюби ближнего, как самого себя». То есть, делай другому добро. А какое добро Творец делает человеку? Он ничего не дает человеку зря, только за огромный труд. Это не называется добром, это называется просто вознаграждением за работу. А добро от Него есть только одно — Он нас заставляет любыми методами, способами (и так называемыми нехорошими, так мы ощущаем), идти к цели.

Возлюбить, делать добро — это означает помогать другому идти к Цели творения. Не кормить его, не поить и не ублажать его ничем другим — этим мы только портим людей. Мы видим, насколько все, что даешь человеку, только развращает его.

Мы должны человеку дать информацию о Цели творения. Мы должны объяснить ему, каким образом можно к ней двигаться. Только это дает нам Творец свыше, и только это мы должны дать другим — это и называется «делать добро», а не то, что мы понимаем под этим в нашем человеческом общежитии и от чего, на самом деле, мы приходим только к злу, к ожесточению наших общественных отношений.

Единственное добро, которое мы можем сделать в нашем мире — показать миру, что есть орудие исправления, есть инструмент, с помощью которого мы действительно можем выйти на уровень блага, добра, любви, безопасности. Вот этот инструмент мы должны дать миру, так же, как

Творец дает нам только это, и только если мы просим об этом, мы получаем сверху помощь. Поэтому Он называется добрым.

Поэтому вся наша работа и то, что мы рассматриваем себя, как предприятие, — это и означает распространение этого инструмента постижения действительного добра и совершенства. Если вы хотите человеку добра на самом деле — это вы должны ему дать. Ничто другое к добру не приведет.

- **Вопрос: Что такое ситра ахра?**

Ситра — это цад (сторона), ахра — это ахэр (другой, другая), т.о., ситра ахра — это другая сторона, обратная сторона. Есть прямой лик Творца, когда Он обращается к нам так, как Он и желает к нам обратиться — Добр, Творящий добро. И есть, якобы, его обратная сторона, когда Он обращается к нам с противоположным — не добром, не Добр.

Мы можем так считать, что Он, якобы, так обращается к нам, а на самом деле с Его стороны нет ни доброго, ни злого обращения. Если раскрывается наше кли, наш сосуд, наши эгоистические желания — Его воздействие на нас мы ощущаем отрицательным. Когда свет больше раскрывается в наших желаниях — Его воздействие на нас мы ощущаем как положительное.

То есть, ни в коем случае нельзя думать, что Он поворачивается к нам то одной, то обратной стороной. Мы будем изучать, каким образом это происходит в системе Управления. Там тоже существует прямое и обратное воздействие, когда Бина относительно ЗОН в мире Ацилут (ЗОН дэ Ацилут — это все-все творения вместе взятые) может относиться к ним прямым путем, посылая им доброе, или скрывая себя.

Когда она скрывает себя, она не посылает этим ничего злого. Сверху не может исходить ничего злого. Только когда Высший скрывает себя, низший начинает чувствовать свою природу. И тогда он начинает чувствовать страдания, зло, все, что следует из его эгоистической природы.

Управление творением

То есть, уменьшение света ощущается в нас как зло, потому что мы больше ощущаем самих себя. Увеличение света сверху вниз ощущается нами уже как добро, как нисхождение на нас изобилия. Но сверху, со стороны Творца, со стороны Бины на ЗОН никогда нет никакого обратного (злого) воздействия. Это только так ощущается нами. Если ощущение самих себя больше, чем ощущение Высшего, ощущается зло и страдания.

Если мы ощущаем Высшего больше, чем себя, тогда мы ощущаем добро, наслаждение, совершенство, бесконечность. Поэтому Каббала и является ключом к постижению вечности, совершенства, ведь она раскрывает нам Творца, раскрывает нам Высший мир, и он начинает превалировать, подавляет нашу суть, наше желание, и поэтому мы входим в ощущение совершенства, вечности и наслаждения. Поэтому обратная сторона (ситра ахра), — она находится внутри нас, это наше ощущение - ощущение нашей собственной природы.

- **Вопрос: С одной стороны, мы говорим, что Творец посылает нам страдания, чтобы укрепить нас (как примере с двумя друзьями), а с другой стороны, мы говорим, что мы идем путем Торы, т.е. отпадает необходимость в том, чтобы ангел подгонял нас страданиями, и они исчезают. Как это совместить?**

Это совмещается очень просто. В чем заключается путь Торы, света? Внутри страданий, которые мне посылаются, я мгновенно нахожу контакт с Творцом. Путь Торы не говорит о том, что отсутствуют страдания. Я их ощущаю и в тот же момент эффективно преобразую в положительные силы, с помощью которых еще больше приближаюсь к Творцу.

Даже когда мы войдем в Высший мир, преодолеем махсом, у нас все равно будут правая и левая линии. От левой линии я буду получать отрицательные свойства, отрицательные качества. В левой линии я буду чувствовать помехи, там на самом деле будут клипот, якобы, нечистые силы, полностью противоположные Творцу. А от правой стороны я буду получать все-таки силы, с помощью которых я смогу приблизиться к Творцу, слиться, связаться с Ним.

То есть, противоположность этих двух сил — как и в нашем мире. Но в нашем мире эти положительные и отрицательные силы существуют, как бы, на очень маленьком расстоянии друг от друга, а в духовном они построены на полной противоположности. Я ощущаю Творца, я Его вижу, я Его чувствую в какой-то мере в себе, в своем кли как Ор Пними. И, с другой стороны, вдруг это все исчезает, пропадает, и я чувствую совершенно другое воздействие на себя. Это и есть ситра ахра, настоящая противоположная Творцу сторона.

И эти проявления (положительные-отрицательные), становятся все более, более и более противоположными, мы как бы растем по конусу снизу-вверх. И чем дальше растем, тем дальше друг от друга отстоят правая и левая линия, тем больше противоположность. Но они всегда даются человеку в такой степени удаленности друг от друга, в которой человек действительно в состоянии совместить их и поставить на среднюю линию.

Что значит — на среднюю линию? Что это исходит из Творца. Я должен настроить себя на Него, замкнуться на Него и, несмотря на все помехи, сделать так, что внутри этих помех я найду связь с Ним. В принципе, в этом заключается вся наша работа — найти связь с Творцом в каждом нашем состоянии, в каждое мгновение в этой жизни. Если мы это эффективно сможем использовать, вы увидите, что через несколько месяцев вы окажетесь совершенно на ином духовном уровне. Только от нас зависит, насколько мы быстро проскочим эти состояния.

Насколько быстро мы их проскочим зависит от того, насколько эффективно мы используем каждое мгновение — то, что Он дает нам в жизни. Ничего больше нам не надо. Мы созданы в этом мире со всеми условиями, со всеми помехами, слава Б-гу, их у нас хватает. Эффективное их использование приводит нас по кратчайшему пути, в наикратчайшее время к озарению, к выходу в Высший мир, к прохождению через все его ступени и огромные помехи (они существуют и там), и достижению Полного исправления. Когда человек полностью все помехи, которые посылает ему Творец, связал с самим Творцом, он достигает Полного исправления. А дальше уже

7-е, 8-е, 9-е, 10-е тысячелетие и, соответственно этому, работа уже в абсолютном совершенстве.

- **Вопрос:** Является ли талант заложенной склонностью? И какой вред наносит себе личность, не реализуя его? А если талантов несколько, как определить — какой из них необходимо реализовать в первую очередь? Имеет ли человек возможность сделать подобный анализ, выбор?

Свобода воли есть лишь одна, и она — только в усилении влечения к Творцу, а не в выборе реализации талантов — в этом у вас все уже полностью предопределено.

- **Вопрос:** Свойства от предков мы получаем из «банка свойств», накопленных всеми душами или только от собственной цепочки собственных гильгулим?

Только от собственной цепочки собственных гильгулим!

- **Вопрос:** Что остается от моего индивидуального «Я» после ухода из этого мира — некая сумма опыта всех предыдущих и данного гильгуля в общей душе?

Ваше индивидуальное «Я» после ухода из этого мира — вы ощутите, именно оторвавшись от тела, потому что не будете находится под властью ничтожных эгоистических желаний тела, и оно не будет заслонять от вас вашу душу. А из предыдущего опыта в следующее тело перейдут знания в виде способностей и подготовки к более современной жизни.

- **Вопрос:** Вы упомянули душу человека (одну из 600 000 душ) как синоним человека в нашем мире. Мне не совсем понятна зависимость между множеством материальных людей (тел) и этим множеством душ. Очевидно, что она не однозначна. Как объяснить, что количество материальных тел намного больше, чем 600 000? Как распределены души по людям?

Души только вначале разделились на 600 000, а затем еще на многие миллиарды.

- **Вопрос: Развитие возможности «замены» своего разума на разум Рава, Учителя, Творца происходит через методику работы в средней линии, через правильную пропорцию нахождения в правой и в левой линиях. Накопление в себе противоречий этих двух путей и сталкивание их в себе приводит к постепенному пониманию, осознанию, что свой собственный разум не может самостоятельно «переварить» эти противоречия?**

  В общем, да. Именно осознание противоречия и невозможность его разрешить приводит человека к необходимости обращения к Творцу.

- **Вопрос: Творцу не интересна наша реакция — Он ее знает заранее. Что же тогда в нашей власти?**

  Рассуждайте просто: если все во власти Творца, значит, все под Ним и нет ничего, свободного от Его власти. Все мы — марионетки, во всем! Значит, мы можем закрыть глаза, забыть об этом, благо что мы и не ощущаем Его, и сказать: «Его нет, человек свободен». Но эта свобода мнимая, как у заключенного, если он не принимает во внимание стены тюрьмы.

  Истинная свобода — это длительный поиск: вначале необходимо раскрыть Творца, ощутить во всех своих мыслях, желаниях Его волю, что все что во мне — это не я, а Он. А затем обрести силу выйти из под Его власти, вытолкнуть Его из себя (по принципу «Ницху ли банай») и в том объеме, где не будет Его, там и будет моя свобода воли... быть таким как Он. В этом и была причина и цель ЦА. Зачем это надо Творцу? Чтобы мы достигли Его уровня. Это надо для нас. В таком случае понятно, что все предопределено — относительно Творца.

- **Вопрос: Где граница между максимальным эгоизмом и клипот?**

  Клипот начинаются не в нашем мире.

- **Вопрос: «Работайте механически на распространение (можно и без намерения) — это засчитывается в качестве духовных заслуг». Очень напоминает установку христианства и др. религий — выполняйте механически заповеди и попадете в рай. Разъясните, пожалуйста.

Выполняйте механически заповеди и попадете в рай — это не наше. Каббала не признает действия без намерения и обучает намерению. Распространение Каббалы необходимо для исправления всего мира.

- **Вопрос: Если я дарю своим знакомым книги по Каббале, не является ли это духовным насилием и не наношу ли я этим действием вред людям?**

Все равно они придут к этому, а вы сокращаете им поиск и уменьшаете страдания.

- **Вопрос: Правильно ли готовить себя к занятию, как будто оно последнее или единственное?**

Да, будто после него вы точно переходите махсом!

- **Вопрос: Каким образом определить, что является для меня необходимым в настоящий момент? Как вычленить то, что действительно необходимо в данный момент для возвышения? Ведь чем более велик Высший в моих ощущениях, тем более великого я у Него прошу.**

Совершенно верно: чем выше в ваших глазах Творец, тем выше ваша просьба к нему.

- **Вопрос: Получение радости при прослушивании лекций и чтении каббалистических источников — это эгоистическое чувство или нет?**

Если радость от того, что радуется Творец, то альтруистическая.

- **Вопрос: Если человек переходит махсом, значит он автоматически становиться независим от наших земных желаний (в том числе и от желания к власти). Так почему каббалисты бояться «дурного глаза»? Бояться, что из них сделают «Ребе»?**

Эти желания больше земных, потому что облачаются в клипот, ведь человек уже после махсома.

- **Вопрос: Как правильно выдерживать пропорции между работой в левой линии (наука, разум, эгоизм, свобода воли и т.д.) и правой (вера, признание абсолютного влияния Творца) на нашем уровне до махсома. Как понимать и использовать эти переходы между линиями на нашем уровне?**

  На условии — «Нет иного, кроме Него».

- **Вопрос: Что происходит сначала: переход махсома и, как следствие этого, неиспользование эгоизма, или наоборот?**

  Переход махсома и, как следствие этого, неиспользование эгоизма.

- **Вопрос: Раньше нам говорили, что вера — это ощущение Творца (Шхина). Теперь Вы говорите, что это сила Бины. Но ведь это не одно и то же.**

  Это одно и то же, и так сказано в статье 4 книги «Шамати»: ощущение Творца, которое дает возможность подняться выше своего эгоизма, властвовать над ним, называется верой, свойством Бины.

- **Вопрос: Как выбрать свет именно для себя, для своей следующей ступени?**

  Эта проблема решается не вами, а высшей ступенью.

- **Вопрос: Возможно ли возбуждение на себя Высшего света без намерения?**

  Без МАН — невозможно.

- **Вопрос: Если на любое наше кли мы обязаны выполнять сокращение, «экранировать» его, то как связать это правило с желанием раскрыть Творца?**

  Вначале — сокращение эгоистического желания — ЦА, затем — овладение экраном, затем, в мере величины экрана, возбуждение желания — и получается желание с намерением ради Творца. Далее — получение в него света.

- **Вопрос: Чем отличается определение «Наш мир» от «Этот мир»?**

Управление творением

Наш мир — тот, в котором живет все человечество. Этот мир — то внутреннее состояние, в котором живет начинающий свой путь до преодоления махсома.

- **Вопрос: Возможно ли влияние разума на сердце?**
  ДА.

- **Вопрос: Когда Творец раскрывается в хорошем ощущении, как найти в этом состоянии недостаток для просьбы о смене состояния? Ведь попросить я должен не из разума, а из сердца.**

  Недостаток в том, что хорошее состояние вовсе не хорошее: оно так ощущается в эгоистических келим, но на самом деле оно удалено от Творца, ведь думается не о Нем, а о том, как тебе хорошо.

  Если такое состояние ощущается как недостаток, то от одной этой мысли пропадает ощущение наслаждения и вместо отдаления появляется забота о сближении, т.е. забота о подобии, а не о хорошем эгоистическом самочувствии. Но сближение должно давать также и наслаждение, иначе оно не сближение.

- **Вопрос: А без падений разве нельзя постоянно помнить о Творце и стремиться к слиянию от любви? То есть возможно ли не быть зависимым от «падения от природы»: заменить его «падением от себя» (управляемым человеком)?**

  На более продвинутых ступенях, человек сам вызывает тьму, чтобы продвигаться.

- **Вопрос: Вера выше знания предполагает наличие Высшего разума. Но до махсома последний скрыт. Что есть до махсома?**

  До махсома все определения и свойства не духовны, а материальны, т.е. эгоистичны. Но и в них мы ощущаем отличие, потому что при разбиении экрана его свойства проникли даже в нашу материю, и есть в ней отличие от эгоистических действий получения или отдачи, хотя намерения всегда ради себя.

- **Вопрос: Есть ли что-то ближе к духовному, чем чувство?**

  Нет. Мысль — дальше. Механическое действие — вообще отношения не имеет.

- **Вопрос: То есть получается, что все наши усилия и есть работа ради Творца, и даже самые обыденные вещи необходимо делать с намерением «ради Него», тогда не будет использованного впустую времени?**

  Совершенно верно. И тогда все мгновения вашей жизни обращаются в средство сближения с Совершенством.

- **Вопрос: Если люди в группе раздражаются от недопонимания многих новых терминов, это проблема намерения или чего-то другого?**

  Долгое время, пока человек не начинает складывать в себе мозаику данных, он находится в растерянности, путанице; зачастую кажется ему, что он начинает сходить с ума и пр. Это происходит при любой напряженной умственной работе, а не только в Каббале. Но все постепенно выстраивается. Время и терпение — эти факторы необходимы!

- **Вопрос: От чего зависит воплощение души в ту или иную форму?**

  От ее места в конструкции Адама, в Единой душе.

- **Вопрос: Что приводит к раскрытию Силы?**

  Наличие правильного намерения — «ради Творца» — к этой Силе.

- **Вопрос: Является ли то, что мы в состоянии видеть лишь проявление сил и желаний, а не сами желания, следствием того, что мы не находимся в духовном мире?**

  Конечно! Видение сил еще до их воплощения есть видение Высшего.

- **Вопрос: Как объяснить феномен долгожителей не каббалистов? Почему Творец дает им долгую земную жизнь?**

Много каббалистов покинуло этот мир в сравнительно молодом возрасте: Ари (в 36 лет), Рамхаль, Нахман ми Бреслав и пр. Поражает другое — их активность до последнего дня... и сразу же продолжение в ином состоянии!

- **Вопрос: Достижение личного Гмар Тикуна предполагает «приход Машиаха»?**

Конечно. Свет, исправляющий лев эвэн и называемый «Машиах», обязан исправить человека, чтобы тот достиг ступени Полного исправления, Гмар Тикуна.

- **Вопрос: Постичь план Творца, Замысел — значит ощутить кли Творца?**

Постичь план Творца — значит вобрать в себя все свои желания и желания всех душ, исправить все это в себе и наполнить свое кли полностью. Это и делает человек по пути подъема от нашего мира до Полного исправления.

- **Вопрос: Откуда у человека в мире Ецира эгоизм? Ведь все реакции уже не в эгоизме, а в Ор Хозэр.**

Творец раскрывает все новый эгоизм, желания против Творца, который Сам же и создает. Не забывай, что параллельно АБЕА дэ кдуша (чистым) есть АБЕА дэ тума (нечистые).

- **Вопрос: Движение по лестнице постижения снизу вверх, к исправлению, должно быть в каждом желании?**

Да!

- **Вопрос: Всегда позиция к действию — точка в сердце?**

Творец, как правильный курс, а затем выполнение действия.

- **Вопрос: Вы упомянули, что в духовном возможен ускоренный путь. Вы только говорите об этом, но так никогда и не рассказываете о нем.**

Может вам нужны люди для научных опытов, чтобы доказать всем? С превеликим бы удовольствием... Если вы готовы, то приступайте! Опыт вы должны ставить сами, на себе! Я только провожу с вами теоретические занятия, а практические, лабораторные вы должны проделать сами. Приступайте и ускоряйте время, а то вас начнут тащить, да еще неприятностями, да пока вы осознаете, что с ними делать и как обходить... Человечество пока этого не понимает! Вперед к действию.

- **Вопрос: Свет Бины разбивает Малхут, но как? Ор Хасадим — «невинный», он — на отдачу, а Малхут хочет Ор Хохма.**

  Именно Бина проводит к Малхут Ор Хохма.

- **Вопрос: Что же такое намерение?**

  Смысл и цель мысли, действия.

- **Вопрос: Все разговоры — это просто разговоры: как только я пытаюсь контролировать свои желания, мысли, ничего не получается. Что делать?**

  Прекратить разговоры и сконцентрироваться только на контроле своих мыслей и желаний. Но перед этим «настроиться на Творца».

- **Вопрос: Как происходит получение первого исправления?**

  Неожиданно, как только сумма усилий достигает своего заданного уровня.

- **Вопрос: Что я должен для этого сделать?**

  Приложить усилия в устремлении к Творцу.

- **Вопрос: Как долго требуется делать это?**

  Вечно.

- **Вопрос: Насколько необходимо понимать или важно только усилие и все?**

  Важно привлечение света в процессе учебы в меру важности Цели.

- **Вопрос: Почему нельзя идти простой верой в методику, просто изучая несколько основных частей, самых важ-**

ных, которые вызывают самое интенсивное свечение на изучающего, чтобы не барахтаться бесполезно в том, что для тебя темный лес? Только и остается, что сосредоточиться на намерении к приобретению келим отдачи...

Дело в том, что каждому человеку в разное время необходимы определенные материалы, потому что каждый материал имеет свой вид света, силы, возвращающий человека к Творцу. Сказано, что человек в состоянии учить только то, что его притягивает.

- **Вопрос: Можно ли перейти через махсом, прося у Творца этого, или же только с помощью методики?**

Чтобы выйти в Высший мир, необходимо просить о помощи, чтобы пришел свет и исправил мои желания на альтруистические, т.е. придал им намерение «ради Творца». Для этого необходимо большое желание постичь Высший мир, т.е. сравняться свойством отдачи с Творцом. Это желание рождается с помощью:

— притягивания вперед величием Творца, Цели;
— подталкивания сзади ощущением никчемности иной жизни.

Все это можно получить только от окружающих. Обычно, мы и получаем оценку всего в нашей жизни от них. Только здесь необходимо особое окружение, среда, которое бы поставляло мне рекламу именно духовного, именно Творца, как это представляется из книг Бааль Сулама.

- **Вопрос: Можем ли мы сказать, что Цель оправдывает любые средства?**

Средства диктуются нам той же Целью, согласно закону подобия свойств.

- **Вопрос: Что делать, если кроме 99% желания к исправлению, у человека есть ещё 1% каких-то других желаний? Тора становится ядом? Что делать, чтобы искоренить этот 1%?**

Тора становится ядом не от одного процента и не от 99-ти! Яд — когда вы вообще идете не в том направлении.

Вы должны достичь такого «ло лишма», от которого к вам свыше придет «лишма». Надо заботиться не о процентах, а о направлении: только на Творца и как можно точнее.

Смотрите о «ло лишма» в «Предисловии к ТЭС», где сказано, что не надо стопроцентного желания отдавать: даже от небольшого желания отдавать Творцу, но с пониманием, что это — для своего же блага, т.е. от «ло лишма», приходят к «лишма».

- **Вопрос: Что делать, если Тора становится ядом?**

    Если вы уже точно определили это, то яд нейтрализован!

- **Вопрос: Если не стоит полагаться на прошлые состояния и на будущие, на что опираться здесь и сейчас?**

    Только на то, что можете собрать в себе, цепляясь, в своих внутренних усилиях, за Творца.

- **Вопрос: Мне нужно столько доказательств! А где же место для веры?**

    Вера — это не отсутствие доказательств, не уничтожение знаний, а получение свыше силы Бины — возможности идти выше своих желаний, принимая в расчет Цель Творца вместо своей цели.

    Ваше понимание веры — как у масс, неучей, которые заменяют знания фанатизмом и автоматизмом.

- **Вопрос: Почему Творец шлет мне настолько сильные помехи, что становится невозможно продолжать занятия Каббалой, хотя я чувствую все большую в ней потребность?**

    Такого быть не может: Творец отталкивает вас ровно в меру ваших возможностей, которые Он же и формирует.

- **Вопрос: Согласно тому, что вы рассказали о действиях по исправлению души (себя, всех своих гильгулим, остальных и, наконец, всей истории человечества), получается, что каббалисту не хватит не только жизни, но и сотни жизней. И как быть? Тупик? Ведь тогда все будет и будет рождаться человек, пока не придет к своему личному Гмар Тикуну?**

Управление творением

Одной жизни может хватить на весь путь. Сказано: «Если родился, ничего не поделаешь, действуй всеми средствами!»

- **Вопрос:** На четвертой ступени любви, в результате абсолютного оправдания, действий Творца по отношению другим душам (и в прошлом, и в настоящем) как абсолютно добрых, ты таким образом исправляешь эти души, или же ты исправляешь их в себе?

Исправляешь в себе, оставляешь им исправиться самим и помогаешь их исправлению включением тебя-исправленного в них.

- **Вопрос:** Что от меня зависит в любом из моих состояний?

Анализ состояния (какое оно) и решение: изменить его я могу только увеличением желания к Цели и радостью от того, что хоть и далеко, но связан с самым важным в мире.

- **Вопрос:** 40 лет странствуют для адаптации к свойствам Бины, т.е. 40 полных циклов, в которых ощущают пустыню, пустоту, несоответствие свойств, пока не приобретают свойства Бины?

Нет. В течение этого времени человек (Малхут) производит исправления своих свойств в Бине, а затем входит в Землю Исраэль — в Бину.

- **Вопрос:** В чем смысл вопроса: какая душа, чья душа во мне? Может ли это помочь человеку, который уже в духовном, достичь усиления свойства отдачи в нем? Может ли это помочь человеку, который еще не в духовном, впервые достичь свойства отдачи и в нем ощутить духовное? Можно ли какими-то своими усилиями удостоиться вселения определенной души с Высшей ступени?

В вас та душа, которая уже есть и только должна проявиться. Иной она быть не может, и другой не получите. Вы только должны развить свою душу от точки в сердце до Полного исправления.

- **Вопрос: Слияние — подобие. Значит ли это, что все Кэтэры на всех ступенях находятся в контакте между собой, и все одноименные сфирот каждой ступени соединяются в некую «нервную систему» мироздания?**

  Все сфирот связаны между собой, как в организме все части на всех его уровнях. Причем связь есть между одноименными сфирот и частями духовного тела, между головными и конечными, между органами, между пятью слоями, от наружного до внутреннего.

- **Вопрос: Как относиться к желанию заниматься в ущерб семье и работе? Нужно ли учитывать мнение семьи и руководства на работе?**

  Согласно мнению кого бы то ни было, вы обязаны обслуживать кого-то в этом мире и для этого существовать. Это обычное общественное мнение: человек существует в этом мире для общества, семьи, детей, родителей. Но не ради слияния с Творцом. Этого не понимает никто..., кроме тех, в ком просыпается такое желание.

  А потому не надо укорять окружающих и спорить с ними. Их надо просто спокойно отодвинуть в сторону: отдать то необходимое, что вы действительно обязаны в этом мире, — и выполнять свое Высшее предназначение. В таком случае вы будете выполнять все обязательства и условия своего духовного возвышения.

  Кроме отдачи необходимого этому миру, остальное — Творцу. Кроме необходимого, остальное в этом мире предназначено для развития души. Но если человек использует его для тела, то это во вред ему.

- **Вопрос: Как мы изучаем состояние «этот мир» и другие миры, если находимся ниже этих уровней?**

  Изучать — не означает постигать! Если во время учебы мы желаем быть в том, что изучаем, то оттуда нисходит на нас Высший свет, который, постепенно исправляя нас, подтягивает на тот уровень. Вот когда мы оказываемся на нем, это называется постижением. А до этого вся наша учеба — не более чем средство вызвать окружающий свет, Ор Макиф.

- **Вопрос: Где находится «Этот мир» относительно миров АБЕА?**
    — Мир Бесконечности.
    — Адам Кадмон.
    — Ацилут.
    — Брия.
    — Ецира.
    — Асия.
    — Этот мир.
    — Наш мир.

- **Вопрос: Ну почему же надо недооценивать глубину, заложенную в основе монотеистических религий? Вы говорите, что все они лишь отражают наш мир. Неужели вы думаете, что какие-то там теории и жалкие философские домыслы стоят на порядок выше мудрости религий?**

    Цель религий не выходит за рамки нашего мира. Они — для украшения нашей жизни, для наполнения ее, для успокоения, для оправдания существования. На самом же деле мир, и наш, и загробный, совершенно не такой, каким его представляют религии.

    Никогда религии не были выше масс, для которых они существуют. Поэтому и они и теории управления природы человеком оказываются несостоятельными, проявляются в виде фанатизма, насилия, бессилия. И все потому, что все эти научные и религиозные теории созданы человеком, ощущающим только наш мир.

- **Вопрос: Однако не все в нашем мире происходит так, как пишет Бааль Сулам: «...заботливо передает дитя преданно любящим отцу и матери...» Природа далеко не всегда дает отцу и матери любовь к своему чаду, а часто даже наоборот: с детьми эта «добрая» природа обходится далеко не всегда бережно (те же голодающие дети Африки,** например). **Почему Бааль Сулам обращает внимание не на эти моменты, а на те, где все красиво и правильно?**

Изначально природа именно так, как пишет Бааль Сулам, относится к творениям в их детском периоде развития. Но в итоге своего «культурно-технического развития» человек уже вносит столько искажений в природу, что сама природа относительно него начинает не соответствовать изначальным параметрам этого закона. И поэтому мы видим родителей, убивающих детей, погибающих младенцев и пр.

- **Вопрос: Сегодня вы говорили о древних мудрецах и современных ученых, говорили, что методы познания мира древними людьми путем умосозерцания гораздо более эффективные, нежели у современной науки с ее синхрофазотронами... А не является ли это неким балансом: если теряется способность к созерцанию, на смену этой способности приходят различные приборы? Отсюда следует, что человечество статично, никак не развивается и не деградирует, а условия для прогресса появляются только с раскрытием Высшего мира?**

Качественные изменения могут происходить только вследствие изменения нисхождения к нам, в кли, Высшего света: мера наполнения определяет меру знания, постижения, осмысления, раскрытия в разуме и меру хорошего ощущения в любых вариациях-проявлениях в сердце.

Никакие научные открытия и никакой род земной (человеческой) деятельности в этом мире не могут, конечно, изменить интенсивность нисхождения (воздействия) на нас Высшего света. Это определяется только мерой нашего желания исправиться (с намерения «себе» на намерение «другим», «Творцу»). Методика исправления намерения — Каббала. Надо ли после этого заниматься еще чем-то?

- **Вопрос: Если мы являемся частичками общей души Адама, и количество этих частиц строго нормировано, 600 000, как мы говорим, т.е., это конкретное число, то как же может быть, что в итоге, соединяясь с этим конкретным**

числом душ, приобретая конкретное количество дополнительных келим, мы достигаем бесконечного кли?

Под бесконечным ни в коем случае не имеется ввиду бесконечное по количеству, т.е., $n+1$ постоянно, любое число, которое ты назовешь, можно назвать еще один, и еще один, и еще один — не это имеется ввиду, когда говорят «бесконечное». Духовное вообще не измеряется числами, оно измеряется только категорией духовного объема, высоты, внутреннего постижения, связи с Творцом.

И если я достигаю связи с Творцом без границ, если меня наполняет Высший свет без всякого ограничения, такое состояние называется Бесконечностью. В своей первой книжке я приводил пример со стаканом. Если 200-граммовый стакан полностью наполнен, значит, он бесконечно наполнен, без границ, без конца. Все, что в нем есть, наполняется. А что все? 200 грамм — у него больше нет, и не надо. Он относительно себя ничего больше и не ощущает.

Мы должны достичь уровня Творца, т.е., достичь точно такого наполнения, в котором Он задумал и создал нас. Допустим, наполнение с Его стороны — 10 кг наслаждения, измерим это таким образом. Значит, если я дохожу в своем кли до 10 кг емкости, максимально подставляю себя под Творца, и Он меня максимально наполнит, то я при этом нахожусь в мире Бесконечности.

Миром называется Малхут. Малхут в мире Асия наполняется только в мере, называемой Асия. Потом — Ецира, Брия, Ацилут, Адам Кадмон и Бесконечность. Все мои желания бесконечно, абсолютно исправлены и все на 100 процентов наполнены. Это не имеет никакого отношения ни к количеству, ни к качеству каких-то моих внутренних состояний, они просто все абсолютно наполняются Творцом, и тогда называется Бесконечность. Поэтому ты будешь в Бесконечности со своими келим, я буду в Бесконечности с моими келим. И при этом у тебя может быть в несколько раз больше, чем у меня, или наоборот. Все равно произойдет обмен, зависти не будет, а ощущение Бесконечности будет у всех.

Когда ты выходишь в духовный мир, понятия о бесконечном в нашем представлении не существует, потому что мы созданы как кли, и вне этого кли не воспринимаем, как что-то недостающее. Как у меня нет ощущения нехватки шестого, седьмого, восьмого пальца на руке, так же у меня никогда не возникнет недостатка того, чем я не создан.

От издателя

Михаэль Лайтман
КАББАЛА
ТАЙНОЕ УЧЕНИЕ

Готовятся к изданию:

Наука Каббала

Эта книга — основной вводный курс для начинающих изучать «Науку Каббала». Великий каббалист 20 века, почти наш современник, Бааль Сулам «перевел» основные каббалистические источники, создававшиеся в течение тысячелетий, на язык современных поколений, которым предназначено проникнуть в Высшие духовные миры. С помощью книг Бааль Сулама древнее учение становится доступно массам (как и предсказывали каббалисты прошлого).

Главная часть книги — «Введение в науку Каббала» — приводится с комментариями последователя и наследника Бааль Сулама, современного каббалиста Михаэля Лайтмана. Учебный курс включает большой альбом графиков и чертежей духовных миров, контрольные вопросы и ответы, словарь каббалистических терминов. Том II — каббалистический словарь.

Основы Каббалы

Настоящий сборник является основной книгой для начинающих изучать Каббалу. Книга в доступной форме позволяет желающим проникнуть в тайны науки, на тысячелетия скрытой от глаз непосвященных. Автор разворачивает перед читателем всю панораму строения и системы мироздания. Открывает структуру Высших миров и Законы Высшего Управления.

Желающий познать Высшее найдет в этом сборнике ответы на множество своих вопросов. В первую очередь на главный вопрос человека: «В чем смысл моей жизни?». Книга захватывает и увлекает, позволяет человеку проникнуть в самые глубинные тайны мира и самого себя.

Книга Зоар

«Книга Зоар» — основная и самая известная книга из всей многовековой каббалистической литературы. Хотя книга написана еще в IV веке н.э., многие века она была скрыта. Своим особенным, мистическим языком «Книга Зоар» описывает устройство мироздания, кругооборот душ, тайны букв, будущее человечества. Книга уникальна по силе духовного воздействия на человека, по возможности ее положительного влияния на судьбу читателя.

Величайшие каббалисты прошлого о «Книге Зоар»:

...«Книга Зоар» («Книга Свечения») названа так, потому что излучает свет от Высшего источника. Этот свет несет изучающему высшее воздействие, озаряет его высшим знанием, раскрывает будущее, вводит читателя в постижение вечности и совершенства...

...Нет более высшего занятия, чем изучение «Книги Зоар». Изучение «Книги Зоар» выше любого другого учения, даже если изучающий не понимает...

...Даже тот, кто не понимает язык «Книги Зоар», все равно обязан изучать ее, потому что сам язык «Книги Зоар» защищает изучающего и очищает его душу...

Талмуд Десяти Сфирот

Совершенно уникальная книга, написанная величайшим каббалистом Бааль Суламом (Властелин Восхождения). Автор использовал материалы «Книги Зоар» и фундаментальную работу великого Ари «Древо Жизни» (16 томов классической Каббалы). Соотнеся их со своими постижениями Высшего Управления, он создал гениальный научный труд, раскрыв глубинные пласты Каббалы современным поколениям.

Книга является самым мощным учебным пособием даже для самых серьезных каббалистов. Она совершенно логично, мотивированно, подробно и доказуемо разъясняет все причинно-следственные связи Высшего Замысла творения и его воплощения. Ни один момент в процессе создания мироздания не остался за пределами настоящей научной работы. Нет во всемирном архиве книги, могущей соревноваться с «Талмуд Десяти Сфирот» по глубине познания, широте изложения и величию объекта изучения.

Эта книга принадлежит к числу самых важных книг человечества.

Уроки Каббалы

(Виртуальный курс)

Крупнейший ученый-каббалист современности Михаэль Лайтман снимает завесы тайны с науки, уникальной по точности и глубине познания. В древней «Книге Зоар» («Книга Свечения») сказано о времени, когда пробудится в людях стремление вырваться в Высший мир, овладеть Высшими силами. Сегодня десятки тысяч учеников во всем мире получили возможность изучать скрытую до недавних пор методику постижения Высшего благодаря трансляциям виртуального курса Международной академии Каббалы.

Изложенный в книге материал виртуального курса явится вдохновляющим пособием для учащихся первых лет обучения и послужит всем, кто стремиться постичь Законы мироздания.

Учение Десяти Сфирот

Материал книги основан на курсе, прочитанном руководителем Международной академии Каббалы ученым-каббалистом Михаэлем Лайтманом по фундаментальному каббалистическому источнику «Талмуд Десяти Сфирот».

В книгу вошли комментарии на 1, 3 и 9 части уникального научного труда Бааль Сулама, описывающего зарождение души, ее конструкцию и пути постижения вечности и совершенства.

Каббалистический форум

Книга «Каббалистический форум» является избранным материалом из каббалистического интернет-сайта Международного каббалистического центра «Бней Барух». Форум содержит более двух миллионов вопросов изучающих Каббалу со всего мира.

В сборник вошли лишь наиболее интересные, любопытные и полезные для продвигающихся Путем Каббалы слушателей ответы Михаэля Лайтмана.

Настоящая книга рекомендована читателю, интересующемуся проблемами происхождения душ, корректировки судьбы, отношения Каббалы к семье, воспитанию, роли женщины.

Международный каббалистический центр «Бней Барух»

BNEI BARUCH P.O.B. 584 BNEI BRAK 51104 ISRAEL
Адрес электронной почты: russian@kabbalah.info

Международная академия Каббалы
заочное отделение

Виртуальный курс для начинающих

- Международная академия Каббалы транслирует по всемирной системе Интернет курс заочного обучения «Введение в Науку Каббала».
- Участие в этих занятиях обеспечит освоение основ Науки Каббала, постижение высшего мира, знание о своем предназначении, причинах происходящего с вами, возможность управления судьбой.
- Курс рассчитан на начинающих и предназначен для дистанционного обучения на языках английском, русском, иврите.
- Занятия транслируются в видео- и аудиоформатах, с демонстрацией чертежей, возможностью задавать вопросы и получать ответы в режиме реального времени.
- Во время прямой трансляции, действует служба технической поддержки.
- Курс бесплатный, включая рассылку учащимся учебных пособий.
- Успешные занятия поощряются поездкой на семинары, происходящие 2 раза в год в разных странах мира.

Адрес подключения
http://www.kab.tv

Архив курса
http://www.kabbalah.info/ruskab/virt_uroki/virt_urok.htm

Русское отделение
http://www.kabbalah.info/ruskab/index_rus.htm

Международный каббалистический центр «Бней Барух»

Издательская группа
kabbalah.info
+972 (3) 619-1301

Для книготорговых организаций
(заказ учебных пособий)

Америка и Канада.................... info@kabbalah.info, +1-866 LAITMAN
Израиль.. zakaz@kabbalah.info, +972 (55) 606-701
Россия.. +7 (095) 721-7154, 109-0131
109341, Москва, а/я 42

Запись в группы изучения Каббалы
(обучение бесплатное)

США (Восточное побережье)............ +1 (718) 288-2222, 645-3887
США (Западное побережье)............. +1 (650) 533-1629
Канада.. +1-866 LAITMAN
Израиль..+972 (55) 606-701
Россия.. +7 (095) 721-7154, 109-0131

Заказ книг и учебных материалов на английском языке
+1-866 LAITMAN

Международный каббалистический центр
«Бней Барух»
http://www.kabbalah.info

Учитывая растущий интерес к знаниям Каббалы во всем мире, Академия Каббалы под руководством рава М.Лайтмана издает серию книг «Каббала. Тайное учение», транслирует виртуальные уроки, совершенствует интернет-сайт, открывает по всему миру группы изучения Каббалы. В рамках нашего заочного университета занимаются более 700 000 учащихся с 68 стран мира (на 1.01.2003).

Вся деятельность Академии Каббалы осуществляется на добровольные взносы и пожертвования ее членов. Каббалистические знания вносят в мир совершенство, безопасность, высшую цель.

Мы с благодарностью примем Вашу помощь.

Наш счет:
wire transfer
Bnei Baruch
TD Canada Trust
7967 Yonge Street
Thornhill, Ontario
Canada L3T 2C4
Tel: 905 881 3252
Branch / Transit #: 03162
Account #: 7599802
Intuition Code: 004
Swift Code: TDOMCATTTOR

Михаэль Лайтман
серия
КАББАЛА
ТАЙНОЕ УЧЕНИЕ

ЗАРОЖДЕНИЕ ОБЩЕСТВА БУДУЩЕГО

Научно-просветительский фонд
«Древо Жизни»

Издательская группа
kabbalah.info
+972 (3) 619-1301

ISBN 5-902172-14-4

Подписано в печать 10.12.2003. Формат 60x90/16
Печать офсетная. Усл. печ. л. 32.
Тираж 5000 экз. Заказ №   .
Отпечатано в ППП Типография «Наука», 121099, Москва,
Шубенский пер., дом 6.